"十二五"国家重点图书出版规划项目

关学文库　总主编　刘学智　方光华

学术研究系列

王心敬评传

刘宗镐　著

西北大学出版社

《韩邦奇评传》《冯从吾评传》《李颙评传》《李柏评传》《李因笃评传》《王心敬评传》《刘光蕡评传》等。此外,针对关学的主要理论问题与思想学术演变历程进行研究,共3部。这些著作分别是:《关学精神论》《关学思想史》《关学学术编年》等。

在这两部分内容中,文献整理是文库的重点内容和主体部分。

《关学文库》系"十二五"国家重点图书出版规划项目,国家出版基金项目、陕西出版资金资助项目,得到了中共陕西省委、陕西省人民政府和国家新闻出版广电总局的大力支持。本文库历时五年编撰完成,凝结着全体参与者的智慧和心血。总主编刘学智、方光华教授,项目总负责徐晔、马来同志统筹全书,精心组织,西北大学、陕西师范大学、中国人民大学、华东师范大学、郑州大学等十余所院校的数十位专家学者协力攻关,精益求精,体现出深沉厚重的历史使命感和复兴民族文化的责任感;他们孜孜矻矻,持之以恒,任劳任怨,乐于奉献,以古人为己之学相互勉励,在整理研究古代文献的同时,不断锤炼学识,砥砺德行,努力追求朴实的学风和严谨的学术品格。出版社组织专业编辑、外审专家通力合作,希望尽最大可能提高该文库的学术品质。我谨向大家卓有成效的工作表示衷心的感谢。由于时间紧迫、经验不足等原因,文库书稿中的疏漏差错难以完全避免。希望读者朋友们在阅读使用时加以批评指正,以便日后进一步修订,努力使该文库更加完善。

张岂之
2015年1月8日
于西北大学中国思想文化研究所

总　序

张载(1020—1077),字子厚,宋凤翔府郿县(今陕西眉县)人,祖籍大梁,宋仁宗嘉祐二年(1057)进士。张载出身于官宦之家。祖父张复在宋真宗时官至给事中、集贤院学士,死后赠司空。父亲张迪在宋仁宗时官至殿中丞、知涪州事,赠尚书都官郎中。张迪死后,张载与全家遂侨居于凤翔府郿县横渠镇之南。因他曾在此聚徒讲学,世称"横渠先生"。他的学术思想在学术史上被称为"横渠之学",他所代表的学派被后人称为"关学"。张载与程颢、程颐同为北宋理学的创始人。可以说,关学是由张载创立并于宋元明清时期,一直在关中地区传衍的地域性理学学派,亦称关中理学。

关学基本文献整理与相关研究不仅是中国思想学术史的重要课题,也是体现中国思想文化传承与创新的重要举措。《关学文库》以继承、弘扬和创新中华文化为宗旨,以文献整理的系统性、学术研究的开拓性为特点,是我国第一部对上起于北宋、下迄于清末民初,绵延八百余年的关中理学的基本文献资料进行整理与研究的大型丛书。这项重点文化工程的完成,对于完整呈现关学的历史面貌、发展脉络和鲜明特色,彰显关学精神,推动传统文化创造性转化、创新性发展无疑具有重要意义。在《关学文库》即将出版发行之际,我仅就关学、关学与程朱理学的关系、关学的思想特质、《关学文库》的整体构成等谈几点意见,以供读者参考。

一、作为理学重要构成部分的关学

众所周知,宋明理学是中国儒学发展的新形态与新阶段,一般被称为新儒学。但在新儒学中,构成较为复杂。比较典型的则是程朱理学与陆王心学。南宋学者吕本中较早提到"关学"这一概念。南宋朱熹、吕祖谦编选的《近思录》较早地梳理了北宋理学发展的统绪,关学是作为理学的重要一支来作介绍的。朱熹在《伊洛渊源录》中,将张载的"关学"与周敦颐的"濂学"、二程(程颢、程颐)的"洛学"并列加以考察。明初宋濂、王祎等人纂修《元史》,将宋代理学概括为"濂洛关闽"四大派别,其中虽有地域文化的特色,但它们的思想内涵及其影响并不限于某个地域,而成为中华思想文化史上重要的一页,即宋代理学。

根据洛学代表人物程颢、程颐以及闽学代表人物朱熹对记载关学思想的理解、评价和吸收,张载创始的关学本质上当是理学,而且是影响全国的思想文化学派。过去,我们在编写《中国思想通史》第四卷、《宋明理学史》上册的时候,在关学学术旨归和历史作用上曾作过探讨,但是也不能不顾及古代学术史考镜源流的基本看法。

需要注意的是,张载后学,如蓝田吕氏等,在张载去世后多归二程门下,如果拘泥门户之见,似乎张载关学发展有所中断,但学术思想的传承往往较学者的理解和判断复杂得多。关学,如同其他学术形态一样,也是一个源远流长、不断推陈出新的形态。关学没有中断过,它不断与程朱理学、陆王心学融合。明清时期,关学的学术基本是朱子学、阳明学的传入及与张载关学的融会过程。因此,由宋至清的关学,实际是中国理学的重要组成部分,它是一个动态的且具有包容性和创新性的概念,它开启了清初王船山学术的先河。

《关学文库》所遴选的作品与人物,结合学术史已有研究成果,如《宋元学案》《明儒学案》《关学编》及《关学续编》《关学宗传》等,均是关中理学的典型代表,上起北宋张载,下至晚清的刘光蕡、民国时期的牛兆濂,能够反映关中理学的发展源流及其学术内容的丰富性、深刻性。与历史上的《关中丛书》相比,这套文库更加丰富醇纯,是对前贤整理文献思想与实践的进一步继承与发展,其学术意义不言而喻。

二、张载关学与程朱理学的关系

佛教传入中土后,有所谓"三教合一"说,主张儒、道、释融合渗透,或称三教"会通"。唐朝初期可以看到三教并举的文化现象。当历史演进到北宋时期,由于书院建立,学术思想有了更多自由交流的场所,从而促进了学人的独立思考,使他们对儒家经学笺注主义提出了怀疑,呼唤新思想的出现,于是理学应时而生。理学主体是儒学,兼采佛、道思想,研究如何将它们融合为一个整体,这是一个重要的课题。从理学产生时起,不同时代有不同的理学学派。

比如,在"三教融合"过程中,如何理解"气"与"理"(理的问题是回避不开的,华严宗的"事理说"早在唐代就有很大影响)的关系?理学如何捍卫儒学早期关于人性善恶的基本观点,又不致只在"善"与"恶"的对立中打圈子?如何理解宇宙?宇宙与社会及个人有何关系?君子、士大夫怎么做才能维护自身的价值和尊严,又能坚持修齐治平的准则?这些都是中国思想史中宇宙观与人生观的大问题。对这些问题的研究和认识,不可能一开始就有一个统一的看法,需要在思想文化演进的历史进程中逐步加以解决。宋代理学的产生及不同学派的存在,就是上述思想文化发展历史的写照,因而理学在实质上是中国思想文化的传承创新,具有重要的历史意义。

张载关学、二程洛学、南宋时朱熹闽学各有自己的特色。作为理学的创建者之一,张载胸怀"为天地立心,为生民立命,为往圣继绝学,为万世开太平"的学术抱负,在对儒学学说进行传承发展中做出了重要的理论贡献。北宋时期,学者们重视对《易》的研究。《易》富于哲理性,他通过对《易》的解说,阐述对宇宙和人生的见解,积极发挥《四书》义理,并融合佛、道,将儒家的思想提升到一个新的高度。

张载与洛学的代表人物程颢、程颐等人曾有过密切的学术交往,彼此或多或少在学术思想上相互产生过一定的影响。宋仁宗嘉祐元年(1056),张载来到京师汴京,讲授《易》学,曾与程颢一起终日切磋学术,探讨学问(参见《二程集·河南程氏遗书》卷二上)。张载是二程之父程珦的表弟,为二程表叔,二程对张载的人品和学术非常敬重。通过与二程的切磋与交流,张载对自成一家之言的学术思想充满自信:"吾道自足,何事旁求!"(吕大临《横渠先生行状》)

因为张载与程颢、程颐之间为亲属关系,在学术上有密切的交往,关学后传不拘门户,如吕氏三兄弟吕大忠、吕大钧、吕大临,苏昞、范育、薛昌朝以及种师道、游师雄、潘拯、李复、田腴、邵彦明、张舜民等,在张载去世后一些人投到二程门下,继续研究学术,也因此关学的学术地位在学术史上常常有意无意地受到贬低甚至质疑(包括程门弟子的贬低和质疑)。事实上,在理学发展史上,张载以其关学卓然成家,具有鲜明的特点和理论建树,这是不能否定的。反过来,张载的一些观点和思想也影响了二程的思想体系,对后来的程朱学说及闽学的形成也有重要的启迪意义,这也是客观的事实。

张载依据《易》建立自己的思想体系,但是,在基本点上和《易》的原有内容并不完全相同。他提出"太虚即气"的观点,认为没有超越"气"之上的"太极"或"理"世界,换言之,"气"不是被人创造出的产物。又由此推论出天下万物由"气"聚而成;物毁气散,复归于虚空(或"太虚")。在气聚、气散即物成物毁的运行过程中,才显示出事物的条理性。张载说:"太虚不能无气,气不能不聚而为万物,万物不能不散而为太虚,循是出入,是皆不得已而然也。"(《正蒙》卷一)他用这个观点去看万物的成毁。这些观点极大地影响了清初大思想家王船山。

张载在《西铭》中说:"乾称父,坤称母。予兹藐焉,乃混然中处。故天地之塞,吾其体;天地之帅,吾其性。民,吾同胞;物,吾与也。"天地是万物和人的父母,人是天地间藐小的一物。天、地、人三者共处于宇宙之中。由于三者都是气聚之物,天地之性就是人之性,所以人类是我的同胞,万物是我的朋友,归根到底,万物与人类的本性是一致的。进而认为,人们"尊高年,所以长其长;慈孤弱,所以幼其幼。圣,其合德;贤,其秀也。凡天下疲癃残疾、惸独鳏寡,皆吾兄弟之颠连而无告者也"。这里所表述的是一种高尚的人道主义精神境界。

二程思想与张载有别,他们通过对张载气本论的取舍和改造,又吸收佛教的有关思想,建构了"万理归于一理"的理论体系。在人性论方面,二程在张载人性论的基础上进一步深化了孟子的性善论。二程赞同张载将人性分为"天地之性"和"气质之性"。但二程认为"天地之性"是天理在人性中的体现,未受任何损害和扭曲,因而是至善无瑕的;"气质之性"是气化而生的,也叫"才",它由气禀决定,禀清气则为善,禀浊气则为恶,正因为气质之性不可避免地受到了"气"的侵蚀而出现"气之偏",因而具有恶的因素。在二程看来,善与恶的对立,实际上是"天理"与"人欲"的对立。

朱熹将张载气本论进行改造,把有关"气"的学说纳入他的天理论体系中。朱熹接受"气"生万物的思想,但与张载的气本论不同,朱熹不再将"理"看成是"气"的属性,而是"气"的本原。天理与万事万物是一种怎样的关系?朱熹关于"理一分殊"的理论回答了这一问题。他认为:"太极只是个极好至善的道理。人人有一太极,物物有一太极。"又说:"太极非是别为一物,即阴阳而在阴阳,即五行而在五行,即万物而在万物,只是一个理而已。"(《朱子语类》卷九四)"理一分殊"理论包括一理摄万理与万理归一理两个方面,这与张载思想有别。

总之，宋明理学反映出儒、道、释三者融合所达到的理论高度。这一思想的融合完成于两宋时期。张载开创的关学为此做出了重要的学术贡献。正如清初思想家王船山所说："张子之学，上承孔孟之志，下救来兹之失，如皎日丽天，无幽不烛，圣人复起，未有能易焉者也。"（《张子正蒙注·序论》）船山之学继承发扬了张载学说，又有新的创造。

三、关学的特色

关学既有深邃的理论，又重视实用。这可以概括为以下几个方面：

首先，学风笃实，注重践履。黄宗羲指出："关学世有渊源，皆以躬行礼教为本。"（《明儒学案·师说》）躬行礼教，学风朴质是关学的显著特征。受张载的影响，其弟子蓝田"三吕"也"务为实践之学，取古礼，绎其义，陈其数，而力行之"（《宋元学案·吕范诸儒学案》），特别是吕大临。明代吕柟其行亦"一准之以礼"（《关学编》）。即使清代的关学学者王心敬、李元春、贺瑞麟等人，依然守礼不辍。

其次，崇尚气节，敦善厚行。关学学者大都注意砥砺操行，敦厚士风，具有不阿权贵、不苟于世的特点。张载曾两次被荐入京，但当发现政治理想难以实现时，毅然辞官，回归乡里，教授弟子。明代杨爵、吕柟、冯从吾等均敢于仗义执言，即使触犯龙颜，被判入狱，依旧不改初衷，体现了大义凛然的独立人格和卓异的精神风貌。清代关学大儒李颙，在皇权面前铮铮铁骨，操志高洁。这些关学学者"穷则独善其身，达则兼善天下"，体现出"富贵不能淫，贫贱不能移，威武不能屈"的"大丈夫"气节。

最后，求真求实，开放会通。关学学者大多不主一家，具有比较宽广的学术胸怀。张载善于吸收新的自然科学成果，不断充实丰富自己的儒学理论。他注意对物理、气象、生物等自然现象做客观的观察和合理的解释，具有科学精神。后世关学学者韩邦奇、王徵等都重视自然科学。三原学派的代表人物王恕以治易入仕，晚年精研儒家经典，强调用心求学，求其"放心"，用心考证，求疏通之解，形成了有独立主见的治国理政观念。关学学者坚持传统，但并不拘泥传统，能够因时而化，不断地融合会通学术思想，具有鲜明的开放性和包容性特征。由张载到"三吕"、吕柟、冯从吾、李颙等，这种融会贯通的学术精神得到不断承传和弘扬。

四、《关学文库》的整体构成

关学文献遗存丰厚，但是长期以来没有得到应有的保护和整理，除少量著作如《正蒙》《泾野先生五经说》《少墟集》《元儒考略》等在清代收入《四库全书》之外，大量的著作仍散存于陕西、北京、上海等地的图书馆或民间，其中有的在大陆已成孤本（如韩邦奇的《禹贡详略》、李因笃的《受祺堂文集》家藏抄本），有的已残缺不全（如《南大吉集》收入的《瑞泉集》残本，现重庆图书馆存有原书，国家图书馆仅存胶片；收入的南大吉诗文，搜自西北大学图书馆藏《周雅续》）。即使晚近的刘光蕡、牛兆濂等人的著述，其流传亦稀世罕见。民国时期曾有宋联奎主持编纂《关中丛书》（邵力子题书名），但该丛书所收书籍涉及关中历史、地理、文学、艺术等诸多方面，内容驳杂，基本上不能算作是关学学术视野的文献整理。20世纪70年代以来，中华书局将《张载集》《蓝田吕氏遗著辑校》《关学编（附续编）》《泾野子内篇》《二曲集》等收入《理学丛书》陆续出版，这些仅是关学文献的很少一部分。全方位系统梳理关学学术文献仍系空白。

关学典籍的收集与整理，是关学学术研究的重要基础，文献整理的严重滞后，直接影响到关学研究的深入和关学精神的弘扬，影响到对历史文化的传承和中国文化精神的发掘。

现在将要出版的《关学文库》由两部分内容组成，共40种，47册，约2300余万字。

一是文献整理类，即对关学史上重要文献进行搜集、抢救和整理（标点、校勘），其中涉及关学重要学人29人，编订文献26部。这些文献分别是：《张子全书》《蓝田吕氏集》《李复集》《元代关学三家集》《王恕集》《薛敬之张舜典集》《马理集》《吕柟集·泾野经学文集》《吕柟集·泾野子内篇》《吕柟集·泾野先生文集》《韩邦奇集》《南大吉集》《杨爵集》《冯从吾集》《王徵集》《王建常集》《王弘撰集》《李颙集》《李柏集》《李因笃集》《王心敬集》《李元春集》《贺瑞麟集》《刘光蕡集》《牛兆濂集》以及《关学史文献辑校》。

二是学术研究类，其中一些以"评传"或年谱的形式，对关学重要学人进行个案研究，主要涉及眉县张载、蓝田吕大临、高陵吕柟、长安冯从吾、朝邑韩邦奇、周至李颙、眉县李柏、富平李因笃、户县王心敬、咸阳刘光蕡等学人，共11部。它们分别是：《张载思想研究》《张载年谱》《吕大临评传》《吕柟评传》

《韩邦奇评传》《冯从吾评传》《李颙评传》《李柏评传》《李因笃评传》《王心敬评传》《刘光蕡评传》等。此外,针对关学的主要理论问题与思想学术演变历程进行研究,共3部。这些著作分别是:《关学精神论》《关学思想史》《关学学术编年》等。

在这两部分内容中,文献整理是文库的重点内容和主体部分。

《关学文库》系"十二五"国家重点图书出版规划项目,国家出版基金项目、陕西出版资金资助项目,得到了中共陕西省委、陕西省人民政府和国家新闻出版广电总局的大力支持。文库的组织、编辑、审定和出版工作在组织工作委员会、编辑出版委员会领导下进行,日常工作由陕西省人民政府参事室(陕西省文史研究馆)和西北大学出版社负责。中共陕西省委书记赵正永对这一功在当代、惠及后世的国家和省级重大文化精品图书高度重视,亲自担任组织工作委员会主任,自始至终关心支持文库的编撰工作;省委常委、常务副省长江泽林,副省长王莉霞和省政府秘书长陈国强等对文库的编辑出版工作给予悉心指导;原陕西省新闻出版局局长薛保勤,陕西省社会科学界联合会名誉主席赵馥洁,陕西省人民政府参事室(陕西省文史研究馆)主任张祖培对文库的策划与实施做出了重要贡献。本文库历时五年编撰完成,凝结着全体参与者的智慧和心血。总主编刘学智、方光华教授,项目总负责徐晔、马来同志统筹全书,精心组织,西北大学、陕西师范大学、中国人民大学、华东师范大学、郑州大学等十余所院校的数十位专家学者协力攻关,精益求精,体现出深沉厚重的历史使命感和复兴民族文化的责任感;他们孜孜矻矻,持之以恒,任劳任怨,乐于奉献,以古人为己之学相互勉励,在整理研究古代文献的同时,不断锤炼学识,砥砺德行,努力追求朴实的学风和严谨的学术品格。出版社组织专业编辑、外审专家通力合作,希望尽最大可能提高该文库的学术品质。作为文库编辑出版委员会主任,我谨向大家卓有成效的工作表示衷心的感谢。由于时间紧迫、经验不足等原因,文库书稿中的疏漏差错难以完全避免。希望读者朋友们在阅读使用时加以批评指正,以便日后进一步修订,努力使该文库更加完善。

张岂之
2015年1月8日
于西北大学中国思想文化研究所

前　言

王心敬,字尔缉,号丰川①,陕西鄠县文义里(今户县苍游镇)人。生于顺治十三年(1656)②,卒于乾隆三年(1738)。是清代中期著名的思想家和教育家。他终身蛰居鄠县,以讲学和著述为业,故而著作非常宏富。今天传世的著作主要有《丰川易说》《丰川诗说》《尚书质疑》《春秋原经》《礼记汇编》《江汉书院讲义》《关学汇编》《丰川全集正编》《丰川全集续编》《丰川全集外编》和《丰川续集》。

王心敬的学术思想十分丰富。作为儒者,他的学术不只囿于理学和经学,而且广泛地论及政治、教育、农业、军事和荒政。其实,这和他的为学使命紧密联系。他的为学使命是"继绝学于往圣,正人心于来兹",主要依靠讲授"道德经济,一贯之旨"培养"道德经济"兼备的"通才"来实现。在古代社会,对学生道德修养的培养,需要依靠理学和经学,而对学生经世致用才能的培养,则需要政治、教育、农业、军事和荒政等多方面的知识。只不过作为儒者,

---

①　王心敬号丰川。依刘青芝《王征君先生心敬传》"以鄠为丰水所出,号丰川,学者因称丰川先生"的说法来看,王心敬取沣河名以自号。故而,有不少学人认为王心敬号为沣川,如关学学者刘绍攽和张秉直等,关外学者李元度等。然而按王心敬的诗句,他称沣河皆曰沣水,如"沣水全如护圣迹""沣水老渔竿"等,而自称则曰丰川,如"但道丰川一病夫""漫道丰川论太刻""堪怜堪笑此丰川"等。再者,今见王心敬的书法作品落款钤印亦为"丰川"。这都说明王心敬号为丰川,而非沣川。

②　关于王心敬的生年有二说:一是顺治十三年(1656)说,另一是顺治十五年(1658)说。二说均出自王心敬的著作。据《正编》卷二三《先慈李孺人行述》王心敬康熙十三年(1674)17岁,可推知他生于顺治十五年(1658)。此说王心敬著作中仅此一见,然《关中三李年谱》据推理亦持此说。按《丰川今古文尚书质疑自序》雍正二年(1724)69岁,再按《续编》卷二二《书壁》康熙二十四年(1685)30岁,又按《续集》卷三三《乙巳元日》雍正三年(1725)70岁,皆可推知王心敬生于顺治十三年(1656)。另外,据刘青芝《王征君先生心敬传》乾隆三年(1738)王心敬卒时83岁,再据鲁一佐《鄠县重续志》卷三《征辟理学名儒》雍正十年(1732)王心敬77岁,亦俱可推知他生于顺治十三年(1656)。故本书持王心敬生于顺治十三年(1656)说。

他对道德修养更为重视,甚至认为道德修养是经世致用的基础。具体来看,他的学术思想,就内容而言,包括三个大的方面:道德之学、经济之学和经学。道德之学就是理学,论域包括心体论、工夫论和境界论;经济之学的论域涉及政治、教育、农业、军事和荒政等;经学即是他对《周易》《尚书》《春秋》《礼记》和《诗经》的阐释。另外,他又运用"理一分殊"的方法,在道德之学、经济之学、经学之间建立起了紧密的联系。首先,道德之学、经济之学与经学是道器关系,即经学是承载道德之学和经济之学的器具。其次,道德之学和经济之学是体用的关系,即道德之学是经济之学的本体,经济之学是道德之学的功用。显而易见,道德之学是他学术思想的核心内容,也就是说理学是他的学术思想的核心内容。就理学思想来看,他运用"理一分殊"将其理学中的诸多范畴,整合在"心"这一核心范畴上。他运用"一而二,二而一"的体用论论证了性与心的体用关系,道德与经济的体用关系,然后他又运用"理一分殊"将其他理学范畴如"道""德""仁""义""礼""忠信""良知""良能""知"和"行"等都收拢到"心"上,从而建构了以"心"这一核心范畴为基础的心学体系。由此可见,他的学术思想是以心学为基础、经学为依据,内容广泛涉及政治、教育、农业、军事和荒政的博大的思想体系。

王心敬在清代中期的学术界颇具声望,这从他广泛的学术交往中可以看出。他虽然一生伏处田园或山林,但寄信和他商讨学术的学人特别多。当时的理学名臣陈诜、张伯行、朱轼、陈世倌,理学学者朱泽沄、李来章等都曾同他书信论学。诸学术大师的弟子亦同他书信往来探讨学术,如黄宗羲的弟子裘琏、高世泰的弟子姚瑬、彭定求的弟子林云鬻等。就连当时桐城派的著名学者方苞、颜李学派的著名学者李塨也都曾与他书信商榷学术。今按《丰川全集》和《丰川续集》,其中存有论学书信多达400余封。从这些参与论学的学人的地域分布来看,除陕西之外,有北京、河北、甘肃、山西、山东、河南、湖北、湖南、江苏、安徽、江西、浙江和福建,遍布当时中国的绝大多数省份。非但如此,当时上自国之宰辅,下至陕之邑令,也多致信问讯,故而声播三秦,名达清廷。足见,他在清代中期的学界具有非常重要的地位。

由于王心敬的学术思想十分宏博,并且影响相当广泛,所以自清代雍正以迄民国间的学人,凡论及清代学术思想的,几乎都对他的学术思想有所论述,尤其以清代论述为多。就这些论说来看,都十分概括,大多是对他的学术旨趣的说明。今就笔者归纳来看,大致有以下四种:其一,认为他的为学旨趣是《大学》的明、新、止至善，这一说法占主流，有清一代论及王心敬理学思想的学者多持此说，主要代表学者有陈宏谋、阮元和黄嗣东等人；其二，认为他的学术思想属于阳明学，持此说者主要为清代陕西学者，如周元鼎、李元春和贺瑞麟诸人；其三，认为他的理学思想属于朱子学，此说为刘师培提出；其四，认为他的学术思想属于颜李学，此说为谢光尧先生抱持①。就现代学人对王心敬学术思想的研究来看，大陆由上世纪80年代始，农学界开始研究他的区田法和井利说②。直至本世纪初，始出现了对他的哲学思想和理学思想的研究③。同时，他的易学思想也受到了学人的关注④。另外，台湾学者也关注到了他的学术思想，如王尔敏等人，但都只是对他的《丰川家礼》和《四礼宁俭编》等礼学思想的研究。显见，对于王心敬的学术思想，目前学界研究得还比较零散。就其思想的某一论域而言，研究也有待进一步深入。

---

① （清）陈宏谋《培远堂偶存稿》卷二《王丰川先生续集序》："丰川为二曲高弟，得其蕴奥，扩而大之。修身淑世，更为切实。其论学也，以明、新、止至善为归。谓程朱陆王之学，各有得力处，无庸分立门户。"（清）阮元《儒林集传录存》："心敬论学以明新止至善为归，谨言不逮其师，注经好为异论。"（清）黄嗣东《圣清渊源录》卷二《王心敬》："折衷宋五子以及河、会、姚、泾之学，咸师其长，而能融液于《大学》明德新民止至善。"（清）周元鼎《丰川王先生》："凡讲学论证，皆词旨爽朗条畅，似得之王阳明。"（清）李元春《桐阁先生文钞》卷一一《书笺》："丰川为二曲高足弟子，名亦亚之，学本均异朱子。"（清）谢化南编《清麓答问》卷三："丰川学主陆、王，焉得不云尔乎！"刘师培《近儒学术统系论》："李颙讲学关中，指心立教。然关中之士，若王山史、李天生，皆敦崇实学。及顾炎武流寓华阴，以躬行礼教之说倡导其民。故受学于颙者，若王尔缉之流，均改宗紫阳。"见刘师培著，钱钟书编《刘师培辛亥前文选》，上海：三联书店，1998年版，第156页。谢光尧《〈赐沐纪程〉提要》："平生学问淹博，主颜李学。"见《续修四库全书总目提要（稿本）》（第32册），济南：齐鲁书社，1996年版，第188页。

② 刘驰：《区田法在农业实践中的应用》，《中国农史》，1984年第2期。张波、冯风：《陕西古农书大略》，《西北大学学报》（自然科学版），1990年第2期。耿占军：《清代陕西农田水利事业的发展》，《唐都学刊》，1992年第4期。王培华：《元明清时期西北水利的理论与实践》，《学习与探索》，2002年第2期。

③ 贺红霞：《王心敬哲学思想研究》，陕西师范大学硕士研究生学位论文2002年。史革新：《清代理学史》（上卷），广州：广东教育出版社，2007年版，第254页。刘永青：《论关学的精神特质》，《学术论坛》，2008年第12期。刘党库：《王心敬理学思想初探》，陕西师范大学硕士研究生学位论文2009年。

④ 《王心敬的易学》，见汪学群：《清代中期易学》，北京：社会科学文献出版社，2009年版，第1—40页。王振：《王心敬〈丰川易说〉思想新探》，山东大学硕士学位论文2013年。

基于对王心敬学术思想的重要性以及目前研究不足的认识,本书在撰写之初,有如下三个方面的设想:第一,比较全面地阐释他的学术思想;第二,比较准确地表述他的学术思想;第三,比较公允地评价他的学术思想。那么,如何具体来体现这三方面的要求呢?

本书通过二十章内容的具体安排,来逐步实现上述的撰写目标。概括来说,第一章至第五章主要历时地讲述他三十四岁以前的人生经历和主要思想,第六章至第十五章主要横向展开他三十五岁至五十五岁时的思想,第十六章至第二十章主要历时地讲解他五十六岁以后的思想。具体而言,第一章和第二章解释说明他如何从科举学习走上理学研究,前一章主要论述他的为学旨趣由科举转向了理学,后一章主要论述他的治学方法由科举转向了理学。第三章和第四章发掘他的学术使命——"继绝学于往圣,正人心于来兹"的形成原因。前一章主要描述士人的堕落现象,从而说明他救正人心的学术使命的正当性,后一章探究理学衰落的原因,从而反映他复兴理学的学术使命的合理性,并彰显他对理学衰落认知的局限性。第五章主要试图揭示他学术蓝图的底色——陆王心学,揭示他站在陆王心学的立场上来消解理学内部程朱理学与陆王心学之争的矛盾性。第六章至第九章分析他的理学思想(道德之学或内圣之学)。第六章着重论述他理学思想中的本体——"本心",从而突出他的陆王心学旨趣和受佛道思想的影响。第七章着重论述"收心"和"养心"工夫,并展示他对"主静"和"主敬"的看法以及对"敬"范畴的改造,从而再次凸显他的陆王心学旨趣。第八章论述修养工夫的内在效验——境界,无境不现境界彰显了儒者在日用伦常中成圣的特色,但浩然空明境界和内外两忘境界再次反映了他受到了佛道思想的影响。第九章论述修养工夫的经验效验——言行合乎礼仪,从而展现他对礼的认知。第十章至第十四章主要分析他的经世思想(经济之学或外王之学)。具体而言:第十章论述他的政治思想,主要论述以民为本和以德治国思想,以德治国论述中又展现了他的法治思想。第十一章主要论述他的教育思想,通过改革科举制度和书院讲学来培养"道德经济"兼备的"通才",从而实现他明学术、正人心的为学目的。第十二章论述他的农业思想,主要论述区田法、圃田法、井利说和水利说,从而反映他在清代农学史上的卓著成就,并论述他提出的补天赞地的天人之辩思想。第十三章论述他的军事思想,主要论述了战略论、战术论、将士论和军备论,从而比较全面地展示他的军事思想。第十四章论述他的荒政思想,即阐述他的备荒思想和救荒思想,并体现他以民为本的思想。第十五章论述他的思想体系的建构方法——理一分殊,即运用理一分殊方法将他的学术思想中的范畴都归拢到"心"这一核心范畴,又一次反映出他的陆王心学旨趣。第十六章通过论述他在武昌江汉书院和苏州紫阳书院的讲学活动,既展示了他的为学旨趣,又反映了他当时在关学史上的地位。第十七章通过他与颜李学派、陆王心学和程朱理学学者的论学来彰显他的学术特色,并通过论学展现了他的史学思想。第十八章概述他的经学思想,彰显他统一理学与经学、汉学与宋学的学术主张,论述他寓道于经的思想和援经注经的主张,并概括地论述了他的《五经》思想。第十九章和第二十章主要对他的学术和人品进行评价:前一章主要论述他的理学思想的成就和不足,并进一步考察其成因,后一章主要论述他的人品和操守,彰显他颇具魅力的人格并展示了他的诗学思想。本书的章节之所以这样来安排,虽然说根本目的是为了能够比较全面、准确、公允地论述和评价王心敬的学术思想,但是就理据来看,一方面是出于对他的学术思想的内在逻辑结构的认知,另一方面是基于对他的思想形成的时间序列的考虑。笔者期望通过这样的安排,能够比较全面、准确、公允地论述他的学术思想。那么,这样的安排到底能否达到这一目的?这有待读者朋友们阅读后,作出自己的评定。

刘宗镐

2014年10月写于西安

目 录

总　序 …………………………………………… 张岂之(1)
前　言 ………………………………………………………(1)

第一章　秀才勇抉择
    第一节　投身科举 ………………………………………(3)
    第二节　转向理学 ………………………………………(6)

第二章　学道赖苦修
    第一节　读书并实践 …………………………………(10)
    第二节　病中染佛老 …………………………………(13)
    第三节　立志振绝学 …………………………………(17)

第三章　士人竟沉沦
    第一节　士子竞名利 …………………………………(23)
    第二节　官吏多贪污 …………………………………(26)
    第三节　学者失操守 …………………………………(30)

第四章　理学何衰落
    第一节　理学衰落的原因 ……………………………(35)
    第二节　门户纷争的原因 ……………………………(41)

第五章　学旨多迂回
    第一节　汇归《大学》 ………………………………(46)
    第二节　全体大用，真体实工 ………………………(53)
    第三节　愿学孟子 ……………………………………(57)

第六章　心性与天理

第一节　"心"范畴论 …………………………………（59）
第二节　"性"范畴论 …………………………………（63）
第三节　"理"范畴论 …………………………………（68）
第四节　"天"范畴论 …………………………………（70）

第七章　收心与养心

第一节　"信心" ………………………………………（75）
第二节　"放心" ………………………………………（77）
第三节　"收心" ………………………………………（80）
第四节　"养心" ………………………………………（83）

第八章　境界渐提升

第一节　浩然空明 ……………………………………（88）
第二节　无境不现 ……………………………………（91）
第三节　内外两忘 ……………………………………（95）

第九章　礼制经人伦

第一节　礼的本质 ……………………………………（100）
第二节　礼的践履 ……………………………………（105）

第十章　王道用德治

第一节　以民为本 ……………………………………（110）
第二节　以德治国 ……………………………………（114）

第十一章　善教出通才

第一节　保举制度 ……………………………………（121）
第二节　书院教育 ……………………………………（127）

第十二章　民以食为天

第一节　井利和水利 …………………………………（136）

第二节　区田和圃田 …………………………………… （142）

第十三章　儒者须知兵

　　第一节　战略论 ………………………………………… （149）
　　第二节　战术论 ………………………………………… （155）
　　第三节　将士论 ………………………………………… （160）
　　第四节　军备论 ………………………………………… （164）

第十四章　为民论荒政

　　第一节　备荒论 ………………………………………… （169）
　　第二节　救荒论 ………………………………………… （175）

第十五章　"理一分殊"论

　　第一节　"理一分殊"方法的阐释 …………………… （182）
　　第二节　"理一分殊"方法的运用 …………………… （184）
　　第三节　"理一分殊"方法的评价 …………………… （189）

第十六章　江南弘圣道

　　第一节　江汉书院讲学 ………………………………… （193）
　　第二节　紫阳书院论学 ………………………………… （197）

第十七章　书信广论学

　　第一节　因李塨而批评颜李学说 ……………………… （204）
　　第二节　与王承烈讨论陆王心学 ……………………… （208）
　　第三节　与朱泽沄争论朱子理学 ……………………… （212）
　　第四节　与朱轼探讨纂修《明史》 …………………… （215）

第十八章　岁暮注"五经"

　　第一节　经旨的迷失 …………………………………… （220）
　　第二节　经旨的重现 …………………………………… （225）

第十九章 学问见解论

第一节 学术思想博而不杂 …………………………（233）
第二节 理学学说瑕不掩瑜 …………………………（236）
第三节 实学理论行之有效 …………………………（241）

第二十章 立心立身论

第一节 赏诗歌品人生 ………………………………（246）
第二节 借诗观评人格 ………………………………（257）

总结 ……………………………………………………（266）
附录一 王心敬著作考释 ……………………………（269）
附录二 丰川先生历年纪略 …………………………（276）
参考文献 ………………………………………………（293）
后　记 …………………………………………………（299）

第一章　秀才勇抉择

丰之山，云飞扬。
丰之壤，厥田良。
面山望云作圃场，
春稻剥枣供高堂，
供我高堂寿而康。
无不足兮奚所望？

丰之水，流悠扬。
丰之俗，贻周王。
南邻北舍无暴戕，
友助亲睦美意长，
美意长兮子孙良。
无不足兮奚所望？

丰之山，云悠扬。
丰之水，流悠扬。
结茅临水对山冈，
合志同方诵虞唐，
弹琴学道乐无疆。
无不足兮奚所望？

（《续集》卷三〇《丰之山答友人》）[1]

诗中的"丰"指代的是陕西的鄠县（今陕西户县）。鄠县是王心敬的故乡。他写这首诗就是用来歌颂故乡鄠县的。从诗歌中可以看出，当时的鄠县

---

[1] 为简洁起见，对王心敬《丰川全集正编》《丰川全集续编》《丰川全集外编》《丰川续集》《丰川易说》和《丰川诗说》，引文中分别简称为《正编》《续编》《外编》《续集》《易说》和《诗说》。

不单自然环境非常美丽,人文环境也非常和谐。对他来说,生活其间,无论是忙碌于"春稻剥枣"的物质生产,还是逍遥于"弹琴学道"的精神追求,无疑都是一种愉悦的享受。

然而若溯源稍远点来看,王心敬的祖籍并不是陕西的鄠县,而是河南的太康。元朝初年,他的先辈中有人在西安做官,便落户到了高陵县。元末天下大乱,他的先人为躲避兵乱逃匿到终南山,乱后遂定居到鄠县文义里。不过,自此以降,王家再没有为官做宰的,主要以农为业,但也没有放弃"承家世诗书之传"(《续集》卷二八《先王考汝爱王公暨元配张孺人继配张孺人温孺人合葬墓志铭》),所以,王心敬的家世可以称为耕读之家。

但是这种耕读传家的传统,传到王心敬的祖父汝爱公(名德玉,字汝爱)那一辈中断了。原因很简单,家庭经济条件不好,没有财力参加科举考试。这主要因为他的曾祖父庆轩公(名迁木,字庆轩)不善持家,家道日渐衰败。待庆轩公去世以后,"遗田不百亩,门户百需出其中",家道更加衰落。他的祖父辈不得已"遂废举学"。不过,迨他的父辈到了读书的年龄,家境有所好转,所以他的父辈都曾"举学"。然而明朝末年,"流寇陷城",王家的财物被"洗劫一空"。他的父辈最终又不得不"弃章句业,力农行商"(鲁一佐:《(雍正)鄠县重续志》卷四《人物》)。

王家子弟尽管无财力继续参加科举,但是他们毕竟是"承家世诗书之传"的人家。家中阁楼里略有藏书,可以供他们闲暇时阅读。等到王心敬的伯父笃恭公(名悫,字笃恭)和父亲中悦公(名忻,字中悦)相继成年,他们持家有方,家道渐渐好转。二人闲暇之日,便长日坐卧楼头读书。他们家的藏书以及他们当时读书的情形如下:

> 楼凡三楹:中置龛,栖先人主;右一楹贮器具材木;左楹窗下置几,列藏书。每晨起,盥洗毕,焚香神前,即拭几,展卷而诵。
>
> (《续集》卷二八《先王考汝爱王公暨元配张孺人继配张孺人温孺人合葬墓志铭》)

他们所读的书,多是《性理大全》《资治通鉴纲目》之类的科考应试之书,另外,就是《东莱博议》《皇明祖训》等书。可见,王家子弟还是不能释怀科举考试,时时备战,以待时机的到来。

第一节　投身科举

康熙四年(1665),王心敬已经十岁。这一年他的父亲中悦公病逝了。自此家境渐衰,尽管有笃恭公的百般支撑。此后的三四年间,宵小又乘机诬陷,企图侵夺他们家的田产。虽然最终以"公道昭雪",但是自此家道彻底衰落了。笃恭公因为疲惫过甚,也渐渐患上了劳役郁结之症。

康熙九年(1670),王心敬十五岁,到了"束发受书"的年龄。然而此时,家境已经相当穷困,没有财力供给他就塾读书。他又不得不面临他的祖辈和父辈所面临的同一个问题:是投身科举,还是务农,甚或经商?他这种被迫的抉择之痛,深深地刺痛了笃恭公的心。自从中悦公病逝后,笃恭公视他如己出,"所以爱抚之百方"。其实,由于笃恭公的长子、次子相继夭折,他六七岁时便随笃恭公夜宿。他晚年曾回忆说:

> 每初宵子夜,□敬枕其肱,为道说古可法戒及乡党世家旧事。有时心敬已熟寐,而公尚为之道说不已。
>
> (《续集》卷二八《先仲伯笃恭府君暨元配刘孺人继配陈孺人合葬墓志铭》)

叔侄间老牛舐犊之情,可见一斑。当笃恭公看着这个昔日枕在自己胳膊上听着故事方能入睡的孩子满脸愁楚时,自己多年前"废学就耕"的苦楚再次浮上心头,所以,笃恭公不顾病体,毅然决定即使砸锅卖铁,也要送他去读书。在笃恭公的鼎力支持下,他背着干粮,追随鄠县有名的私塾先生王鄯读书去了。

王心敬就读的私塾在鄠县是遐迩闻名的。私塾先生叫王鄯,字汉侯,是鄠县有名的望族子弟。他的父兄都中进士做了官。他本人虽然只是个诸生,那是由于他"代兄董门户农耕,遂弗得专其业"(《续集》卷二八《德行文学汉侯王先生墓碑》)的缘故。据说王鄯潜心研究科举考试多年,"于经书旨趣、时艺机法研穷入微",而且写出来的文章"清灵圆练"。即使鄠县那些已经中了举人进士的人,也未必能比得上他。当时的一些士人认为王鄯要是不放弃科举考试,必定能够"登巍科而知名当世"。

直面家庭的贫困,感念家人的辛苦,王心敬进入私塾后,就下决心刻苦读书。他给自己制订了宏伟的人生目标,赫然一番功名必得雄心壮志。他后来向人回忆说：

> 忆不佞十五六时雄心豪气，妄意三十时当使学业充实光辉，四十时当使道明德立。

（《续编》卷一五《与□□□□□》）

在这一辉煌的人生计划的指引和鼓舞下，尽管生活贫苦，甚至不免食不果腹，但是他攻读刻苦，用功异常。试想他追随全县最知名的制艺老师，自己学习又十分刻苦努力，中进士夺功名应当是比较容易的。

然而康熙十一年（1672），被病魔折磨得疲惫不堪的笃恭公于二月份病逝了。这时的王家，不但十分贫苦，而且成了孤寡之家。家中的八个成员分别是：王心敬七十六岁的祖母温氏，四十六岁的伯母陈氏，四十二岁的母亲李氏，十七岁的王心敬，十五岁的堂弟王心广和还处在幼年的堂弟王心正，还有王心敬的一个妹妹和一个堂妹。在男耕女织的农业社会里，一个没有壮年男丁的农耕之家，其贫苦愁楚之状是可想而知的，更何况是原本已经十分穷困的家庭。

笃恭公的去世，使王心敬的读书再次面临困阻。亲戚和族人担心继续供他读书，会使王家倾家荡产，大都劝说他的母亲李氏放弃供读。李氏婉谢了亲族的关心，不只坚持要继续供他读书，还要送已到读书年龄的堂弟王心广去读书。李氏与陈氏二孀妇外督农耕，内忙纺织，然而家境不见好转，"拮据卒瘏之苦"依旧难免。为了不使子弟辍学，她们不得不"毁产抵债，课子读书"（《正编》卷二三《先慈李孺人行述》）。当年母亲与伯母的凄惨经营之苦，自己和堂弟的刻苦攻读之状，即使晚年的他回忆起来，依然记忆犹新，泪落沾襟。

> 每午夜擎灯，我母与我伯母东西对绩，必呼不孝兄弟就灯诵读。虽风雪凛冽，往往鸡鸣未已。其一段苦心调剂、惨淡经营之况，至今念之犹令人泪下难禁也。

（《正编》卷二三《先慈李孺人行述》）

大概是贫寒士子深感读书之不易的缘故，他读书异常用功。康熙十二年（1673）夏天，他顺利地通过了童试，成为鄠县的县学生员，生员也就是我们俗称的秀才。康熙十三年（1674）秋天，他又因学习成绩优异，被增补为廪膳生员。这就意味着他可以得到官府发给的一定数额的伙食银两，而且还能免除丁银,另外,地方官员还须以礼相待①。他作为廪生在经济上的优惠,对王家来说,真如雪中送炭。要知道康熙十三年(1674)二月,清廷命镇西将军席卜臣督师西安,抵抗吴三桂的叛乱。军队的一切物资需求,都摊派到了陕西民众的头上,贫穷孤寡的王家亦不能免。再兼三月鄠县蚰蜒蜂起,几乎吃光了全县的麦子,勤劳务农的王家亦不能幸免。此时的王家不只饱受饥寒的煎熬,还备受债主的逼迫,拮据之状,苦不堪言。他增为廪膳生员的消息,对家人而言真是喜从天降,多年扛在背上的重负也似乎顿然放下来了。亲族们也都前来王家向李氏道贺,都以为他一定可以登高第而享富贵。

王心敬被增为廪膳生员不仅是对家庭的最好回报,更是对他自己的莫大鼓舞。嗣后,他学习更加刻苦,不仅熟背时艺范文,而且熟读"韩、柳、欧、苏之文",所以,他的作文水平大大提高,以至于二十岁时已经"文名藉甚"。

康熙十六年(1677),王心敬二十二岁,陕西举行岁试。这次考试是士子们步入科举考试之前的一场非常重要的考试。考试由陕西督学使主持,考场设在学道的驻地三原县。参加考试的是陕西五府、十州、七十五县的附生、增生和廪生②。王心敬就是这些莘莘学子中的一员。那么,此次考试,他考得如何呢?对他的这次考试情形,关学学者刘绍攽(1707—1778,字继贡,号九畹,陕西三原人)有如下描述:

(王心敬)为邑弟子。岁试,提学遇之不以礼。心敬发愤曰:"昔陶令公不为五斗米折腰,我岂恋一青衿乎?"遂脱巾帻出。除其籍。

(刘绍攽:《九畹古文》卷一《关中人文传》)

按《说文解字》"帻,发有巾曰帻",可知帻是束发用的头巾。然而清代强制编发,是不用头巾的,而且生员的冠带也是有严格规定的:"顺治二年,颁定生员品服式,银雀帽,顶高二寸,带用九品。"③可见,所谓的"脱巾帻",应当是摘掉银雀帽。王心敬脱帽而出,看似是他自己主动放弃了考试,原因却是学道的"遇之不以礼"。按照清代的规定,当童生通过考试成为生员时,官员必

---

① 白钢主编:《学校考选制度》,《中国政治制度史》(第10卷),北京:人民出版社,1996年版,第511—516页。

② 陕西省地方志编纂委员会编:《行政组织》,《陕西省志·政务志》,西安:陕西人民出版社,1997年版,第35—36页。

③ 萧一山:《清代通史》(一),上海:华东师范大学出版社,2006年版,第487页。

须以礼相待。看来,这位学道不仅失礼,而且失职。至于这位学道对他怎样的无礼,我们已经无从得知。不过,从他后来论保举时反复强调"上之待士务须以礼"(《续集》卷六《学校选举迁议》)来看,他对主考官"待士失礼"(《续集》卷六《条疏保举议》)的言行可以说是深恶痛绝。所以当主考官无礼地对待他时,他便毫无顾忌地脱帽而出。他的这一壮举带来的后果是学道"除其籍"。所谓"除其籍",就是按"犯规被除"(段光世:《鄠县志》卷四《选举》),即取消了他本次岁考的考试资格甚或来年科考的考试资格,并非注销了他的生员学籍。

王心敬此举,有人说他是出于年轻气盛时的莽撞。他自己壮年以后,逢人问往事,常回答说"仆少年狂妄"(《正编》卷一六《答友人问近来日履书》),或许他将之归于"狂妄"。但是我们借此不难看出,他当时是一个非常看重道德礼仪的青年,而且很有骨气,不乏胆识。

第二节 转向理学

如果说王心敬走出考场后,心里仅有一丝悔意的话,那么,在迈进家门之前,就不只是挥之不去的悔意,还应当抱有深深的愧疚之情。当他忐忑不安地向母亲李氏道明原委之后,李氏不但没有责怪他,反而说:"人生要当以圣贤为期,科第固所借以进身,德业尤所本以立身;苟德业不足,即幸掇巍科,跻肮仕,非所愿也。"(李颙:《二曲集》卷一九《母教》)李氏的这一番话,使他惴惴不安的心平稳了下来,他对母亲能够理解自己而充满感激。自此以后的一段日子里,他躬耕田亩,奋力拼搏,唯图能够改善家庭的经济状况。

胸怀"稷、契、周、召之志,勃勃不能自已"(《正编》卷一六《答友人问近来日履书》)的王心敬真打算终其一生俯首田亩吗?农闲之时,他经常思考这个问题。最终,他还是决定择师学习。"于是,加意遍访当世名贤,择为师资"(《续编》卷一六《答梁质老书》)。当闻知盩厔(今陕西周至)的李颙(1627—1705,字中孚,学者称"二曲先生",陕西盩厔人)乃"当世儒宗"之后,即打算前往拜访。然而一经详细打听,才知道李颙两年前已经移居到富平去了。富平距离鄠县比较远,往来其间实在不易,只好暂且作罢。

康熙十九年(1680)初,王心敬得知李颙已经于前一年秋天返回盩厔。又见此时家境已经渐渐好转,而且堂弟王心广业已成人,完全可以主持家务,他遂向母亲提出往盩厔学习的想法,李氏欣然应诺。然而"其内外亲眷及邑之素爱心敬者,恐于举业有妨,交讽互阻,引譬百端"(李颙:《二曲集》卷一九《母教》)。面对亲族邻里的劝阻,李氏不为所动,笑着向众人说道:"士各有志,吾不忍遏也,本其中心。"(《正编》卷二三《先慈李孺人行述》)于是,在母亲的支持下,他于康熙十九年(1680)负笈徒步前往盩厔,拜李颙为师①,潜心"讲明性理治理源流"(《续集》卷一二《拟谢恩陈言疏》)。

王心敬由科举转向理学,看似突兀,其实有其深刻的原因,比如家庭教养就是其中一个重要的原因。他出生在一个十分有教养的家庭,特别是他的父亲中悦公和母亲李氏都具有很高的道德素养。

中悦公被鄠县的乡绅们评价为"鄠邑百年中仅见完人"(鲁一佐:《(雍正)鄠县重续志》卷四《人物》)。经乡绅建议,鄠县知县提请,他于乾隆二年(1737)被奉旨祀入鄠县忠孝祠。探究其原因,归纳起来看,应当有两个:一是居家孝敬父母,友爱兄弟,慈爱子侄;另一是处宗族乡党,自己节口缩腹,而对他人扶危济困。尤其是他的孝行,据说鄠县无出其右者。对其孝行,《(雍正)鄠县重续志》有如下记载:

> (忻)年十九,流寇陷城,酷拷病母,索银帛。忻以身护母,贼怒,以刀斫其右腕。忻仍牵之不去,贼愈怒,复于头顶连斫二刀。忻昏迷,卧地,经一夜方苏。

(鲁一佐:《(雍正)鄠县重续志》卷四《人物》)

中悦公舍身救母的行为深深地感动了鄠县及其周围县邑的人们,鄠县当道的官吏将他的孝行旌表"为乡党矜式"。待他中年病逝之后,"邑之缙绅耆德重其行谊,无不感叹恸惜"。试想中悦公如此大孝之人,在"百善孝为先"的农业伦理社会里,他的道德素养是何等崇高,何等受人敬仰。

尽管中悦公病逝时,王心敬只有十岁,但中悦公在道德修养方面对他的

---

① 王心敬师事李颙的时间,惠霱嗣《历年纪略》和吴怀清《关中三李年谱》都记载是康熙二十一年(1682),其实这是有误的。王心敬每谈及其师事二曲时,俱言其年二十五岁。如《正编》卷二三《先慈李孺人行述》"年二十有五,乃教离家就学二曲";《续集》卷一二《拟谢恩陈言疏》"臣年二十五,即令臣谢诸生业,从盩厔处士臣李颙讲明性理治理源流";《续集》卷一三《答宝应朱光进》"又待二年,二十五,乃始决计奉母命,弃诸生,肄业二曲";《续集》卷二一《又〈答逊功弟〉》"二十五岁乃离家从先师子李子学";等等。王心敬生于顺治十三年(1656),二十五岁时值康熙十九年(1680)。所以,王心敬师事李颙的时间是康熙十九年(1680)。

影响是十分深远的。比如中悦公给他所取的"心敬"之名,就对他具有影响终身的道德鞭策作用。他晚年讲学时,曾对学生这样说:

> "心敬"之名,先君所命。余每顾名思义,辄自惕然。先君虽蚤逝,不啻终身耳提而面命。欲报之德,昊天罔极,岂独生育之恩?
>
> (《正编》卷三《语录》)

足见,中悦公对他道德方面的影响相当深远。

王心敬的母亲李氏是一位非常贤惠的农村女性,前文已有所涉及,现在比较集中地说说。雍正二年(1724)鄠县官绅为李氏建坊,将之祀入鄠县节义祠,原因是她生前颇有"懿行"。这些"懿行",按《鄠县志》的记载,归纳起来无外乎三个方面:一、守苦节五十余年;二、以"古圣贤成法"教子成才;三、晚年维持了一个五十余口的和睦大家庭。其实,这些统统都是皮相之谈。李氏能做到这些,根本原因在于她个人有很高的道德素养。下面我们来看看,王心敬记载的有关李氏的一件小事:

> 昔居北关,□日院柰只产一果,献神毕,手切如豆大,令之遍尝其味。
>
> (《正编》卷二三《先慈李孺人行述》)

要知道此时的王家主仆大小,"阖门五十口"。她竟然要让家里的人都尝到这个柰子,故而不厌其烦地将之切成豆子大小。从这件琐碎的小事上,我们不难看出李氏是何等的重视公平。然而这公平的背后,更是她有一颗一视同仁的善心。借此可见,李氏的道德修养境地。到此我们也就不难明白,当王心敬放弃考试后,她为什么没有责怪;当王心敬欲往盩厔侍学李颙时,她为什么支持。

王心敬生活在这样一个崇德重孝的家庭,从小在父母言传身教之下,他就很重视道德修养。在他的意识中,道德修养对人而言是最为重要的,其他与道德无关的事物并不十分重要。

自康熙十二年(1673)十八岁的王心敬来到鄠县的儒学读书,他的视野便渐渐地开阔了。他不仅接触到的人和事多了,而且能够见闻到他此前不曾见闻到的书籍。这些书籍对喜欢读书的他来说,具有极大的吸引力。尽管儒学学科为"四书""五经"《性理大全》《资治通鉴纲目》《大学衍义》《历代名臣奏议》和《文章正宗》等书,以及适应科举考试的时文之类,超出这些规定的书绝不允许通读。但他通过到书肆查阅和向学友借阅,四五年间阅读了很多科举考试以外的书籍。他成年以后,曾向他老师李颙的朋友梁份(1641—1724,字质人,南丰人)追述过这段经历。其述说如下:

> 迨二十二三稍稍涉猎经史群籍,幸而天牖之明,每睹古盛德大业之概,辄爽然自失者累日。已乃自奋,以为大丈夫出不能建□夔、伊、傅之业,处□□□孔、曾、思、孟之学,而沉溺于浮华口耳之□□□□□程之日。

(《续编》卷一六《答梁质老书》)

他所谓的"经史群籍",不只是儒家的经书和历代的历史典籍,还包括宋明理学的"周、程论道诸书"(《续集》卷二一《又〈答逊功弟〉》)。对这些书籍的大量阅读,使他知道了功业建立的正途,更使他明白了人生追求的正道。这些闻知更是坚定了他的信念:道德修养对人而言是最为重要的,其他与道德无关的事物并不十分重要。基于此,他认为即便是追逐功名利禄,也应当是建立在道德基础上的功名利禄。当他以此见识来反思自己当下从事的科举制业之时,他发现科举其实只不过是"浮华口耳之学",自己数年刻苦攻读制举,其实只不过是"沉溺于浮华口耳之学"。这完全背离了他就塾之初立下的"三十时当使学业充实光辉,四十时当使道明德立"的人生计划。正是他人生中这一重要的反思,使他在"迷途"中渐渐地清醒了。所以当主考官待他不以礼时,他毫无顾忌地脱帽而出,并最终选择了追随李颙,走上研究宋明理学的人生道路。

第二章　学道赖苦修

王心敬自康熙十九年(1680)初负笈盩厔至康熙二十八年(1689)夏抱病归鄠县,追随李颙学习达十年之久,即其所谓的"学于盩厔者十年"(《续集》卷一〇《拟谢恩陈言疏》)。在这十年之中,除每年回家探亲两三次和羸病回家调养之外,他都埋头在盩厔学习。尽管在盩厔过着几乎举日食粥的清苦生活,但他侍从李颙,闻其言即践之于行,磨砺十年,终成真儒。

第一节　读书并实践

王心敬风尘仆仆地赶到盩厔后,却没有马上纳贽拜李颙为师。而是尾随李颙的门徒,暗中考察着他的人品和学术。他发现李颙其人有言有行,其学有体有用,而且即其行可以验其学。他不禁感叹,先生"正学高风"(《续集》卷二五《泾州新创二曲先生生祠记》),名实相副,不愧"为世儒宗"(王心敬:《二曲集》卷首《小引》),遂心悦诚服地纳贽拜师。这也就是他后来回忆时,所谓的"二曲李子自频阳归里,乃熟察其学术人品之详,而纳贽焉"(《续编》卷一六《答梁质老书》)。当李颙接收他为弟子后,他不无庆幸地说:"每恨此生知学之晚,独喜此生得师之明。"(《正编》卷三《语录》)

王心敬跻身李颙之门墙后,也被李颙暗中观察。当李颙的道友张承烈(1632—1693,字尔晋,号淡庵,陕西武功人)书信向李颙问及王心敬时,李颙是这样回答的:

> 来翰询及鄠邑王生,此子智圆行方,躬修允蹈,心若青天白日,品犹野鹤孤云,气魄宏毅,将来可望以任重致远,仆甚属意。
>
> 　　　　　　(李颙:《二曲集》卷一六《又〈答张淡庵〉》)

显见,无论是王心敬的人品,还是学习,李颙都十分满意。他还对王心敬寄有厚望,所以特别予以关注。

王心敬虽然有名师指教,苦学有得,但他并未放弃生员学籍,对科举考试仍然抱有希望。康熙十六年(1677),他虽然被取消了岁考甚至科考的考试资格,那也只是由于他冲撞了学道个人而已,学道到地方巡学三年后又会被调回中央,所以冲撞学道对他的科举考试影响不大,并不会断送他的科考前程。再者,清廷规定"游学远方"不能按时参加考试的生员,"均给假限期补考"[①]。这样的话,游学盩厔与在鄠县参加科举考试并不冲突,他也没有放弃生员学籍的必要。

同时,我们应当明白,尽管科举考试延续到清代已经弊端百出,但它在选拔人才方面相对还是比较公平的。尤其对于王心敬这样的"草泽寒士",科举考试不能不说是他出头的十分可行的途径。更何况初学理学的他认为参加科举考试和研习理学本身并不矛盾。试看看他的说法:

> 即举业而理学未尝不在其中,况当世科目之内,未尝无好修之士,不随流俗为言者哉!

(《正编》卷二〇《答襄城刘啸林书》)

他的上述说法是有一定道理的。仅就科举考试的内容来看,无非是儒家的"四书""五经",这与理学研习的书籍无异。不同就在于为学的目的、治学的态度和学习的方法而已。

> 举业是进身之资,若能即举业中项项实明其理,言言可见之行,即进德进业之根柢在斯。

(《续集》卷二九《书卷》)

从事科举者,只是把"四书""五经"视为步入仕途的敲门砖,大多只是诵读其文章,粗识其文意,足备应试作文之用而已。而理学学者不只要诵读文句,还要参透其中的道理,更重要的是要将之付诸实践。对王心敬而言,对"四书""五经"就不仅要诵之于口,还要践之于行。

既要侨居盩厔修习理学,又要返回鄠县应付科考,王心敬不免奔波之苦。即使雨雪天气,他也不得不艰难跋涉于盩厔与鄠县之间。他当时的奔波情形,借下面这首小诗可见一斑。

> 长杨驿路水云寒,几度急流几度难。
> 羸马日西策不进,前途石路尚漫漫。

(《续集》卷三一《雨后二曲道中》)

由于他的艰难奔波,再兼物质生活条件一直比较差,康熙二十三年

[①] 萧一山:《清代通史》(一),上海:华东师范大学出版社,2006年版,第487页。

（1684），他终因体羸而病倒了。在这种情况下，他的母亲李氏劝他放弃科举考试，他遂断然注销了生员学籍。从此他终结了十多年的科举生涯。他后来回忆自己的学习经历时，说："然以敝邑惟制举之尚也，亦仅随俗尚制举为立身之藉，如是者且十余年。"（《续编》卷一六《答梁质老书》）自此以后的六年中，他追随李颙，"朝夕执侍，一意暗修"①。这也就是他所说的"某年未三十即谢掌故之业，匿影讲习千圣之宗传"（《续集》卷一五《答三原李重五先生》）。

李颙早年即对科举不屑一顾，将之称为"俗学"。在他看来，那些被认为好学的士子，"彼终日揣摸者，全在富贵利达，起心结念，满胸成一利团"（李颙：《二曲集》卷三《常州府武进县两庠汇语》）。所以他十九岁时，"有人勉以应试者，笑而不答"（惠龗嗣：《二曲集》卷四五《历年纪略》）。王心敬放弃科举之后，有继承道统之志，修习更加努力。李颙真是看在眼里，喜在心里。他不无高兴地对王心敬说："汝聪明过人，吾安得不喜，竭生平所蕴而传授之，舍汝其谁？"（李颙：《二曲集》卷一六《答王心敬》）自此以后，他对王心敬的"提诲尤谆"（王心敬：《二曲集》卷二九《〈四书反身录〉识言》）。特别是对王心敬仅能讲明书中的道理，而不能鞭辟入里，用心体贴之处，他一毫不肯放过，时时督促，步步紧逼，使之"自观自觅"，"自成自证"。

> 今汝谈论，凡有是处，亦皆聪明之发也。语虽无病，然纵语语皆是，千是万是，终是舍己之田，而耘人之田，终靠不得一毫，无病亦是病。今而后须黜汝之聪，堕汝之明，昏昏冥冥，自观自觉，务求终身靠得著者而深造之。
>
> （李颙：《二曲集》卷一六《答王心敬》）

在李颙的不懈鞭策下，王心敬"日获闻所未闻"（《二曲集》卷二九《〈四书反身录〉识言》），终于明白学问要在"心上用功"。诵读儒家典籍，也只不过是"特借以开发本心，印正本心"（《正编》卷一八《又答佟体乾以不能多读为憾书》）而已，并不是为了追求知识，讲明道理。嗣后，他研习儒家著作，开始自觉坚持"反身实践"（《二曲集》卷二九《〈四书反身录〉识言》）。"反身实践"是李颙提出的攻读儒家经典的方法。李颙认为士人对儒家的典籍"童而习之，白首不废，读则读矣，只是上口不上身"（李颙：《二曲集》卷二九《二曲

---

① 吴怀清：《关中三李年谱》，西安：陕西师范大学出版社，1992年版，第82页。

先生四书说》）。故而他要求士人对于儒家典籍上讲的道理要体验于心，践履于行。在老师的指导下，对于如何"反身实践"儒家的典籍，王心敬有了自己真切的感受。

> 读书须知古人命意所在，不可泥文害意；又须反身实证，不可靠人语言训诂。然大要在身体力行，否则终属玩物丧志。
>
> （《正编》卷三《语录》）

他认为"身体力行"就是李颙主张的"反身体认之旨"，即要求理学学者研读儒家典籍必须"反身实践"，"反身体认"，"反身实证"。他认为这是"正学"（理学）在学习方法上区别于"俗学"（科举）的根本性标志。后来他在教育门徒时也坚持这一读书方法，甚至于将"反身实践"的读书方法载诸《家训》，传于子孙。

> 所读之书，读时期于反上身来，贴切理会；遇时遇境，期于将所读者依傍行习。久之，则书与我浃洽。读时既津津有味，行时亦非格格不合。能读一部胜十部，读一句胜十句也。若徒入耳出口，虽多奚益？
>
> （《正编》卷二六《丰川家训》卷上）

"反身实践"的读书方法，真正将王心敬从科举蹊径引导到了理学正道上，故而他将"反身实践"看得最为重要。甚至在他看来，"孟子'求放心'三字括尽千古学问要领；二曲夫子'反身'二字括尽千古读书要领"（《正编》卷四《语录》）。但需要注意的是，李颙主张"反身实践"侧重于"四书"，他的《四书反身录》就是明证。王心敬还将"反身实践"拓展到了"五经"，早在康熙二十三年（1684），他就著有《尚书反身录》。后来，他甚至将"反身实践"的读书方法推向经济类的书籍。

第二节 病中染佛老

王心敬在盩厔学习期间，家境有所好转，但依旧不能拔出贫困的泥潭。无论外有王心广勤于农耕，还是内有李氏率子妇忙于绩纺，都无法挽回天灾带来的损失。康熙十九年（1680）秋天，大雨连绵数十日，漂没了王家很多耕田，不但毁坏了当年的秋收，还流失了不少土地，这几乎剥夺了王家赖以生存的资本。

李颙的物质生活向来贫乏。康熙二十三年（1684），久旱无收以来，"先生家计穷甚,并日而食"(惠龗嗣:《二曲集》卷四五《历年纪略》),甚至有揭不开锅的窘状,以致远道来访的客人"枵腹而归"。王心敬目睹老师的清苦状况,每每以不能接济为愧,更不用说豁免或拖欠束脩之奉。故而他就学盩厔期间,"一切衣食书膏之费",家里或有不给之时,则不免典衣鬻器,"典衣鬻器之不足,而益以贸田产,贷重息"(《正编》卷二〇《谢学宪朱可亭先生书》)。在这种情况下,他在盩厔学习期间的物质生活状况可想而知。据说他几乎每天"煮糜以食"①。他的身体渐渐虚弱,最终患上了体羸症。但他并不以此为意,反而鼓励自己说:"阅历艰苦一番,方进一格,可见人生安常处顺,非好消息。"(《正编》卷四《语录》)他直面贫穷的生活现状,忍受着病体带来的巨大痛苦,艰难地磨砺着自己的意志。几次差点儿支撑不住,他还是咬紧了牙关,挣扎呀,挣扎。他甚至警语题壁,用面壁自醒的方式来鼓励自己继续坚持。

> 夜来独自检点,遇利害得丧,有多少憧憧往来处?此是平日存省无力,故临境主宰不定耳。昔明道十六七时,便有吟风弄月襟况;及主吾鄠簿,年始踰冠;《定性》一书开辟启奥,直跻颜氏心行。非其闻道有素,何以至是?今余年踰三十,讫无得力。仰观先哲,负愧何言?呜呼!往者不可谏,来者犹可追。自兹以往,尚其勉图后效,以赎前愆。无使后之视今,犹今之视昔也,则幸矣。

(《续编》卷二一《书壁》)

这是他在三十岁生日时写在墙壁上的鼓励语言。他试图通过这种方式来鞭策自己,在刻苦修习中忘记身体的痛苦。然而这无疑是在肉体上的自我摧残,最终他还是病倒了。自康熙二十一年(1682)至二十八年(1689),他几乎每年夏天都会因体弱而病倒,最终不得不回家卧床静养。

王心敬抱病在家静心休养,但并未废书不观。昔日对古文的浓厚兴趣,再次如烈火般的复燃了。下面这封信是他在康熙二十一年(1682)归鄠养病期间写给老师李颙的。从中可以看出他当时耽于古文的情形。

> 敬自四月望八日归,杜门却扫。博涉秦汉以来诸传世之文,日来自觉意所欲言百千。言无难立就,虽愚不自识,视古作者何如,已觉非复向来凑泊装缀之陋矣。惟是少知味,则愈益嗜之不厌。天行

---

① 刘青芝著,钱仪吉编:《王征君先生心敬传》,《清代碑传全集》,上海:上海古籍出版社,1987年版,第651页。

酷热,斗室蒸炉中,手不停披,口不辍吟,日以继夕。耽索为劳,每痛抑之,辄不自禁。不惟神气渐觉虚耗,亦且显蹈玩物丧志之辙。乃知世间溺心事,虽文章技艺未尝不等于淫声美色。如敬者凤事心宗,犹且入其中而溺不知止,矧胸无成见者乎? 先正重教人读经静坐,不轻教人学诗学文,良有以也。自今以往,当一意循守朱子学规,半日读书,半日静坐矣。

(《正编》卷一六《上二曲夫子书(壬戌)》)

据信可知,他养病期间,嗜好古文的阅读和写作而不能自拔,以至于加重了羸弱之症。不过,他反思后认为对古文嗜好不厌,也会陷于玩物丧志。甚至认为"文章技艺"如同"淫声美色",应当严绝。他晚年曾向联宗兄弟王承烈(1666—1729,字逊功,号复庵,泾阳人)回忆说:"当二十五岁以前意中殊爱韩、柳、欧、苏之文,乃二十七八遂觉入口如同嚼蜡。"(《续集》卷二一《又〈答逊功弟〉》)由此可知,自此反省以后,他确实不再沉溺于古文。

但是他对古代诗歌的爱好却并没有摒绝,而且终身爱之不弃。起初他仅仅是诵读古诗,后来病中却不无抒情言志之类的诗歌创作。康熙二十七年(1688)夏,归里养疴期间,他即寄情诗歌,时有创作。康熙二十八年(1689)夏,他结束游学。归里后,即闭门养疴,诗歌创作"三数十首"。后来他将养病期间所作诗歌编次装订,取名《病居浪吟》。他养病期间的作诗情形,可于下文略见一斑。

己巳仲夏,归自二曲。乃草创小斋于居左,藩以茅竹,杂植时花数种。长日谢绝人事,闭门养疴。或良辰佳候,遇风日晴美,则独步郊原,临河长啸,兴尽而返,仍复掩关独居。中间时物变迁,古今感触,因缘成声。

(《续编》卷一九《病居浪吟小引》)

无论是敛足院内,静观茅竹花草,还是独步原野,临河长啸,都可以反映出他具有雅致、洒脱的诗人气质。但是作为一个儒者,他坚持诗以言志,文以载道,故而他的诗歌中多是言志、寓道之作。通过这些诗歌,我们可以感觉到他抒发性灵时的雅致和展现境界时的洒脱。

王心敬在家休养,不免时有被人打扰,而且夏天家里酷热难耐,后来他便到终南山的寺观中借宿休养。康熙二十二年(1683)至康熙二十八年(1689)间,他多次借宿于清凉山的三清庙和紫阁山的大圆寺休养。他曾说:"余少抱羸疾，性喜山居，故清凉、大圆诸刹屡假静摄。"（《续集》卷二五《增修慈云山大悲禅院碑记》）他在寺观静养期间，虽携有儒家著作，但还是禁不住读了许多佛教和道教的典籍。

> 洎以多病，每喜读宋明诸儒先性命之言。即道释藏中如《五祖》《七真》，及释氏《传灯》《指月》等录足以发明心地之说，亦且穷探旨归，嗜之不厌。
>
> （《正编》卷一六《答友人问近来日履书》）

他觉得阅读佛道之书，有助于心性修养，因为佛道也是讲心讲性的，这方面和宋明儒者的书籍可谓异曲同工。所以他不但阅读佛道之书，而且"嗜之不厌"。在佛道思想的影响下，他甚至有"闭门静坐十余日，目不涉一字，口不与人交一语者"（《正编》卷一六《答友人问近来日履书》）的行为。但是当他走出寺观，回到家中，直面"老母在堂，人事日增"的现实，他深深地明白佛道的理论"竟有全不可行，并全行不去者"（《正编》卷一六《答友人问近来日履书》），遂又回归"四书""五经"，继续研习儒家典籍。经过这一番出入佛老的经历，他深刻地感受到：

> 吾儒之道原是经世之道，故一切虚者归实；二氏之道原是出世之道，故往往实者归虚。不实不足经世，故吾儒所尚者仁义、礼智、忠孝、节烈；不虚不足以出世，故二氏所尚者虚无、空寂、清净、超脱。
>
> （《正编》卷九《侍侧纪闻》）

但是他仍然坚持儒者应当阅读佛道的典籍，并间往寺观参修，甚至盩厔的重阳宫，他也常往之，而且"经过每喜参仙偈"（《续集》卷三一《过重阳宫题重阳真人遗像》），企图洞悉"性命双修"的"全真之旨"（《续编》卷九《又与李重五先生论玄宗与吾儒异辙书》）。他自言这样做能够弄清楚佛老的思想，以避免受佛道思想的渗透，从而维持儒家思想的纯正性。即他所谓的"若不读佛道书，究不清佛老宗旨，将不知不觉堕入禅玄之窟而不自辨者"（《续集》卷五《论禅玄》）。所以，他反对儒者不读佛道书籍的主张，而大力提倡儒者阅读佛道典籍。其说如下：

> 要得圣学路径清楚，正须讲得禅玄头项分明，然后吾儒二氏各自还其本元。若必执不读禅玄书，不明得二氏底里，正恐堕入二氏边隅也。
>
> （《续集》卷五《论禅玄》）

青年时代的这段经历对他的思想影响很大,尽管作为儒者,他对佛老的出世思想多所批评,但他终其一生与僧道不绝往来,而且他的理学思想中不时折射着佛道的思想光芒。他有一首诗歌,可以作为他对佛道思想的态度以及他的理学思想与佛老思想的关系的表白:

> 曾向禅门问路,也从道教寻宗。
> 当念还元返本,霎时海阔天空。
>
> (《续集》卷三二《与客谈禅玄》)

问路禅门,寻宗道教,这是他对自己思想内涵的独白,同时,也是对他思想成因的透露。在以后章节中我们会比较详细地挖掘他思想中所蕴藏的佛道思想。

第三节 立志振绝学

王心敬自康熙十九年(1680)初至康熙二十八年(1689)夏,师从李颙达十年之久。在这十年中,李颙倾囊相授,他遵闻行知,知行并进。那么,他到底从李颙那里学到了什么? 其实,对于这个问题,泾阳王承烈就曾向他问起过。他是这样回答的:

> 二十五岁乃离家从先师子李子学。当此时也,不惟少年情好之私与科第之念,置诸意外;并日前作诗写字结习,亦皆准旨酒例戒而绝之。日惟静坐体认,外于诸经次第诵读,于宋明诸儒先遗言次第研求。三年之外,乃次第及历来经济类书,又次第及历来传世文集。当二十五岁以前意中殊爱韩、柳、欧、苏之文,乃二十七八遂觉入口如同嚼蜡。又当二十五岁前后初读诸理学先生文集语录,亦辄切望洋之叹。及三十前后,则辄若皆道吾家常共有之物,且觉此物之自有精粗浅深,凡所为先后本末之辨者厘然其莫淆,而诸儒先之精粗浅深,亦遂一入目而朗朗其莫掩矣。
>
> (《续集》卷二一《又〈答逊功弟〉》)

从他的回答中,我们可以看到他多年追随李颙不只诵读"四书""五经"以及宋明以来诸儒的著作,而且还研读经济类书和传世文集。我们再结合李颙弟子张珥和李士瑸记录的李颙早年所开的读书目录《体用全学》和《读书次第》来看,王心敬所读之书既有明心见性的儒学著作,也有经世致用的实学

书籍,可以说他从李颙那里学到的应当是"体用全学"——"明体适用"之学。对于"明体适用",李颙有如下解释:

> 穷理致知,反之于内,则识心悟性,实修实证;达之于外,则开物成务,康济群生。夫是之谓"明体适用"。
>
> （李颙:《二曲集》卷一四《盩厔答问》）

李颙"明体适用"虽然没有突破儒家内圣外王的为学范围,但他将心性之学与经世之务结合了起来,其目的"是以适用修正明体"①来克服阳明末流的空疏之弊,这在当时是极有价值的。王心敬继承了李颙"明体适用"的学旨,并将之发展为"全体大用,真体实工"。

不过,李颙毕竟是个理学家,尽管他为学提倡"明体适用",但还是偏向于"明体"。这从王心敬对其学术宗旨的概括中可以看出。

> 先生生平之学以尽性为指归,以悔过自新为心课,以伦常纲纪、出处取予为实致之地,以静坐体认喜怒哀乐未发气象为知性之方,以读"六经""四子"及诸儒之言反身体验为穷理入门之要。
>
> （《续集》卷二五《泾州新创二曲先生祠记》）

王心敬认为这就是"先生之学宗"。在这里我们看到的尽是理学的思想,而看不到丝毫经世致用的主张。这并不是说李颙不重视经世之用,而是说李颙的思想中,理学或者说"明体"是最重要的。这一方面王心敬很像李颙,他大谈经世之学,但是其实经世之学只不过是心性之学的表现,他认为"经济即道德,而要之道德则本也"（《续集》卷二一《答桐城方灵皋》）。

宏观地看,王心敬除了继承李颙的"体用全学"外,还继承了李颙"即行可以验学"的思想和作风。"即行可以验学"是他对李颙一生以身卫道的艰苦卓行的概括,其意思就是用理学家的日常行为来检验他所主张的理学思想:言行一致,则其学为正学、其人为真儒;言行不一,则其学为伪学、其人为伪儒。他认为就"即行可以验学"方面来看,李颙可以称为典型。他说:"即行可以验学,二曲夫子于辞受进退间,七十年壁立如山,尤有凤翔千仞之概。"（《正编》卷九《侍侧纪闻》）尤其是李颙"既高之年,犹孜孜乎勤学好问,检躬省身如不及"（《续集》卷二五《泾州新创二曲先生生祠记》）的情形,在他的心

---

① 侯外庐主编:《中国思想通史》（第五卷）,北京:人民出版社,1956年版,第292页。

中烙下了深深的印迹,即使他晚年回忆起来也历历在目,向人道来如数家珍。对"二曲夫子抱道怀德,不轻仕进"(《正编》卷一七《与济宁赵荐清》)的高风亮节,他更是钦佩不已。

> 况其清操峻节,挺然以身树名教之坊,而屹为一代师法,则尤所为行俱教俱,以身卫道者哉!

(《正编》卷一三《传道诸儒评》)

可见,王心敬将李颙的理学思想与行为结合起来,提出了"即行可以验学"的命题。当然,"即行可以验学"与前文的"反身实践"有紧密的联系。"反身实践"是在阅读儒家典籍时,要体验于心,践履于行;"即行可以验学"是就理学者日常生活中的行为来验证其学术,考证其人品,但都主张道德的践履。这些都是李颙传给王心敬的精神财富。王心敬后来提出的"据行事以索心术,即心术以定人品"(《江汉书院讲义》卷三《下论》)的评定学人的标准就是由"即行可以验学"发展而来的。

自唐代的韩愈、李翱为儒家建立了道统,宋儒起而承之,自此儒学则代有所传,然而不同的理学学者对于具体的传承认识有所不同。王心敬有强烈的"卫道之念",所以他的道统观念很强烈。他自己建有儒学传承谱系,从其《答友人论学脉书》和《传道诸儒评》可以看得很清楚。不过,他的《感兴(其十)》也大略地传达了他的道统谱系。

> 日月经天地,万古映八埏。
> 冥冥大道门,庖羲启真诠。
> 历黄及唐帝,一中阐心传。
> 舜畅十六字,三代均此宣。
> 周陵皇纲坠,一线韦素牵。
> 感图既已矣,诗书开群贤。
> 三传生亚圣,仁义揭七篇。
> 王泽湮暴秦,两汉仅言诠。
> 伟哉六朝后,文中映后先。
> 布衣属三九,独振濂洛前。
> 五星聚宋奎,宝鼎出沉渊。
> 渊渊洛川水,一脉延宋元。
> 更有江西派,到海同一源。

> 河姚继两宗,日月辉重泉。
> 悠悠二百载,二曲集其全。
> 天德兼王道,工夫达性天。
> 平平还荡荡,不党信不偏。
> 嗟予师二曲,二曲脉谁延?
>
> (《续集》卷三〇《感兴(其十)》)

《答友人论学脉书》《传道诸儒评》和《感兴(其十)》在表达他的道统观时,道统中开创者略有不同,但最后一位传道者——二曲先生,则是完全相同的。王心敬将李颙作为道统的最终传递者,有其学术层面的根据,其说具体如下:

> 先师李子闭户探讨上下古今,灼见道无二致,学非偏歧。于是苦心折衷,会合濂、洛、关、闽、河、会、姚、泾,而融为一家,以上印孔孟博文约礼、性道文章一贯之大宗。盖数百年间门户异同之见,自此而泯矣。
>
> (《正编》卷一五《答友人论学脉书》)

在他看来,李颙之学消解了理学内部数百年的门户之争——"朱、陆、薛、王之讼"(《正编》卷二一《二曲先生集序》)。他认为儒学内部程朱理学与陆王心学的争论甚至攻击,无异于同室操戈。争讼的结果必然导致儒学的衰落,即他所谓的"门户裂而大道歧"(《续集》卷一三《复逊功弟》)。李颙能够消解争讼,自然对儒学的发展、道统的维系,其功至伟。那么,李颙成为道统的终结者也是理所当然的。

李颙既为当时道统的终结者,而身为李颙学术传人的王心敬,似乎作为道统的传递者责无旁贷。"嗟予师二曲,二曲脉谁延"的试问,其实多少表明他自觉地以维护道统为任,所以他对李颙学说的继承和坚持,也就是对道统的维护。李颙谢世后,他毅然以维护道统为己任。当李颙之学被视为禅学而遭到"诽谤"时,他挺身而出,与之辩论。面对同门的规劝,他这样说:

> 且先师一生经百折而不挫者,所以卫世道也。今已盖棺而论定矣。为子弟者不能光昭而阐大之,罪已甚已。若复避嫌畏讥,曲意徇物,坐听狂诞之人攘攘焉,益其谤而增之冤,以为地下之恨,其为罪不滋重乎?是以仆数年来忌谤终有所不敢顾而是非终有所不敢徇也。
>
> (《续集》卷一六《答刘文璧》)

他自认为对师说的维护,实质是在"卫世道",根本原因就在于李颙是道统谱系中最后的传递者。之所以竭力地维护师说,也就是竭力地维护理学的发展。非但如此,他还要自觉完成李颙未竟之事业——消解门户的儒学建构。

> 况先师晚年谆谆折衷此学,每欲一消门户之偏私,会归孔孟之大全。其为心良苦,为虑甚深。为之后者纵不能光昭令绪,使大明于斯世;亦断不可使一传失真,贻恨师心,而误后生有志之士于将来。由前则千古道统护而持之,不宜陷于一偏;由后则师门宗传遵而循之,务须尽其大全。

(《正编》卷一六《与泾州诸同门书》)

李颙一生为学折衷程朱陆王,试图消解门户之争,从而复兴理学。但是他生前并没有看到门户息讼,理学复兴。他去世后多被朱学派学者非议,甚至攻击为禅学。故而王心敬接过李颙的接力棒,试图继续探索消解门户的理学建构,从而为理学的复兴作理论上的准备。

综上所述,王心敬对李颙之学是全面地继承,无怪乎清代学人称道李颙之学时,多说"率弟子王心敬传其学"(江藩:《宋学渊源记》卷上《李中孚》)。但我们应当明白,王心敬对李颙理学的继承和弘扬在一定程度上是对理学的维护和发展。

第三章　士人竟沉沦

在古代中国,社会人群一般被划分为士农工商四个阶层。士阶层是四个阶层中最重要的阶层,即所谓的"士为四民之秀"(《续集》卷七《赈荒末议》)。这是因为士阶层是一个有道德、有文化的阶层,属于整个社会中的精英阶层,不仅是国家的栋梁,还是民族的脊梁。所以在王心敬看来,非但"士则吾民之秀也"(《续集》卷七《积贮贷赈末议》),而且"士为国秀"(《续集》卷七《赈荒末议》),另外,他对士阶层还有具体的期待:

> (士)其人而良,即行止足以表风;其人而才,且足为师为令;更上之为文武大吏,足以经邦奠境。是为邦家之基、邦家之光,尤为国本攸赖耶。
>
> (《续集》卷七《积贮论》)

足见,士阶层在国家和社群中具有举足轻重的作用。然而恰恰是这一十分重要的阶层,在王心敬所处的时代出现了严重的问题——士人道德的普遍沦丧,即王心敬所说的"方今海内,士之进身,则礼义廉耻几不可言矣"(《续集》卷二四《又〈答中丞崔公书〉》),或许我们借用《文子》"贪得而寡羞"(《文子》卷一一《上义》)一语来表述更为简明扼要。由于士阶层在国家和社会中的重要作用,士人的普遍朽败,必然将影响到国家发展,故而王心敬有如下的考虑:

> 士风日益异:昔道德、功业、气谊、名节八字,当日士林虽实蹈者少,亦尚慕名者多;今则求知其事之为美而慕名者,往往阖郡之间亦不可多得矣。尚望其隐居切内圣外王之志,行义切天德王道之念,而将来真益于社稷苍生哉?
>
> (《续集》卷一五《又答逢公》)

士阶层不但不践履道德,而且不崇尚道德。足见士阶层道德滑坡的严重性。这必将给国家和民族的发展带来负面的影响。具体说来,士子唯利是图、官吏贪污腐败、学者无德无操,都势必误导社会趋向非文明状态的发展。

第一节　士子竞名利

如众所知,清代最基本的选官制度是科举制度。科举制度是在坚持"学而优则仕"的原则下,以儒家的"四书""五经"为主要考试内容,以八股文为主要考试形式的选拔官吏的考试制度。《清史稿》云:"有清以科举为抡才大典,虽初制多沿明旧,而慎重科名,严防弊窦,立法之周,得人之盛,远轶前代。"(赵尔巽:《清史稿》卷一〇八《选举志》)然而事实是迨至清代,科举制度的各种弊端几乎暴露无遗。

王心敬认为科举制度最大的弊端在于导致士子"易蹈好利"(《续集》卷六《条疏保举议》)。从制度层面来看,科举制度坚持所谓的"学而优则仕",将学习与做官直接地联系了起来,容易造成士子在学习之初就"心存富贵,志在高官",甚至出现唯功利是图之辈。科举制度的这一弊端,在清代表现得最为凸出:

> 举四海士终身所讲求趋赴者,无非以《诗》《书》为荣名利禄之媒。即间有贤守令设义库,崇馆饩,号兴学重士,亦惟是培植得士子荣名利禄之计而已。
>
> (《续集》卷二七《跋文鸣廷郡伯重道记》)

士子的学习动机仅在于猎获"荣名利禄",兴教一方的地方官员也是以"荣名利禄"来设学教士的。在王心敬看来,士子本来应当是"喻于义"的君子,然而在科举制度的诱导下,竟然皆汲汲"喻于利",并且大都以"钓朝廷爵禄,荣身而肥家"(《正编》卷一一《学旨》)为尚。他不禁感叹道:"自世风之下也,功利之毒,浃人心髓。"(《续编》卷二一《赠武进杨缵成》)

在"荣名利禄"的诱惑下,官学除了规定的"四书""五经"、《性理大全》《资治通鉴纲目》《大学衍义》《历代名臣奏议》和《文章正宗》以及应试时文之外,其他书籍绝不允许士子阅读。沉醉于功名的士子们亦唯命是从,只沉溺于科举书籍的阅读和应试时文的模仿。诚然,"视举业之外更无学问"(《正编》卷二六《家礼》卷上)。

> 时文一道,无论训诂、帖括全无当于圣贤经旨,又无论专习一技。耳目封闭,全无当于道德经济本实,更无论录旧、拟题种种机巧变诈之习坏心术而败士风。即就朝廷设科论,不惜高爵厚禄以待天

下之士,而极其所得止娴习官套时文之人。行谊不讲,言论无章,问之古事而懵然,试之时事而茫然,则是所取非所用也。

(《续集》卷六《条疏保举议》)

不难看出,科举制度培养的士子,没有什么真才实学。他们既不懂得经世致用,又很缺乏道德修养,只擅长写"官套时文"。甚至有些士子连官样文章也写不出来,面对"高爵厚禄"的诱惑之时,不惜考试作弊。如此看来,科举制度还真是坏人心术,败坏士风。

但问题的严重性并不仅在于士子缺乏道德修养,不懂经世致用,而在于他们根本就没有"崇本尚实"(《续集》卷六《条疏保举议》)的意识。所谓崇本尚实,就是崇尚道德伦常,重视经世致用。

> 奈何近来学者既无存心养性之功,以为建立事业之本。所学之学章句时艺外,一切道德经济之书并不肯讲究,甚者视此等书若赘疣,目此等人为迂阔。稍有涉猎,便以为有妨举业。遇一好古之士,辄摈讥排谤之为快。

(《正编》卷一一《学旨》)

士子们不但不愿"崇本尚实",而且还反对"崇本尚实"。这足以说明科举制度已经完全扭曲了士子的价值观,甚至人生观。科举制度设置之初衷本来是要培养真才实学,现在却成了扼杀真才实学的工具。这反映出科举制度发展至清代,已经发生了质的变化。正是有见于此,王心敬对科举制度发出了激烈的批评:"法久弊丛,于今已极。不惟不足以培植实才,适足以痼天下聪明才智之资,而引之虚伪无实之途耳。"(《续集》卷六《条疏保举议》)显然,他洞悉到了科举制度的实质——僵化士人的思想,异化士人的人格。自此以后,他便大胆地喊出"自制举盛而人才衰"(《续编》卷一八《及门熊若愚制艺序》)的口号,并提出用保举制替代科举制度的主张。保举制度虽然也不免考试,但考试不考时文,课士也不考时文,而是他所设想的"课士规格,则一去八股通套之文,而一尚于本实。首重伦常品节,礼义廉耻"(《续集》卷六《学校选举迁议》)。他希望通过变革科举制度来挽救士子:将士子从唯利是图的丧德败度中,扭转向崇尚道义的敦伦笃实。

士子争名竞利,诚然有来自科举制度方面的外在原因,然而士子的道德沦丧能完全归咎于科举制度吗?王心敬的回答是否定的。他说:"自制举盛而人才衰,论者辄归咎于制艺,以为最负人才。余窃谓人才负制艺,匪独制艺负人才也。"(《续集》卷一八《及门熊若愚制艺序》)可见,士子道德的沦丧"匪独制艺"所致,还有更重要的原因——士子自身的原因。在他看来,"士以学为本,本立而道德为真道德,即事业文章,一举而光明俊伟,可法可传矣。"(《续编》卷一七《送观察可斋贾公读礼序》)他所谓的"学",不是科举之学,而是"学为人也"(《正编》卷一一《学旨》)。足见,士子应当以如何做人为首要学问,而现实中的士子却以如何猎取功名利禄为首要学问。学之不同,即使面对相同的"四书""五经",也会导致用不同的态度和方法来学习。

> 读经书又以反身体认为切,而总之以经历处践履所学为实。盖看得是好样子,即力学此好样子,则行以明而精,明以行而实。久之,心理渐渐融浃,存心行事自时时与昔圣昔贤共适于高明广大之途,而不至流于卑下狭暗之路矣。
>
> (《续集》卷二九《书卷》)

王心敬认为真正的士子应当按照上述的方法去研读"四书""五经",然而现实中的士子却是用如下的方法来研读的:

> 自近世以时文课学校,即以时文之工拙定人才之取舍进退。语其名则尊奉二帝、三王、周公、孔、孟之遗经,未尝不正,要之积习相沿,只借前圣之经籍敷衍排为通套排比之文,作进取之途径耳。而其实经籍自经籍,士学士行士品各自成其为士之学行品格。不但无裨实用也,即且中间积习之弊重为世道人心之病,而莫之能医。
>
> (《续集》卷六《学校选举迁议》)

显见,以不同的态度对待儒家经典,以不同方法研读儒家经典,对士子具有不同的教育效果。态度的转变,方法的转换,对士子来说易如反掌。然而现实中的士子们仍然乐于在"四书""五经"中"寻章摘句,掇拾支离粉泽之言"(《正编》卷一一《学旨》)来"敷衍排为通套排比之文",而不愿"反身实践"去"力学此好样子",更甚者"遇有人焉,学古圣贤穷理尽性、反身悔过之学,不迂且笑"(《续集》卷二七《跋文鸣廷郡伯重道记》),这难道不是士子自身的问题吗?

非但如此,为了猎取荣华富贵,士子们不惜抛弃礼义廉耻,创造出了各式各样的作弊手段——录旧、传递、关节、联号、夹带、代笔等。这些作弊手段的运用导致了"科场舞弊层出不穷,科场大案接连出现"①。考生想尽各种办法来作弊,考官不得不想方设法来检查。王心敬认为,在考生作弊和考官防作弊的过程中,充分地表现出士人的礼义廉耻已经丧失殆尽。他是这样说的:

> 自时文官士,而夹带之弊滋;自夹带滋,而搜检之法不得不严。又自时文官士,而关节起;自关节起,而糊名易书之制不得不苛。且自取士专以时文,而代笔、联号之弊生;代笔、联号兴,而一切查号棘闱、峻墙守号之法不得不详。是则其始也,本以宾兴取士;其后遂不得不防以防盗之法。当其初也因弊日多,而法不得不日益繁;究之其后也,法益繁而弊终不可得而革。徒使上受待士失礼之名,下负甘心辱污之耻。上下交失,而士品先不可言矣。
>
> (《续集》卷六《条疏保举议》)

在功名利禄面前,士子们已经毫不顾惜名节,作弊等"无耻之习"已经习以为常。如此来看,其人品自不待言。这种现状本已使王心敬忧心忡忡,然而他更为担心的是"士品不可言,而欲其临财贿而耻于败名节,逢盘错而耻于顾身家也,得乎?"(《续集》卷六《条疏保举议》)试想,这种唯利禄是图且通过作弊夺得功名的人,将来为官做宰,能够廉洁奉公吗?治理地方,能够善抚百姓吗?我们不能不承认,他的担心是很有道理的。

第二节 官吏多贪污

清代的官吏绝大多数是通过科举制度选拔出来的。按照科举制度所坚持的"学而优则仕"的原则来看,选拔出来的官吏应当都是"学而优"的士人。"士为四民之秀",吏又是士中的优秀者,那么,"吏为士民师表"(《续集》卷七《答问选举》)也就是理所当然的。但是当科举制度敝窦百出时,依之所选拔的官吏仍然是士子之秀吗?还有资格做民众的表率吗?

从士子学习的方法来看,他们虽然常日研读"四书""五经"等儒家典籍,然而"率以诵习章句为利禄之资,志既不在于斯道"(《江汉书院讲义》卷二《上论》),所以他们并没有打算信从其说,遑论"反身实践"。这样的话,儒家主张的修身养性,他们未必实下功夫;儒家标榜的仁政德治,他们未必奉行实

---

① 刘海峰、李兵著:《中国科举史》,北京:东方出版社,2006年版,第396页。

践。这就必然出现王心敬所说的情况：

> 夫平日讲习有素,尚有临利害毁誉而弃其素学者。今则未仕之日,一不讲于所仕之学;既仕之后,又不暇细讲壮行之略。特稍有识者,不过顾忌功令,不敢恣肆耳。至求坐言起行,隐见不二,如古名世之臣,盖十数科中不一遇也。

（《续集》卷六《条疏保举议》）

被选拔的士子自身并不具备优秀官吏的素养,即使科举制度非常成功地将之选拔出来,任以官职,也很难说是优秀的官吏。

再者,科举制度延续至清代,已经鄙陋至极,最为严重的就是士子不顾礼义廉耻,悍然以作弊来攫取功名。这些品格恶劣的士子,若通过作弊获得了功名,成为官吏,他们将来能成为优秀的官吏吗？"今时文进身之中,录旧、传递、关节、联号,一切无耻事,奚所不有？如是而望其入仕后顾惜名节,不贪饕害民,奚可得也？"（《续集》卷六《条疏保举议》）

王心敬的答案是：那些不知礼义廉耻的士子,不可能成为优秀的官吏。即使他们为官做宰,也必定是贪官污吏,祸国殃民是在所难免的。

在王心敬看来,官吏在为士子之时,满心考虑的都是荣华富贵,其学习动机是通过科考来攫取荣华富贵。那么,他们做官之后,也理应以自己的"荣身肥家"为要务。当俸禄不能满足时,他们便利用手中的权力来捞取钱财。贪污受贿、强取豪夺、瘦公肥私等等不良风气,随之而生。为此他将康熙一朝的官吏之弊仔细分析,归纳出了朝廷屡治不止的一些官吏顽疾——"积来牢不可破之端"。他发现这些所谓的顽疾,十之八九是由官员的贪污腐败导致的。

> 积来牢不可破之端：如内而部院吏胥盘结舞文之弊,外而大小官吏纳贿亏空之弊,将官空粮之弊,举途壅滞之弊,学官属赂不公之弊,各省积贮捏报不实之弊。

（《续集》卷六《条疏保举议》）

显见,无论是地方大小官吏的"纳贿",还是学官的"属赂",都是明显的贪污行为。王心敬认为"官方之失职,十九在于不廉"（《外编》卷一《寄福建大中丞张仪封公》),这些看似由于官员失职而出现的"舞文之弊""空粮之弊""积贮之弊""不实之弊"等等,其实多少都和贪污腐败有关联,只不过不明显而已。他以他多年对陕西"积贮之弊"的观察和思考,给我们展现了"各省积贮之弊"的实质。经过他一番拨云见日的分析,隐藏在"积贮之弊"背后的一系列贪赃枉法行为浮出了水面,从而使我们清晰地看到了地方官员以官商勾结的方式蠹食国家财政、吸吮民脂民膏的劣行。

朝廷责令州县建立义仓和常平仓贮存粮食,意图是在平日农民生活不济之时甚或遇到荒年之日,或赈或贷,以救济民生。然而地方官吏却将之变质为"市棍奸胥独擅其利"(《续集》卷七《积贮说》)而农民反受其害的敝局。具体说来,义仓和常平仓建立之初,无论是"义仓之积粟,输自里民",还是"平常之积粟,籴自里民,运自里民",总之"无一非出自民财民力也"。然而这些"民财民力"均非农民自愿奉献,而是吏胥"强派里家"的。仅此农民已经"既抱短价重收之冤,兼受自远运送之苦"(《续集》卷七《积贮贷赈末议》)。什么是"短价重收"?他说:"不惟价不加于市行,而反短于市行;收不平于市行,而反重于市行。更甚者不论民间收成之厚薄,而但按粮散价闾阎。"(《续集》卷七《积贮说》)看来,官吏不仅在价格上坑害农民,还在称量上宰割农民。非但如此,在粮食的"买卖"过程中,还有种种贪污行径:

> 粟一派里民,即中间有官以威胁粟价短于市价之弊,有里长侵渔之弊,有官银折拆数目之弊,有吏差两三层抽分之弊,有里户本粟不足转籴临封之弊;又纳谷时打点收役之弊,有斗牙重收遗散之弊,有淋尖高收之弊。

(《续集》卷七《积贮说》)

试看看,"侵渔""折拆""抽分""打点""重收""高收",哪一个不是赤裸裸的强取豪夺?等农民被层层盘剥之后,还要将粮食以"捐纳"的方式无偿地送往仓库。

但是平日里,两仓的粮食"里民竟不得借"。遇荒年时,"里民竟不得沾升斗之惠"。那么,粮食都用到哪里去了?官吏说要么平日里借贷给了"贫民",要么遇荒年则用来赈济"饿莩"了。然而义仓"平日借贷则半属假冒"(《续集》卷七《积贮论》),荒年则"尽归假名鬼冒之开销"。常平仓"平日之逢春则粜,则富商大贾,市井奸徒,十居其九";荒年赈济的流莩,"究之半鬼录而半奸徒,非尽实人实口"(《续集》卷七《积贮论》)。详究其实,这些粮食既有被州县粮员"乘贵暗粜"的,也有被监办官员"假冒蠹蚀"的,还有被院部大吏"借端取索"的。总之,两仓的粮食"饥馁流亡曾莫之顾,而尽蠹于贪黠胥吏与市棍之手"(《续集》卷七《积贮论》),这就是两仓贮存粮食的最终归宿。

朝廷为了杜绝地方官员贪赃州县积贮的粮食,曾责令州县设仓正、仓副二员专门监管两仓粮食。然而没想到仓正、仓副竟与地方官员相互勾结,蠹蚀粮食,结果"徒增几层合手分肥之奸耳"(《续集》卷七《积贮论》)。后来,朝廷又深感"不严立科条,分别规例,即诡衺滥销之奸,百出其中,不惟生民不享其利,日久必并粟本失之,而害且终归于国计民生"(《续集》卷七《积贮论》),遂严立条规,要求地方官员严格遵守条规行事,以防止贪窃。然而地方官员钻着条规的空子,继续侵蚀:

> 原勅中有"须查真正饥民,无为奸豪冒领"一语,而不肖州县便借此言为侵欺刻扣之计,遂至国家积贮备荒本意与两仓粟本尽失耳。

(《续集》卷七《积贮贷赈末议》)

具体说来,"监贷放赈者"借此条规定,拒绝赈济受灾无食的有房农民和乡里绅衿。当有房子的农民要求救济时,官员会说"贷赈为饥殍也,非为富民",遂不予救济;当同在里甲的绅衿要求救济时,官员又会说"贷赈为饥殍也,非为绅衿也",亦不予救济。监贷放赈的地方官员为什么这样做呢?王心敬有如下说明:

> 从来荒年中,官吏欺隐、奸棍冒假之弊大半在指有田有屋之户便为富民,指衣冠之族是为绅衿,皆禁不许贷粟于仓,而后奸弊可施。

(《续集》卷七《原弊二篇》)

王心敬所谓的"奸弊可施"到底是什么样的"奸弊"?"奸弊"又是如何实施的?对此,我们不必深究。但是"奸弊"实施后的结果是这样的:"当荒而粜官谷,贫民率不及三分,绅衿则概不得与,尽为胥吏市行、富商棍徒之利。"(《续集》卷七《积贮说》)经过他的揭露,所谓的"积贮之弊",其实是地方官吏的贪赃劣行,而并不是什么弊政。积贮背后隐藏的地方大小官员的贪污行径,真可谓触目惊心。正是有见于弊政的真正原因,他说:"作官一廉,便有许多好事功。"(《正编》卷四《语录》)

但是陕西地方官员贪污积贮粮食的行为并非仅限于此,甚至发展到了"丧心病狂"的地步,他们最终连朝廷调拨地方赈灾的钱粮也不肯放过,其具体表现就是康熙三十九年(1700)议定的陕西散给籽种案。康熙二十九年(1690)和三十年(1691),陕西大旱异常,就连沣河、渭河都因干涸出现了断流。关中平原,饿殍遍野,"草根并木皮,在在荡然空"(《续集》卷三四《喜得》)。然而"富商市榄"抬高粮价,斗米要价六七两银子。朝廷为了赈济饥民,于三十年(1691)和三十一年(1692)先后调拨救济银135万两、米谷9200余万石发往陕西。然而这些赈灾用的钱粮,相当一部分成了贪官污吏的囊中之物,他们甚至连朝廷发放给农民买粮种和牛种的银两也要"侵扣"。这一事件震惊朝野,最终查出犯案的是上自陕西巡抚吴赫、党爱,下至一些县的知县如蒲城知县关琇、韩城知县王宗旦等数十人组成的贪污团伙。对于这一事件,王心敬在雍正年间回忆时,无可奈何地说:

> 即如钱粮,何至如前此一巡抚而胁用布政、粮道之钱粮,亏空至数十万;一司道、知府又得自己亏空,且或胁州县侵蚀仓粮至二三万。而莫如何乎?

(《续集》卷七《积贮说》)

对于地方官员贪污州县积贮的粮食,真的就没有办法防止吗?专门安排的监看官员监守自盗了,用于防范的法规被精心的筹划规避了。真的是无可奈何了吗?王心敬觉得最终的解决还得从这些贪污官员自身着手。他对这批巨贪的心理进行了分析,他说:"这辈人不畏鬼神,不计子孙,并连自己之前程祸福不顾,尚何暇计国本之利病、粟本之盈亏,为之深谋远虑乎?"(《续集》卷七《积贮贷赈末议》)这批人何至于此?他认为还是由于缺乏道德素养。道德严重缺失,必然不知廉耻。试想一个不知廉耻的人,什么丧心病狂的事干不出来。基于此,他认为"朝廷养士大夫最当培其礼义廉耻之风,此风不存,患且及于国家"(《正编》卷二《语录》)。所以他提出了"敦崇廉耻,最朝廷家鼓励官方第一义"(《正编》卷二《语录》)的主张。

第三节 学者失操守

儒者的竞风趋势,最主要表现是当"国家表章朱子""尊尚朱子"时,许多儒者便崇尚朱子之学。尤其是康熙四十五年(1706),清廷确立朱子学为官学之后,儒者们趋之若鹜,甚至此前学崇陆王者,也突然改学程朱了。这说明儒者放弃了自己的信仰,尾随着政治的指挥棒从事学术,甚至变成了政治候鸟。王心敬对当时学界的这种现象这样说:"盖数十年来,士大夫竞趋于时风众势,而不知所底极,以是后进之士浸不知先民之遗矩,而古道日沦落矣。"(《续编》卷一七《古道典型编序》)

这种"竞趋于时风众势"的风气,不但影响了学术的健康发展,更糟糕的是给后学树立了坏的榜样。考察出现这种现象的原因,虽说是出于清廷政治强音的震慑,但学者自身难道就没有问题吗?

> 大抵吾辈今日愁自立之不真,不愁时风众势之移人。时风众势移人,必自己是时风众势中人耳。大君子砥柱中流,挽回风气,宜自信,无自惑。
>
> (《正编》卷九《侍侧纪闻》)

诚如王心敬所说,这些学人本是"时风众势中人",他们不仅对自己从事的学问不自信,而且对自己的人格不自信。他们没有什么价值原则,也没有什么独立人格。不然的话,怎么能追风趋势,尊崇时尚呢?再者,按道理来说,自孟子为儒者提出了"富贵不能淫,贫贱不能移,威武不能屈"的"大丈夫"人格,作为儒者就应当以此为人生价值坐标。然而此时,他们却将之抛到九霄云外去了。这还能被认为是真儒吗?

王心敬认为儒者趋势媚世,根本的原因是他们没有气节。在他看来,理学和气节是合一的,儒者必须坚持这条原则,否则,儒者非真儒者,理学非真理学。

> 嗟乎!世教之所以不毁,人类之所以异于禽兽者,恃有理学、气节一脉耳。吾儒之所赖以立天地心,作生民命,继往圣而开来学,以异于异端、杂霸、世俗之学者,赖理学、气节合并一脉耳。今也驰骛功利者,既显悖于理学、气节之外;而有志道谊者,复割裂于理学、气节之中。学术何由明?通儒何由出?而天下何由一道德以同风俗乎?
>
> (《续编》卷二一《书感》)

在王心敬看来,气节不仅关系着学术的真假,而且关系着社会风气的正邪。当然,他之所以如此强调气节,是因为他看到了太多没有气节的人和事,尤其是太多没有节气的理学学者。在他看来,学者应当"自处正义",不应"枉道辱身"。趋势媚世是在"枉道求合",必将"自堕其义"。所以"枉道辱身"的学者,可以说毫无气节可言,这样的学者不是俗儒,便是伪儒。

孔子非常重视言行一致,曾经说过"君子耻其言而过其行"(《论语·宪问》)。然而这种有言无行的事情,却屡见于王心敬所处时代的儒者身上。他们满口仁义道德,但是行为上却看不出来,甚至还不乏口谈仁义而志在穿窬之辈。这样的儒者,他认为他们不配做儒者,一定要说是儒者的话,那也只是俗儒，甚至伪儒。

俗儒和伪儒从事的学问，王心敬分别称为"俗学"和"伪学"。他是这样看待"俗学"和"伪学"的："纵学圣人之学，而心不真便是伪学。但有同乎流俗之心，便是俗学。"(《正编》卷三《语录》)依据他对"伪学"和"俗学"的判别，我们或许可以这样认为：对待圣人之学"心不真"的儒者是伪儒；以"流俗之心"对待圣人之学的是俗儒，但是"心不真"和"流俗之心"又有什么不同，他没有说明，我们一时还真难以说清楚。不过，从他对俗儒的一些简单的评述中，我们可以知道俗儒有其显著的特点：要么"言用或昧体"(《续集》卷二一《答崔大中丞》)，要么"有学而无操"(《正编》卷八《侍侧纪闻》)。关于"言用或昧体"，他也曾这样说："俗儒之言道也，知道之为用矣，而不知所以率之者其体乃性。"(《正编》卷六《侍侧纪闻》)可见，"言用"就是主张追求功名，"昧体"就是对心性不自觉。这或许可以说俗儒比较看重功名利禄，而不关注心性修养，也不懂得功业是建立在道德上的。"有学而无操"是说俗儒具有儒学的学问，但未能将之付诸实践。所以他说俗儒之学问都是"口耳负贩之学"，俗儒的讲习都是"口耳闻见之习"。转而言之，俗儒抱着儒家的典籍诵读，甚或不乏著书立说，但就是从来不"反身体认"，"反身实践"，从而蜕变成了一种"不行而徒尚口舌"(《续编》卷四《侍侧纪闻》)的儒者——俗儒。哪些儒者是俗儒呢？他认为"学而利禄，学而章句，学而文词者，比比相属"(《正编》卷二一《中州道学存真录序》)，统统都是俗儒。

俗儒由于没有向内体认心性，故而不相信儒家的修养工夫，或者对儒家的修养工夫有所闻见，但惧于"礼教拘苦"，所以他们没有什么道德修养工夫。尽管俗儒"有模拟形似，崇饰格套，而自信以为道即在是者"(《正编》卷二一《中州道学存真录序》)，但还是很认真地"口舌议论"的。故而俗儒对儒家不会造成很大的破坏，然而伪儒就不同了。

伪儒，王心敬又将之称为"窃冒之学者"。他认为这些学人是"假道学之公名，以自饰其名利之私心者"(《正编》卷二一《中州道学存真录序》)。他们以儒学为手段，来达到其沽名谋利的目的。尤其是当朱子学被定为官学之后，"曲学阿世，咸借考亭以自饰"[①]，从而"伪学之风昌"。这类儒者，在当时

---

① 刘师培著，钱钟书主编：《刘师培辛亥前文选》，上海：三联书店，1998年版，第165页。

还相当多。他说:"谈学者十,而打过利关者十不得一;学者百,而打过名关者百不得一。"(《正编》卷四《语录》)他认为这类儒者,满心思功名利禄,满脑子投机钻营。伪儒为学有其显著特点:"口诵而身不行,言是而学则非。"(《正编》卷八《侍侧纪闻》)"口诵而身不行",这一方面和俗儒是相似的,前文已经论说,此处不赘述。"言是而学则非",比如拿此辈学人中自标为"尊崇朱子"者来说,他们为学尊奉朱子,却"通于朱子之学术心宗不知身体力行,又不知宣畅发明"(《续集》卷二一《又〈答门人靖道谟庶常〉》),甚或也"不读朱子书",而只"以善骂陆王为尊朱崇正之计"(《续集》卷二一《又〈答门人靖道谟庶常〉》)。在王心敬看来,他们混到儒者队伍之中,就是要"阳附阴违,以乱吾道之真脉"(《正编》卷二一《中州道学存真录序》)。而事实上,伪儒确实给儒者带来了"假道学"的骂名,从而破坏了儒者的社会形象,给儒学的发展制造了很大的阻碍。基于此,他称伪儒为"骄伪"之徒,对之无不反感,批评此辈人为"一辈佞人"。

王心敬对他所处时代的士人道德沦丧现象的描述,并非是戴着道德理想主义的有色眼镜观察的结果,而是真实的写照。这可以从稍晚于他的吴敬梓撰写的《儒林外史》中得以反映。吴敬梓创作的现实主义讽刺小说《儒林外史》,更为生动具体地反映了那个时代的士人面对"功名富贵"的种种失德的丑态。

尽管太多的人和事让王心敬目睹了人性的阴暗面,但作为儒者,他坚信"人性本善"(《续集》卷二一《又〈答门人靖道谟庶常〉》),认为不管是士子竞利,还是官吏贪污,还是学者无操,都只不过是"寡廉鲜耻之痼习"所造成的,而善性未尝丧失,问题只在于人不知耻。在他看来,"知耻"是人成就德行的"真精神",人若不知羞耻,必然无德。他如斯说:"一不知耻,则精神死却。虽有尊爵安宅,不知处;虽为人役,不知恶。昏昏迷迷,日在利欲惨忍中沸腾。"(《江汉书院讲义》卷九《上孟》)所以要从根源上解决问题,就必须使人知道天下有羞耻事。然而人不知耻的原因在于"圣学不明",只要讲明圣学,人人知耻,人人修德,士人沉沦的问题就彻底解决了。故而他接过了老师李颙的口号——"明学术,正人心"。他通过"明学术"来"正人心"的具体设想如下:

> 内而以此治心,外即以此修身。以之为士,而本此为真儒;以之莅官,即本此为良臣;以之立言,而不离此以明道;以之垂教,而不离

此以淑人。

(《续集》卷一《示及门》)

若士人真能按照圣学来治心修身,非但真儒良臣辈出,立言明道、垂教淑人的学者也群立学坛。王心敬憧憬着这番美好的未来,对明学救人主张愈加自信,他壮志满怀地喊出了"继绝学于往圣,正人心于来兹"(《续集》卷一三《复逊功弟》)的口号,立志弘扬圣人的为己之学,来拯救在道德上迷失自我的芸芸士人。

第四章　理学何衰落

> 伊川朱子功原密，金溪姚江体自明。
> 取长略短斯公道，何用纷纷斗口争。
>
> （《续集》卷三四《感兴篇·五九》）

这是王心敬写作的理学诗。诗歌直白地表达了他对理学内部程朱理学与陆王心学之争的看法。其实，这首诗也反映出他所认为的理学衰落的主要原因，以及消解理学门户之争的根本方法。

王心敬所处的时代，理学已经明显见弃于人。他对此有切身的感受，说："盖今之老士宿生闻世间谈及'理学'二字者，非诧为天上事，则目为迂怪人。"（《续编》卷一五《寄同门韩城贾怀伯》）即使有从事理学的学人，也只不过谈谈而已，并不将之付诸实践。对此，他是这样说的："近来士风，不讲学术者，全然视此事为迂阔；略知名目者，却只以口舌议论当之。举'六经''四子'真知实践之质，坠地无余，深负孔、孟之良训。"（《续编》卷二《姑苏论学》）这充分反映出理学发展至他所处的时代已经十分衰落了。但问题是理学当时为什么会衰落成这个样子呢？

第一节　理学衰落的原因

王心敬认为他所处的时代，理学的发展面临着内忧外患、举步艰难的困窘局面。所谓内忧指的是理学内部程朱理学与陆王心学的门户之争，而外患则主要指实学和考据学对理学的批判。如众所知，理学内部程朱、陆王之争宋已有之，只不过于清为烈。这一时期的主要表现为朱、王之争，即学尊朱子者发起的对学从阳明者的批判。早在顺治年间，以程朱理学相标榜的孙承泽就曾著书抨击陆王心学。此后，朱学名臣魏裔介、熊赐履、陆陇其等高举程朱大旗，攻驳陆王。然而当时学宗陆王者尚有孙奇逢、黄宗羲、李颙等人，可竭力护持王学。另外，亦有毛奇龄、汤斌、彭定求诸辈可以应战来自宗程朱者的挑战。如果说"国初承明之后,新安、姚江二派,尚能对垒"①的话,那么,到王心敬讲明理学之时,则是"朱派乘胜追王学"了。主要表现在当"圣祖以朱子之学倡天下"时,"清代犹有袭理学以为名高者,则皆自托于程朱之徒也"②。而且这些哗然从朱学者,对学尊王学者"破口大骂"者大有人在,"呐喊瞎骂"者亦不乏其徒。显然,这时以往的学术争鸣已变质为学阀斗争了,故而他将此时的理学内部纷争现状称为"聚讼之场"。

在这一"聚讼"中,不但王阳明本人受到了当时所谓的朱子辈学者的批评甚至于诽谤,而且学尊王学的学人也多遭攻击。先来看看朱子辈学人对阳明的批评和攻击,这里仅以陕西的学尊朱子者为例。王建常(1615—1701,字仲复,号复斋,朝邑人)为学"尊程朱以斥陆王"(贺瑞麟:《复斋录校志后识》)。他认为"阳明致良知、不用读书与心体无善无恶、知行合一等议论,皆邪说也"(王建常:《复斋录》卷六),甚至有"今之议阳明者,亦不须称量其地位如何,辄辞而批之,以其非圣学也"的说法,遂主张对阳明心学"人人得而攻之"。李因笃(1631—1692,字天生,富平人)非但批评阳明心学是阳儒阴释,甚至认为"先朝天下之乱,由于学术之不正,其首祸乃王阳明"(王宏撰:《正学隅见述》)。嗣后,以"朱门之徒"自我标榜的刘鸣珂(1666—1727,字伯容,号诚斋,蒲城人)激烈"辟姚江"(王会昌:《袪疴斋文集》卷三《砭身集录要序》)。再到后来,王建常的私淑者史调(1697—1747,字匀五,号复斋,华阴人)批评阳明心学"祸后世不浅",并攻击阳明"真圣门罪人"(史调:《史复斋文集》卷四《语录》)。同时,张秉直(1695—1761,字含中,号萝谷,澄城人)竭力诋毁陆王心学,他认为"陆王之禅也,是于大本大原处邃有所见,故敢倡为邪说耳"(张秉直:《开知录》卷一),遂有"陆王之讲学,理之魔障也"(张秉直:《开知录》卷三)之说,并视陆王心学为异端惑人之学。显见,这些朱学学人对阳明学的批判,已经完全超出了学术争鸣的范围,几乎纯属于对阳明本人的攻击。

在这种情况下,王心敬的业师,作为"王学后劲"且有"三大儒"之誉的李颙自然首当其冲。王建常对李颙之学不无反感地说:"今犹有俨然以儒学自命,而学乃流于禅者。"(王建常:《复斋录》卷五)王宏撰(1622—1702,字无异,号山史,陕西华阴县人)认为李颙之学"意主文安、文成之说,其所从入,似

---

① 王国维:《王国维遗书》,上海:上海书店,1983年版,第482页。
② 梁启超:《清代学术概论》,北京:东方出版社,1996年版,第10页。

得之禅"(王宏撰:《砥斋集》卷四《频阳札记》)。李颙谢世后,这种批评声仍未停息。如果说朱泽沄对李颙将"理"下降到与"欲"并列的"第二层"不满,而批评其"理欲两忘之说,则更差矣"(朱泽沄:《止泉先生文集》卷八《寄顾昀滋》)仅是学术之争的话,那么,张伯行"李中孚以禅学起于西"以及"中孚死,其焰少息"(张伯行:《正谊堂文集》卷九《论学》),则无异于人身攻击。甚至有曾学从李颙的关学后学也批评李颙之学,如与王心敬关系密切的王承烈在转向朱子学后,就声称李颙之学"浸淫于禅处自不可掩"(王承烈:《日省录》卷一)。面对"先师之骨未寒而道已裂",王心敬十分痛心。对那些给其师李颙"概加以近禅之罪"(《续编》卷七《侍侧偶记》)的做法,他颇为厌恶,并力与之争,"欲使师门宗传留得一二分真面目"。当然,作为李颙学术传人的王心敬也难免遭批评。朱泽沄书信向王心敬质疑,随之其弟朱之梃、其子朱光进亦先后问难,形成了历三年之久的三朱战王论战。张伯行不但书信讨教,并撰寄"希圣希贤,心国心民"的对联挑衅,且邀请王心敬往紫阳书院商榷学问,王心敬毅然往之,"力与之争",后不欢而散。

正是基于王心敬对理学内部的阋墙之争有切身的感受,因而在他看来,正是这一理学内部同室操戈的"门户之争"导致了理学的江河日下。他将当时的学术之争目为"煽为门户标榜之恶习",将那些争讼者称为"一辈浮薄不根之人",甚至贬为"一辈妄人"。而对于那些争讼者对理学地位及世道人心所造成的负面影响来看,"此人之罪浮于洪水猛兽倍蓰矣"(《续集》卷一《示及门》)。基于这一认识,同时更是为了重整理学独尊的至高无上地位,他高呼"门户争而大道隐","门户兴而真儒穷"。这就是我们所谓的王心敬当时所面临的理学发展的内忧。

相对内忧,理学发展所面临的外患也颇为严重。这一外患使得理学面临四面楚歌、孤立无援的尴尬局面。所谓的外患是指,实学对理学明目张胆的挞伐,朴学对理学釜底抽薪式的消解,以及当时社会对理学的束缚和阻碍。当时对理学冲击最大的当是实学,明清之际日趋高涨的实学思潮,表现出对整个宋明理学进行批判总结的趋势。大多数主张经世致用的学者对理学施以激烈的批判,如倡导实学的顾炎武就认为心学是"内释而外吾儒之学",遂予以激烈批判,甚至于把亡明之因归咎于王学。再者,以实学标榜的颜李学派,完全否定整个宋明理学。颜元本人则"明目张胆以排程、朱、陆、王"①。王心敬的业师李颙就多受其批评。他认为李颙所倡之学是自误误人,因而有"西误李中孚"的断言。颜元弟子李塨则来陕倡导实学,其讲学之结果是使听者直云"即知李颙之学近禅"②。富平一带深受其影响的学人,动辄向王心敬质疑诘难,攻击王学甚至理学。就连侍从王心敬多年的弟子黎长举等,也改投到李塨的门下去了。面对实学人士攻击理学空谈心性,无用于实际的说法,王心敬极力反对,他认为"圣学成己成物,一以贯之"。在他看来,这些实学人士鄙弃谈心性而只强调事功的做法才是荒诞不经的。故而他视这些实学人士为"霸儒"或"杂儒",将其所倡导的事功称为"杂霸之事功"。

  与实学对理学的激烈批判相比,朴学对理学则进行了冷静的解构。考据家们从理学家尊崇的经典文献入手,欲抽空理学家的理论依据,证明其所尊所传之学都只不过是毫无价值的赝品。其欲置理学于死地而后快的做法无疑会给理学以致命的打击。对程朱派尊为"入德之门"的《大学》,陈确著《大学辨》,辨明《大学》并非圣经,乃只不过是《小戴礼记》中的一篇,因而要求还《大学》于《礼记》,并声言"删性理之支言,出学人于重围之内"。对为理学家尤其是心学派宝笈为"传道心传"的"虞廷十六字",阎若璩著《古文尚书疏证》,惠栋著《古文尚书考》,俱考证古文《尚书》为伪书,自然所谓的"虞廷十六字"也就成了赝品。同时,考据家们还证明作为理学家们奉为"道学宗主"的周敦颐,其大著《太极图说》也是窃释袭老之"异学"。考据家在王心敬那里被称为"语言章句家"。他对这些语言章句家"以语言打发二帝三王"的做法颇为不满,认为造成儒家学理的误差,考据家们难辞其咎,故极力批判。并认为考据家们"以此为学问,且矜以为名高"的做法实在有力士捉蝇的荒诞,但他似乎并未意识到考据家们对理学所进行的悄然无声的解构,所以故仍视章句训诂为"经学"之一部分,而大倡"儒林包道学与经学"。

  当然,这一外患若延伸到学术层面之外,也应当包括当时社会的政治和教育以及社会心态。政治方面主要指的是官学,即被清廷定为一尊的朱子学。康熙四十五年(1706)朱子学说被确定为清朝统治思想的重心,遂将朱子学抬高为清廷的官方哲学。这就使理学中的王学一系几乎被以政治手段直

---

① 梁启超:《清代学术概论》,北京:东方出版社,1996年版,第19页。
② 冯辰、刘调赞撰,陈祖武点校:《李塨年谱》,北京:中华书局,1988年版,第129页。

接取缔。尽管朱子学得到了满清的大力支持,朱子辈学者的队伍也蔚为壮观,然而朱子学并没有借此得以发展,反而渐渐地衰落了。这就是王心敬所说的"当世共尚的朱学,抑且迷宗失旨"(《礼记汇编》卷首《编定戴记求正同志书》)。对朱子学何以衰落,他有自己的看法:

> 顾惟是四海人士亦靡不知遵朱,究之终日汩没于制举之为,全身承当者万不得一。至其最弊,则一二涉猎之士,通于朱子之学术心宗不知身体力行,又不知宣畅发明;只摭拾晚村《偶评》纸尾之说,以善骂陆王为尊朱崇正之计。
>
> (《续集》卷二一《又〈答门人靖道谟庶常〉》)

看来,那些所谓尊崇朱子学的人,一大部分是从事科举的士子,他们如何发展朱子学,后文再论。先来看看这些尊奉朱子学的学者,他们只不过是通过攻击陆王心学来尊朱子之学,而并不认真研习朱子之学,甚至连朱子的书都未曾读过,遑论付诸实践。更甚者连朱子的为学宗旨都搞不清楚,只是捡几句别人批评陆王心学的流行话语叫喊着来尊朱子而已。这样朱子学能有所发展吗?王心敬不禁感叹:

> 近来学者门户成风,专以口舌议论相尚。平日既无知言集义之功,临时又乏虚公平恕之意,而只以索瘢摘瑕为精详。不惟于所论之人毁誉俱不得真,即自己于穷理知人之义亦且背驰千里。如此风尚,甚害学术。
>
> (《江汉书院讲义》卷一〇《下孟》)

这种学风不但使陆王心学衰落了,也使程朱理学衰落了。更重要的是,这种"争门竞户之陋习"导致了理学"一门之内,兄弟阋墙;一堂之上,僚友操戈"(《续集》卷一《示及门》),从而使整个理学衰落了。这就是他对理学者大声疾呼的"意见滋而门户裂,门户裂而大道歧"(《续集》一三《复逊功弟》)。

其实,这不难理解。当朱子学被尊为官学时,必然会被政治的威力所僵化。康熙四十七年(1708),谢济世撰《古本大学注》,有官员举报其"毁谤程朱"(赵尔巽等:《清史稿》卷二九〇《列传》卷七七),结果"济世在戍九年"。这能够清楚地反映出,由于清廷政治暴力的作怪,程朱理学不可能有所发展。另外,康熙之所以倡导朱学,其实质完全出于实行政治统治之考虑,而不是崇尚学术。这样看的话,其尊朱学而使朱学衰也就不难理解了。

教育方面指的是王心敬所谓的"俗学",即科举考试。顺治二年(1645),

清廷在明代科举制度的基础上制定了清代的科举制度。《清史稿》记载:"有清科目取士,承明制用八股文。取士《四子书》及《易》《书》《诗》《春秋》《礼记》五经命题,谓之制义。"具体说来,《四书》主朱熹《四书章句集注》,《易》主程颐《周易程氏传》及朱熹的《周易本义》,《书》主蔡沈《书集传》,《诗》主朱熹《诗经集传》,《春秋》主胡安国《春秋传》,《礼记》主陈浩《礼记集解》,后来《春秋》不用胡安国,以《左传》本事为文,参用《公羊》《穀梁》。从考试的内容来看,显而易见,无一不是理学书籍,而且还倾向程朱理学。可见清廷在入主中原之初,就比较偏爱程朱理学。按理来说,科举考试以理学为科考内容,是对理学的普及教育,理学会借此得以发扬,但是王心敬认为"自制举盛而正学衰"(《续编》卷一七《送河南张潜谷先生旋里序》)。他所谓的"正学",指的就是理学。

> 大抵理学举业原是一事,自后世利禄之士溺流迷源,遂失本面。而后人相习,抑又沿而不觉见前此者,只以时文得科第,遂谓朝廷取士只取时文。又谓士人读书但当精通时文,使可弋科第而取利禄足尔;外此而学,非迂则拙。故分理学与举业为二而诟病之矣。
>
> (《正编》卷一四《课程》)

按上述引文,如果说理学本来寓于科举的话,那么,士子们最终将理学从科举中剥离出去,扔掉了。非但如此,他们还"诟病"道学,认为理学学者"非迂则拙"。王心敬叙述他当年放弃科举从事理学的遭遇时说:"余后问业二曲,平日友多迂余不顾。"(《续编》卷二二《亡友王子超墓记》)可见,士子们真是将从学道学者"目为迂怪人",对之避而远之,甚至严而绝之。另外,在士子们的嘲笑下,意志不坚的理学学者难免"以流俗讥疑而退缩"(《正编》卷一四《答问成人之要》),最终悄然退出了理学士群。可见,科举虽然以理学书籍为考试内容,但并不能发展理学,反而阻碍了理学的发展。大概是因为这个缘由,他将科举学习斥为"功利浮夸之学"。他说:"功利浮夸之学,固为害于圣学之正大。"(《正编》卷一五《答闽人林凤书》)

就王心敬认为"俗学"阻碍理学发展的原因来看,则在于科举考试啖人以利,引诱走了理学的人才资源,从而阻止理学的传习,因而他极力批判科举考试,急呼"制举盛而正学衰","制举盛而人才衰"。

社会心态,则是指当时社会大众普遍反对理学的心态,这表现于入清以来社会上对只空谈道德而并不落实于实践的"假道学"的反感很普遍。如傅山痛斥理学家为"奴儒""鄙儒",与王心敬同时的王源有"真豪杰不亦可乎,何必假道学"的鄙弃理学之言。这一方面在王心敬的理学著作中有明显的表现,为了将真正的理学学者与那些空谈家甚至于口谈道德,志在穿窬之辈相区别,他要求对于"或谈经,或践经"进行区分,明确表示"口谈不足以敌躬行"(《续集》卷二二《又〈答论修陕西通志〉》)而反复强调理学本为"知行合一"之学。

综上所述,王心敬所处的时代,理学的现状对他本人而言已是"夕阳无限好,只是近黄昏"。造成理学衰落的原因是多方面的。在这些导致儒学江河日下的原因中,他认为理学内部的朱王之争是主要原因,这也就是他说的"后世乱圣学者,第一门户之为害"(《续集》卷一四《复逊功弟》)。正因为他将理学衰落的原因归结为理学内部朱王之争,所以他也就把理学复兴的希望寄托在对理学内部门户之争的消解上。然而理学内部为何会出现同室操戈的门户之争呢?他对此进行了追诘。

第二节 门户纷争的原因

当王心敬找到他所认为的导致理学衰落的根本原因——理学内部朱学与王学之争,他又对这一门户之争进行了一番冷静的分析。这表现在他对当时理学界的学态进行了区分,他认为大概有三种,即时尚派、骑墙派和学者派。所谓时尚派,在他看来,此辈学从朱子者完全是"崇时尚也"。这就是当朱子学被定为一尊,"自此以降,而伪学之风昌"[1],主要表现在"曲学阿世,咸借考亭以自饰"。这批人既没有师承,也不去读书研究,只是在当时"圣祖以朱子之学倡天下"的号召下,"附会风影",有意"煽为门户标榜",目的就是要在理学内部形成"党同伐异之弊局"以响应政治。对于此派,他斥之为"佞人"。骑墙派,即他所说的"子莫之执中"者。他认为此等人"立心为调停之见",从而"酿成一种调停论"。之所以会这样,就在于他们对程朱、陆王二家学说"执一无权",即对二家学说无是非偏全、正误醇杂之辨,一概杂糅混合。更重要的是这些人"以执中为宗",使已经裂为二的大道将会分裂为三,对理

---

[1] 刘师培著,钱钟书主编:《刘师培辛亥前文选》,上海:三联书店,1998年版,第165页。

学的破坏显而易见,故而他亦予以批判。对于学者派,他是充分肯定的,无论学从朱子学,还是学尊阳明学,在他看来这些人都是真正的学者,尽管他认为,朱学学者中相当一部分"毁阳明者只是据其皮肤以为是非"(《续编》卷三《姑苏纪略》)。

当王心敬肯定了学者派时,也就肯定了当时朱学与王学争论的合理性。那么,朱学与王学到底为什么会争论呢?二家学说的分歧在哪里?他对此进行了历史性分析,这就是他说的"近日青岳、平湖浪争"(《续集》卷一五《答扬州朱湘陶》),追溯起来,其源远在"建安、青田之意见未融"(《续集》卷一五《答扬州朱湘陶》)。然而朱熹和陆九渊之所以有分歧,他认为主要在于"二先生当日矫偏救弊之手势,原不无涉于畸重"(《续集》卷一《示及门》)。所谓"畸重",即程朱学偏重工夫,陆王学偏重本体。他找到这一分歧后,又不禁问:二先生聪明过人,又怎么会各有畸重呢?通过进一步的追诘探讨,他最终找到了导致门户之争的主要原因,就是他所说的"宇宙有二大缺陷事"或"宇宙有二大憾事"。将这两方面简而言之,其一,表现在对儒家经典的诠释上,这就是后儒对儒家原典的理解上出现了偏差从而产生了分歧,可以称之为诠释之误;其二,表现在对儒家工夫的落实上,这就是后儒对儒家义理的实践上出现了偏差从而产生了分歧,可以称之为工夫之偏。

王心敬所说的诠释之误,主要是指学者对儒家原典理解上的偏差。他认为这一理论上的偏差的根源在于对儒家典籍的诠释上。在他看来,"二千余年来,学者附会穿凿,以讹传讹,竟不见圣道之大全,致今学术不能符合孔孟宗传"(《续集》卷一《示及门》),这就是说,之所以会出现诠释上的差异,并不是说儒家原典自身有分歧,而是对原典的注疏有错误。这一错误的造成,过失主要在于章句训诂。他认为训诂不但不能发明经旨,且"训诂杂陈,未易辨真伪"(《正编》卷一《语录》),反而遮蔽了儒家的大道。再者,"泥形逐迹之训诂"导致了"浅夫妄人,横骂极诋于字句疑似之间"(《续集》卷五《答宝应朱光进》)。因而,他对章句训诂持以批评的态度,并主张"顾学其于章句训诂之外,独能护持道脉"(《续集》卷二一《与门人夏力恕》),在批判训诂的基础上,进而批判训诂学。在他看来"训诂是借以蓄德明理之事"(《正编》卷九《语录》),然而当时却"以此当学问,而且矜为名高"(《正编》卷九《语录》)。他认为这如同"认张翼门为五凤楼"般荒唐,遂予以批判。由于他对训诂的认识如此,他就把理学内部学理上的分歧归咎于经学训诂,从而也就把理学内部的门户之争归咎于训诂了。但是我们不能不指出他的这一认识是有偏失的。既然训诂有"真伪",那么遮蔽儒学大道的就应当是"伪"训诂而非"真"训诂,怎么能够否定整个训诂及训诂学呢?显见,他以偏概全而完全否定训诂以及训诂学在经学史上的地位是不正确的。

如果说诠释之误是对儒家文献理解上的偏差的话,那么,工夫之偏则是对儒家理论实践上的偏差。这就是王心敬所谓的"诸儒继起,明经遵圣,亦不可谓不极羽翼之力,而究之各从其性之所近以入。其究探经旨,发挥经义,亦遂各从其所入据为门庭,而曾无当于会极归极"(《续集》卷一《示及门》)。而实践工夫之所以会出现偏差,在他看来是"各从其性之所近以入"造成的。所谓"各从其性之所近以入",即禀性"高明"者,实践工夫"简易";禀性"沉潜"者,实践工夫"笃实"。这也说明,理学上的分歧并不是因为儒学大道自身有差异,而是学者实践偏差造成的。当找到这一原因后,他进行了一番儒学史式的回顾,他发现:

> 于是乎本性之相近以为学,而学之所造遂以各殊。又本其学之得力以为教,而教法之径直迂曲亦遂以迥分。盖自孔子之门已有学焉而各得其性之所近,即不无以此授其徒之弊。而后此固可类推矣。

(《正编》卷一五《答友人问体认工夫书》)

由此可见,在王心敬看来,儒家门户之分由来已久,孔门已有分化。之所以有分化,并不是说孔子所传之学有异,而是孔门诸子"入门下手"修养工夫不同。工夫有异,在于各自的资禀不同。大体而言,资禀有"高明"和"沉潜"之别。高明者"谈悟",沉潜者"重修"。"谈悟者往往遗工夫,重修者又往往迷本体"(《正编》卷一五《答友人》),这样便出现了修养工夫上的差异。工夫上的差异导致了对大道体验的差异,从而也就形成了理学学理上的差异。且各自又"以此各授其徒",自此门户之见兴矣。由此下沿到宋明理学,无不是这样。

> 大抵朱陆之学同尊孔孟,而气禀之高明沉潜不同,故其初之从事未免各从其性之所近以入。沉潜者所好在笃实,高明者所好在简易。朱子之学术虽尊孔孟,而其禀赋之笃实与曾子、子夏近,故其生平所学原本于曾子三省与子夏教不躐等之旨。陆子之学术虽亦尊孔孟,而其禀赋之高明与孟子近,故其生平所学原本于孟子之立大

体、求放心,而其立教则有似于子游重本轻末之义。所谓学焉各得
其性之所近,而即以此各授其徒,亦如亲炙孔门者造就各自成家也。

(《续编》卷三《姑苏纪略》)

据此可知,在王心敬看来,朱陆学术之争其实是由于修养工夫上的差异所造成的。这一差异就是:朱学工夫笃实,陆学工夫简易。他认为工夫笃实者往往重工夫而轻本体,工夫简易者常常重本体而轻工夫。二家工夫之所以有这样的差异,乃是由朱陆二人的资禀不同所决定的。在他看来,朱子生性沉潜,陆子生性高明,二人工夫虽有笃实与简易之别,但并无优劣高下之分,只是各因其性对症下药而已。既然这样的话,那么程朱陆王就仅仅是道德实践方法的不同,他们所尊崇的学术应当不存在不同。其实,他还真是这样认为的。他说:

学只此学也,气禀之高明沉潜异,其致学问之得力亦遂各随其
气禀异致耳。然其视道为归,究无不一致同归也。

(《正编》卷六《侍侧纪闻》)

如果真是这样的话,朱子辈学人为何要竭力攻击陆王心学呢?王心敬认为问题出在朱子和陆象山各以此工夫标宗授徒,而且他们各自的门徒亦无所察识,遂墨守门户之见,以己为是,以人为非,于是门户之争兴矣。

而尊王者依然攻朱,尊朱者依然攻王。一门之内,兄弟阋墙;一
堂之上,僚友操戈。值兹一道同风之盛时,未殄争门竞户之陋习也。

(《续集》卷一《示及门》)

这就是朱王门户争斗的原因和现状,而且愈演愈烈,径直演变为王心敬所处之时的党同伐异的弊局。

在王心敬所探求出的导致门户之争的两个主要原因诠经之误和工夫之偏中,他更重视工夫之偏①。因为在他看来,诠经之误的原因一定程度上说就在于工夫之偏。因为修养工夫之偏失,必然导致对"道"体验上的偏而不全,以这样的体验或见识去注疏儒家经典自然也就是"真伪杂陈"。再者,在他看来,对于诠经之误的克服也比较简单易行,注经时,只要"不以寻常训诂打发过二帝三王"(《续集》卷二一《又〈答逊功弟〉》)就可以了;读经时,只要"辨

---

① 王心敬晚年对诠经之误比较重视,为了补救训诂释经之不足,来彰显孔子寓于经中的大道,他于雍正二年(1724)开始注解"五经"。

得恰好训诂"而做到"无他人文害辞、辞害志之过端"亦足矣。他所关注的是工夫之偏,他认为工夫之偏才是程朱陆王学术之争的症结所在,只要在工夫上消弭二家的差异,理学上的程朱陆王门户之争也就自然而然消解了。所谓消解,也就是本体与工夫并重,既要识得本体,又要落实工夫,这样门户之争就可得以消解。

在找到导致理学日益衰落的主要原因之后,王心敬即着手构建自己旨在重振理学的学说体系。一方面,他晚年对儒家的"五经"进行了诠释,目的在于脱出训诂,去伪存真,重现"孔孟之心宗",为自己理学之构建奠定坚实的立论依据。另一方面,即开始构建消解理学内部工夫分歧的程朱、陆王之争。尽管他有"后世乱圣学者,第一门户之为害"和"吾道明,邪说自息"的看法,但他并没有轻视实学等"外学"对理学的破坏。基于此,他以消解理学内部程朱、陆王门户之争为主干,以吸收实学经世之用、佛老心性之修和批判实学鄙弃心性、佛老抛弃人伦为两翼,开始了其理学体系的构建。

但我们应当明白的是,工夫上的不同,与各自的资禀高低有关系,但并非仅由资禀所决定。就学理上看,有怎样的本体论,就有怎样的工夫论,因为本体认识决定工夫修养。程朱、陆王学术之争并不是简单的工夫之争,即王心敬所谓的"笃实"与"简易"之分歧,而是有深层的本体论上的理本论与心本论的根本差别。他仅仅将理学内部学术之争归结为工夫上的差异,以消解工夫论上的差异来从理论上整合理学内部之争就必然归于失败。

第五章　学旨多迂回

李颙面对"人心不古""圣道日歧"的现状，忧心忡忡，每汲汲以"明学术，正人心"为当务之急。对此王心敬是非常清楚的，尤其对于李颙晚年欲消解理学内部程朱理学与陆王心学的门户之争，他更是深悉其苦衷。他说："先师晚年谆谆折衷此学，每欲一消门户之偏私，会归孔孟之大全。其为心良苦，为虑甚深。"（《正编》卷一六《与泾州诸同门书》）然而李颙未能消解门户之争，他谢世后同样遭到了朱子辈学人的攻击。面对朱王之争愈演愈烈、理学江河日下的现状，王心敬自觉地担负起了消解门户之争、实现理学复兴的大任。对此，他是这样说的：

> 心敬窃不自量，尝以为学术至近世门户分清，每欲从家师究探异同离合之根，折衷同归一致之旨。冀随当世大儒先生后，稍助廓清之力，使一切纷纷门户之争悉会归皇极。则亦我辈于宇宙千万世内，生世一番之职分也。
>
> （《续编》卷一〇《答友人求印正所著书》）

他抱持如此宏愿，在考察清楚程朱理学与陆王心学争论的焦点之后，便考虑建构能够消解门户之争从而实现理学复兴的理学思想体系。具体表现就是他提出的消解门户之争的思路和理论建构的依据。

> 救门户者，岂能外直奉先师孔子以为准，直遵《大学》全体大用，真体实功，一贯不偏之为会归？譬之指迷途者，值其荡析离居而无所复之，则引而归之正路，更进而归之安宅者。固理势之当然也。
>
> （《续集》卷一三《复逊功弟》）

王心敬对他的消解门户之争的理学建构依据和方法颇为自信，甚至认为这是"理势之当然"。他建构的依据和方法就是：奉孔子为宗，遵《大学》为经典，以"全体大用，真体实功"为旨。

第一节　汇归《大学》

余英时对程朱理学与陆王心学之争的消解，曾经说过这样的话："心性官司的两造最后只剩下唯一的最高法院可以上诉,那便是儒学的原始经典。"①王心敬消解门户之争的考虑也是沿着这一思路,不过,他返回的儒家原始经典是《大学》。

> 吾儒居今日,而欲溯流穷源,返本复始,无如剖破门庭之偏见,扫去意见之私心,实奉《大学》明、新、止至善之范围为规矩,而即以实践其格、致、诚、正、修、齐、治、平之血脉为向往。务使循诵其言,必精悉其旨;既得其意,即实奉以行。内而以此治心,外即以此修身。以之为士,而本此为真儒;以之莅官,即本此为良臣;以之立言,而不离此以明道;以之垂教,而不离此以淑人。庶几不落旁门小径,亦不至流于曲学小成。乃始可望于培成命世真儒,为世道人心之攸赖耳。
>
> (《续集》卷一《示及门》)

我们知道,阳明心学的建构是从对朱子学的批判开始的,其理论表现就是他对朱子补注的《大学》不满,而倡导古本《大学》。那么,王心敬要消解门户之争,返回的《大学》当然就既不能是朱子注解的《大学》,也不能是阳明所阐释的《大学》。那到底是什么样的《大学》呢?

《大学》原本是《礼记》中的一篇文章。朱子将《大学》从《礼记》中抽出,分别经传,并认为原文脱格物、致知之传,而自谓"窃取程子之意以补之"(朱熹:《四书章句集注·大学章句》),遂后又作了《大学章句》。自此《大学》便上升到了与《论语》《孟子》并重的经典地位。对于朱子补注的《大学》,王心敬有如下看法:

> 朱子因伊川程子之说,而稍加更定者。其分首章,自开章至"此谓知至"为经。取原本诚意章中《康诰》《帝典》《太甲》为"明德"传;取《盘铭》《康诰》《周诗》为"亲民"传;取《商颂》《绵蛮》等诗为"止至善"传;又以格、致无传,乃本己意为传,用补其阙。初学乍看,亦似整厘不差。然如细味经旨,反复原文,窃觉今本未妥协处,所在而是也。何者?此书传来,未题记者氏姓,只以《大学》之明、亲、格、致、诚、正、修、齐、治、平合于《尧典》之"明德亲睦,平章协和"大旨,是为吾夫子祖述尧舜之证据,是属孔门之学宗,应是孔子之亲传。

---

① 余英时:《文史传统与文化重建》,上海:三联书店,2004年版,第205页。

然究之不知传之者是曾子,抑是其门人耳?盖将谓"此谓"以上是孔子之经,"此谓知至"以下是传。何谓篇中"听讼"段有"子曰"二字,而开章冠首不加"子曰"以别之欤?又"此谓知止"以下,顾不必传者之释言口吻,抑何耶?又细味传来古本原文,自"大学之道"以至篇末至"以义为利"只一篇首尾完全文字,且自"古之欲明明德于天下"以至此谓知本知至,分明是结束"致知在格物"之旨。盖谓致知只致"知所先后"之知,格物止格"物有本末"之物。本末始终明,而物自格;先后知,而知自致。此所谓知先后而近道,此所谓知本知止,而知且至也,故曰"格物而后致知"。今若以此归经,则经文不但笼罩不住下十传,即经文亦归结不了三纲领矣。盖以三纲领起,即以三纲领终,此自正理,自文势之当然也。此分"知至"以上谓为经之不妥者也。又明德、亲民是纲,即格、致、诚、正、修、齐、治、平属目。目即一一有说,即传一一俱在,而纲领更无余蕴可知。且即止至善,不即于格、致、诚、正、修、齐、治、平之恰好合于天则处尽之乎?况观下诚、正、修、齐、治、平传中,更不及"止至善"一字,便可知止善不容别指,天理之极为是,而止善特传,益在所不必也。此分古本篇内之文,以实纲领之止善,所不安也。又"物格而后知至",即从上"致知在格物"倒转下来,此是一脉顺下文法。迨此谓知之至处,又分明将格致传正旨结明更无剩义。则此一段即格致正传,更何须于另补一传乎?

且《大学》是明德、亲民一贯之学,其物止身、心、意、知、家、国、天下,其事止格、致、诚、正、修、齐、治、平。格物是下手第一事,则此物不但天下之小物小事不得参,即天地万物、明天察地之大事大物亦岂得参乎?何者?《大学》是特地发明天德王道一贯之宗,这里更加杂不得外物旁事一字也。补传中训物为"即凡天下之物",训致"即因其已知之理而益穷之,以求至乎其极",亦觉于本旨正脉未尽符契,而自宗其所见也。《大学》何由而明乎?

(《续集》卷四《古本大学解》)

由上述引文可知,王心敬对朱子的《大学章句》很不满。一方面表现在,他认为《大学》本来是一篇"首尾完全文字",朱子将《大学》割裂为经和传是很不妥当的,尤其是他"本己意为传,用补其阙"的做法,实在是缺乏一点谦虚美意。另一方面表现在,他对朱子训释的格物致知不满,认为不符合文本原义。所以,他说:"朱子《集注》既属朱子之《大学》,而非传来孔门之《大学》矣。"(《续集》卷五《论濂洛诸儒·王阳明先生》)

王阳明对朱子《大学章句》和《大学或问》所阐发的《大学》思想有所不满,著有《大学古本旁释》和《大学问》,借《大学》来表达自己的心学思想。王心敬对王阳明的《大学》思想有如下表述:

> 阳明见为未安,则又不按本文,而窜入己见,要之归于致良知一宗。呜呼!《大学》只明明德为主脑,岂谓不通于致良知之旨?但是孔门折衷学旨,著此书时岂不知简言扼要?正是谓欲发明明德于天下之大义,必备之心、意、知、物、家、国、天下,又必格、致、诚、正、修、齐、治、平,然后于明明德于天下之本末终始乃无余憾。非此则不免有漏目,有疏条;不能统贯此物此事,真明此明德于天下也。且致良知之旨纵横推明,固无所不通,而要之单捻只明德中格致之一条。不然格物致知,以至知至,良知之旨岂能外此?而《大学》必备历诚意、正心、齐家、治国、平天下,而无一之或遗,是又何耶?故阳明携致良知为谈学之宗亦自有见,而以《大学》大旨按而断之曰"致良知",焉尽之?呜呼!无论中间疏漏处种种,要其归宿亦只成阳明之《大学》,而究与古本《大学》无与也。

(《续集》卷五《论濂洛诸儒·王阳明先生》)

这是说,阳明见到朱子对《大学》的注释,意觉未安,才开始诠释《大学》的。王心敬对王阳明借《大学》来阐发其"致良知"的心学思想很不满意,是显而易见的。他认为"致良知"不能概括《大学》的本旨。具体说来,"致良知"仅仅是《大学》中的格物致知,而诚意、正心、齐家、治国、平天下皆莫能及。所以,王阳明以"致良知"阐释《大学》,显然是以偏概全。这样的话,阳明阐释的《大学》"亦只成阳明之《大学》,而究与古本《大学》无与也"。

朱子对《大学》的诠释,"本己意为传",显然已非古本《大学》的思想。阳明虽然提倡古本《大学》,但他对古本《大学》的诠释,"窜入己见",也不是古本《大学》的思想。他们都只不过是凭借《大学》阐发自己的理学思想,从而使各自的思想获得经典诠释的形态而已。对朱子的《大学》、阳明的《大学》以及古本《大学》之间的关系,王心敬以未央宫作比喻,比较形象地道出了其间的异同。

> 仔细推敲朱子之《集注》,是将未央宫独出心裁,于门逮宫殿另作一番局面安顿;阳明之古本,则又是宫殿门逮一如其旧,而号令则却是另出的一番作用。看来,皆非未央宫之旧气象、原人物也。
>
> (《续集》卷五《论濂洛诸儒·王阳明先生》)

王心敬认为理学与心学的门户之争和朱子、阳明改造古本《大学》不无关系。在他看来,朱、王二先生"后学之先觉,而皆自师己心,以一己之意见窥测编排先圣《大学》之宗传,致令孔孟相传之学脉郁而未光"(《续集》卷五《论濂洛诸儒·王阳明先生》)。"郁而未光"是王心敬比较委婉的说法,其实就是他常说的"坐裂圣道"。这样看来,无论是朱子对《大学》的诠释,还是阳明对《大学》的阐释,都是导致理学和心学门户之争的理论依据。具体说来,朱子用自己的理学思想诠释《大学》,授之于门徒,用以指示"初学入德之门"(朱熹:《四书章句集注·大学章句》)。阳明用自己的心学思想诠释《大学》,凡士人初见,即授之"使知从入之路"(王守仁:《王阳明全集·外集·大学问》)。显见,在士人学习之初,朱子、阳明就将各自阐释的《大学》导入了门户之内,王心敬将之称为"传授之异"。要想解构门户之争,就不得不消异趋同,回归古本《大学》。故而,他说:"今日溯源圣学,当自绍明《大学》始。而欲绍明《大学》,当自光复《大学》古本始。"(《续集》卷四《古本大学解》)

回归古本《大学》,不只是要回归《大学》的文献原貌——将独立的《大学》回归于《礼记》中的一文,更重要的是回归《大学》原生态的思想。那就不得不弄清楚古本《大学》的原本思想。古本《大学》到底蕴藏着什么样的思想呢?尽管王心敬著有《古本大学说》和《古本大学解》,但并没有具体阐明古本《大学》的原本思想。他只是在向学人就古本《大学》"细疏次第"时,非常笼统地谈了谈古本《大学》的思想。

> 开章"大学之道"四字,是为提摄一篇之纲;明、亲、止善三语,即总括下格、致、诚、正、修、齐、治、平之目,携其要领,而伏下"物有本末"一节之案;知止、定、静、安、虑、得,即统贯明、亲、止善之脉,握其枢,而伏下"事有终始"之案。迤递至"物有本末"四句,则前二语承上作结,后二语引起下文,是为一篇之关键。上下枢纽,犹之后世随结随起法也。"古之"四结,只反复明先后之序所宜知,以终"物有本末,事有终始"之义,而且以结"知所先后""致知在格物"之案。盖格物、致知总是于此物此事要知所先后,为近道之基,而以"知本"

为"知之至"耳。自所谓诚意以下至篇末,则就目分疏,各还其义,要使其体用源流、利弊损益昭然俱在,以终诚、正、修、齐、治、平之义,明著书示训之旨。而中间分疏处,详略不一。而于诚意独详者,则以诚意一关是乃身、心、知、物之枢机,家、国、天下之橐钥,于本念有欺慊之界,于人品有善恶之分。上之天德王道之根极,次之君子学修身心之要会,是乃内圣之要,外王之枢,其义蕴原不可简言尽也。正心只证得此心之用不着于偏倚,即诚意之机可默会于不偏不倚之路。其意旨原是不繁,故无烦于琐。推尔齐家、治国、平天下,则入乎人情之中,历乎万事万理之变。事非一端,理须毕该,然要之齐、治、平繁简大小不一,其宜而无不本于好恶之能慎能公,则又以明王道之必本于天德,亲民之总由于明德。

(《续集》卷四《又〈大学古本说〉》)

可见,王心敬此处只是在梳理《大学》一文的脉络。不过,在梳理的过程中,反映出了他所谓的古本《大学》的思想,可以用他在另一篇梳理古本《大学》的文章中所作的总结性话语来概括。

《大学》一书,天德王道同归一致之书。而语主脑,止"明明德于天下"一句。语工夫虽八目并列,要之只致知诚意二关是为要领。

(《续集》卷四《大学古本说》)

此说还是对古本《大学》的思想说得不够具体,我们看不到它与朱子《大学》、阳明《大学》在思想上的异同。不过,王心敬认为古本《大学》与朱子《大学》、阳明《大学》在思想上有最为根本的不同之处,即"格物"思想互不相同:

《大学》以"明明德于天下"为量,以"止至善"为归,而以"格物"为入门下手第一事。是"格物"者,所由通身、心、意、知、家、国天下,而趋至善之路也。朱子"穷至事物之理"似矣;然舍明德、新民之物,而泛言事物。既与上文"物有本末"之物相违,而亦且有泛骛彷徨之弊,不应《大学》明、新、至善之学。入手不直从身、心、意、知、家、国、天下之实事上辨晰条理,而反先于泛骛彷徨也。泛骛而彷徨,将何由通身、心、意、知、家、国、天下以趋至善乎?阳明"格正吾心之物"似矣,然曰"意之所在为物",不应前物为"物有本末"之实物,而此"物"独虚属意之所在,且以格为"正其不正之心,以全其本体之正",则亦似与诚正之意重矣。阳明讥朱子"合之以敬而益赘",今以格训正,吾不知其弊更谓之何矣。且知行固云一体,然先明后行,序何容紊? 以格训正,正意亦属行矣,亦不应《大学》知止之学。

(《正编》卷一六《答友人问格物本旨书》)

王心敬认为古本《大学》的"格物"本义既不是朱子诠释的"穷至事物之理",也不是王阳明阐释的"格正吾心之物",而是"所由通身、心、意、知、家、国天下,而趋至善之路也"。他也曾将"格物"分而言之:"'物'字断不容于身、心、意、知、家、国、天下之外,更添注脚","'格'义断不容于诚、正、修、齐、治、平之外,别有附会。"(《续集》卷一五《复大宗伯陈实斋先生》)绕了这么大的弯子,他其实是说格物就是致知——诚意——正心——修身——齐家——治国——平天下。准此的话,格物就在内涵上包含致知、诚意、正心、修身、齐家、治国和平天下,或者就是这七者的概称。显然,他所认为的古本《大学》格物的诠释在逻辑上很难讲通。再者,他提出格物的诠释是否就是古本《大学》格物之本义? 是的话,有何依据? 对此他却无法给出论证,反而对格物的这种诠释颇为满意,甚至无不自信地说:

今但以"物"还归"物有本末"之"物",以"格物"为格事物本末、终始、先后恰好之序,则晓彻乎意、心、身之所以为本,而果足以该乎国、家、天下之末;晓彻乎诚、正、修之所当为先,而下及于齐、治、平之末。明德不离新民,新民亦只是明德,明、新即至善之实地,而止至善贯明新之源流。物还其则,事当其式,本末之序各当,终始之理秩然,先后分明,停妥不乱。以此明、新、止善,真如赴远获指南,坦坦以适,而无他歧之惑矣。

(《正编》卷一六《答友人问格物本旨书》)

其实,王心敬对格物的诠释,目的在于将心性修养与经世致用联系起来,用《大学》的话语来说,就是将明德与新民统一起来,从而消解朱子和阳明对格物诠释的偏失和分歧。朱子对格物"穷至事物之理"的诠释,易于导致学人忽略心性修养而逐末旁骛;而阳明对格物"格正吾心之物"的诠释,易于导致学者忽略经世致用而孤明内守。他对格物的诠释恰好能够补救二家的偏失,消解二家的分歧。可见他对格物的诠释,是想将《大学》作为自己消解门户之争的元典依据,这也正是他要回归古本《大学》的根本原因。

第二节　全体大用，真体实工

王心敬提倡理学学者回归古本《大学》，然而古本《大学》的原本思想到底是什么？他虽经一番迂回的阐释，但还是很难给出令人信服的思想和理据。再者，单提"汇归《大学》"失之于笼统，为了将之与朱子《大学》、阳明《大学》相区别，又不免辞费。他觉得倒不如提倡"《大学》明、新、止善"为宗旨，既能达到目的，又简明扼要。于是，他又提出了下列的说法：

> 今日论学术，而欲斟酌圆满，不堕一偏，必如《大学》明、新、止至善之旨。全体大用，真体实工，一以贯之，然后中正浑全，印合孔孟也。

（《续编》卷一《姑苏论学》）

可见，王心敬提倡"《大学》明、新、止至善之旨"，和他提倡回归古本《大学》是一致的，都是为了消解门户之争。他提倡回归古本《大学》，就是因为经他诠释的古本《大学》有"明德不离新民，新民亦只是明德，明、新即至善之实地，而止至善贯明、新之源流"的思想主张。而"《大学》明、新、止至善之旨"，可以说是对这一旨趣的简明概括。所以，后来他"平日每举《大学》明、新、止善为学宗"（《续编》卷三《姑苏纪略》）。连他自己也说："我论学宗《大学》明、新、止善一贯之宗。"（《续编》卷三《姑苏纪略》）

然而，无论他提倡回归古本《大学》，还是主张以"《大学》明、新、止善为学宗"，最根本的原因是二者的背后都有他关注的一个共同的东西。

> 且吾有见于学术至《大学》，而其学始大；至明、新、止善，而其学始体用工夫统贯无遗也。天德王道之大纲在于是，内圣外王之宗传在于是。

（《正编》卷六《侍侧纪闻》）

这说明王心敬主张回归《大学》也罢，主张学宗《大学》的明、新、止善也罢，根本原因是二者都能够实现他认为的理学应当"体用工夫，统贯无遗"的理学建构目的。这也暴露出他提倡古本《大学》和《大学》的明、新、止善都是手段，追求理学"体用工夫，统贯无遗"才是目的。"体用工夫，统贯无遗"更全面而准确的表述是"全体大用,真体实工"①。王心敬就他提倡"全体大用,真体实工"与他主张回归《大学》的关系,有如下的解释:

> 王子尝言:全体大用,真知实践,是吾常服续命四物汤;《大学》一书,其本末始终,是吾四物汤君臣佐使炮制服食实法也。
>
> 或曰:"此旨渊源于何人乎?"
>
> 曰:"'六经''四子',宋明诸儒,无非发明此旨矣,但各就其专重言之。故或详体而略用,或详用而略体,或详知而略行,或详行而略知。又或言体用之详也,而知行之略;或言知行详也,而体用之略。我则始发蒙于二曲先生,暨乃遍探'六经''四子',宋明诸儒,数十年中融会贯通,斟酌调剂,始符此中正和平之剂,而服之续吾命耳。"

(《正编》卷六《侍侧纪闻》)

王心敬再次明确地表述"全体大用,真体实工"才是他真正要提倡的,而《大学》或《大学》的明、新、止善只不过是他提出"全体大用,真体实工"的方法或策略。非但如此,他还说明了提倡"全体大用,真体实工"的原因,那就是有见宋明以来诸儒要么详体而略用,要么略用而详体;要么重本体而轻工夫,要么重工夫而轻本体。总之,没有体用兼该、本体工夫并重的,所以他才提出了"全体大用,真体实工"。论述至此,我们可以说"全体大用,真体实工"才是王心敬的理学宗旨。

"全体大用,真体实工"作为王心敬的理学宗旨,其内涵到底是什么呢?对此他有比较详细的解说。现援引如下:

> 全体大用:对举而言,则有全体不可无大用,有大用不可无全体。若论脉络,则有全体乃有大用,有大用然后见全体。真知实行:对举而言,则有真知不可无实行,有实行不可无真知。若论脉络,则有真知乃有实行,有实行乃见真知。正一体相成,初无轻重也。全

---

① "全体大用,真体实工",在王心敬的著作中,表述不统一。另外还有"全体大用,真体实功""全体大用,真知实行"和"全体大用,真知实践"三种说法。就其使用的频率来看,以"全体大用,真体实工"最高,其次则"全体大用,真体实功",再次则"全体大用,真知实行","全体大用,真知实践"偶尔提及。然而就这四种说法的内涵来看,无不是强调心性本体与修养工夫的统一,道德修养与经世致用的统一,并没有什么实质上的差异。故而,本文在论述中统一使用"全体大用,真体实工"这一说法。

体大用，真知实行：论条理，则体用为本体，知行为工夫；有本体不可无工夫，有工夫不可无本体。论脉络，则工夫所以全本体，故必真知实践而后全体大用；本体所以主工夫，故必所知者体全用大，而后为真知；所行者体全用大，而后为实行。本体工夫，正自一贯也。

（《正编》卷七《侍侧纪闻》）

  体用作为哲学范畴，其初始含义，是指形体和作用的关系①。具体到王心敬的理学思想中，"体"是"本心"，指道德本心，道德素养；"用"是"功用"，是指建立功业，经世致用。所谓的"全体大用"，简而言之，就是既要道德修养，又要建立功业，而且要将建立功业建立在道德修养的基础上。"真体实行"："体"这里是"体认"，即对道德本心的认知；"行"即"实践""下工夫"，也就是道德践履。这是说不但要认知自我的德性，还要将之付诸实践。总之，王心敬理学的"全体大用，真体实工"是要表明：他的理学理论内容既包括道德修养，也包括经世致用，而且道德修养与经世致用是体用关系。他的理学实践观念既主张德性的认知，又主张德性的实践，而且认知和实践是统一的关系。

  在理解了"全体大用，真体实工"的内涵后，我们应当能够明白王心敬提出这一宗旨的现实意义，那就是借以消解当时理学内部朱王门户之争。当时的理学界，"重言工夫者，往往攻击本体之说；重言本体者，往往攻击实用工夫之说"（《正编》卷一八《答友人折衷学术书》）。"全体大用，真体实工"的宗旨，正是对此而提出的。在王心敬看来，只有提倡"全体大用，真体实工"才能整合这一分歧，从而消解纷争。其实，"全体大用，真体实工"作为宗旨的功用不仅如此，他认为还有更大的作用。其说如下：

  窃以为学术不会归"全体大用，真体实工"于一贯，有不可者。盖学而不知全体，俗儒、霸儒之学，亦异端之学也。不知大用，俗儒、异端之学也，亦霸儒之学也。不知真体，闻见凑泊之学，口耳记诵之学，亦异端寂灭之学也。不知实功，章句文辞之学，揣摩意见之学，亦异端虚无之学也。所以然者，全体者，大用之体，故谓之全体耳。俗儒、霸儒固不知有全体，即异端离用之体，亦体其所体，而非全体也。大用者，全体之用，故谓之大用耳。俗儒、异端故不知有大用，即霸儒无体之用，亦用其所用，而非大用也。真体者，所以主此实

---

① 蒙培元：《理学范畴系统》，北京：人民出版社，1989年版，第150页。

工,故体曰真耳。俗儒见闻口耳之学,固不知归着本体,即异端不用实工之本体,亦体其所体,而非吾儒之所云之真体也。实工者,所以全此本体,故工曰实耳。俗儒辞章揣度之学,虽勤敏而工原不实,即异端入山坐用之精专,而不知体用一源之工夫,亦工其所工,而非实工也。

(《正编》卷一九《答友人论体用工夫书》)

显见,"全体大用,真体实工"似乎成了儒学区别于其他学术的标志。实学、考据学、科举之学、佛教、道教,都在"全体大用,真体实工"宗旨的检测下一一与理学划清了界限。具体说来,实学与理学都讲求经世致用,但理学讲究"心性",并要求体认心性,而实学并不主张如此。那么,在"全体"以及"真体实功"的检验下,实学与理学不同显然可见。佛教和道教都重视心性修养,这点和理学是相同的,但理学主张经世致用,而佛教和道教则不主张,所以,在"大用"的检测下,佛教和道教明显不同于理学。考据学和科举之学都研习或诵读儒家经典,这与理学是相同的,但理学主张"反身实践",而考据主张文字考证和注释疏解,科举之学主张文章诵读。那么,在"真体实工"的检测下,考据学和科举之学与理学也显然不同。而且在这一学旨的标志下,实学攻击理学是禅是道,显然以偏概全,科举之学讥讽理学迂腐不周世用,纯属欲加之罪。基于以上的认识和考虑,他说:"学术不会归'全体大用,真体实工'于一贯,有不可者。"

"全体大用,真体实工"的理学宗旨,王心敬强调说并非是他创获,而是继承自他的业师李颙。

二曲先生崛起道敝学湮之后,不由师傅,独契圣真,居恒所以自治与所以教人。一洗从前执方拘曲之陋,而独以《大学》明、新、止善之旨为标准。其言曰:"真知乃有实行,实行乃为真知;有真本体乃有真工夫,有真工夫乃为真本体。体用一源,天人无二。"信斯言也!博文约礼,天德王道,一以贯之。不惟世儒门户之狱片言可折,即可使人知濂、洛、关、闽、河、会、姚、泾诸先生之学本殊途同归,百虑一致。不惟不悖,而反相为用。盖自是而圣学始会归于孔孟矣。

(《正编》卷二一《二曲先生集序》)

按照王心敬的说法,不但"全体大用,真体实工"的理学宗旨来自于李颙,就连他主张的"《大学》明、新、止善之旨",也是李颙提出的。然而,经过检索李颙的《二曲集》,并没有"全体大用,真体实工"的提法,也没有"《大学》明、新、止善之旨"的说法。可见,"全体大用,真体实工"确实是王心敬提出的理学宗旨,当然,这一宗旨的思想来自于李颙的思想,就是他所谓的"始发蒙于二曲先生"。

但是这里仍然有一个未解的问题,那就是既然王心敬的理学宗旨是"全体大用,真体实工",那么他为什么不直接提出,而是借用《大学》来转达?原因在于他不愿意在本已纷纷争讼的门户之中再树立一门户。在他看来,数百年来理学、心学二分的门户争讼已使理学日益式微,要维护理学的地位只能消解门户。故而,对现存的门户,他认为"争之固陋矣,护之亦陋矣"。对于既不争亦不护而进行折衷者,他更是激烈批判之,认为这是"子莫之执中",给本已裂为二的门户之外又另立了一门户。所以他"与知交论学术既不敢立宗旨,亦不敢徇门户"(《正编》卷一五《答友人论学脉书》)。

"全体大用,真体实工"作为王心敬的理学宗旨,同时也是其理学思想的核心或精髓。要对这一理学宗旨全面、准确地把握,就不能不对他的理学思想有所了解。以他对这一理学宗旨的诠释来看,既含有"本体",又包括"工夫";既涉及"体",又涉及"用"。他所谓的"体"也就是"本体",即道德本体,这在其理学体系中属于"本体论"范畴;所谓的"工夫"指道德修养工夫,在他的理学体系中属于"工夫论"范畴;所谓的"用"指的是"外王之用",即"经世致用",具体包括政治、教育、农业、军事和荒政。所以,要想对他的"全体大用,真体实工"的学术宗旨有详细而深入的了解,只能俟后面各章的详细论述。

第三节　愿学孟子

王心敬曾说:"居今论道,惟应言人以孔孟为师,言学以《大学》为归。"(《续集》卷一五《答淮安周翼皇庶常》)然而他主张回归《大学》仅是表面文章,实质是借《大学》传达他"全体大用,真体实工"的理学宗旨。他对学人常言"以孔孟为师",或"奉孔子为宗",然而又常常说自己"愿学孟子"。为表明他愿学孟子的志向,他还专门写了条《学孟》的座右铭。

>谓吾力学孟子,吾何敢然。谓孟子吾不敢学,吾何敢然。呜呼!愚姿柔质,希贤不足,翘敢妄冀乎千秋之大贤?呜呼!愚明柔强,古有明训,庶其收十驾之薄效于残年。

(《续集》二七《学孟》)

这与他学以"奉孔子为宗"或"以孔孟为师"的言论不无矛盾。难道这里面又隐藏着什么玄机不成？

考察王心敬愿学孟子的原因，则是他所谓的"孔子而后，孟子其通儒乎。吾不能至，窃愿学焉"，这说明他学孟子是因为孟子是通儒。那么，何谓通儒呢？他是在通过在对通儒和真儒的比较中来说明的，即真儒和通儒"气禀之高明沉潜异，其致学问之得力亦遂各随其气禀异致耳"（《正编》卷六《侍侧纪闻》）。通儒的气禀是高明还是沉潜，难以判断。不过，他又有如下说法：

> 孔子其儒之不可名者乎？如天之大，无不覆也；如地之厚，无不载也。降此，而真儒其曾子乎！伊川、紫阳庶几焉。通儒其孟子乎！明道、阳明庶几焉。

（《正编》卷六《侍侧纪闻》）

按引文可知，明道和阳明是接近孟子一路的。王心敬自谓愿学孟子，其实分析至此，已经透露出他是倾向心学的。我们不妨再进一步看看，他认为程明道"气禀清明"（《正编》卷一三《传道诸儒评》），王阳明"天生颖资"（《正编》卷一三《传道诸儒评》），由此可以断定，他认为通儒气禀高明；再结合他说的"沉潜者所好在笃实，高明者所好在易简"（《续编》卷三《姑苏纪略》），可以断定通儒的修养工夫易简。那么，其为人气禀高明，其修养工夫易简，在理学中是哪一派呢？显然是陆王心学。更何况他也曾明确地说朱子"禀赋之笃实与曾子、子夏近"（《续编》卷三《姑苏纪略》），陆象山"禀赋之高明与孟子近"（《续编》卷三《姑苏纪略》），分析到此，可知王心敬"愿学孟子"其实是在婉曲地表明他学尊陆王心学的为学旨趣，这也就不难理解他所说的"我愿学孟子者，心心之相印"（《续编》卷三《姑苏纪略》）的真正内涵——皈依心学。

王心敬之所以如此迂回地表明他的为学旨趣，与当时程朱理学学者对陆王心学的猛烈抨击有密切的联系。他仅因讲学不批陆王，就曾遭到程朱辈学者的非议。为了避免"口舌之争"，他选择了这一迂回的表达方式。

王心敬为了复兴理学，试图以消解理学内部程朱理学和陆王心学门户之争为目的，来建构以"全体大用，真体实工"为宗旨的庞大的理学体系。然而他本人为学却倾向陆王心学，这恐怕导致了他在建构学说时或自觉或不自觉地以心学作为基础来整合理学。

第六章　心性与天理

本章我们集中论述王心敬理学体系中的"本体论"。首先需要说明的是,他的理学思想中的本体论不完全等同于西方哲学中的本体论(Ontology),因为他所说的本体是指"本心"。故而其本体论所讨论的问题是圣人何以为圣人的问题,也就是人之所以为人的根据的命题。这与西方哲学以探讨本原为核心的本体论显然是不同的。当然,他的本体论中论及"本心"的先验性、超越性时,又与西方哲学的本体论有相通性。如前章所述,他的理学宗旨是"全体大用,真体实工"。宗旨中的"体",具体到他的理学范畴中看,指的是"本心"。"本心"是他的理学体系的核心范畴,其他范畴,如"性""理""天"都是建立在"本心"范畴上的。

第一节　"心"范畴论

在王心敬的理学体系中,"本心"范畴是核心范畴。但是在认知"本心"范畴之前,我们有必要先来认知"心体"范畴。心体,用他的理学话语来解释就是"本心"的"体段",也就是本心的形态相貌。如果用问题话语方式来表述的话,心体所要回答的问题是本心到底是什么样子。可见,心体只是本心真实的存在状态,本心才是真正的实体存在。王心敬对心体以及本心有比较具体的描述,现援引如下:

> 心虽神妙无方,然来往变灭者却非本心;虽无一物,然不可宰物者却非本心;虽至微至密,然不能遍照者却非本心;虽众理备具,然有能有所者却非本心;虽应酬万事,然溺形滞迹者却非本心。自体自用,非虚非实。必既泯将迎不形,如明镜止水,虚而能应,应而常虚。
>
> (《正编》卷一二《证心录》)

他如斯繁琐的回答,其实只有"如明镜止水"五字对题,其他都是在谈论本心。他的回答是说心体好像干净明亮的镜子,或者如同宁静澄澈的水面,故而他有时也说心体是"湛静清明体段"(《续集》卷二九《书卷》)。那么,本心为什么是这个样子？他认为从先验的层面看，"只是生来清明"（《续编》卷六《答问录》），即心体是人人先天固有的，与生俱来的；从经验的层面看，这是本心具有的本能，能够自我护持、自我保养成这个样态。这样的话，对心体的认知就不得不追溯向本心。

由王心敬对本心的上述描述来看，它的功能或特点还真不少。我们将他的说法疏解后，再归纳总结，可以看到本心有两个最基本的特点：一、本心具有超越性，属于形而上的存在。这既是因为心体的先验性，也因为本心不但"自体自用"，不"来往变灭"，而且还可以"宰物"。再者，他认为本心"从其灵明之廓然无对而言则曰独"（《正编》卷一六《答友人问慎独致知异同书》）。本心是独一无二的，也充分地表明了本心的形而上学属性。然而本心只能对人而言，这里的形上性或超越性，也就只能从人的类群视域来说，而不是个体的人。作为后天存在于个体的经验层面的本心，由于个体气禀的差异、习染的不同，本心被遮蔽的深浅各异，时而不免"自违本心""昧却本心"。可见本心从个体的生灭出入来看，是具体的、现实的；从类群的永存来看，是抽象的、超越的；从先天的固有而且"灵明"来看，是先验的；从后天的养心炼心来看，是经验的。所以，本心是形而上与形而下的统一体。二、本心是"灵明"的，而且"虚灵不昧"。他说"人心只此一点灵明"（《正编》卷一六《答友人问慎独致知异同书》）。正因为本心具有"灵明"的本能，所以能够"遍照"内外、洞烛人己。而且本心的"灵明"最终是"不昧"的，即他说的"人心只此一点虚灵不昧之机"（《续编》卷九《答富平孙日跻同门》）。所谓的"不昧"，既指不被外在的事物所昧，也指不被自身的意念所昧。不被外在的事物所昧，自然不会"溺形滞迹"。不被内在的意念所昧，自然会"虚而能应，应而常虚"。原因就在于本心的"灵明""就其自然能知是知非而言，谓之良知；就其自然能著是去非而言，谓之良能"（《续编》卷九《答富平孙日跻同门》），那么，本心必然知是著是，知非去非，自然就"众理备具"。可见，本心的"灵明不昧"，必然是"虽酬酢万变，而天君清明静定"（《续集》卷一三《答秦州陈刺史》）。

据上述可知，后天的心体之所以仍然如明亮的镜子或清澈的静水，那是因为本心俱有"灵明"的功能，而且这种"灵明"最终"不昧"，所以本心不会"溺形滞迹"，始终无滞无染。由此可知，心体是没有善恶可言的。当然，这仅仅是说本心的样子是无善无恶的，并不意味着本心无善无恶。其实，本心倒是至善无恶的，但这并不是说本心装满了善的道德法则，或者笼罩着善的意念。本心具有知是知非的良知和著是去非的良能,故而当本心与事物接触时,产生了意念,意念是即知是著是,意念非即知非去非。那么,内心必然流淌的尽是善的意念,这给人的感觉好像心中"众理备具",其实本心依然是清明虚融,并非就是善的理念或道德法则。就此来看,他有关心体和本心的看法,很类似于阳明的"四句教":"无善无恶心之体,有善有恶意之动,知善知恶是良知,为善去恶是良能。"(王守仁:《王阳明全集·传习录》)无怪乎当朱子辈学人批评"无善无恶心之体"时,他会解释说:"阳明无善无恶是形容心体浑沦无物,未尝以性为无善无恶也。"(《续编》卷九《与亮工弟论主静主敬之辨》)并肯定阳明此说是"有为之言也",只不过是语"失过险",未免以"险语骇人"。

  王心敬的心体说和本心说,虽然几乎完全继承了王阳明的学说,但其吸收了佛道的思想也是显而易见的,甚至在语言表述上也不掩释老的禅玄话语。他的心体说,吸收了《庄子》的思想。《庄子·应帝王》关于"至人之用心"有如下说法:

> 无为名尸,无为谋府;无为事任,无为知主。体尽无穷,而游无朕;尽其所受乎天,而无见得,亦虚而已。至人之用心若镜,不将不迎,应而不藏,故能胜物而不伤。①

  王心敬"必既泯灭将迎不形,如明镜止水,虚而能应,应而常虚"的本心说,多吸收《庄子》的思想,袭用《庄子》的话语。他所谓的心体如"明镜",就是庄子至人"用心若镜";本心的"泯灭将迎"就是至人用心"不将不迎",本心的"虚而能应,应而常虚"就是至人用心"应而不藏"。只不过,庄子通过不将、不迎、不藏,强调的是心不被外物所伤,而王心敬通过泯灭将迎、虚而不藏,所表述的是心体的无滞无染。另外,他"虽无一物,然不可宰物者却非本心"的思想于《庄子》恐怕亦不无借鉴。这一说法,他也说成"无物而能物物者"(《正编》卷一五《答友人问体认工夫书》)。"无物而能物物者",显然是借鉴了《庄子》"物而不物,故能物物"②或"物物而不物于物"。如果说对于"物而不物,故能物物""无物而能物物者"的表述仅仅是对语言表述的模仿,那么,对于"物物而不物于物"就是思想上的借鉴了。《庄子·山木》有这样

---

① 王世舜:《庄子注译》,济南:齐鲁书社,1998年版,第104页。
② 王世舜:《庄子注译》,第142页。

的表述：

> 若夫乘道德而浮游则不然。无誉无訾,一龙一蛇,与时俱化,而无肯专为;一上一下,以和为量,浮游乎万物之祖;物物而不物于物,则胡可得而累邪？①

如果说"物物而不物于物"是说"把物当作物,使之顺其自然发挥其各自的作用,而不去主宰万物"②的话,那么,庄子是以顺应万物或者说顺应自然,来实现心不被外物所累的。由王心敬"物欲之物,此心不可有;主宰之物,此心不可无也"（《正编》卷一八《又答佟体乾》）的主张来看,他所谓的"无物而能物物者",是说本心没有物质欲望,但是能够主宰万物。显见,对于顺应万物,还是主宰万物,两者显然是不同的。但他追求心不被物蔽、不被物役、不被物累的思想,吸收《庄子》心不被物累的思想是显而易见的。

王心敬本心说以及心体说,除了吸收道家思想外,对佛教的思想也有多方面的吸收。首先分析他提出的"心虽神妙无方,然来往变灭者却非本心"的主张,他认为本心没有"来往变灭"的思想,吸收了《中论》的"八不偈"思想。《中论》的《观因缘品第一》的第一偈如斯说：

> 不生亦不灭,不常亦不断,不一亦不异,不来亦不出。
>
> 能说是因缘,善灭诸戏论,我稽首礼佛,诸说中第一。

"八不偈"是用佛教中观思想来论述因缘的。然而王心敬借用"八不偈"尤其是其中的"不来亦不出"思想来论说本心只有现象层面或经验层面的放与收,而形而上层面和先验层面是没有放和收的,这一层面本心的"灵明"是永远"不昧"的。

再者,"虽众理备具,然有能有所者却非本心"的思想,吸收佛教的思想就更为明显。"能知"和"所知"是佛教的术语,前者相当于认识论中的认知主体,后者相当于认知对象。佛教思想认为"所知"依附于"能知",即把认知对象消融在认识主体之中,从而否定客观世界的存在。他"有能有所者却非本心"的主张,就是要说明本心之外并不存在什么"理"或"道",他清楚地表明"心外无理"（《正编》卷二《语录》）、"心外无道"（《正编》卷四《语录》）,甚至于"心外无事"（《正编》卷一一《学旨》）。但这并不是说本心中存在着"道"

---

① 王世舜：《庄子注译》,第258页。
② 王世舜：《庄子注译》,第259页。

或"理",而是说"道"或"理"的实质就是本心的"灵明",即良知良能。这样就将所知融化到能知中了。

最后,谈谈"虽应酬万事,然溺形滞迹者却非本心"。王心敬的本心虽应酬万物但并不溺形滞迹的思想,恐怕是对《坛经》中论心时提出的"去来自由"思想有所吸收。《坛经》在《般若品》中提出了"内外不住,去来自由"的命题,后又于《顿渐品》中提出了"去来自由,无滞无碍"命题。这两个命题是说当心对境时,内不执着于意念,外不逐移于物事,就可以使心去来自由,而不会有所滞碍。王心敬对禅宗的这一思想,几乎全盘接受了。因为既要使心不溺形滞迹,又不断心地应酬万事,那就只能是不执着于事物了。所以,他说心"莫太执着"(《正编》卷一二《证心录》)。

综上所述,王心敬的心体说和本心说对佛道思想吸收比较多,但毕竟不同于佛道的思想。作为儒者,他非常自觉地意识到儒学有别于"佛、老之空、虚"(《正编》卷一一《学旨》),所以,他在吸收佛道的心学思想时,对之有所扬弃。表现就是吸收其知觉灵明、无染无滞等殊胜之处,而以"众理备具"主宰万物来克服其空虚不足之处。当然,他所谓的心具众理和主宰万物,看似继承了朱子"心者,人之神明,所以具众理而应万事者也"(朱熹:《四书章句集注·孟子集注》)的思想,但其实貌合神离,前文已有所述,此处不再赘言。

关于心体,还需要说明的是,王心敬认为心体是有"分量"的,即他所谓的"心量"。在他看来,"心体精明同乎日月,心量弘厚同于天地"(《易说》卷首《通论》),因而对心体要想体认到"全体",就不得不体尽心之"全量"。对此他说:"故上焉者,明新至善,中和位育,充满此心之全量,而上下与天地通流。"(《正编》卷一九《答友人论人品根柢书》)这样的话,要想充满心量,就不得间断体认。落实到修养工夫上,就要坚持不断地做工夫。就他将心体量化的目的来看,是为了强调工夫的落实和不间断;就他标举"心量"的治学目的来看,明显是为了克服禅宗的"超乘顿悟"对儒者修养工夫的负面影响。所以他说:"学无躐等之获,而异学之所谓顿悟者,非所以语圣学。"(《江汉书院讲义》卷一《上论》)这是他心体论中比较有特色的地方,惜乎其论说相对太少且较零散。

第二节 "性"范畴论

"性"范畴是王心敬理学体系中的重要范畴。"性",他有时也称为"性体"或"性之体"。"性"作为他理学的一个范畴,与"心"范畴有着十分紧密的关联。他的理学思想中主要通过"本心"范畴来界定"性"范畴,或者说将"性"范畴规定为"本心"范畴,但是晚年他又提出了性与心的体用说。

首先,我们来看看王心敬的因心定性。他对禅宗"视性为真,视心为妄"的做法深表不满,在他看来,心才是最真实的,性只能寄托于心而存在。他发现禅宗对心性的这种"颠倒之见",与其理论中范畴的建构有关系,即禅宗对"性"范畴的构建是独立于"心"范畴的。他将禅宗对"性"范畴和"心"范畴的这种界定思路称为"分心分性""离心言性"。在他看来,"即心即性,分心分性,此吾儒与释氏之分界"(《续编》卷四《侍侧纪闻》),所以与禅宗"分心分性"的界定思路相对,他在界定"性"范畴时选择了"即心即性"的思路和方法,我们不妨将之称为因心定性。

> 观"性"之为字,从心从生,乃知心性原非二物,特各就其存主异名耳。释氏之幻空意念,既离心言性,而其视性为真,视心为妄;又是离性而言心,两无着落矣。
>
> (《续编》卷四《侍侧纪闻》)

他的因心定性,其实所要表达的是性从心生,从而建立性与心之间的复杂关系。在他的理学体系中,心性之间的关系既有相同的一面,也有不同的一面。

先来分析心性相同。心与性的相同性主要表现为他有关心性的相同描述,比如"心外无事"(《正编》卷一一《学旨》)与"性外无物"(《正编》卷二《语录》),"心者,全体大用"(《江汉书院讲义》卷一○《下孟》)与"性之全体大用"(《续集》卷一《示及门》),"心者,身之主宰"(《正编》卷一二《证心录》)与"性,五官百骸主宰"(《续编》卷四《侍侧纪闻》)。这些相同的描述反映出性与心应当是同一的。再结合他"夫本地风光,言乎吾性原来湛然渊然之本段,即吾心无欲之真机也"(《续集》卷一三《答秦州陈刺史》)和"静中端倪,即吾性原来湛然渊然之头面,亦即吾本来风光之头面也"(《续集》卷一三《答秦州陈刺史》)的表述来看,性不但有体段,有头面,而且还是湛然的。可以肯定,性指的就是心,所以,他说"心性原非二物"。

接下来看看性与心的不同。王心敬认为心性是"存主异名"的。所谓"存主异名",是说心与性因心的存、主与否而有区别。"存",按他的著作,即"存心",就是对"心"的"操存""存养""存省"。"主",按他的著作,即"有心为主",就是"心"的"主宰""做主""为主",也就是他说的"本心作得主宰"。可见,在他看来,只有心被操存、做得主宰才可谓之性,否则,只可视为心而不可称作性。这是因为经验层面的心,既有"真心""良心""道心""正心"和"善心",也有与之相对立的"妄心""盗心""人心""私心"和"恶心"。只有前者才可以称为性,而后者只能视为心。这充分说明,性是至善无恶的,所以他说"人性中只有一个善"(《续编》卷四《侍侧纪闻》)。然而心是有善有恶的,所以性又不完全等同于心。

性既是心,又不完全等同于心,那么,性与心到底是什么关系呢?王心敬认为"性,心之体"(《江汉书院讲义》卷一〇《下孟》),或者稍进一步说"性者,心之真体",对此,他有如下比较详细的说法:

> 性者,心之真体;心者,全体大用。非有二也。性之所以善者,善以有仁义礼智之心;而心之所以仁者,原于性之本无不善。仁心之与善性,亦非可二视也。
>
> (《江汉书院讲义》卷一〇《下孟》)

显见,心是有体有用、自体自用的,它是实体存在,而性是"心之真体"。何谓"心之真体"?他有"吾心本来无欲之真体"(《正编》卷一八《答友人问治怒书》)和"无物而能物物者,乃为吾之真体"(《正编》卷一五《答友人问体认工夫书》)的观点。如前所述,这类命题是用来表述"本心"的。故而,"性者,心之真体"是说性就是本心。本心是至善的,同时,也是湛然渊然的。可见,他所谓的性本质上就是本心。

其次,我们分析王心敬的"即情验性"说。他认为"七情,心之用也"(《正编》卷一二《证心录》),那么,"即情验性"就是根据心的功用来认知性。在他看来,"性不可名"(《续编》卷六《侍侧纪闻》),即性无法用语言表述,原因在于"此性声臭俱无",是"不睹不闻之独体"(《江汉书院讲义》卷六《中庸》)。他反问"既无声臭,何可睹闻?"(《续编》卷六《侍侧纪闻》)仅此而言,性似乎纯粹是形而上的,并不存在于现实世界。但问题是,既然人无法检验到性,怎么知道性的存在呢?他说这完全是依靠心的功用——"情",推理出来的,即他所谓的"即情验性"。

> 又问:寂然不动者性,感而遂通者情。而孟子以恻隐、羞恶、辞让、是非之心为仁、义、礼、智之端,夫恻隐、羞恶、辞让、是非情也,仁、义、礼、智性也。然则仁、义、礼、智之名是由感而遂通之情,推明

其寂然不动之性乎？

王子曰：此论得之，盖性不可名，故孟子往往即情验性耳。

(《续编》卷六《答问录》)

从他与同门张正（字择中，盩厔人，后迁居鄠县）的答问中可知，性是由心推理出来的看法是张正提出来的，得到了他的充分肯定。其实，这足以说明他也认为性是由心推理出来的。具体说来，由恻隐之心推理出仁的存在，由羞恶之心推理出义的存在，由辞让之心推理出礼的存在，由是非之心推理出智的存在。由此可知，在他看来，心才是真实的实体，而性仅是抽象的人为规定。不过，这也说明，性虽然是本心，但是偏重于本心的形而上的一面。另外，也充分反映出"即情验性"其实也是因心定性。

最后，我们分析王心敬的性心体用说。性与心的体用关系是他晚年在论述性与敬的关系时提出的，他说："性是心之本体，心是性之大用。"（《续集》卷一《性敬同归之义》）这是说性与心是实体与功用的关系。很明显，这和他将性等同于本心的观点不同。即使我们根据他"无杂无妄真本体"（《正编》卷一六《答李重五先生论学书》）和"恰合道心之本体耳"（《正编》卷一八《又答佟体乾》）的论断，而推出"心之本体"就是"本心"，从而断定"性是心之本体"仍然表达的是性是本心，但也无法将"心是性之大用"命题所规定的心仅仅是实体之性的功用，与早期"心者，全体大用"所规定的心有体有用、自体自用的观点相贯通。那么，这就是说，性心体用说与性是本心说是相互矛盾的，而且这种矛盾是他的学说所固有的矛盾，但是我们能否以此断言他晚年对心性关系以及对心的认知发生了变化？我看不能，因为性心体用说仅此一见，而性是本心的观点是他的基本观点。然而我们不能不承认，性心体用说与他的心学思想是严重抵牾的，因为心被视为实体之性的功用的话，心的本体地位就被性所取代了，从而倾向于程朱理学的心性说。看来，刘师培认为王心敬放弃了陆王心学而"改宗紫阳"[①]的观点，不是毫无根据的。

但是王心敬的理学思想毕竟是陆王心学，而不是程朱理学，因为他的思想中不存在客观的天理。他论证性是本心时，所谓的"存主异名"，是以心的操存和主宰言性，目的在于确保性的至善性。因为心"就主宰处言，谓之理"

---

① 刘师培：《近儒学术统系论》，《刘师培辛亥前文选》，北京：三联书店，1998年版，第156页。

(《续编》卷四《侍侧纪闻》),因为"心存理得"(《正编》卷一《语录》)。"理"或"天理"对理学内部任何一个派系而言,都是绝对至善的,这是毋庸置疑的。那么,性的至善性也就毋庸置疑。这表面看来,性善的根据似乎是天理,其实不然,因为"天理者,吾之本心也"(《正编》卷一〇《侍侧纪闻》),"心外无理"(《正编》卷二《语录》),所以,性善的根本原因是性就是本心,而不是天理。退一步来看,即便是他晚年抱持性心体用说,而视心为实体之性的功用,但性善也不以外在的天理为依据。"性乃此理各正之根柢,理即此性天然之条贯"(《续集》卷一《居敬穷理之旨》),这是他晚年有关性与理关系的论说。显见,理是以性为根柢的,甚至理在本质上就是性,理仍然是内在的。其实,在他的思想中并不存在朱熹所谓的"万一大地山河都陷了,毕竟理却只在这里"(《朱子语类》卷一)的外在天理。所以,我们可以肯定地说王心敬自始至终尊崇的是陆王心学,晚年并没有改宗朱子。

王心敬认为作为儒者,应当将圣贤所讲的心性反身实践,而不是研究书本上的学问。所以,性与心到底具有怎样的关系,他并不主张去探究。对于究诘心性关系的弟子,他是这样训诫的:

> 此后不必苦辨本心本性之说,但实存其心,即养性在其中;实养得性,即存心在其中。纷纷辨本心本性,不知实从上边守住,下存养之功;纵自今日辨至白首,只是添得口头闲议论耳,心性依然不管我事也。

(《续编》卷四《侍侧纪闻》)

可见,他关心的是道德践履,而不是学问研究。所以,他的著作中论心性关系的文字并不多,我们对他关于心性关系的看法也只能认识到这个地步。尽管如此,在他的理学思想中,心的本体地位是非常明确的。他是一个心学学者,他也自言"如敬者夙事心宗"(《正编》卷一六《上二曲夫子书(壬戌)》)。

如前所述,心体是有分量的,即心量,那么,性作为心体,也应当是有分量的。性的分量,王心敬也称"性之本量",有时简称为"性量"。他说:"见得性之本量原是如此之全,故其尽之之功实而能克其量。"(《正编》卷一《语录》)只有实下工夫,并不间断,才能达到"量之所暨,乃圆满所得其全也"(《正编》卷一《语录》)。不然的话,"见不尽性之全体",最终"亦终无见性之本体"。可见,他提倡性量说的目的跟提倡心量说一样,都是为了强调修养工夫的落实和不间断。

第三节 "理"范畴论

"理"范畴也是理学体系中的重要范畴,不过,具体到王心敬的理学体系中,理分为"天理"和"物理"。他的理学思想有一个基本命题,即"心外无理",所以无论是天理,还是物理,都和本心密切关联。

天理,在王心敬的理学体系中,其实是"本心"的一种表现,或者说天理本质上就是本心。他说:"夫天理,本体也。"(《正编》卷二四《随处体认天理解释》)他所谓的"本体",如前所述,指的是形而上的本心,所以天理其实就是本心。另外,他对天理的本质即本心,有更为清楚的表白。他说:"天理者,吾之本心也。"(《正编》卷一〇《侍侧纪闻》)他也说:"天理者,吾本来明明不昧之良心。"(《续编》卷一四《答富平孙日跻》)为什么说天理是本心,或者说本心何以又表现为天理?从他对天理的解释,可以窥见一斑。现在援引其解释如下:

> 天理者,吾人本来明明不自昧之良心。以其秉于有生之初,不假人为,故曰天;以其见亲自知孝,见兄自知敬,见孺子入井自知怵惕、恻隐,见呼蹴之食自知羞恶,以至是知为是、非知为非、当辞而辞、当让而让,皆有自然之条理,故曰理也。
>
> (《正编》卷二四《随处体认天理解释》)

从他对天理的分析解释来看,天理是与生俱来的,也就是说是先验的,通过经验层面的见亲自知孝、见呼蹴之食自知羞恶来看,天理具有知是著是、知非去非的本能,显然是良知良能。从这两方面综合来看,天理也就是本心。不过,天理则重言本心的"众理具备"。

物理,在王心敬的理学体系中,并不是关于客观事物的属性或运动规则,而是和本心紧密联系在一起的。他对物理有如下解释:

> 外吾心原无所谓物理。物理者,吾心处置事物自然恰好之天则也。固未尝离却事物,然其机缄却在吾心一切事物之来前,特为吾心触发之端耳。如亲当孝,君当忠,是固昔人之所疑事事物物皆自有定理者也。
>
> (《续编》卷二《姑苏论学》)

他将物理归为天则,如果说"以其秉于有生之初,不假人为,故曰天"的话,那么,这关于事物的规则显然是先验的而不是经验的,所以他说"外吾心原无所谓物理"。但是这关于物的规则是潜在的,只有当主体与事物相接时,才被激发涌现而出。所以对物理的研究,必须全面地与事物接触,这样,内在的关于事物的潜意识才能显现出来。这就是他说的凭借事物来"开发本心,印证本性"。

但是由他"如亲当孝,君当忠"来看,他所谓的物理,内容倾向于伦理或者说道德性。这又是为什么呢?由"机缄却在吾心一切事物之来前"来看,他似乎认为本心是物理的逻辑前提。他承认人对事物的认知不能不外向探求于事物,也明白认识事物直接依赖于五官,故而人要获得知识就必须使五官各司其职。但他发现,即使五官各司其职也未必能获得知识,原因在于"五官百骸主宰"的心出了问题。具体说来,如同《大学》所说的"心不在焉,视而不见,听而不闻,食而不知其味"一样。即当作为耳目主宰的本心丧失的话,尽管目也在视,耳亦在听,但却没有获得外在事物的任何感知,所以他认为本心才是知识形成的基础或前提。这就是他所说的"机缄却在吾心一切事物之来前"。可见,他所谓的物理的先验性和道德性都是从知识何以可能这一角度思考而说的,知识必须建立在道德本性的基础上,否则认知将不可能。再者,他将知识等同于道德的看法,也有其立说的根据。在他看来,五官无疑都用以感观经验界的现象,目职在视,耳司于听,舌用于尝。但是目不但能视,而且能分美丑;耳不只能听,而且能辨乐噪;舌不仅能尝,而且能分香臭。这就是说五官都具有价值判断的功能。五官所表现的这一道德性的根据,他认为在于本心。基于这两方面的认识,他提出了"心者身之主宰,得其正则百事正,不得其正则百事不正"(《正编》卷一二《证心录》)的看法。由此可知,他所说的物理具有的先验性和道德性,都是就知识的形成说的,并非主张知识就是内在的道德性,而是说知识的形成要以内在的道德性为基础,也就是说道德性是知识何以可能的逻辑前提。他所说的物理也正是从这一视角谈的,那么,也就不能说他标榜的物理就完全是人内在的道德性,而只能说这一物理是建立在人内在道德性的基础上的。这样来看,他所说的物理就与我们今天使用的物理(Physics)不完全相矛盾,故而他本人并不排斥外求物理,他所批评的只是"失本"的"穷物理"。

尽管如此,王心敬所说的物理仍带有十分浓厚的道德性味道,而不完全是事物自身的纯属性。所以对于我们今天所谓的物理(Physics),他并不怎么关心,这从他下面的说法可以看出来。

> 吾于切用之物,只为是离之不可得,故遇之留心,究其生产制造之宜。至于鹤颈何以长,兔颈何以短,桃之何以红,李之何以白,不惟聪明有不及,亦且心力有不暇。
>
> (《正编》卷九《侍侧纪闻》)

可见,他对纯粹的物理研究不感兴趣,但与日常生活密切的事物,他还是"究其生产制造之宜"的。比如说农田水利,他就相当重视,不但研究,而且还实验。所以,这方面的物理知识他不但具备,而且相当丰富。

第四节 "天"范畴论

在王心敬的理学体系中,"天"范畴是一个重要范畴,有时也被表述为"天理""天道""天德"等。尽管天范畴是一个非常重要的范畴,但其内涵前后不一致。如果说前期的天属于哲学范畴的话,那么后期的天更像一个宗教学范畴。

王心敬的理学体系中,早期的天范畴与心范畴有密切的关联。表现就是他提出的"天,心之原也"(《正编》卷六《侍侧纪闻》)命题,直接将天与心联系起来了。这里的"原"通"源",是说本心来源于天。但作为本心来源的天,只是用来说明本心是"上天生来"(《正编》卷一《语录》)的,即"性体天生",而不一定是实体存在。再结合他所谓的"以其秉于有生之初,不假人为,故曰天"来看,天还真不是实体性存在,只是用来说明本心的先验性的,所以他说"此心之外更无天"(《续编》卷七《答问录》)。这样的话,知性知天的修养工夫,在他看来,并不是说有个客观存在的天或天道,要求主体来认知,而是说在体认性体时,要体认出人性是天然至善的。故而现实中的人应当实下工夫,"克满性之本量",从而实现本真的自我。然而现实中不乏视天或天道为实体的学人,他们不从自己身心上做工夫,却寄希望于天道或天德的眷顾。他批评此类思想和做法说:

> 天道无凭,人事有据。若舍自己实人事,而徒靠虚天道,乃是自断脚跟,却望登山。不惟山不可到,必且堕落溪壑,而不可救药。故"天德"二字,最是误人之鸩毒;而反己自求一言,实属生身良剂。
>
> (《江汉书院讲义》卷一〇《下孟》)

显见，与人事相较，他认为天道是虚妄不实的，并认为天道、天德都是不可靠的，人只能靠自己努力。另外，他还批评视天或天道为实体的理学学者放弃"反己自求"，而向外攀援，是"舍本逐末"。

那么，为什么知天应当反己自求呢？如前所述，"天理者，吾本来明明不昧之良心"，所以对天或天理的体认，就不得不"从此天良炯然不自昧处，时时体认"（《续集》卷一三《答扬州朱泽沄》）。所谓体认，不是说有个客观的天或天理作为认知的对象，而是体察"吾心天然自有之条理"（《续编》卷一五《答友人问博文约礼之旨》）。体认默识之后，或者说道德自觉之后，"凡一切动静语默、待人接物，无不循那天然矩蠖行之"（《江汉书院讲义》卷二《上论》）。修为至此，就算是尽性知天了。可见，知天只是自识本心，从而实现主体的道德自觉。

由上述可知，王心敬早期所认知的天，无论是从本体论的视阈看，还是从工夫论的视阈看，都不是实体性存在，只是以"天生""天然"的意涵来说明形而上的本心或性的至善性。

但是后期，他逐渐改变了这一看法，不但认为天道或天德是存在的，而且认为天道或天德是独立于本心之外的实体性存在，并为天道或天德的存在，从理论和现实两个层面进行论证。

首先，他改变了"天道无凭，人事有据"的说法。他是这样说的：

> 天道幽，人道显；天道远，人道迩。君子尽其显且迩者而已，幽且远者可知乎？然显者尽，而幽在是；近者尽，而远在是。
>
> （《正编》卷六《侍侧纪闻》）

显见，他已经开始承认天道是存在的，只不过认为天道比较幽邃玄远罢了。他似乎还认为人道与天道有紧密的联系，甚至天道就寓于人道，所以在实践中他还是坚持尽人道。

再到后来，他不但认为天道存在，而且视天或天道为人格意志之天，即宗教的天。

> 谓非真有求之降鉴之天，则是视天但属虚理，而非有真宰主乎其上。不惟视天为无权，使人漫无畏惧，长世间无限慆淫奸宄之心；亦且于"六经"言天言上帝赫赫明明、监观求瘼之旨相违。不知天地间有此理，即有司此理之宰。岂有万物共戴以生成之天，运行发生，毫厘不爽，福善祸淫，捷若影响，而独无宰者主之耶？
>
> （《续集》卷二九《批多方天惟时求民主节吕氏注》）

天不再是用来说明本体来源的逻辑在先,而是实实在在作为主宰者的实体存在。它不仅能够生长万物,而且能够赐福降祸。这时既可以称其为天,也可以称之为"上帝"。至此,他理学中的天,已经完全由哲学层面降落到宗教层面了。但是这一扭转,是他刻意为之的。下面这首小诗,完全可以说明。

> 祸淫福善尽由天,惠吉逆凶自古然。
> 吾儒原不言因果,却非报应竟茫然。

(《续集》卷三四《感兴篇·其六五》)

他明白儒家是不言因果报应的,但他还是要谈因果报应,并提出宗教之天来主持因果报应。为了从理论上证明宗教之天的真实存在,他从儒家的元典《诗经》和《尚书》中找到了很多论据。比如《诗经》记载的"明明在下,赫赫在上""文王陟降,在帝左右"以及"天作之合""天降之殃"等等,《尚书》记载的"皇天上帝""天道福善祸淫"之事,如"皇天眷佑""天讨有罪"等等。这都可以说明宗教之天的存在。另外,他还从现实中他认为的天人感应之事来论证宗教之天的存在。这就是他说的"我连日看得天道日益分明,作善降祥,不善降殃,直如影响"(《续集》卷一三《又〈设学事宜示功勋〉》)。现试举一例,雍正十一年(1733)春,年已八旬的李慎言(字伯敏,李颙长子)从盩厔来到鄠县造访王心敬。他向王心敬讲述了盩厔县尉求雨而雨至的神异事情。王心敬听后感叹说这是县尉的真诚"感召天心",所以天降了雨。他激动不已,不顾七十八岁高年,立即伏案"手录而籍记之,以示训于吾徒"(《续集》卷一三《盩厔尉祷雨跋》)。他要将此事作为例证,告诫弟子,天是"明明赫赫"的真实存在。

王心敬之所以要将天从哲学意涵扭转向宗教意志,有他认为至关重要的现实意义:

> 且如人不明于天心,不畏于天威,在草野则最启斯人存心行事之怠肆,在朝廷则尤启人君治民事神之纵恣。其于人心世教尤大有关系,岂同小可。

(《续集》卷一《示及门》)

可见,他提倡宗教之天,目的是借天来威慑肆无忌惮的人。出于人心世教的考虑,而并非学术的考虑。尽管天被扭转成宗教之天后,游离出了他建构的理学的逻辑体系,但天仍然和心有所关联。这表现在"天心所寄,即在人心"(《续编》卷一四《答友人论天意书》),即表面看来,是天据人之行善或作恶,来赐福或降祸,但其实是人之行为决定了天。然而"心者,身之主宰",那么,岂不是心主宰着天吗?所以天范畴还是以心范畴为依据的,无论是哲学之天,还是宗教之天。

综上所述,在王心敬的理学体系中,心是最基本的范畴,其他范畴如性、理、天都建立在心范畴的基础上。同样,在他的理学思想中,"心外无理","心外无事"。所以,无论是求理还是处事,只能是即心而求,而不能"外心索理","外心言事"。甚至于学问和治道也不可"外心言学","外心言治"。这充分表明了他的理学旨趣——陆王心学。

第七章　收心与养心

> 漫道原明是本明,工夫不到岂能精。
> 试看云里中秋月,必待云清光始清。
> 　　　　　　　(《续集》卷三四《感兴篇·其一六》)

这是王心敬写作的言道诗,能够比较准确地反映他理学思想中的工夫论思想。工夫论探讨的是道德践履问题,即如何实现人的道德本性,如何实现人的道德价值,使自身所固有的道德本性得以落实。在王心敬的理学体系中,如果说本体论是回答圣人何以可能的问题的话,那么,工夫论将要解决的是圣人如何实现的问题,也就是怎样成就圣人的问题。如前章所述,在他的理学思想中,本心是形而上和形而下的统一体。就形而上来看,本心可以称为性或本体,是超验的实体,至善无恶;就形而下来看,本心是经验的个体,有善有恶。当本心由形而上降落为形而下时,有来自负载者"气"的遮蔽,导致了自身的至善性的丧失。具体说来,本来主宰着气运行的本心,由于气的影响失明不灵,最终失去了主宰性,反而在气的役使下,纵欲败度,任情冥行。修养工夫就是主体要使本心自觉自明,重归自己的主人翁地位,从而主宰着气运行。这样的话,做工夫就得从本心下手,即所谓的"在自己心上拷挞"①。

但是需要说明的是,圣人是"生而知之"的,所以在现实生活中本心始终"灵明不昧",大概不用在自己心上拷挞。然而圣人毕竟是凤毛麟角,芸芸众生都是普普通通的凡人。对凡人而言,本心的灵明难免有所迷失。尽管由于气禀的高明和沉潜不同,本心迷失的深浅久暂各异,但在自己心上拷挞是必须的。所以王心敬坚决反对无须做工夫的任何说法,而坚持儒者学道必须落实到具体的工夫修养。

> 昔人谓"得来全不用工夫"者,是禅家说此道本来现成,见得时不容人安排做作耳。若就吾儒学道说,得来岂有不用工夫之理?只

---

① "理学在自己心上拷挞",本是王心敬的道友郿县冯云程提出的。冯就此观点求证于王心敬,王充分予以肯定,并进行了解说和阐发。这可以反映出此说也是王心敬固有的观点。

可言"得来正好用工夫"耳。

(《正编》卷三《语录》)

"得来正好用工夫",但工夫要用在心上,即时时处处拷挞自己的内心。但是拷挞有一定的程序,即"收心"——"养心"。然而,"收心""养心"的工夫得以施展还有一个理论上的预设,那就是主体要相信自己"心体本来清静"(《正编》卷一八《又答佟体乾》),即王心敬所谓的"信心"。

第一节 "信心"

"信心",是王心敬早年在给前辈学人梁份的回信中提出的一个重要的理学命题,他说:"吾辈学术期于信心而已。"(《续编》卷一六《答梁质老书》)他又将之进一步表述为"自信于心",即所谓的"圣贤之学只期自信于心"(《江汉书院讲义》卷一《上论》)。"信心"的内涵是主体要相信自己生而具有的本心,用现代的话语来表述,就是要坚信"我本善良"。他的理学思想有一个基本的理论预设——同时也是儒家的理论建构中的一个基本预设——"人性本善"(《正编》卷九《侍侧纪闻》)。无论是个体的修身养性,还是王者的德治仁政,都是以此为前提的。然而恰恰是这一基础,在现实中显得岌岌可危,遭到了小民的质疑。宋明以来的理学家似乎并不认为这是个问题,他们认为人性善并非什么理论预设,而是主体内心体验到的实实在在的存有。所以对自己善性实存性的证明,需要主体自己去体验认知。王心敬也曾这样认为,他说过:"吾言乃吾见,汝悟始成汝见也。"(《续编》卷四《侍侧纪闻》)所以,对自己至善本性的证明,只能主体自己去体认验证,责无旁贷。但问题是,既然有些人根本就不相信自己具有本心的存在,那么,他们怎么肯去体认本心呢?

再者,这个问题对工夫的影响就更为严重。工夫施展的主体,本质地说是本心,收心收的是失去的本心,养心养的是存有的本心。如果不相信本心的存在,何谈本心的丧失?又何谈本心的收敛?更何谈本心的操持?要解决这个问题,似乎不得不对"人性本善"的命题予以论证。然而这个论证又无法借助于语言文字来取信于人,故而不得不付诸个体的具体体验。但是个体的体验感受,终究属于个体自己的,无法将之传递,更无法与别人分享,所以仍然是"吾言乃吾见,汝悟始成汝见也"。

这个难题让王心敬颇为苦恼,他思前想后,最终决定还是需要从理论上给予论证,所以他尝试了以下三种不同路径的"人性本善"论证。第一,善性源于"天":这主要是沿着《中庸》"天命之谓性"的命题思路来展开论证,对于天如何命的问题,他觉得应当从对天的认知来决定,所以对于天他进行了不同维度的探索。其一,"天"即《诗经》《尚书》中表述的人格意志的"天德",甚至就是"上帝";其二,"天"指《周易》阐发的"生生"之道;其三,"天"指"天生",即生而有之,与生俱来。第二,善性源于"太极":"太极"即周敦颐《太极图说》中的"太极",也就是外在的天理。第三,善性源于"气",即人是由清气构成的,物是由浊气构成的,自然人的善性也就源于清气。在对"人性本善"命题的论证中,他反复斟酌,最终选择了善性来源于"天"的致思路径,而对于"天"的义涵,他选择了"天生""天然"的诠释义项。这就是说在他的理学思想中善性源于"天",其义涵反映的是人的善性是天生的,与生俱来的。种种尝试之后,他发现还是不能从理论上证明"人性本善"。至此他跳出了理性论证的旋涡,认为先验的本心无法用理性的论证来证明其实存性,只能是主体当下的自体自认。只要主体相信自己本心灵明,实下体认工夫,必定能够经过体验来证明本心的实存性。这就是他所谓的"自信者明"(《续编》卷四《侍侧纪闻》)。显见,他将理性论证转向了宗教信仰,当然,这主要原因在于他认为"人性本善"不是理论问题,而是实践问题。然而"自信者明"命题说明,主体若要想自明本心,就必须"自信于心",所以他提出了"信心"这一重要的理学命题。只有"信心"之人,平日里才会"留心",关注本心的存亡出入。

> 此道在不知者视为高深玄远,岂知原是人人固有之物,即是人人可知可能、易知易能之物,但在人肯留心不肯留心耳。
>
> (《正编》卷一八《又答佟体乾以不能多读为憾书》)

可见,他认为修道其实不难,关键在于主体肯不肯关注本心。他曾引用《孟子》和《系辞上》的话语表述:个体的本心出出进进没有一定时候,所以,不加关注留意的话,必然不知道它何去何从①。在他看来,正是由于太多的人不肯"留心",才会有"百姓日用而不知"的浑浑噩噩生活以及道德沦丧现象。所以,学者必须相信本心的存在,这样就能够自觉地关注本心。

"信心"之后,主体便会自觉地"留心"。本心丧失与否,也自会心知肚

---

① 《周易·系辞上》的"百姓日用而不知",本是说百姓不知"道",而王心敬易"道"为"心"。这充分说明他看似引用《系辞》的固有思想来为"留心"作论据,其实是假借《系辞》来传达自己的"留心"思想。

明。如果体察到"本心已失"(《江汉书院讲义》卷二《上论》),便会自觉地做"收心"的工夫。如果体察到本心未丧,也会自觉地做"养心"的工夫。

第二节 "放心"

"放心",也叫"丧心",指个体在现实生活中对自己本心不自觉的迷失和放逐。那么,是什么原因导致主体放心的呢?

> 人生即禀此虚灵不昧、具理应万事之明德,此德原与天地同体而共明。还其体者,是为大人。无奈气拘物蔽而昏之者,千百其途。昏斯迷,迷斯情欲纷挠,而本来与天地同体者,乃沦于禽兽草木而不自觉矣。
>
> (《江汉书院讲义》卷五《大学》)

虽然说导致个体放心的路径"千百其途",但总体来看,无不是由"气拘物蔽"引起的。所谓"气拘",是说构成个体的气自身的局限性,表现就是人的体质本身带有情欲。所谓"物蔽",是说在外在事物的引诱下,触发了情感和欲望,个体不自觉,没有把持住,从而导致了本心的丧失。那么,本心是如何被情感和欲望迷失的呢?

欲望是人的本能,"饮食男女"何过之有? 王心敬所谓的导致主体放心的"欲"指的是"纵欲败度"(《江汉书院讲义》卷四《下论》),也就是过度的欲望、不正当的欲望,他有时称之为"私欲"。他说:"吾心原与天地本来同体,只因私欲牵引,遂与天地不肖。"(《续编》卷四《侍侧纪闻》)个体的本心到底是如何被自己的私欲糊弄迷失的呢? 这和事物的引诱分不开。他说比如学道之人,本应当是"闻至道而悦者",然而"见纷华靡丽而又悦矣",这就是"见可欲而心乱者"(《正编》卷一六《又与李重五先生论出处书》)。在他看来,本心就是在个体那一见喜悦之间丧失了,就是他所谓的"虚融中微有畔援欣羡意思,皆属此心走作"(《正编》卷一二《证心录》)。所以,他感叹说:"一旦临可欲,而忽焉丧矣!"(《正编》卷一二《证心录》)足见,只要个体的本心闪现欲望的念头,本心就在不知不觉间丢失了。难怪他说"只心有所向便是妄"(《正编》卷一二《证心录》)。可见,欲望导致放心何其容易。

他说:"七情,心之用也。"(《正编》卷一二《证心录》)这是说心与情是体用关系,有什么样的心境,就表现出什么样的情感。那么,情感又怎么会导致放心呢？其实，他所谓的导致主体放心的"情"指的是"任情冥行"（《续编》卷一《姑苏论学》），即不中节的情感，不合理的情感。他说"外理言情，则情属私意"（《江汉书院讲义》卷三《下论》），既然是私意，当然易于导致主体放心。虽然说心境决定着情感，但情感对心境也有重要的影响作用。

> 无妄思，而心得其澄焉；无妄喜，而心得其宁焉；无妄怒，而心得其平焉；无妄哀，而心得其莹焉；无妄乐，而心得其明焉。
>
> （《正编》卷六《侍侧纪闻》）

那么，我们要问的是，如果主体失节的喜怒哀乐都是妄情，那么主体的心还会宁平莹明吗？显然是不会的。然而本心是宁平莹明的，这不就是主体的任情冥行导致自己放心了吗？另外，个体欣喜若狂、痛不欲生等失和的情感，在他看来也容易导致本心的遗失。

然而若再深究的话，这里还有一个问题：人为什么会出现不中节或不合理的情感？他认为"不生将、迎、意、必之私，即一切喜怒哀乐皆此心之正"（《正编》卷一二《证心录》），这反过来说明，似乎是心中产生了将、迎、意、必的私念，所以，出现了不合理的喜怒哀乐之情，从而导致了本心的丧失。如果真是这样的话，岂不陷入了循环论证的死胡同？看来，我们只能把"将、迎、意、必之私"归咎于主体的体质。"将"和"迎"源于《庄子·应帝王篇》的"不将不迎"。"不将不迎"是说心"不去送什么也不去迎什么"①。准此的话，不生将迎之私，用王心敬的话语来表达，应该就是"已过事莫追，追之无益，徒扰本心；未来事莫忆②，事未可知，徒滋憧憧；现在事莫太执着，有义有命，执着徒增疑惧"（《正编》卷一二《证心录》）。可见，这是在说主体不应该有意念执着的心理活动。"意"与"必"出自《论语·子罕篇》的"子绝四——毋意，毋必，毋固，毋我"，"毋意，毋必，毋固，毋我"是说孔子"不悬空揣测，不绝对肯定，不拘泥固执，不唯我独是"③。那么，不生意必之私，应当是在说主体不应有悬空揣测的心思和绝对肯定的态度。这都是心理问题，属于体质，最终不得

---

① 王世舜：《庄子注译》，第105页。
② "未来事莫忆"句中"忆"（想念、回忆、记忆之义）字疑为"亿"（意料、猜测之义）字，因形近而讹。《丰川全集》中文字错讹较多，就连王心敬自己都说："鄙人前集中错讹既多，兼可改删处亦复不少。"（《续集》卷一三《答宝应朱光进》）"亿"字，或即诸讹中之一讹。
③ 杨伯峻译注：《论语译注》，北京：中华书局，2009年版，第86页。

不归结为人的构成质料——"气"。

王心敬认为天地万物都是由气构成的。他说:"人物之生,虽同生于二气五行之中;然人之生也原是得天地清气,而万物原是得天地浊气。"(《续编》卷六《答问录》)可见,人与物虽然都是由气构成的,但构成人的是清气,而构成人以外其他物体的都是浊气。人和其他物体除质料构成上的不同之外,还有禀性上的本质区别:

> 人性相近,而有愚、不肖者,则气有偏薄,故视贤、智者失之薄,失之少耳。若物性则天之赋之者,原来与人性不同。一边具,而一边全无矣。

(《续编》卷六《答问录》)

人和其他物体的本质区别表现是人有本心或者道德性,而其他物体没有。由此可知,人其实是"心"与"气"的结合体。心与气的关系是"心者,气之灵;气者,心之运"(《江汉书院讲义》卷八《上孟》),这是说,心是气的灵明主宰者,气是心的运行发挥者。但是当心迷失时,就不是这样了,心反而被气主宰驱使,具体表现就是情感和欲望对本心的迷惑。所以作为"心""气"结合体的人,在现实生活中就是心的虚灵与气的情欲在较量。心的虚灵战胜了气的情欲则为人,气之情欲战胜了心的虚灵则不免堕落为衣冠禽兽。

同时,由上述引文亦可知,尽管人都是由清气构成的,但还有偏全厚薄之差别。构成个体的清气如果比较全、比较厚,那么这个个体就气禀高明;构成个体的清气如果比较偏、比较薄,那么这个个体就气禀沉潜。气禀高明者,本心虽有迷失,然而往往昏迷得较浅,失去的时间也较短;气禀沉潜者则不然,本心常常昏迷得较深,失去的时间较长。正因为如此,高明者一经反省,本心即明,本心一明,即回归真我,故而复性工夫简易;沉潜者不但不易醒悟,而且醒悟后也不易返回本我,所以复性工夫笃实[①]。

然而气禀高明和气禀沉潜的具体表现就是个体的情感和欲望。就拿情感来说吧,高明者因为构成体质的清气比较全厚,所以,本心不易被气役使,那么,本心就能够主宰着气运行,其形之于外,就是中节的情感;沉潜者因为

[①] 王心敬将修养工夫上的易简和笃实归结为气禀的高明和沉潜,又将气禀的高明和沉潜诠释为构成个体气质之清气的全厚和偏薄。那么,他对程朱工夫笃实、陆王工夫易简的表述,其实是在委婉地说明程朱的气质比陆王的差。无怪乎当时的程朱派学者如王懋竑、朱泽沄等人对其予以激烈批评,甚至不乏人身攻击。就此看来,良有以也。

构成体质的清气比较偏薄,所以本心易于被气役使,那么,本心迷失,任气驱心,其形之于外,就是失和的情感。

> 盖必吾心理明见定,能如镜明潭澄。然后于当恻隐处便恻隐,而不失其则;当羞恶处便羞恶,而不失其则;当辞让处便辞让,而不失其则耳。不然心地不莹,茫昧昏塞,窃恐当恻隐处不知恻隐,即恻隐亦只成煦煦之仁;当羞恶处不知羞恶,即羞恶亦只成孑孑之义;当辞让处不知辞让,即辞让亦只成拘区之礼矣。
>
> (《续编》卷四《侍侧纪闻》)

这是王心敬对弟子赵泰讲述的本心的存丧与四情的中节失和情形。借此可知体质的差异导致的情感表现不同。欲望的多寡也因体质的差异而不同:气质沉潜者往往多欲,甚至不免纵欲;气质高明者往往寡欲,常常能够淡然自守。可见气质影响着情感和欲望,最终影响着本心的灵明。

综上所述,放心是不同个体主要因气质的问题而出现的本心的自我迷失、自我放逐。那么对于丧失本心的人而言,就必须找回被自己放逐了的本心,从而回归自我,这就是所谓的"收心"。

第三节 "收心"

"收心",王心敬有时也用孟子的"求放心"来表述,就是主体意识到自己的本心迷失,然后自觉地运用一定的修养工夫来自复本心,归回自我。详而言之,收心是通过一定修养方法去追认本心:就工夫进路来看,是由外向内的追寻;就内容来看,是由明心而见性,由制人欲而彰天理;就主体性来看,是由迷而转悟;就形式来看,表现为"勉强""拘牵"。可见,收心工夫是比较初级的工夫,王心敬将之称为"即工夫即本体"或"由工夫以全本体"。那么,如何具体落实收心工夫?考察本心的迷失,无不是在主体接触外物时,自身的欲念情思重起,本心为欲牵引,被情役使,悄无声息地溜走了。所以,收心就需要首先将主体从纷繁的物事中隔离出来,然后再考虑做工夫。基于这一认识,他提倡"主静"工夫,具体说来,他认为收心的方法中,"朱子'半日读书,半日静坐'之法最善"(《续编》卷四《侍侧纪闻》)。

"半日静坐,半日读书"(《朱子语类》卷一一六)是朱子对其弟子郭友仁提出的,只是因材施教,并非他主张的修养工夫,然而王心敬将之作为收心的工夫,并对读书、静坐提出要求,即"读书务实证之吾身,静坐务合乎圣心"(《续集》卷九《又〈答富平孙日跻同门〉》)。再者,他在提法上也与朱子不同:朱子的表述是先静坐后读书,而他的表述是先读书后静坐①。考察他平日教育弟子的日课,也是先读书,"读毕,静坐少许"(《正编》卷一四《课程·示门人杨大定》)。这说明"半日读书,半日静坐"是他自己提出的收心工夫,并非拿来于朱子。当然,对朱子有所借鉴,这是显而易见的。

半日读书,读什么书?他规定"读正当书,非圣之书不必读"(《正编》卷一四《课程·明学》)。考察他所主张研读之书,除"四书""五经"外,主要是宋明以来诸儒语录。他认为:"读经不知读宋明诸儒语录,训诂执泥之弊所不免;喜读诸儒语录,不喜读经,门户偏泥之弊亦所不免。"(《正编》卷一《语录》)所以,他将读经与读语录结合起来。他认为这样既可以培养生徒以宋明儒之心眼发掘经中所寓的道理,又可以培养生徒将心中理会的道理求证于经。

"半日读书"作为收心工夫,读书是有一定的方法的,他这样说的:

(读书)急缓固不得,若心意太急,惟知上前赶着,记诵无悠游涵咏、心理融浃之意,不惟于书理无得,即心思亦彷徨纷扰,无收敛宁帖之趣,反是以养心者害心矣。必如先儒所谓优悠餍饫,理顺心得,然后克符其旨。

(《续编》卷四《侍侧纪闻》)

作为收心工夫的读书,其方法是在悠闲淡静的阅读中仔细体会,以至达到悠然自得,淡然自足。就读书的最终目的来看,是要将已经丧失的本心收敛得安宁妥帖。其实,王心敬对"半日读书"的目的,另有专述,他说:"读书者特借以开发本心,印正本心。"(《正编》卷一八《又答佟体乾以不能多读为憾书》)这具体说明读书是要通过书中记载的先圣先贤有关本心的表述,使读者认知到本心人人生而有之,自己也不例外,只不过在不留心时被欲望和情感驱逐走了。可见,读书的目的就是促使读者意识到自己的本心丧失,然后去寻找本心。这大概也是他强调"读书务实证之吾身"的真正用意。

当主体意识到自己本心已丢失后,必然会考虑如何去找回。那么,怎样找回本心呢?王心敬回答说"半日静坐"。可见,他颠倒朱子的说法是有意

---

① "半日读书,半日静坐"是王心敬最常用的表述方法,不过,"半日静坐,半日读书"的表述也偶有提及。

的,是自觉的。从修养工夫的视阈来说,主体没有意识到本心已经丧失,怎么可能自觉地去找回本心呢?所以,他的颠倒是有一定道理的。所谓"静坐",是"以静坐体认喜怒哀乐未发气象为知性之方"(《续集》卷二五《泾州新创二曲先生生祠记》)。这说明静坐仅仅是形式,认知本心才是目的,然而打通两端的是体认喜怒哀乐未发气象。故而他又提倡体认未发工夫,说"程门相传体认喜怒哀乐未发气象一法最妙"(《续编》卷一《姑苏论学》)。

体认未发气象,王心敬认为是程门相传的修养工夫。尽管程颐与门人吕大临、苏昞等多次讨论过未发已发问题,但并未将之作为修养工夫。倒是二程的高弟杨时提倡"学者当于喜怒哀乐未发之际,以心体之"(《宋元学案》卷二五《龟山学案》)的修养工夫。杨时将之授于罗从彦,罗从彦又授于李侗,李侗又授于朱熹。朱熹虽然深悉"李先生教人,大抵令于静中体认大本未发时气象分明"(《文集》卷四〇《答何叔京》),然而他"当时既不领略,后来又不深思,遂成蹉过"(《文集》卷四三《答林择之》)。可见将体认未发作为修养工夫既非二程所传,也非朱子所重,只不过是南宋时期程门后学所乐道的修养工夫。所以,体认未发算不得程朱理学的修养工夫,但是王心敬将之归于程朱。不过,他之所以提倡体认未发,是出于以下的考虑:

盖初学未见性体时,不知作何体段、作何保任。无主则涉于茫然,有倚亦着于方所,故惟体认喜怒哀乐未发一法最为的实。

(《正编》卷一四《课程·明学》)

这说明体认未发是主体未认知本心时所做的追认本心的工夫,试图通过"体认未发,还他生来湛静清明体段"(《续集》卷二九《书卷》)。王心敬甚至认为"学者不知心体时,不从观未发气象入头,终无见性之门"(《正编》卷一七《答友人论学书》)。那么,如何通过体认未发还恢复本心的灵明呢?他有一首小诗,能够反映出静坐体认的工夫实质,现抄录如下:

扫清云雾方呈日,淘净泥沙始见金。
学道宁专靠静坐?静中却易见真心。

(《续集》卷三四《感兴篇·其七》)

诗中的"云雾""泥沙"皆喻情欲,"日""金"喻本心,"扫"和"淘"其实就是体认未发的工夫。诗歌反映体认未发的实质是在主体自觉去情熄欲的条件下本体灵明的重新呈现。具体而言,当主体在外物的引诱下,欲萌情生,灵明的本心被遮蔽了,一旦外物断绝,主体竟日静坐内省,自然情熄欲灭,遮蔽尽去,本心复明。之所以用静坐的方式来体认,是因为主体"溺于情识日久",假借静坐易于体认而已。王心敬认为以静坐体认未发与禅宗以静坐体认本来面目不同,因为禅宗在静坐中通过断思绝虑来呈现空,而儒者在静坐中去情熄欲来呈现性。故而,他对"今之学者,不知存心为学问之本,每以静坐收心为流入禅寂"(《正编》卷一四《课程·示门人杨大定》)有所不满,遂批评此辈人不但不知禅宗,而且不知儒学。

收心的工夫就是收敛放心,诚如王心敬所说"收敛是初学下手边事"(《续集》卷二《答问录》)。所以,当本心收敛住后,还需要做更高层次的修养工夫——"养心"。

第四节 "养心"

"收心"工夫是要找回遗失的本心,找回之后,就需要用"养心"工夫来护持。所谓养心就是涵养本心,即保养本心的灵明不被情欲蒙蔽,从而保持无滞无染的心体。简而言之,养心的工夫是由自明的本心而发出的功用。就工夫进路来看,是由内向外的彰显;就内容来看,是由性显而心明,由理存而无欲;就主体性来看,本自恒悟故不迷;就形式来看,表现为"自然""洒然"。可见,收心工夫是比较高级的工夫,王心敬将之称为"即本体即工夫"或"由本体即工夫"。王心敬认为养心有道,不得其道则难以保养,甚至不免放心。

> 心之易放,原有由来。彼养心而不得其道,如破屋拘豕,拦东走西耳。故拘豕者要得不失,须是坚固墙垣,慎守扃镝。养心者要得心定意宁,须是养其天然无漏之心,乃能自我作主。
>
> (《正编》卷一二《证心录》)

王心敬提倡养"无漏之心",按他论养心工夫时所说的"涵养必兼动静始为圆满无漏耳"(《正编》卷一六《答李重五先生论学书》)来看,"无漏"应当是圆满无缺的意思[①]。他这是在说养心不能只在静中涵养,还要在动中涵养体察。转而言之,"大抵养心之道,养之于无事而静存时,并养之于有事而动用时"(《正编》卷一六《答李重五先生论学书》)。所谓养心于静存动用之时,

---

① "无漏"是佛教术语,与"有漏"相对,主要指因消解了我见、我执,从而无贪、嗔、痴三毒,最终消解了烦恼。王心敬的"无漏之心"按此来诠释亦通,但按其文本来看,"无漏"非佛教术语,作"没有漏洞"来理解更为妥当。

具体说来,就是"无事时,静摄;有事时,煅炼"(《正编》卷一二《证心录》)。

静摄,就是闲暇时,时时存养,保持本心不失。需要说明的是,静摄与以静坐体认未发不同。静坐体认未发是"提醒收摄,还他本心"(《正编》卷一二《证心录》),就是说,昏迷的本心醒悟,恢复了主宰作用,或者说迷失的本心回来了,归位主人翁地位。然而静摄是"收拾此心,令不散乱"(《续集》卷一《性敬同归之义》),就是说维持本心的灵明,继续发挥其主宰作用,妄欲不生,私情不起,心体自然清宁。前者是本心已丧而对之追讨,后者是本心自在而对之保护。显见,二者工夫层次自有高低之别,不可同日而语。

王心敬认为如果仅仅静摄,似和僧道的枯坐无异。再者,"心是活物",整日"活泼泼"的。如果一味地静摄,未免将活物用"死法"来养。所以,他主张养心不能只在无事时涵养,而且必须在待人接物处事中体察,于是他提出了对境炼心的工夫论命题。

对境炼心,用王心敬的话来说,就是"然日用日历亦只得对境时强炼此心,境过时勉摄此心,使不至太散乱耳"(《续编》卷九《又与李重五先生论元宗与吾儒异辙书》)。何谓境?他没有给出解释,不过,李颙倒有比较详细的诠释,他说:"境,不止于声色货利。凡人情之逆顺,世路之夷险,穷通得丧,毁誉夭寿,皆境也。"(李颙:《二曲集》卷二《学髓》)这是李颙在告诫弟子人心"迁转由境"时,对境的解释。康熙二十四年(1685)二月,刚过完三十岁生日的王心敬,写下了这样的修养反省语言:"夜来独自检点,遇利害得丧,有多少憧憧往来处? 此是平日存省无力,故临境主宰不定耳。"(《续编》卷二一《书壁》)从中可以看出,他所谓的境与乃师所讲是基本相同的。他提出的对境炼心,就是要考察本心是否在这些境域中能够保持灵明不昧。比如拿声色货利来说,当心临其中,是否有艳羡之念、喜悦之情;当离开后,心是否有牵挂之念、留恋之情。若有其一,即本心灵明有失,心境清宁不保。那么,对境炼心的理想状态是什么样的呢? 他认为就是程颢的"廓然大公,物来顺应",所以,他说"物来顺应是养心切要着"(《正编》卷一二《证心录》)。如何算是廓然大公? 他曾以应酬人事为例来说明,现在援引如下:

> 若酬应人事时,能达得这人事是难却难已之应酬,但莫更生厌恶,只以平心恕心。及过去不追,未来莫逆处之,即人事纷扰中不失行云流水之机,万变中本体仍自常虚常静,炯炯不昧耳。
>
> (《续集》卷一四《答韩城张绅公中允》)

可见,在处事中煅炼本心,就是对待事情要平心处理,不能带有情绪或偏见。事情处理完之后,就抛之脑后,不能有与事情相关的念虑缠绕。尤其处理纷扰的事情,本心不可被事情折腾得烦厌。因为一旦有情绪的干扰和杂念的纠缠,本心的灵明便会被蒙蔽。总之,在纷繁杂乱的人事中,本心就如同行云经天、流水过地,自然运行,不被杂念充塞,不被欲望牵引,自灵自明,无滞无染。不然的话,"虽应酬万事,然溺形滞迹者却非本心"。这只是以应酬人事而言,接物处事等其他事情亦复如斯。王心敬提倡在人事中历练本心,也有与释老划清界限的考虑,因为他深悉"吾儒日周旋应酬于人伦日用之中"(《江汉书院讲义》卷八《上孟》),与遁世的僧道不同。

对于如何"养心",王心敬又主张"主敬"工夫。"主敬"工夫并非贯穿他理学思想始终的重要修养工夫,早期他只不过在学人及学生的询问下,对之有所论说而已,晚期则特别重视,甚至认为"尽宇宙名理的根宗,总不外一'敬'字;尽'六经''四子'、千圣万贤发明学术的脉络,总不出一'敬'字"(《续集》卷一《性敬同归之义》)。考察他提倡"主敬"的目的,主要企图通过对"敬"的重新诠释来会通"主静"与"主敬"。自明末以来,理学界一般认为"主静"是陆王心学的工夫,而"主敬"是程朱理学的工夫。为了消解这一分歧,他在诠释"敬"时提出了自己比较独到的见解,比如"收摄处是敬"(《续集》卷二《答问录》),"敬是性本来之灵觉"(《续集》卷一《性敬同归之义》)。从他的诠释来看,一方面他要保持敬的收敛、勉强含义,另一方面要赋予敬以呈现、自然的意向;尤其当他将性与敬联系起来论述时,更能看出"敬"的本质。

> 就体统论道论学,则性为道体,敬为学功。就血脉论性论敬,则性即敬体,敬即性功。
>
> (《续集》卷一《性敬同归之义》)

性与敬是体用关系,即性是敬的本体,敬是性的功用。然而在王心敬的理学思想中,性就是本心,那么,敬实质就是本心的功能和作用。这样的话,作为工夫论范畴,"敬"就含有两个层面的含义:其一是本心的收敛,表现在工夫形式上是勉强;另一是本心的呈现,表现在工夫形式上是自然。可见,他的"主敬"工夫将他早期提出的"收心"工夫与"养心"工夫兼容并包;非仅如此,原来由收心向养心的转化,现在也不需要了。

> 敬不是空空的只收敛此心令不散乱,原是即惺惺中时时事事惟

精惟一的意旨在内。又不止是凛凛惕惕的不敢怠荒，原是乾乾翼翼而顺帝之则，保合太和的脉络即具于内。盖此一字之恰合本体工夫，工夫在是，而本体亦即在是也。工夫、本体原是浑合不二，故谓此为敬也可，谓此为性亦可，即谓为原是"惟精惟一，允执厥中"也，亦无不可。这里安分工夫？又安分本体与？学者能与此彻底通透，则知这敬不止是兢惕，中间原是藏择善固执脉络。又却不仅是策励，原来是天上一段自然之兢业。到得此地，即不但怠荒纵驰之病可少，即牵强拘迫之弊亦自可少耳。

(《续集》卷一《性敬同归之义》)

可见，主敬的工夫是由勉强地把捉到自然地呈现，即由收敛到呈现，由勉强到自然。两种工夫的转化就是由敬工夫所包含的收敛到呈现的转化、勉强到自然的转化。这一"敬"的内涵收敛与呈现二义该备，从而实现了两种工夫的转化或合一。非但如此，这一合一同时达到了本体与工夫合一。具体来看，主敬工夫的表现是一种自然而然，没有牵强拘束的感觉，是主体自觉下的自然表现。因为是在"即惺惺"中求得的，故而不会流入怠荒纵驰。虽是自然而然，但不乏乾乾翼翼的自为。虽有凛凛惕惕的自为，但不落牵强拘束而显得自然而然。本质地说，即本体与工夫的合一。它既是灵明的本心，也是本心的灵明；它是人性的彰显，也是彰显的人性。如此来看，本体与工夫的确难以分别，这也就是他标榜敬就是性、性就是敬的原因。

王心敬的"主敬"说，表面来看是接受了程朱理学的"主敬"工夫。如众所知，"主敬"主要是程朱派学者倡导的修养工夫，首倡者当推二程。程颢强调识得仁体，"以诚敬存之"，程颐主张"涵养须用敬"，这都是在强调"主敬"的修养工夫；然而二者所说的"敬"，其主要内容是"主一无适"和"敬畏"，即都倾向于勉强或勉然的意思。继二程之后，朱熹将"主敬"的修养工夫全面发展，他赋予"敬"这一理学范畴多方面的涵义，"敬"不但有二程所持的"主一无适"和"敬畏"之义，还有"收敛身心""整齐严肃""随事专一"等多种涵义[①]。尽管如此，"敬"的涵义仍没有突破勉强或勉然的指向。然而王心敬在继承"敬"的这一意义外，拓展了其内涵，即赋予"敬"以呈现、自然的新意，这主要是他将"敬"看作"本心"或"性"的功用或表现，而使得"敬"具有了这一

---

① 蒙培元：《理学范畴系统》，第403—417页。

涵义。这样在他的理学思想中,"敬"这一范畴不但有收敛这一勉然之涵义,也有呈现这一自然的涵义。他之所以秉有这一"敬"说,现实的原因就在于以之整合程朱理学和陆王心学工夫论上的分歧。如前所述,在他看来,程朱理学与陆王心学工夫论上的分歧就是笃实与简易,程朱理学往往是舍本体而谈工夫故笃实,而陆王心学常常是谈本体而略工夫故简易。其收敛就是即工夫即本体,其呈现就是即本体即工夫,这样就由"敬"两方面的涵义将两种工夫统摄其中了。当然,我们应当明白,他对"敬"的使用多在呈现、自然这一涵义上,这就如同他认为即本体即工夫的修养工夫高于即工夫即本体的工夫一样是有所偏向的。但在程朱理学联军讨伐王学孤旅的硝烟中,他这一假借程朱理学的"主敬"工夫以传陆王心学修养工夫的做法,不能不说是非常高妙的。

但无论是做收心工夫、养心工夫,还是主敬工夫,其实都是本心自己的活动。收心的实质是要除去已生的妄念,养心的本质是要妄念不生,主敬的本质更是二者兼而有之。所以,工夫就表现为主体对内在意念的把捉、考察和取舍。但由于养心要煅炼于日常生活,所以做工夫又不能不对日用伦常循规蹈矩。基于此,王心敬将工夫的特点概括为"起念处考察,制行上点检"(《续集》卷二一《寄襄城刘芳草》)。

尽管王心敬的理学思想属于陆王心学,但在修养上多借鉴程朱工夫。这是李颙、王心敬等心学后劲的共同特点,被清代后期李颙学术的私淑者祝垲(1827—1876,字爽亭,号定庵,陕西安康县人)直白地表述为"吾辈讲学,求的是陆王本体,用的是程朱工夫"(祝垲:《体微斋语录》卷二)。这是王心敬理学思想中工夫论上的一个显著特点。

第八章 境界渐提升

王心敬认为修养工夫达到非常娴熟的地步时，主体会乍然融入一种境域，从而产生无比愉悦的感觉。其实，这是主体臻至一种至高境界的表现。所谓境界，就是理学修养者通过修养工夫，在人性的自我完善过程中，道德精神所达到的阶段，表现为理学修养过程中主体产生的具体的审美体验①。

境界是工夫修养的"效验"，这是王心敬理学思想中的基本观点。他认为对一个理学修习者来说，境界"固足验其学力"（《正编》卷一四《课程·明学》）。他甚至认为，对一个理学学者造诣的评定，境界的考察不可或缺，即他所谓的"考验得力之意自不可无"（《正编》卷一四《课程·明学》）。那么，他在建构理学学说时，必然会设置境界论域。就王心敬理学思想中所反映的境界来看，有浩然空明、无境不现和内外两忘三种境界。对这三种境界的说明，我们多用他的诗歌来分析论述，原因就在于理学造诣和诗歌情致在最高境界上是统一的②，更何况王心敬有借诗言道、借诗示境的学术习惯。

境界既然是工夫达到一定阶段主体的审美体验，那么，不同的用功阶段就有不同的境界。对王心敬而言，浩然空明、无境不现和内外两忘的境界，也与具体的工夫修养有关。工夫是逐渐递进的，境界也就随之不断提升。

第一节 浩然空明

浩然空明的境界是指主体主要通过主静的修养工夫，收敛得本心清明时，顿然产生的一种海阔天空、万象通明的感觉。王心敬认为心体如明镜止

---

① 韩林德认为境界作为古典美学的基本范畴，其内涵有三种。本文参阅了第三种涵义，即"指学问家、艺术家在人性自我完善过程中，道德精神所达到的非比寻常的阶段，其高层次者则为瞬间顿悟所入'天人合一'的无差别境界，而此无差别精神境界具有强烈的审美意蕴"。见韩林德：《境生象外》，上海：三联书店，1995年版，第69页。

② 顾随认为："诗人达到最高境界是哲人，哲人达到最高境界是诗人，即因哲学与诗情最高境界是一。"见顾随讲，叶嘉莹笔记，顾之京整理：《顾随诗词讲记》，北京：中国人民大学出版社，2006年版，第203页。

水,通明剔透,所以他不惜辞费,分别用"灵明""清明""静明"和"虚明"等词语来描述心体。然而现实中个体的心灵却并非现成的本心,原因在于"'情欲'二字为祟"(《正编》卷一二《证心录》),那么,要复本心,就不得不离情去欲。所以,他提出了"回光返照"的主静方法,即想方设法使主体暂且远离繁杂的俗世生活,能够渐渐自觉地观照自己的内心世界,希望终有一日豁然体认到自己本自清明的心体。显见,主静的目的在于主体认知本心的真实存在,不然的话,就无法施展工夫。对此,他这样说:

> 莫须专向工夫论,本体茫然说甚尊。
> 试看无米炊沙者,终日添薪未是飧。
>
> (《续集》卷三四《感兴篇·其二六》)

首先必须使主体体认到本心,并且把持住,然后"直接从本体上着工夫"(《续编》卷三《姑苏论学》)。然而如何才能做到呢?他认为"盖初学溺于情识日久,一旦欲反本还源,如何不假方便便能晓了?所谓渡海须用筏也。"(《正编》卷一二《证心录》)当他发现僧侣的静坐也能"发明心地"时,便将之借为渡海之筏,所以他提倡初学理学的学人通过静坐来体认未发气象。

王心敬通过静坐的实践,真切地感受到"一从趺坐稳,不觉躁心平"(《续集》卷三三《夜坐》)。在他看来,如果能够长期坚持跏趺静坐来体认本心的话,日久自然会有妙契之时、体知之日。

> 妙契之切在吾性,乾坤同体原明定。
> 每从无欲握真机,合地通天直性命。
>
> (《续集》卷三一《妙契·其三》)

当静坐体认日久,反观内照得娴熟,主体就会"于静中体认得本心空阔体段"(《正编》卷一八《与同门罗仲修》)。对于"空阔体段",他又解释说:"心体本来清静,原无一物。"(《正编》卷一八《又答佟体乾》)其实,这都是在表明心体的空明。当主体体认到心体空明时,当下会产生天地空阔、万物通明的感觉。下面这首小诗,就是对这种感觉的捕捉。

> 如坐玉冰壶,浑忘古佛殿。
> 不用绘心谱,月明即本面。
>
> (《续集》卷三二《对月》)

当主体体认到本心空明时,周围的万物似乎乍然变得通明剔透,自己如同静坐在冰玉通明的世界中。举目远眺,世间万象更新,万物无不祥和,刹然一团和蔼可亲的气象。此时的主体不禁耳目为之一新,精神为之一振,一种超然拔空的感觉勃勃不能自已。然而此时再反观内照,心体如同皓月当空,皎洁澄澈,纤尘不染。这就是本真的自我,这就是上天独钟爱我者。

诗中的"本面",是"本来面目"的简称,这是禅宗的术语,王心敬借用来描述心体。在禅学史上,"本来面目"最早见于《坛经》,即惠能对惠明说的"不思善,不思恶,正与么时,那个是明上座本来面目"。禅宗所谓的本来面目,是指"人人本具、不迷不悟之面目,即自己是自性,离开了一切的烦恼和污染,就是自己的本来面目"①。依次来看,本来面目被用来表述无滞无染、无善恶可言的心体是十分妥帖的,但不能用来表述至善无恶的本心。所以王心敬说:"禅之为言曰'不思善,不思恶'时,认本来面目,是直欲并善而空之。"(《正编》卷一七《与济宁赵荐清》)主体经过静坐体认,对心体的空明有了真切的感受之后,便会自觉地把持本心,静存动察,不再放逸。工夫到得此候,无论静坐与否,空明的景象也会顿现于目前。

> 万里长江,芦花两岸,轻舟荡漾明月中,清风拂拂从水上来。当斯时也,胸中一段清虚洒落之致,浩然与天光水色共其空明。
>
> (《续编》卷二一《为麻城门人万绳祜书》)

这是康熙五十年(1711)春,王心敬在前往武昌的船中,身临浩然空明境界时的情形。几天后,他将之书写成条幅送给了当时在江汉书院学习的学生麻城万绳祜,借以劝导诸生做静坐体认的工夫。由引文可见,此时浩然空明的境界更加清晰,内在的心体与外在的天光水色,乍然一体通明,这时的主体胸襟无比空阔,心情无比惬意,不无逍遥洒脱之感。这时再反观自我,除了空明的心体,还剩下什么? 怀着这种体会,他写了下面的诗句:

> 我来空到去如初,一物将来带得无?
> 即今细割吾生赘,还我清空一丈夫。
>
> (《续集》卷三二《我来》)

他所谓的人生之初是"空",依然是在言说心体的空明清净,不滞不染。但"我来空到去如初"的说法明显有视人生为空幻的思想,不能不承认受到了"佛氏幻空一切"(《江汉书院讲义》卷八《上孟》)的影响。他自己也意识到了这一点,所以他反思如果一味地标榜浩然空明的境界,可能会导致理学修

---

① 赖永海主编,尚荣译注:《坛经》,北京:中华书局,2010 年版,第 28 页。

习者"离尘超空",主张出世。再者,"佛氏见性之空,而一空无不空,故空世界,空人伦,并身心意想无一之不空也"(《正编》卷七《侍侧纪闻》)的思想本身就是虚幻不真实的,如果在社会生活中坚持,必然会出现"弃人伦事物之常"(《正编》卷二四《又〈随处体认天理解释〉》),这难道不是"蹈空而无用世"吗?这明显与儒者经世致用的主张南辕北辙。故而他进一步反思静坐体认的工夫,发现"畸重静中体认一法,以为究竟,则耽空溺静,偏枯之弊不免矣"(《正编》卷一七《答友人论学书》)。几经反思后,他最终认为浩然空明的境界,只是主体找回放心或者说体认到空明心体时的感觉。作为以静坐方式来落实收心工夫的境界,浩然空明是主体感觉到的真实存在,但毕竟不是工夫娴熟时的境界。当工夫不断延进,境界也会不断提升。当收心工夫推进到养心工夫之时,浩然空明的境界也就升华到无境不现的境界了。

第二节 无境不现

王心敬在论述儒家的大道在各个历史时期的隐晦与昌明时,提出了"圣学是无境不现"(《正编》卷一《语录》)的观点。这里的"圣学",他用来指代儒家的大道。然而他说:"心外无道,世儒言道讳心,不知将何作道?"(《正编》卷四《语录》)那么,依此来看,大道的无境不现其实是在表述本心的无境不现。这就和他主张的因境炼心的修养工夫联系起来了。

王心敬主张主体应当在人生的各种境遇中随处随时体察本心,目的是要确保本心在各种境遇中不被境迁,不被事染,保持明镜止水般的心体,这也就是他所说的对境炼心。对境炼心的工夫如果非常娴熟时,就会出现无境不现的境界。这时主体在灵明本心的观照下,感觉到万物各适其所,万事咸得其宜,无不反映着本心的普遍存在,从而使主体产生一种无比满足、无比自豪的快感。对于主体身临无境不现的境界时的心理机制,他作了如下描述:

> 无事时,天清地宁;有事时,流水行云。然会得时,则虽谓无事时流水行云,有事时天清地宁,亦无不可。
>
> (《正编》卷一二《证心录》)

无境不现的境界,就本心的样态和运行而言,无论主体闲暇还是繁忙,无论心灵与事物接触与否,心境始终灵明不昧,不滞不染。这种境界虽然是工夫娴熟时主体的感觉经验,但显然有很重要的本体论意蕴,即本心是无处不在、无时不在的。这种境界作为工夫娴熟的产物,在工夫论域中却蕴含着一定程度的认知论思想,表现就是主体要通过体察本心的"万感万应",来认知本心的"无加无损,无动无摇"(《正编》卷一〇《侍侧纪闻》);再者,认知的结果中似乎也反映着本心的存亡。

> 今人每每谓世道险窄,不知世道险窄吾若以宽平心处之,则无处不宽平。盖人到得此心宽平时,平心观理,却见得世界本自宽平,吾惟以险窄处之,故处处见得无非险恶,是世界之宽平险恶总关吾心,不在世界。
>
> (《正编》卷三《语录》)

认知对象原本是什么样子,主体并不知道,也并不重要,重要的是主体将之看成了什么样子。因为这背后隐藏着本心,这说明从认知的角度来看,本心也是无境不现的。

无境不现境界外在表现的主要特点是,主体坚持在世俗中煅炼灵明不昧的本心,坚持在应酬事物中培养不滞不染的澄明心境,即所谓的"伦常纲纪,正吾尽性之实事;男女饮食,正吾尽性之实地;仁义忠信,正吾尽性之实工"(《正编》卷一《语录》)。对此,可以借助王心敬的一首诗歌来分析说明,现在援引如下:

> 大道如壤泉,掘地无弗盈。
> 善性如江月,三五处处明。
> 饮食男女间,正自可通灵。
> 尘从世中出,道向伦里成。
> 堪嗟无生士,云何拣择生。
> 岂独歧周道,显背印心情。
> 憃懂佞佛人,研几苦不精。
>
> (《续集》卷三〇《感兴·其八》)

他认为超然的本心如同皓月当空,而个体的本心如同澄澈的江水中映现的一轮圆月,皎洁无染。然而这本心的澄明要通过处理日常事务来展现,要通过人情世故来展现,甚至还要通过饮食男女来展现。在这些俗世的纷杂事物中,本心自然应对,如同白云行天、清流经地,没有挂碍,没有滞染,依然澄明。他认为,只有这样才可以印证本心的灵明,也只有这样才可以说本心是无境不现的。可见,从这个视阈看,无境不现的境界论又有很重要的伦理学意义。

第八章 境界渐提升

> 故人生于世,能使此点良心不昧,遇君而忠,遇父而孝,兄弟而友爱,朋友而忠信,以至妻妾奴仆、宗族乡党莫不有恩以相恤,有义以相维,而更能副之以亲师取友,穷理尽性,这便是天地践形克肖之人。
>
> (《续编》二一《书佟体谦卷》)

这说明本心的无境不现可以表现为社会伦常。一个人孝敬父母、友爱兄弟,其实表现的是他或她的本心的存在。非但如此,本心还展现在"存心行事,待人接物,实实的知明处当"(《正编》卷一《语录》)。如果主体对俗世中的人和事有处理不当时,那就说明本心并非无境不现。所以,他坚决反对儒者主张"存心脱俗"的说法。当有学者书信向他询问如何存心脱俗时,他是这样回答的:

> 承问存心脱俗,世岂有脱俗之人?即我先师孔子,亦俗中人耳。但是身在俗中,而此心独能不泊流俗,事事依天理而行,念念奉天理为则。即脱俗不出随俗之外,而存心自在随俗之中。
>
> (《续集》卷一五《答孔淑》)

无境不现的境界论说明,本心在任何情况下都是存在的。对提问的主体而言,当想方设法存心脱俗之时,其实心灵已经被念所染,本心的灵明已经悄然丢失。对存心脱俗命题而言,如果主张存心脱俗,那就意味着在变相地说明本心在俗世中不能保持灵明,那这到底是在主张存心,还是在主张丧心?

无境不现的境界要在世俗中展现,但境界的内容不但不世俗,反而超越了世俗。这就是当主体身临无境不现的境界时,会产生一种特别惬意的感觉。对此,他是这样描述的:

> 盖工夫至此而真机流溢,元气盎然,直是天地各自清宁,万物本自咸若。举两间万汇,无不熙熙在吾太和之内,以同跻于春台,固不待徵诸天地平成之后、民康物阜之秋也。
>
> (《续集》卷一五《寄海宁侍讲陈公》)

由于工夫娴熟,本心常自灵明,心体如明镜止水,事物出入,各得其所,各适其宜,一切都显得那么美满,那么和谐,那么亲切。但诚如王心敬所说:这般祥和的景象其实"亦只是吾性情中和之实景"而已,现实中事物的真实情形是否是这样,那是另一回事。

无境不现的境界论作为美学命题,与心本体论是紧密关联的。心本体论说明,形而上的本心是最高的存在,那么,本心自然是无处不在,无时不在;而形而下的本心,往往被个体的体质构成质料——气所遮蔽,那么,主体自然需要去体认,去保养。这就在一定程度上预设了无境不现的境界论,即本心是无处不在的,但这需要主体在经验中感觉。尽管无境不现仅仅是主体的审美体验,但对于个体的行为具有规范作用。因为本心形之于外,就是个体语默动静之间、待人接物之际,所体现的自觉地遵守伦常规范。可见,无境不现的境界,是一种"极高明而道中庸"的境界,用我们现在的话语说,它所体现的是平凡中的伟大,这是儒者真真正正的境界。

但是当道德实践主体认为本心无境不现时,其实也就是自我的无境不在,这易于将万物拉入自我的怀抱,主体从而产生一种超拔的感觉——应当说是膨胀的感觉,自我突然高大起来了,从而产生一种无比高大的"大人"景象。

> 含盖为屋,瀛海为城。
> 昆仑为案,明月为灯。
> 二气为登,太极为朋。
> 尧舜论治,孔子谈经。
> 收万古春,纳之一庭。
> 尽四海人,载之一舲。
> 极宇宙事,统之一籯。
> 括天之理,揭之一评。
> 鼓吹二仪,辉煌五行。
> 焕乎文章,巍乎成功。
> 渊兮天兮,无臭无声。
>
> (《续集》卷三〇《大人》)

由引文可知,大人绝对是个顶天立地的人,但就思想而言,无疑是个儒者。可是王心敬标榜的大人景象并非仅限于此,大人还有相当洒脱的一面。

> 青天作穹庐,大地作长筵,
> 高山作琴瑟,流水作丝弦。
> 倩来大造手,悠然按节弹。
> 一曲弹未竟,鸿蒙已重返。
>
> (《续集》卷三〇《题欧阳卷》)

显见,这时的大人,很难看出是位儒者。从他主张返回鸿蒙之初来看,反倒像个有仙风道骨的老道。这说明王心敬的大人景象已经受到了道家思想的影响。其实,他确实将无境不现的境界向前推进了一步,这就是他所谓的内外两忘的境界。

第三节　内外两忘

"内外两忘"的境界思想散见于王心敬的著作,尤其是他的诗歌中。但作为命题首次提出,则是他向学生汇通周敦颐和程颢的思想时所讲的。原话是这样说的:

> 只无欲,便澄然无事,内外两忘。能内外两忘,亦便心中无欲。明道定性、识仁之旨,正与濂溪主静、立极之旨表里映发。谁谓周、程学术渊源不同。
>
> (《续编》卷四《侍侧纪闻》)

内外两忘与"无欲"紧密关联。所谓"濂溪主静、立极",是指周敦颐《太极图说》中的"圣人定之以仁义中正,而主静,立人极焉"。所谓"明道定性、识仁",分别指程颢在《识仁篇》中提出的"仁者,浑然与物同体"(程颢、程颐:《二程集·河南程氏遗书·二先生语录二上》)和《定性书》中提出的"性无内外"(程颢、程颐:《二程集·河南程氏文集·明道先生文二·答横渠张子厚先生书》)等说[①]。那么,内外两忘的境界与周、程的上述思想有无关系呢?

周敦颐主张用"主静"的修养方法来达到人的最高标准。关于"主静",他自己解释说"无欲故静"(周敦颐:《周敦颐集·太极图说》)。这样的话,主静与内外两忘是有关联的。至于程颢的"性无内外"说,与内外两忘的境界说的关系就更为密切了。现将其有关"性无内外"的说法援引于下:

> 所谓定者,动亦定,静亦定,无将迎,无内外。苟以外物为外,牵己而从之,是以己性为有内外也。且以性为随物于外,则当其在外时,何者为在内?是有意于绝外诱,而不知性之无内外也。既以内外为二本,则又乌可遽语定哉!
>
> (程颢:《答横渠张子厚先生书》)

[①] 《识仁篇》的内容其实是程颢的一条语录,为吕大临所记载,后世称为《识仁篇》。而《定性书》,其实是程颢回复张载的书信,即《答横渠张子厚先生书》。

程颢的上述说法,主要是针对张载"定性未能不动,犹累于外物"的说法而展开的。双方所谓的"定性"都是指定心,即不动心①。程颢认为保持内心的平静与安宁,不应只在无事时保养,还应当在心与物的接触中来保养。所以,他不同意张载担心外物对心的引诱,而坚持隔绝事物来养心。同时,他认为不能在物我之间强行划分内外,似乎应当坚持"仁者,浑然与物同体"。可见,内外指的是内在的心灵和外在的事物。然而程颢主要是在修养工夫的论域说的,他坚持在修养上动静交养,来打通内外。这就是他所提出的廓然大公与物来顺应,原话是这样说的:"故君子之学,莫若廓然而大公,物来而顺应。"(程颢:《答横渠张子厚先生书》)如前所述,王心敬主张对心动静交养,显然,这与程颢的主张是相同的,所以,对于程颢的"廓然大公,物来顺应",他最乐于称道。他说:"静何以廓然大公?静而无欲也。动何以物来顺应?动而无欲也。"王心敬主张无欲养心很明显与周敦颐的主张也是相同的,所以,他的"内外两忘"思想与周、程的上述思想是相同的。

现在我们来看看"内外两忘"思想的确切内涵。它是说主体在对本心的涵养中消解了物我之别,既不偏执于孤明内守,也不偏执于借物印心。人心原本是活泼的,所以对心的体察,有事时就在处理事务中体察,无事时就在闲暇中反观内照,随处体认,随时体认。这是站在工夫论的角度而言的,若站在境界论的立场看,这是本心由无境不现发展到万物一体,再由万物一体发展至物我两忘。

当主体沉浸于无境不现的境界时,容易产生认识论域中的本体论幻象——万物一体。因为身临境界的主体看似是在心体空明的无色调背景下认识事物的,但空明的心体却是以至善无恶的本心为本体的。显见,无色调的背景却是有色彩的底色。当主体用这一本心观照事物时,必然会出现万物各适其所的景象,主体也必然有融和亲切的感觉。对此,王心敬有一定的自觉,他说:"盖常静验吾心,当清宁和平时,即当下觉得天地万物冲融畅遂,莫不由各得其所之象。"(《续集》卷一五《寄海宁陈侍讲公》)如果主体用这一眼光遍览万物,那就必然会产生万物一体的感觉。

> 吾心原合天地万物为一体,惟是间以非礼之私,遂隔阂不通,而一膜之外,涣然不属耳。诚一旦克己复礼,即剗去隔阂之私,而吾心

---

① 郭齐勇主编:《中国古典哲学名著选读》,北京:人民出版社,2005年版,第488页。

贯通乎天下,会归于吾仁。举天下一切视听言动之地,一切声色接交之人,无不浑然归吾春风和煦之中,渊然范吾清明严肃之内,而吾心乃合天地万物为一体矣。

(《续集》卷一五《寄海宁陈侍讲公》)

万物一体,并不是消解了经验界的万象的实存性,归结为本心的变现,而是说在本心的观照下,物我和谐统一,融为一体。这就是所谓的"万物一体",也称作"物我一体"。显见,这与程颢的"仁者,浑然与物同体"并没有什么两样。然而恰恰是从物我一体走向了物我两忘。下面我们借用王心敬的一首诗,来分析物我两忘的境界。

> 诘朝采新柏,新雨春山青。
> 灌木鸣好鸟,和风来杜陵。
> 夙昔慕三五,慷慨凭唧嘤。
> 谁知六籍表,正有皇轩情。
> 洒然遗故我,油尔契天灵。
> 置篮莫复理,依石坐如冥。
> 即此出世间,何有服食成?

(《续集》三〇《采柏吟寄清凉山道人》)

按诗歌的内容来看,他容身隐隐青山,翠柏行行,和风融融,鸟声嘤嘤。此时顿然心体灵明,勃勃生机如涓涓春流汩汩而出,天地万物无不亲切、无不通融。自身的小我乍然融入到宇宙大我之中,这时天地万物与我通为一体。此时,看物,已无物可言,因为无物不是我的自体,哪里找个自在之物? 看我,亦无我可言,万物无不是我,哪里存个独存之我? 这一境界从物我关系的视角来看,是物我一体;但就我或物的单一视角来看,既是无我也是无物,也就是物我两忘。这样的话,无物无我,当然也就超拔了自我,脱离了外物,自然也就"即此出世间"。无独有偶,他还有一首名曰《禅房》诗,同样可以反映上述景象。

> 禅房本自静,况复在深山。
> 苍松清予目,修竹怡予颜。
> 谷风与岚光,一一滋心欢。
> 即此到怀葛,超然出世间。

(《续集》卷三二《禅房》)

这首诗虽名为《禅房》,但没有什么禅思,反而倾向于道家思想。表现在他认为生活在无怀氏、葛天氏之世,就是超拔出了凡俗的人间尘世。然而无论是葛天氏的时代,还是无怀氏的时代,都是传说中远古部落生活时期,属于蒙昧时代是显而易见的。这就与儒家尊崇的尧舜文明时代格格不入,反而与庄子主张回归蒙昧时期的素朴相近。如果说《禅房》反映的仅仅是与庄子思想相近的话,那么,下面这首诗歌所反映的思想就不只是相近了,恐怕是相同了。

> 不妨木石与居,有时鹿豕共游。
> 胸次浑浑灏灏,情怀淡淡悠悠。

(《续集》卷三二《山房杂兴·其七》)

这首诗反映的生活情致,显然就是《庄子》的"同与禽兽居,族与万物并"的理想社会。此时已经完全没有人禽之别,再结合"浑浑灏灏"的心境来看,可以肯定地说已经完全达到了物我两忘的至高境界。但是如果他真视这种人类生活为"至德之世"的话,那么,他的思想已经脱离了儒学思想。因为这种社会是庄子提倡的儒家圣王"蹩躠为仁,踶跂为义"之前的混沌世界。或许我们可以将他的这种思想视作回归自然的淳朴、追求自在的洒脱。

"物我两忘"已经臻至"与禽兽居"的混沌之世,境界不可谓不高,然而王心敬认为还算不上至高,应当生死两忘才算登峰造极。所谓生死两忘,就是直面死亡时,泰然处之,心体依然如明镜止水,无丝毫紊乱之象。

> 然尽性至命以何为符验?必如得意时真能不惊,失意时真能不忧,则利害得失乃见其不撄我素定之天。然这些去处最为难能,而见大知命者尚能至之。最是生死夭寿之间,易于忧惶二心,必是到得夭寿生死之际,亦能不二其心,而但修身以俟。如曾子得正而毙,《论语》之朝闻夕可,乃见天之常定,养之独深,而平日学问真真得力也。盖吾儒不计生死,而以语仁为己任之意,所以立命之旨,则必以征诸死而后已,夭寿不二之地,然后存顺没宁。浩然来者,乃完完全全浩然还诸天地耳。则验得力者,亦必于此一息尚存之时,有此志不敢少懈之心,而后见其自强不息,与天同运也。

(《正编》卷一四《明学》)

可见,真正的修养境界不但利害得失无扰本心,也应当生死夭寿无撄本心,这似乎才是儒者真正的精神至境。也只有考察这一境界臻至与否,才能检验儒者素养是否高深。作为秉持心本论者,王心敬认为本心才是自身甚至宇宙万物的根据,而且形而上的本心是永恒的,所以守住本心勿失才是最根本、最重要的事情。只要坚守本心,人与物俱得之。因为至善本性恒存不灭,利害生死无损本心。故而利害得失漠然处之,生死夭寿置之度外。

王心敬生死两忘的说法,若远溯其源,看似沿袭了孟子"夭寿不二,修身以俟之"(《孟子·尽心上》)的说法,当然就"存顺没宁"(《正蒙·乾称篇》)来看,也似对张载的理学思想有所汲取。但本质地看,他吸收了《庄子》即使死生也不改变的思想。《庄子》有"死生亦大矣,而无变乎己"的说法,虽然说的是生和死这样的大事也无法使真人改变[①],但王心敬对之进行了心学化的诠释,便有了生死无撄本心的思想。"内外两忘"的境界臻至生死两忘,似乎已经达到至高境域。但是王心敬并不认为这就是最终的境界,因为他认为"学无人我,无内外,无止境"(《正编》卷一四《课程·明学》)。

在王心敬的理学体系中,相对本体论和工夫论而言,境界论并不突出。在三种境界中,无境不现境界论述较多,而且相对集中,而浩然空明境界和内外两忘境界论述较少,主要表现在诗歌中。无境不现境界完全体现的是儒家的思想,而浩然空明境界和内外两忘境界虽为儒学思想,但都不同程度地杂糅着释老思想。

---

① 王世舜:《庄子注译》,第288页。

第九章　礼制经人伦

> 人生何事能离礼？废礼何人尚是人？
> 此礼原来非外铄，三千三百尽吾仁。
>
> （《续集》卷三四《感兴篇·其三四》）

这是王心敬写作的有关礼的一首诗，很能反映他对礼的认知。上一章我们探讨了他的境界论，分别论述了浩然空明、无境不现和内外两忘三种境界。境界虽然说是修养工夫达到一定层次时，主体当下感觉到的真实景象，但它毕竟只是主体一种内在的感觉。内在的感觉具有个体性和内在性，因而无法共享，更无法用外在方法去印证，所以用境界的高深来判别儒者的修养境地，在现实中存在着操作上的困难，而且如果一味地标榜境界，容易导致修养工夫走向空明玄虚，甚至与佛老无异。基于这一认识，他说"礼教范围世道之纲维，生人之不可须臾离者也"（《礼记汇编》卷首《编定戴记求正同志书》），并对"彼老氏以礼为忠信之薄，佛氏又喜言性道而畏于言礼"（《续集》卷三《三礼赘言》）提出了批评。在他看来，儒者无论境界高深或低浅，都必须视听言动皆守礼仪。只不过，儒者的境界高低不同，表现在遵守礼仪的方式上有异而已。

第一节　礼的本质

王心敬认为礼是上古的圣王创制的，目的在于规范人们的行为，维护社会的安定。但圣王制礼的根据则是人固有的本善之性，所以他说："礼虽制之前圣，却是生人秉彝恒性，天然准绳。"（《续集》卷三《三礼赘言》）上古的圣王到底如何根据人的内在善性来制礼，他有如下的说明：

> 即就日用行习之礼论，先王因人有是敬君之心，而后制为一切敬君之礼；因人有是尊祖孝亲之心，而后制为一切尊祖孝亲之礼。推之而一切礼数莫不皆然。是礼者所以将人心自有之序，非徒饰美观也。人必有是心，然后行是礼，而礼为我有耳。
>
> （《江汉书院讲义》卷二《上论》）

他认为人们日常遵守的礼仪规范,都是上古的圣王根据人们内心的情感而制定的。人们有忠君之心,就制定相关的礼仪来体现内在的忠心;人们有孝祖之心,就制定相关的礼仪来体现内在的孝心。其他一切礼仪无不皆然,都是人们内在本心的体现。他最后得出礼非外在的礼仪节式,而是内在的善心善性,这充分地暴露出他认为礼的本质其实就是本心。基于这一认识,他相应地提出了"礼即理"和"礼即道"等命题。

> 礼即理也:就其品节灿著言之,谓之礼;就其秩序不紊言之,谓之理。然虚言不紊,尚无实据可依;一言礼,则规矩森然,可持可守矣。故言理尚可容人假借,而言礼则必一一中规中矩,乃为当行。
>
> (《江汉书院讲义》卷三《下论》)

王心敬只是表明礼是理的制度化表现和理是礼的当然性依据,我们根本看不出他主张的"礼即理"命题的理据。不过,结合他"天理者,吾之本心也"(《正编》卷一〇《侍侧纪闻》)的命题来看,所谓的理就是至善的本心,那么,礼作为本心的制度化表现,也就是理。可见,"礼即理"所表达的仍然是礼的本质是内在的善性。只不过,理重在表达本心的至善性,而礼重在通过仪式来彰显本心的至善性。其实,从他的上述解释来看,他似乎更重视礼的实在性。因为理说到底仍然是内在本心,它具有个体性和隐微性,外人不易把捉。但礼仪不同,它具有公约性和制度性,践履与否,可以按律验证,所以言行的合礼远比意念的合理实在贴切得多。这样的话,那些"口谈"儒家性理的伪儒就无法继续滥竽充数,而不得不从"身践"儒家性理的真儒行列中悄然退出。

王心敬"礼即道"的主张和"礼即理"很类似,他对"礼即道"的命题是这样阐述的:

> 道即礼,礼即道,二之则不得。然道虚而薄,礼则实而切。虚者,非上智莫能喻,且责之也难,实则中人以下皆可使之率而由矣。故古圣人之教人也,率教之以礼,而不轻教之以道。取人人所可率由持守者,而责之以易为力焉耳。
>
> (《续集》卷三《三礼赘言》)

按上述引文,他非但认为"礼即道",而且主张"道即礼"。但是按他"心外无道"(《正编》卷四《语录》)的观点看来,礼的根源或者本质最终还是落到了本心上。不过,这里对道和礼除了虚实上的分别外,还有了从主体的禀性智愚不同而因材施教的主张。即上智之人,应当教之直接体认本心,中人以下必须教之通过遵守礼仪来体认本心,所以守礼的目的还是为了认知本心。当然,这是由礼的本质"礼即道"所决定的。

王心敬把礼之根源或本质归结为本心,那么,礼就不仅仅是外在的制度化的节文仪式,而是本心通过人言行的规范化的表现,甚至于人禽之别的表现。他认为礼是人须臾不可离弃的:

> 愚尝谓天地间有两事不可一日离:其一饮食,其一斯礼。然饮食尚只不废于朝午,礼则直是无一事一时而可废。以一时废礼,则手足便无所措;一事废礼,即举动便乖错纷乱尔。由是以观,礼直是斯人生身之命脉。故古之圣人慎讲于齐民以礼之方,而古之君之务底于知礼成性之域。

(《续集》卷三《三礼赘言》)

王心敬虽然没有"饿死事小,失节事大"的言论,但显然他认为礼比饮食还重要,甚至认为礼就是人生的命脉所在。礼就应当被人人遵而守之,而且应当自觉地遵守。他认为为了确保人人自觉地恪守礼仪,首先应当使人们认知礼是前古圣王根据人的本性而创制的。人们应当认知礼的本质,即礼是人生秉承的至善本性,而且这一本性是与生俱来的。

> 人皆知礼是先王作以范围斯世之具,不知这礼原是人生秉彝恒性触感,而自有节文之良知良能。先王特因而提撕鼓舞,范围斯世耳。向非出斯人秉彝,先王岂能入斯人之神明,令其有触即动、有感辄形,而千百世大小由之而自不能废哉?论礼不知为先王因人心之固有,其流弊不是强世难行,必且废礼自恣。强世难行,不流于申、韩之刑名刻薄不止;废礼自恣,即高之不为佛、老之溺空逃虚,卑之不为小人之肆无忌惮不止。故儒者诚欲明礼必先知此礼之由来。庙堂诚制礼,亦必先知此礼之脉络与此礼所由通塞兴废之根因而后可。

(《续集》卷三《三礼赘言》)

他之所以强调礼是先王根据人性而创制的,是因为他在设想礼仪能够被人们自觉地遵守,而不至于在现实中出现违礼,甚至拒斥礼仪的言行。他试图说明礼仪并不具有强制性或者说约束性,人们遵守礼仪不会拘苦,恰恰相反,遵循礼仪是顺着本性而行事,应当是自然的,甚至是快乐的。

然而儒家标榜的繁琐的礼仪,士人们已经不耐其烦,在现实生活中奉行的是被逐渐简化了的礼节仪式。《仪礼》十七篇中详细表述的那套繁文缛节，就连王心敬都不能不承认"毕竟是仪文末节"，而主张化繁为简。他认为对于礼只要抓住精神就可以了，形式上的或繁或简，无关紧要。

> 礼主于将敬，疏略不可，然如太繁太重则精神筋力不免倦怠。纵勉强终事，诚意便多不贯之处，反觉失原来制礼本意。故礼不欲其疏略，而亦不欲其繁重。
>
> （《续集》卷三《三礼赘言》）

在他看来，礼繁简适当最好。不然的话，与其繁琐，宁可疏略。因为礼的仪式过于繁缛的话，行礼的人不耐其烦，必然有懈怠的辞色，这就和行礼时要求的诚敬精神相违背了，可以说制礼时礼仪繁琐会弄巧成拙，那么，制礼到底应当遵循什么样的原则呢？

> 议礼制礼，丰啬隆杀，要在因时制宜。而因时制宜，又首在先识时宜之奚似。盖此礼原不可执一而论，然要之吾夫子"礼，与其奢也，宁俭"二语，此则探本知源之论也。后世议礼制礼必准此为衡，始于法古宪时两义兼得。倘如卷帙太繁，即不特学士大夫置备为难，抑且读之终篇者难，何况更能咀味反复得其旨趣欤？故部帙又不欲其太多太大，徒使人看不终卷，终于愦愦已尔。
>
> （《续集》卷三《三礼赘言》）

王心敬主张制礼应当因时制宜，制礼需要先识事宜。事宜是什么？就是人们崇尚简易而厌弃繁缛。故而制礼要做到法古宪时两义兼得，就应当对古礼进行简化。正是秉持这一原则，他撰写了《四礼宁俭编》①。《仪礼》中记载的士礼有十七种之多，他只选取了其中最重要的冠、婚、丧、祭四礼。对这四种礼仪，他也在"崇质尚朴，莫俭为宜"（《续集》卷三《四礼宁俭编》）的原则下，删繁就简。对于《四礼宁俭编》，时人的评价如下："是书以冠、婚、丧、祭四礼无贵乎繁重，宜崇尚质朴，始易遵行。因取前人所传家礼纂本，更为删易，务从省约。"（《四库全书总目》卷二五《经部二五·礼类存目三》）其至文

---

① 王心敬的《四礼宁俭编》，《四库全书总目》中说又叫《丰川家规》，然王心敬的著作中皆称《四礼宁俭编》，未见《丰川家规》之名。或因王心敬在开篇时说："矧余家世业耕读之家也，崇质尚朴，莫俭为宜，而敢妄希当世大雅之林，用避固陋之消哉！故暇日就前代传来家礼纂本，更为删其繁缛，而题曰'四礼宁俭'。"后人遂推测此书"盖所以教其子弟者"，因而传抄或刊刻时，又自命名为《丰川家规》。

末还称赞该书"立法则尤为简略焉"。他将古代的十七种礼仪,简化到了四种,四种礼仪的节式还大大地简省了。但是那些对他注经多所批评的四库馆臣竟然没有批评他的偷懒做法,反而赞扬他的礼仪省约。这充分地反映出,删繁就简,崇尚简易,似乎是当时人们对古代礼仪的一致希望。其实,他简化古礼有现实原因,即"有病其繁而畏难不行者"(《续集》卷三《四礼宁俭编》)。经他简化过的仪礼,"中材下士可企及也"(《续集》卷三《四礼宁俭编》)。显见,简化古礼是时势所趋。他认为制礼需要先识事宜,这个事宜就是崇简厌繁,制礼要因时制宜,就是要删繁就简。所以,他不但主张礼仪要简化,就连儒家的《周礼》《仪礼》和《礼记》三部经书都需要因时制宜,删繁就简。

> 三礼宜——删订校正,而课士则止于《礼记》为宜。缘此书虽经曲揉杂,要之古圣先贤之大经大法时寓其中。慎择精取,自足为宪世不刊之典,可以上配《诗》《书》《易》《春秋》为五。《仪礼》自前代法物可贵,然毕竟是仪文末节,况其书本非全编。第就现存者校正,令得错讹减少,取足为考古之借助可尔,却不可设科取士,盖以仪文末节当世可损益者也。至于《周礼》,则分明是伪撰之书。然为此者,取材亦弘,治具亦博,只较证得字句不差、训诂无讹,令当时考正典制者借之印证章程之疏密为宜。不惟伪书不可训世,亦正缺编难据。时异势殊,难重行也。

(《续集》卷三《三礼赘言》)

他看似主张对三礼一一删订校正,其实,真正删订校正的仅《礼记》一书。因为他认为《仪礼》全是仪文末节,而且残而不全,所以不必删订校正。《周礼》是伪书,不可训世,而且也有残缺,所以也没有必要删定校正。他晚年将他的这一主张付诸了实践,表现就是他大概在雍正三年(1725)编写了《礼记汇编》。该书将《礼记》重新编排,分为三编。他认为经他一番编排阐释,隐藏在《礼记》中的"先王之大经大法"以及"吾夫子之微言大义"都昭然若揭。

王心敬既然认为礼是先王根据人之心性而制定的,那么《仪礼》等前古礼仪今人怎么觉得繁缛难耐呢?这不正是他常常所谓的"人心不古"的表现吗?可他偏偏不视厌烦古礼为人心不古的表现,反而主张删简古礼。他自谓删减古代礼仪是遵从了孔子"礼,与其奢也,宁俭"(《论语·八佾》)的主张。然而孔子"礼,与其奢也,宁俭"是说"就一般礼仪而言,与其铺张浪费,宁可朴素俭约"①。孔子说行礼要俭朴不要浪费,并非说礼仪要简约不要繁缛。再者,《论语》中记载有宰予打算简化"三年之丧"为一年时,遭到了孔子"予之不仁也"(《论语·阳货》)的批评。这充分说明,他删简古礼就是为了迎合人们趋简弃繁的心理,从而让儒家标榜的礼仪能够有立足之地。另一方面,也充分暴露出了礼并非先王因人之心性而制,礼的本质也不是人至善的本性。

礼仪就是为了规范人们的行为和维护社会的安定而逐渐产生的,礼的本质就是依靠特定社会的伦理原则来约束人的行为的具体的规范条例,王心敬也不能不承认"礼教,范围世道之纲维"(《礼记汇编》卷首《编定戴记求正同志书》)。只不过,为了引导现实中的人们自觉遵守礼仪,他给出了这么美好的礼制起因和礼仪本质。

第二节 礼的践履

王心敬"礼即理""礼即道"等命题的提出,无一不是在论证人们在日常生活中遵守礼仪的合理性,从而教导人们自觉地用礼仪来规范自己的言行。这都是在为礼仪在日常生活中的践履做铺垫工作,而如何遵守礼仪才是核心的问题。那么,如何来遵守礼仪呢?他认为修养工夫达到的层次不同,遵守礼仪的方法也不一样。

没有什么修养工夫,或者说修养工夫比较初级的人,他认为应当坚持用"克己复礼"的方法来践行礼仪。"克己复礼"源于《论语》,是孔子授予颜回的实现仁的修养工夫。它是说修养者要"抑制自己,使言语行动都合于礼"②。具体而言,还有工夫条目,即"非礼勿视,非礼勿言,非礼勿听,非礼勿动"。显见,这种遵守礼仪的方式带有自我强制性,是非常勉强的遵守礼仪。其实,这只是他所谓的克己复礼的外在方面,他对克己复礼还有内在的要求。

> 礼不徒樽节退让的文为,必实实细察于隐微之间,从这做欲志乐念头上下克治工夫,然后己私克而天理复。天理复,而即吾心天然矩彟不于此并复乎?故克己为复礼第一要义。
>
> (《续集》卷三《三礼赘言》)

---

① 杨伯峻译注:《论语译注》,第24页。
② 杨伯峻译注:《论语译注》,第121页。

遵守礼仪并不仅仅是要用礼仪条文来约束视听言动等外在的行为,还要用礼仪来规范内心的活动。这就要求遵守礼仪者从动心起念等比较隐微之处体察,只要私念妄念的火苗燃起,就应当立即自觉,马上将之扑灭。再结合王心敬"心者,身之主宰"(《正编》卷一二《证心录》)的论断,可知对心的规范远远比用礼仪来约束言行有效。这说明王心敬所谓的克己复礼包括两方面的内涵:一方面是规范内隐的意念,另一方面是约束外现的言行。他认为只有内外双修,才称得上遵守礼仪。其实,他的"克己复礼"思想非仅于此,他还有更深层次的论说:

> 故复礼以克己为工夫,克己以复礼为要归,而"克己复礼"以实致诸视、听、言、动之间为内外表里交得其养也。是本体工夫、真体实用一贯之学。世儒外仁而言礼者,既视礼为糟粕,而不知礼即仁体之条理。语仁但言克己而不知复礼者,亦不知仁道之归宿必欲实致诸日用,而不知徒盘旋于腔子中克治也。

(《江汉书院讲义》卷三《下论》)

这里他将克己和复礼分而言之,克己是修养工夫,而复礼则是工夫的目标,克己和复礼的外在表现就是在日常生活中一切视听言动都符合礼仪规范。不但克己是内心的活动,复礼似乎也是内心的活动。那么,礼就不只是外在的行为规范条例,还是内心所固有的规矩。其实,王心敬标榜的遵守礼仪,就是身心内外皆要守礼。他具体是这样阐述的:

> 学士大夫,且莫言学问、文章、功名、事业,只能立天下之正位,身心内外于礼不踰,便是名教中端人正士。
>
> 或曰:如是,则学礼亟矣。不知如何始到动容周旋中礼乎?
>
> 曰:无不敬。
>
> 又问:如何到得无不敬?
>
> 曰:知性可,见道亦无不可。
>
> 何谓知性可?
>
> 曰:敬是性之真精神,知性则虽欲不敬,而不可得。
>
> 何谓见道无不可?
>
> 曰:道是敬之大根源,见道则敬自勃勃而生,渊渊而来,未有本固而末不自茂、源深而流不自长者。

(《续集》卷三《三礼赘言》)

他这里明确提出了"身心内外于礼不踰",即外在的言行举止要符合礼仪,内在心理活动也要符合礼仪。但心理活动如何做到恪守礼仪呢?这就是他所谓的"无不敬",只要此心时时处处可以达到敬的话,就可以心不逾礼,但他这里所谓的敬是性之真精神。结合以前章节中他对性与敬的关系的论断来看,敬其实是性的功用。然而在他的理学思想中,性就是本心,那么,敬实质上就是本心的功能和作用。这样的话,我们也就不难理解为什么要做到"无不敬"而需要"知性"或者"见道"了。他认为他以"无不敬"来遵守礼仪,是完全继承了孔子的思想,表现就是他根据孔子"为礼不敬"(《论语·八佾》)的论断,得出遵守礼仪的关键在于行礼者要"敬",甚至"敬"就是行礼的灵魂。但是我们应当注意,孔子所谓的敬指的是人行礼时的表情应当严肃认真,而并非指本心的功用或表现。这说明王心敬将行为上的遵守礼仪转移到了本心的恪守礼仪,用他的话语来表述就是"从心不逾矩"。这个"矩"已经不是外在的行为规范,而是内心的矩鑊,所以他对"外心而言矩者"(《江汉书院讲义》卷一《上论》)很不以为然。

对修养工夫非常娴熟的人,或者说已经臻至某种境界的人而言,遵守礼仪的方式是"从心不逾矩"。"从心不逾矩"直接汲取孔子的"七十而从心所欲,不逾矩"(《论语·为政》)。如果要进一步探究的话,似乎源于尧舜。王心敬认为"从心不踰矩,则尧、舜动容周旋中礼,文王不识不知而自顺帝则,所谓盛德之至,诞登道岸之境"(《江汉书院讲义》卷一《上论》)。可见,他认为孔子的心不逾矩,就是尧舜的周旋中礼,渊源不可谓不深远。那么,什么是从心不逾矩?就是"随心所欲,任何念头不越出规矩"[1]。这是说只要一个人的意念活动不出格的话,他的言行就会自然而然地遵守礼仪。当然,他还认为只有修养工夫达到一定的境界时,才可能从心不逾矩。

问题是,从心不逾矩就能做到言行合礼仪吗?这还需要分析他对礼的认知。如前所述,他提出前古圣王因心制礼,从而认为礼即人之本心。但他又进一步将礼视为人的良知良能:

> 人皆知礼是先王作以范围斯世之具,不知这礼原是人生秉彝恒性触感,而自有节文之良知良能。先王特因而提撕鼓舞,范围斯世耳。
> (《续集》卷三《三礼赘言》)

---

[1] 杨伯峻译注:《论语译注》,第12页。

王心敬将礼等同于良知良能。对于良知良能,他是这样解释的:

> 人心只此一点虚灵不昧之机,本之末之,终之始之。就其自然能知是知非而言,谓之良知;就其自然能著是去非而言,谓之良能。
>
> (《续编》卷九《答富平孙日跻同门》)

将礼视为良知良能,其实就是说礼是至善无恶的本心。至善无恶的本心产生的意念活动怎么可能逾越规矩呢?然而对内心而言,这个规矩又是什么呢?王心敬曾这样说:"礼是性中天然节文,性若无节文,即性不成性。何者?秤无星即非秤也。"(《续集》卷三《三礼赘言》)在以前的章节中我们曾论证,在他的思想中,性其实就是至善无恶的本心。那么,性的天然节文,也就是心的天然节文,其实,归根结底还是说本心无私无妄的意念活动。当心中时时没有私念妄念产生或活动时,在作为五官百骸之主的心的指导下,人的言行自然也就会循规蹈矩。可见,这时的遵守礼仪不见得有任何勉强或拘苦,反而显得自然而轻松,所以他强调不要把守礼看得拘苦。

> 世人往往畏礼教之拘苦,若一知得礼是生人安宅正路,则虽教他一步废礼,而彼且以为苦矣。故善教子弟者礼教为先,而尤以教之使真知由礼则安、不由礼则不安之义为第一义。
>
> (《续集》卷三《三礼赘言》)

王心敬认为当人明白礼不可须臾离弃时,即使教唆他离弃都不可能。这是因为当我们承认人之为人时,其实,就是说他或她的本心灵明,因为他认为"人而不知完全此点灵明,衣冠虽具,贪毒顽冥,蚩蚩然禽兽草木而已"(《续编》卷二一《书佟体谦卷》)。当一个人本心灵明不昧时,他的心理活动当然是符合天然节文的。然而这个天然节文就是礼,自然人也就无法离弃礼。

> 君子原是见得此礼斯须不可废,由乎此则此心始安,不由乎此则此心为之不安。不安之心,如何可甘?故君子视礼如饮食性命。非欲异人胜人,求自得其本心耳。礼莫看得太高太深,即触感合当然之节,便是恰好之礼。触感即是,何容高视?当然之节即在天然之感,又何容深视?
>
> (《续集》卷三《三礼赘言》)

将礼视为本心的天然节文时,心一定是灵明的本心。如果本心的灵明被欲念遮蔽,天然节文当然也紊乱了,所以,他将礼与心的安宁与否联系起来了。合乎礼,心肯定是安宁的;不合乎礼,心肯定是不安宁的。如果说礼仪是

"当然之则"的话,那么内在的心性就是"天然之感"。圣人制礼,本来就是根据"天然之感"来制定"当然之则"的。所以当人本心澄明时,形之外的情感也就自然而然符合礼仪,这也就是他所谓的"触感即是"。

通过对工夫娴熟者以"从心不逾矩"来守礼的分析,我们更能清楚地看到,王心敬将礼视为本心的规范性活动。然而礼本来是外在的行为规范,甚至可以说是制度性的存在。但是他通过归礼于心,从而用心消解了礼的实存性,将之化解为个体内在的心理活动。

但非常吊诡的是,王心敬本初是有见于"道虚而薄,礼则实而切",才十分强调言行举止的守礼遵礼,但为什么最终却将礼归之于心,从而又回归到虚了?这可能和他认为"礼不徒樽节退让的文为"有密切关系。这就是现实中出现了很多按照礼仪节式行事的人,但是其心术不端,甚至居心叵测。比如《红楼梦》中的贾珍、贾蓉父子,给贾珍的老子贾敬守孝时,"藉草枕块,恨苦居丧",但是"仍乘空寻他小姨子们厮混"。可见,如果缺失一颗真诚的善心,即便遵守了礼仪,也不能说他是一个守礼之人,更遑论那些以守礼来作秀的龌龊之徒。这是现实中礼仪徒有形式而缺失精神的悲哀。王心敬将礼归之于心,其实是想强调以诚心真心来恪守礼仪。

王心敬对礼教的重视直接承续于张载。尽管他认为张载为学造诣"如初出之月,托体虽高,光明未普"(《续集》卷五《横渠先生》),张载的著作也诚如程颐所谓的"意屡偏而言多室",但是对这位不祧之祖以"以礼为教"的教风,他非常赞赏,并自觉继承。他说:"横渠学宗,要于知礼成性,而教关中学者必以习礼为先。"(《续集》卷二《答问录》)所以,他平日授徒,也坚持"以礼为教"。在他看来,"善教子弟者礼教为先",所以当子弟十五六岁时,就应当先教之首读礼经,作为启蒙教育。另外,他撰写的《三礼赘言》《四礼宁俭编》和《礼记汇编》等著作,同样也可以反映出他对礼的重视。

第十章　王道用德治

> 根固枝叶始可茂,无根合抱岂能成?
> 若离天德言王道,却是无根望树荣。
>
> (《续集》卷三四《感兴篇·其四九》)

这是王心敬写作的一首表明治世之道的诗歌,能够比较清楚地反映出他所主张的治世之道——王道。在他看来,"治人者以王道为正经"(《外编》卷四《又答金应枚邑侯求言书》)。那么,什么是王道?他是这样解释的:"与前圣同一荡平正直之道是谓王道,然要之只本性为之运行。"(《续集》卷一《示及门》)这是说王道就是上古时期唐尧、虞舜,以及夏禹、商汤和周文王等二帝三王所推行的治世之道。它的根本特点是,政治的运行以圣王内在的至善本性为根本动力。另外,王心敬反复强调王道有一个基本原则:"王道本于天德"(《正编》卷二《语录》)。然而天德最终的归宿是王者的"一点本心"(《江汉书院讲义》卷七《上孟》),即所谓的"推不忍之心,王道之根宗"(《江汉书院讲义》卷七《上孟》)。这清楚地表明王道的基本依据也是王者内在的至善本性。从王道的根本特点和王道的基本依据可以明显地看出,王道的本质就是以德治世。这也就是王心敬所标榜的"为政以德"(《正编》卷六《侍侧纪闻》)。

第一节　以民为本

以民为本,就是国家的治理者在治理国家时应当坚持以民为本。这是王心敬政治思想的重要组成部分。尽管形成较早,明确提出却是在雍正元年(1723)。这一年他在回复时任吏部尚书的朱轼的信中,提出了"治天下之道,以安养生民为第一义"(《续集》卷一九《寄朱可亭》)的主张。这可以说是他提倡民本思想的标志。但需要说明的是,他所说的"民"主要指的是农民,而非士农工商四民。

王心敬的民本主义渊源有自,他对此有明确的解释。乾隆元年(1736),

清廷赠给他"孝廉方正"的荣誉,对此他虽不愿接受,但又没有办法拒绝,只好无可奈何地应承了。然而他以年老多病为由拒绝进京谢恩,在写给乾隆皇帝的谢恩应景文章时,乘机奉上了《拟进刍荛愚忱条目》。他在该文中阐述自己的民本主义时,透露了民本主义的思想来源。

> 经曰:"民为邦本,本固邦宁。"故自昔圣王无有不以厚抚斯民为第一义者,盖国本之所系也。然如民生不遂,民用不利,民德不正,于厚国本之道未满其量也。
>
> (《续集》卷一二《拟进刍荛愚忱条目·厚国本》)

"民为邦本,本固邦宁"出自《尚书·夏书·五子之歌》,意思是说:"百姓是国家的根本,根本巩固了,国家才会安宁。"①就此来看,王心敬提倡以民为本,似乎并非出于对民众利益的考虑,而是出于对国家治理和社会维护的考虑。更何况他也曾明确表述"民之不安,而欲国之无危,不可得也"(《正编》卷五《侍侧纪闻》)。那么,民本主义的具体实施是不是也是这样的呢?

以民为本仅仅是治理国家的原则,要真正坚持以民为本,就必须制定具体的能够体现以民为本的政策,然后认真执行。这才算得上以民为本,并非高喊以民为本的口号。有见于此,王心敬认为国家应当制定相关的政策来体现以民为本的原则。比如对于官吏政绩优劣的考核,应当看其有"孜孜报国安民之意与否"(《续集》卷二六《论课吏》)来评定,政府善不善于理财,应当以"利民为本务"(《续集》卷二六《论理财》)来判断,等等。但是后来他认为"大抵济国家、利民生,不徒在于立法之详,而全在任人之当"(《外编》卷二《答甘肃大中丞岳公求言书》),所以,他放弃了制度建设和政策制定方面的考虑,而把重点放在了治理者身上。

王心敬认为以民为本落实到治理者身上的表现就是,治理者要力行"安民"而力戒"殃民"。先来看看"安民":首先,安民的前提是治理者必须尊重农民,应当纠正以往"贵士贱民"(《外编》卷三《答金应枚邑侯求言书》)的思想和态度②。对农民与士人应当一视同仁,对农民尤其"不可恃力而以愚贱忽之"(《外编》卷四《又答金应枚邑侯求言书》)。其次,国家有关农民的政

---

① 王世舜、王翠叶译注:《尚书》,北京:中华书局,2012 年版,第 370 页。
② 尽管王心敬在此提出了应当将农民与士人平等看待的说法,而且他本人也比较尊重农民,但在他思想深处,农民仍然是"小民",他甚至有时站在士阶层利益的立场上将农民斥为"蠢愚"(《续集》卷二六《答问救洮兰之荒说》)。

策,应当对农民广而告之,尤其是与农民切身利益相关者。"凡一切宜兴宜举宜革宜除之条,须一一列款,刊刻条约,广行印刷,遍贴乡村、县内街镇"(《外编》卷四《又答金应枚邑侯求言书》)。这样做的目的是要让农民明白自己的切身利益是否受到损害,从而监督地方官员有没有落实朝廷的惠民政策,以免朝廷推向农民的恩惠,结果"生民乏实被之恩膏"(《外编》卷二《答甘肃大中丞岳公求言书》)。最后,治理者要关心民生,尤其要"留心民瘼"。对朝廷而言,一方面要多制定惠民政策,比如减免"国税"来"苏民气",减免"差役"来"实民力",降低"羡耗"来"留民财",等等;另一方面要选拔"洁己爱民"的官员到地方治理民众。如果地方官员没有执行朝廷的惠民政策,甚或贪赃枉法,"蚕食下户",那么必须"惩以大法",坚决"辑奸蠹以除民害"(《外编》卷二《答甘肃大中丞岳公求言书》)。

接下来看看"殃民":王心敬认为为政之害,"害莫大于殃民"(《续集》卷二六《察奸论》)。对于"殃民",他在写给赴地方做官的次子王功和幼子王勋的信中有解释:

> 殃民亦不必有暴政酷刑,只一不知生民之命在日用间——日里要吃得两顿饭、年里要使得几个钱、心上要循得正分正理,只这三件是其大命所系。有一不足,即此便是殃民,而不祥莫大于是。
>
> (《续集》卷一三《又〈设学事宜示功勋〉》)

他这样解释"殃民"的目的,无非是想让地方官员为民众干些"实厚其生、实利其用、实正其德"(《续集》卷一三《又〈设学事宜示功勋〉》)的实事。这些实事大体而言有两方面:其一是劝农耕以厚民生,另一是勤讲约以厚风化。这似乎可以说,对于农民,不但要满足他们的物质需求,也要满足他们的精神需求。王心敬认为政府只有实实在在地帮助民众满足其需求,真真正正地维护民众的利益,才称得上以民为本,即所谓的"为民必实有济于民,而后可云为民也"(《外编》卷一《寄福建大中丞张仪封公》),否则的话,就是在"愚民"。

治理者只有将喊出的"以民为本"口号,在现实中认真落实,才能取信于民,不然的话,民众是不会上当的。

> 古之长民者,言之而必行,令之而不爽,疾如风雷,重如山岳;言动即动,言止即止;当赏则赏,当罚则罚。要使下民一其心志,以奉我之令,而不至于疑惑,则上下相孚,官民一体,而治道可成。若前

后不相照应,或言之而不行,行之而不终,则民不信上。

(《外编》卷四《又答金应枚邑侯求言书》)

可见,治理者需要做些实实在在有益于民众的事情,这样民众才会相信政府,官民才可能一心,社会才能安定团结,国家才能长治久安。

按上述可知,王心敬主张的"以民为本"确实是视民为国家的根本,从而来维护国家的治理。但在论述治理者取信于民的过程中,在一定程度上表现了他是站在民众尤其是农民的利益立场上来考虑问题的。所以,"以民为本"有一定的以民众利益尤其以农民为本的思想。他之所以能站在民众特别是农民的立场上,和他自己的出身以及生活有密切的联系。

王心敬作为知识分子,应当属于士阶层,但他出身于农民,早年在贫困中备历艰辛,壮年后虽以教书著作为事业,然而终生生活在农村,并不废农耕,所以,他对民间疾苦多所睹闻,对民生艰难深悉于心。他深知"民间资生,只以苦力农务为计"(《续集》卷二六《答问救洮兰之荒说》)。然而以苦力无法维系生活,所以,他甚至无所顾忌地向乾隆皇帝诉说农民之苦。

民间最难得者银钱。彼为人整佣一岁,苦工只可得直三四两。入山从虎口中取一担柴,力小者且落不得钱二十,盖日用饮食俱出此一担柴上;但岁一薄歉,舍命樵山之夫,竟不能外养父母妻子一口。盖民间得钱之路,直如此之难也!

(《续集》卷一二《拟进刍荛愚忱条目·厚国本》)

按引文可知,农民从事农业生产很难维持生活,被迫出卖苦力,然而也换不来多少收入。他们日常的物质生活是何等的艰辛,可想而知。若是遇到荒年,粮食歉收,不但生活不能维持,就连性命也是难以保全。所以,他说:"荒地之最可怜者在农民"(《续集》卷二六《答问救洮兰之荒说》)。

如果将贫苦视为物质匮乏,而归咎于自然伤害的话,那么,野蛮的政治环境对农民的伤害,就纯属人为的戕害。地方官员强征附加税,滥派差役,无不强取豪夺于农民。甚至在中国的西北地区,出现了"民穷如丐,官尊如天,役猛如虎"(《外编》卷二《答甘肃大中丞岳公求言书》)的政治环境。然而生活在这样的政治环境中的农民是怎样的呢?"况民心甚愿,但得州县不妄索诸额外,即民心乐于供奉而不怨"(《外编》卷二《答甘肃大中丞岳公求言书》)。大概有见于此,王心敬对农民有一种非常浓厚的怜悯之情。康熙四十二年(1703)底,王心敬南游途中,夜宿河南南部的确山县,遇到了露宿街头的大批从山东和河南赶往湖北逃荒的饥民。他忧心忡忡,夜不能寐,写下了诗歌《宿确山驿》。

> 青灯不寐将明夜,白发空增未老身。
> 漫道书生忧似杞,书生本是圣朝民。
>
> (《续集》卷三二《宿确山驿》)

翌年二月,他离开黄州时,看见"山东逃荒男妇数辈,长号乞食,皆褴褛羸瘠"(《续编》卷一六《与鲍君》),便在舟中给黄州的朋友写信,转请刚刚上任黄州知州的李彦瑂(1737—1713,字辑五,号华西,陕西三原人)"速饬各属,加意安插"(《续编》卷一六《与鲍君》)。这都充分反映出王心敬对农民极具同情心。所以,他提出"以民为本"的政治主张时,便着重考虑的是农民的利益。

由上所述可知,以民为本,其实是一种民本主义,它是为了维护国家的长治久安,主张国家治理者适当地维护民众的利益。不过,王心敬的民本主义中有尊重农民,反对愚昧农民的思想,这是非常可贵的。有学人认为民本是民主的一种前奏曲,就这点来看,王心敬的民本主义还的确有那么一点民主的意味①。但要看到,他主张尊重农民,也只是主张治理者应当将农民与士人平等看待,而治理者与农民之间依然是"父母"与"子女"的关系。尽管如此,王心敬作为一个知识分子,能够关注农民的生存状况,并站在农民的立场上,为实现和维护其利益而发表政治意见,显然是十分可贵的。

第二节　以德治国

以德治国,是儒家一贯的政治主张,儒家的开创者孔子就标榜"为政以德"(《论语·为政篇》),孟子继承孔子的德治思想,提倡"以德行仁者王"(《孟子·公孙丑上》)。自此以后,凡是儒者无不如斯。王心敬以德治国的政治主张,也是遵"孔孟之弘规",但就其学术自身来分析,也不无道理可循。

王心敬在政治上表现为民本主义者,他要求治理国家要充分照顾到民众的利益。他认为治理者与民众之间的关系就是父母与子女的关系,显见,他

---

① "然而,我们也不能过高地估价民本主义,尽管'民本'与民主在某种意义上有着一定的联系,那顶多也不过是民主的一种前奏曲而已。"见张岂之主编:《中国儒学思想史》,西安:陕西人民出版社,1990年版,第76页。

给政治关系涂抹上了浓厚的伦理色彩。当政治关系被视为伦理关系时,君民之间的政治活动也就应当遵循伦理原则。所以,既然"亲当孝"的伦理规范是天经地义的,那么,"君当忠"的政治规范也就毋庸置疑。更何况王心敬认为"君亲一也"(《续编》卷二《姑苏论学》),所以,"遇父而孝"就不能不"遇君而忠"(《正编》卷二一《书佟体谦卷》)。在他看来,这就是天理,就是良知良能。显见,王心敬的民本主义没有超拔出"天子作民父母,以为天下王"(《尚书·周书·洪范》)的政治思维怪圈。在这种思维定式下,君主的权力来自于天,至高无上,不可动摇,不可置疑,是民众的父母,子民要尽忠尽孝,要言听计从,甚至事君还要如同"事父母几谏,见志不从,又敬不违,劳而不怨"(《论语·里仁》)。试想在这种家国同构、父权意识膨胀的时代,可能主张以人人平等为前提的以法治国吗?不能实行以法治国,那就只能实行以德治国。

另外,王心敬主张以德治国,还有来自现实的困惑,这就是即使"良法"也无法被真正地执行。康熙年间,他亲睹了陕西官员执法违法的现象。当时由于陕西官员贪污赈灾钱粮,朝廷调整后的赈灾规范中有"须查真正饥民,无为奸豪冒领"一条规定,然而"不肖州县便借此言为侵欺刻扣之计",堂而皇之地公饱私囊。他不禁感叹,本应是执法者,怎么往往变成了违法者!然而执法的最大阻碍不是官员,而是君主,君主时或"以喜怒之私为赏罚"(《正编》卷二八《丰川家礼》)。这样的话,依法执行就往往被"在上之喜怒赏罚"(同上)取代,法律其实成了"虚文"。王心敬清醒地意识到了这点,这在他给乾隆皇帝的上书中,有比较明显的反映:

> 又有至要者,法行自近,则远易从;风倡自贵,则贱易变。是又惟皇上以天理之极至、人事之中正,范围臣工。宫廷之内,䌽御仆从一循礼矩;京华之中,王公贵戚胥守令典。自当表正影端,风行草野,民德归厚尔。

(《续集》卷一二《拟进刍荛愚忱条目·厚国本》)

可见,他在劝导皇帝要遵法守法。只要君主能够做到遵法守法,臣民也就能够做到。他之所以如此斗胆,是因为太多的事实使他看到了律法的制定者和执行者才往往是执法的阻碍者和破坏者,而并非普通老百姓。有见于此,他反思道:"立善法不如得善人,以善法得善人而后善也。"(《正编》卷九《侍侧纪闻》)。所以,他放弃了以法治国的致思路径,而考虑主张以善人来治国——以德治国。

以德治国,主要是依靠伦理和道德来处理社会事务。所以,他无法像以法治国那样按照法律规定来将政治运作规范成细节,而只能按照伦常原则大体地规划一下治国的原则。就王心敬的政治思想来看,更是如此。熟读史书,使他意识到"君德、用人、行政与夫人才、制度五事乃治乱因革之肯綮"(《续集》卷二三《寄朱可亭先生论纂修明史书》),但是他论述政治思想时,却舍弃了行政和制度,而大谈侈谈君德、用人和人才。

君德在王心敬的政治思想中居于至高无上的地位,因为它是坚持以德治国的治理之道的根源。所以,雍正元年(1723)王心敬在给雍正皇帝的辞谢征召书中,首先提出了"隆躬修以资治源"(《续集》卷一二《拟谢恩陈言疏》);乾隆元年(1736)他给乾隆皇帝的谢恩书中,最先提出的还是"勤修圣德以崇郅治之本源"(《续集》卷一二《拟进刍荛愚忧条目·厚国本》)。可见,以德治国的德主要指的是君主的道德,这是以德治国的本根所在。这说明在秉持以德治国为原则的政治机制之中,君主的素养至关重要。王心敬认为理想的君主应当具备四方面的素养:

> 君天下者,必有高天下之识,包天下之量,贞天下之力,邃天下之学,然后无愧首出万物之义。故四德缺一不可,然学为枢纽。学之不明不正,识或流于察察之明,甚者误用其聪明于不必用之途。
>
> (《正编》卷九《侍侧纪闻》)

显见,君主在见识、气量、智力和学问方面均应当高出于常人,不然无以为人之君上。有人可能会奇怪地问:这里为什么没有提及君主的道德?其实,道德完全隐藏在"学"中。君主应当学什么、问什么呢?王心敬说:"诵法圣贤,潜心理学。"(《续集》卷一二《拟进刍荛愚忧条目·厚国本》)对于如何通过学习理学来养成圣贤的道德,他还提出了具体的方法。

> 今者皇上日亲载籍,时御经筵,是诚好学不厌矣。然崇圣学之本源则在随时随处务推极格物致知之功,以符尧舜惟精之旨;务体履正心诚意之道,以协尧舜惟一之修。而崇圣学之资籍则在于经取其切于天德王道源流,于史取其切于治乱兴衰之条端。正定功课,视朝之暇,或批阅奏章之余,每日静阅数段,或讲官进讲数段。务求心得而资德,无取博记以劳神。诚如是也,道心为主,人心听命。仍时时与古圣人相对以印心,又时时对古兴亡治乱之迹以警志。将德性之高明自愈进于高明,识力之坚定自愈即于坚定。而二帝三王之

盛德,何难立臻乎?

(《续集》卷一二《拟谢恩陈言疏》)

这里所谓的学,其实就是德性之学,君主具备的学问就是道德。这在四种素养中是最为重要的,所以,王心敬说"人君之学,尤属点化识、力、量三者之丹头也"(《正编》卷九《侍侧纪闻》)。对于君主素养的具体要求,王心敬还特意写了首诗来说明。现在援引如下:

> 合天地德,是谓大人。
> 体天地心,是谓大君。
> 何以体之?仁弘君恩。
> 何以体之?礼节君身。
> 何以体之?信乃民任。
> 义宜智别,有春有伦。
> 匪是道也,霸而不醇。

(《续集》卷三〇《大君》)

这首诗对君主的道德修养要求得就更为突出,更为全面。足见,培养君主的道德素养是多么的重要。君主除了培养好自己的道德这件头等大事外,还有一件非常重大的事情要做,那就是选拔贤能的臣工。

正如王心敬所说的"夫四海之广,而皇上不能亲至",那么,要管理天下就不得不实行人事代理。这样就出现了"人主之所恃以治天下者,内外臣工"(《续集》卷一二《拟谢恩陈言疏》),从而使选贤任能成了君主不得不干的大事情。如何来选拔?王心敬建议"皇上参酌太公八征、诸葛武侯七知之法,而审用之"(《续集》卷一二《拟谢恩陈言疏》)。其实,相对选拔方法而言,他更关心选拔标准。在他看来,选拔出来的臣工应当具备八种优良的素养。

> 昔人以"清、慎、勤、敏"为居官四字符,余谓此四字自是要紧,然但知此四字,亦只可谨身寡过而已。必兼之仁、明、公、正则知明处当,仁尽义至,始能建俊伟光明之业。居外官可为真循良,立朝廷可为真大臣。

(《正编》卷二八《丰川家训》)

王心敬只对大臣提出了仁、明、公、正、清、慎、勤、敏八方面的要求,但是并没有具体说明,这里我们也不必细究。他提出这八方面的素养,目的在于使臣工在处理具体的国家事务时能够"知明处当,仁尽义至",这是至关重要的。按以前章节可知,王心敬特别强调要重视官员的廉洁,他认为"官方之失职,十九在于不廉"(《外编》卷一《寄福建大中丞张仪封公》),只要"作官一廉,便有许多好事功"(《正编》卷四《语录》)。然而这八字中为什么没有"廉"字呢?原因在于他认为"只以贪污者多,不得不崇奖廉吏,其实廉自是官吏本分内事"(《续集》卷二九《杂论》)。非但如此,他认为将"廉"字置入其中,反倒会产生负面效应。这就是他说的"不然徒以不贪而已,乡愿媚世之徒毫无才能,只以行似廉洁皆得托于循良名臣,以邀朝廷荣宠。生民之安阜无日矣"(《续集》卷二九《杂论》)。那么,臣工具备了这八方面的素养,就能以德治国了吗?

王心敬认为只要臣工具备了这八种品质,就能够"实心尽职"来协助君主管理百姓,以德治国也就在他们的"实心尽职"中实现了。何谓"实心尽职"?他有如下说明:

> 凡官职无论大小高卑,莫不各有宜尽之道。若道所宜尽,揆之本心必有不自安者,觉得不安即便从此点本心做去,而不至牵沮于己私,其于国事必有所济,于生民必有所益。纵阻于时势,不能尽如人意,然亦必不至败坏朝廷家事,病待泽之民,亦便可不负朝廷,不负所学。故论臣品以实心尽职为第一义。

(《正编》卷二八《丰川家训》)

"实心尽职"的实质就是臣工依赖自己的"本心"来办理国家事务。如以前章节所述,本心就是良心。可见,以德治国也就是依赖臣工的良心来处理国家事务。然而翻阅历史,酷吏何其之多,直面现实,贪官还真不少。王心敬自己也感觉到了以德治国在现实中是多么的脆弱。所以,他提倡君主用赏罚来劝惩臣工,用良心来办理国家事务,他有时甚至主张用"严刑重法"来惩治那些不用良心办事的臣工。如果还不奏效的话,那就只能请出上帝化身的"天道"或"天德"来吓唬了。

> 莅仕后,一部《通鉴》宜常阅,即一部《感应篇注解》亦宜时一入目。盖《感应篇》虽不如《通鉴》之劝诫兼乎天人,可以训世无弊,而其隐助中下人为善去恶之念、趋福避祸之意者,亦实不浅。最上一等,忠君爱民,自尽其心之当然,无所为而自为。其余但能知得天道福善祸淫、人心报德雠怨有不爽之理,亦自不至肆行无忌,致忝人

神,是亦中下人一贴起死回生丹也。

(《正编》卷二八《丰川家训》)

王心敬说得很露骨,抬"天道"出来就是要威吓官员用良心来办事。为了从理论上支撑以德治国得以运行,他不惜用法律和上帝来护航。但是当道德需要法律来力挺时,甚至还要依靠上帝作后台时,那还能算作以德治国吗?

问题不止于臣工的无德,更重要的是君主"本心已丧",那以德治国将何以堪?王心敬对此付诸阙如。可见,以德治国完全依赖于君臣的良知是很难靠得住的。孔子至圣,周游列国宣扬德治,然而不被采纳;孟子亚圣,席不暇暖宣扬仁政,然而无所见用,这恐怕是不无道理的。其实,孟子晚年对德治仁政有所反思,他认为不再会有圣王这样的政治楷模的存在,表现就是他提出了圣者尽伦、王者尽治的观点。因为在家天下的时代,圣人是没有资格治理天下的,要实现以德治国,也只能是将王者培养成圣人。这何其难啊!后来倒是出现了圣王合一的人物——秦始皇,他不但自命为圣人,还强制要求臣工称自己为圣人,就连自己说的话都是圣旨。但是"秦的短期专制标志着法家的短暂胜利",与儒家的以德治国扯不上关系①。迨西汉武帝"独尊儒术"已降,似乎是有圣王出现了,然而连王心敬自己都不禁感叹:

> 今时论治者皆知发政施仁为王道矣,王道诚不外于发政施仁,但不知如后世所谓行惠布德、内多欲而外施仁义之道,其道果可谓王道否?

(《正编》卷一一《学旨》)

"内多欲而外施仁义"(《史记·汲郑列传》)是汲黯评价汉武帝的话。看来尽管武帝独尊儒学,其实与以德治国还有距离。这也就不难理解,王心敬在解释"王道"时,为什么要溯源自二帝三王。在他看来,现实中不但没有"以德行仁"者,致使王道荡然无存,反而不乏"以力假仁"者,假借王道来施展霸术,更侵蚀得圣道不明。

当君臣"不知廉耻"时,道德完全失效,当君臣"不怕神鬼"时,天道完全失灵。那么,此时依靠什么来治理国家呢?王心敬提出了"重法严令"(《续集》卷一八《与施公论赈济各条附》)和"信赏必罚"(《续集》卷八《井利说》)的主张,并强调必须按照法令来"立赏重赏"和"立罚重罚"。他的目的很清

---

① 杜维明著,陈静译:《儒教》,上海:上海古籍出版社,2008年版,第38页。

楚,就是要管理者"畏法尊令,不敢玩愒"(《续集》卷八《井利说》)。另外,他还提出了高薪养廉的主张,他认为这样做,"宜令其公不妨私,身不空劳,荣名厚实于此毕守,庶几可望其殚心竭力"(《续集》卷七《荒政考》)。分析至此,可以清楚地看到王心敬的治国之道已经远非儒家的"道之以德,齐之以礼",而是实实在在地啖之以利和慑之以法,这和"缘法而治,按功而赏"(《商君书·君臣》)的法家治世之道已经没有什么两样。所以,他对法家的态度和一般的儒者的多所批评不同,而是有所肯定,并主张学习法家的著作。这一点可以通过他阅读《韩非子》时所作的《读韩非》的诗歌来说明。

  阳春本是生民炉,姑息之仁亦未苏。
  知得秋成天道正,何须不阅申韩书。
          (《续集》卷三四《读韩非·其三》)

  诗中不仅反映出他主张学习法家的著作,而且能够比较明显地反映出,他主张德法并举来治世。但是王心敬毕竟是个儒者,尽管他看到了法律在治理社会中的必要性,还是主张以德治国,法律只可以作为辅助。他认为以德治为主,以法治为辅,这样社会事务的管理者"上畏国法,下顾清议"(《续集》卷一八《与施公论赈济各条附》),必然会尽职尽责,从而使国家被治理得井井有条。

  王心敬的政治思想中还有一个重要范畴——人才,他认为"国家非才不治"(《续集》卷六《学校选举迁议》),原因在于人才是官吏的渊薮,所以以德治国必须重视人才的培养和选拔。有见他的著作中对人才论述较多,且不乏精彩之处,故而下章论述他的教育思想时集中详述,此处暂且不表。

  综上所述,王心敬的政治思想主要标榜以民为本和以德治国。以民为本,是要求治理者为了维系国家的统治而适当维护民众的利益;以德治国,是君主和臣工依据伦理和道德原则来管理社会大众。无论是以民为本,还是以德治国,都是儒家固有的思想,甚至先秦儒家已乐于称道,可谓乏善可陈。不过,他在论述以民为本时,主张官吏尊重农民,反对愚民政治,多少隐匿着平等的思想,从而彰显出了民本中的民主意蕴,对我们今天认识民本和民主之间的关系有一定的启示性。他以德治国的思想,有明显的缺陷,就是在现实中良知进退失据时缺失最终的保障,所以他对法家的"以法治国"(《管子·明法》)不无参考。这就是为了以德治国能够维系,他无奈地借助于法律来赏罚,这反映出以德治国的法律依赖性,从而将人伦与法律孰从的问题摆在了我们面前,对今天的我们恐怕不无启示。

第十一章　善教出通才

在王心敬的政治思想中,人才是十分重要的,因为人才的盛衰维系着国家的盛衰。他说:"盖人才之盛衰,即国家盛衰之关。"(《外编》卷一《寄福建大中丞张仪封公》)培养人才对国家而言,是十分重要的事情,所以无论是君主还是地方长官,都应当以兴学重教为本务。

王心敬对人才的形成,有一个基本的认识:人人都可以成为人才,人才是依靠教育培养出来的。如果一个国家人才匮乏,甚至举国无才,那或者是培养者未尽其职,或者是教育方法存在问题,其或是二者兼而有之。

> 盖天之生人皆赋之五行之秀,诚得居高者培植之果尽其力,有不人才奋起之理耶?止虑奉行者因循玩愒,辅助无方耳。然如因循玩愒,即名胜之乡,聪明才隽之众,亦且终无成才;何况穷乡下里素无义理之教者欤?

(《续集》卷六《条疏保举议》)

在这一认识的指导下,他对当时国家缺乏德才兼备之士的现状进行了反思,发现根源在于科举制度,并将之总结为科举制度的十大弊端。分析这十大弊端,主要原因是科举考试的内容"四书""五经"以及时务和考试的形式八股文、诗帖以及策论等,不但不具备培养德才兼备之士的功能,反而阻碍了士子道德人品和真才实学的形成。基于这一认识,他喊出了"自制举盛而人才衰"(《续编》卷一七《及门熊若愚制艺序》)的口号,遂对科举制度予以批判,并主张用保举制度来取代科举制度。

第一节　保举制度

保举制度,王心敬有时也称之为选举制度。他对保举制度的设想,集中体现在他撰写的《条疏保举议》一文中。《条疏保举议》的撰写时间,最早不过雍正五年(1727),但是他对保举制度的思考可能比较早,至迟在康熙五十八年(1719)他的保举思想已经成熟。此年他在与友人刘青芝(1675—1755,

字实夫,号芳草,河南襄城人)讨论改革科举制度的书信中已经力挺"保举德行才能"(《续集》卷一五《答襄城刘芳草弟》)。他提倡的保举制度是一种官吏培育和选拔制度。具体说来,州县聘师教授学生,由州县荐举,经县试、院试和殿试考核,最终为朝廷任用。下面从保举制度的四个构成环节——教养、荐举、考核和任用——来认识保举制度。

所谓教养,按照王心敬的意思应当是教育和给养。先来谈谈教育,州县以高薪聘请学术、人品兼优的一二士人担任儒学教师,为诸生授经课业。就教学内容来看,有九个方面。第一,教育诸生"伦常敦谨为本,行止端方为度",来培养学生的道德素养。第二,讲授"四书"和"五经":先讲授"四书"来培养诸生明道穷理的本领,再讲授"五经",要求学生至少精通一经,主要增长诸生通今达古的见识。第三,讲授历朝历史,如《资治通鉴》及其续编等,主要告诉诸生治乱兴衰之理。第四,讲授古今典章制度,如《文献通考》等,目的在于培养学生经世致用的能力。第五,讲授经世文章,以《历代名臣奏议》为主,辅以《陆宣公奏议》以及朱熹、王守仁、真德秀等人的文章,培养学生撰写奏章手谕的本领。第六,讲授兵书,如《武经七书》《纪效新书》和《武备志》等,培养学生"通兵事之变"的才能。第七,教习书法,以唐代欧、虞、褚、李、颜、柳六家为法,要求学生书写必须端楷温润,抵制字迹潦草。第八,教习骑射。第九,讲授本朝会典、宪纲、律例和邸抄,要求诸生通达时务。这些内容被安排在学生十三岁至二十岁的八年时间中学完。显而易见,保举制就教育内容而言,较科举制度完备得多,而且注重实务。

保举制之所以较科举制教育全面而务实,是因为保举制的人才培养目标是"通才"。所谓"通才",王心敬指的是"道德经济"兼备之才,也就是既具有"道德气节"(《续集》卷一五《答宝应乔敏伯》)又能够"经时济世"(《续集》卷二十《答逊功弟》)的人才,所以他主张"士之本领重在道德经济"(《续集》卷六《条疏保举议》)。

为了确保教师能够培养出通才,他主张对教师的报酬实行绩效制。如果三年考核之后,学生多人被选拔,教师"加俸";若培养出"卓荦之士",教师则被"纪功以候加级升擢"。如果培养的人才很少,甚至没有培养出人才,那么教师"浅之削级,重之竟可谪官"。他强调朝廷对教师必须做到"得人之赏果信,失人之罚果必"(《续集》卷六《答问选举》),不然,教学的质量无法保证。

接下来谈谈给养。所谓给养是说州县中"志行端方,资质聪明,气度不俗,将来可望成就之器"的学生,如果家庭贫寒,州县官要想法设法帮助他们学习,坚决不能任其辍学。另外,还要发给学生一定的生活费,使其安心学习。

荐举是保举制度中最明显有别于科举制度的至关重要的环节,但遗憾的是,恰恰对这一关键环节,王心敬在《条疏保举议》中只用了"州县官教养既就,每三年如期送省院"一语草草带过。幸而他在另一篇保举文章《学校选举迁议》中对荐举环节有简单的说明,但依然语焉不详,现将之抄录如下:

> 迨至年登二十,则俨然成人矣。果如成材,则州县采访已得,必令地方乡约具呈实书历履。于春秋天气中和时,公举到官。

(《续集》卷六《学校选举迁议》)

荐举是通过采访调查之后,才"公举"的。然而如何采访?如何公举?采访的是什么内容?公举以何为标准?对此,他都没有提及。不过,为了保证举荐实事求是,他主张对州县官员也实行绩效制,具体内容与教师的绩效制基本相同,只是惩罚得较重——"与蔽贤同罪"。同样,他强调朝廷对州县长官必须坚决落实"得士之赏在必行,蔽贤之罚在不贷"。否则,舞弊丛生,真才无出头之日。

考核,王心敬初步设计的考试是县试、院试、部试和殿试四级考试,后来他几经思考,最终取消了部试,就成了县(或州)试——院试——殿试三级考试。首先是县(或州)试,考试日期在春秋两季,具体日子视天气情况来定,考场设在县署(或州署)的公堂,主考为知县(或知州),县(或州)的主要官员协助考试,都要彬彬有礼。考试分面试和笔试,先进行面试。面试无固定内容,主要是简单的聊天,但要问清楚学生有何特长。面试的主要目的在于观察考生的相貌气局和言谈举止,并初步了解学生的特长。面试后,"委琐儇薄衰癃"的考生,会被淘汰出局。淘汰体质太差、年纪偏大的考生可以理解,为什么还要淘汰相貌不好、气质不佳的考生呢?他有这样的解释:

> 士之出身,高之公卿大夫之列,卑之亦令宰师儒之科,固不专取容貌之秀雅清文,然亦必取局度之安详郑重。然后立朝莅民有威有畏,有仪可象耳。

(《续集》卷六《学校选举迁议》)

考生将来必定都是管理民众或教育学生的,都是在前台工作,所以形象工程要从早抓起。面试结束之后,被选中的考生立即开始笔试。笔试的考题三道:第一道题目考"四书"的内容,第二道题目考"五经"的内容,第三道考题考时政时务。此外,应该对学生的特长还有一定的考查。学生答题统统用论述,禁用排偶;字数不严格限制,但要简明扼要;字迹要清晰,拒绝潦草。考试录取工作效率要求非常高,知县(或知州)要尽快将录取情况造册上报省院。造册中不但要有学生的试卷和成绩,也要有学生的履历,还要有关于学生特长的说明文字。另外,学生赶往省院考试的交通等费用由州县来承担。王心敬认为这是培养学生爱国的最实用的方法。

省院接到文书之后一二日,就要决定考试的日期,尽快考试。考场设在院堂,主考官是总督或巡抚,各府的知府协助考试,也都要彬彬有礼。考试一般为期两天,前一日笔试,考题三道,第一道考"五经",第二道考历史,第三道考时务;后一日考骑射,然"但取其骑马引弓即止,不必似武科之必一马九箭"。另外,对学生的特长也应当有所考查。省院考试结束后,总督或巡抚要迅速造册上报中央相关部门,以备被录考生早日赴京赶考。当然,考生进京赶考的交通等费用也得由省上来提供。但是对督抚在人才保举上是否实行绩效制,他没有提及。

殿试,他也称为御试,由皇帝亲自主考。殿试分笔试和面试,先进行笔试,笔试后,被录取者,由皇帝一一进行面试。面试被录取后,就算是人才了,但是否为真才实学,那还得试用后再作评定。

由上述可知,王心敬的保举制中整个考试过程没有出现学使或学道,也就是雍正四年(1726)以后统称的提督学政。地方的考试是由县(或州)最高长官和省最高长官组织和考核的,中央的考试是由相关部门组织、皇帝亲自主考的,不关提督学政任何事情。这反映出他的保举制主张裁汰提督学政官职及其相应的行政机构,他确实也是这样设想的。他曾明确表述保举制中无须设置提督学政及其行政衙署。

> 又如既用保举,则一切学院学道主考房官,各项供办员差派,无不可去可省。即地方亦免几多劳费扰攘。

(《续集》卷六《条疏保举议》)

清代的政治制度规定,中央派往各省学政一人,任期三年,主管全省的教育文化事业。学政专门有办公的学政衙署,署内设有书吏若干人,协助办理文牍事务。在清代,学政作为一省中地位仅次于总督和巡抚的大员,一向为清王朝所重视。不过,就保举制的运行机制而言,学政确实没有必要设置。

所以在他看来,如果实行保举制,就完全可以裁汰学政及其衙署。这不仅精简了行政机构,而且节省了中央和地方的财政支出。不能不承认,这是保举制度在制度上高出科举制度的一大优点,很能反映他的灼见。同时,他敢于向清廷的政治制度找毛病,也颇能显示他的胆识。

任用,初期为期三年,其实是试用,或者说是实习。任用坚持"随其所长"的原则。根据学生的特长,先大体分为文武两拨。偏向于武的,统统派往地方,从事"专城游守";偏向于文的,长于文章书法甚至绘画者,留到翰林院实习,长于钱谷词讼者派往地方担任"州县之佐"或"司府之僚"。三年期满,对其实习情况作出评定。不合格者,辞退去籍。未被淘汰者,才算是真正的人才,但到底是偏才还是通才,还需要进一步考查。王心敬提出了换岗考查的主张,他说:"临民、司谏、莅兵三事必相济为用,文事武职必尽加经历。"(《续集》卷六《学校选举迁议》)而且他坚信只有让人才"历试内外,备经文武"(《续集》卷六《学校选举迁议》),才能辨别出来通才和偏才。然后,再授予适合的职务,才能各适其职,各尽其才。他是这样描述的:

> 人各有长,通才实难。故古之取士乡举里选,必实疏其所长何事,即朝廷敷奏明试亦必详究其所能何端。故其时士称其职,官称其人。今也时文取士,上者即拔为词林、部郎,下者亦用之令宰师儒。而皆未暇细考所长,至使通才拘于成例,偏长冒居大官,且甚有全无才具而徒以资格尝试生民者。
>
> (《续集》卷六《条疏保举议》)

他坚持辨别通才和偏才是有鉴于科举制度的严重弊端。他认为只有这样,才会实现人尽其才,才尽其用,而且只有这样,国家的事务才能被处理得妥当,从而促进国家的健康发展。如果长期坚持,国家就会臻至繁盛的至德之世。故而他不禁反问:"唐虞时雍风动之郅治,成周永清刑措之休风,何难再见于今日欤?"(《续集》卷六《学校选举迁议》)

王心敬对自己提出的保举制度非常自信,曾总结了保举制的十大优点。归纳来看,主要表现在三个方面,其中制度设置上的优点,如撤销学政及其衙署来精简行政机构、节省财政支出,前文已述。其余的两方面,一方面表现在保举制在人才培养方面坚持"崇本尚实",教学内容既重视道德修养,也重视经世致用,所以能够培养出德才兼备的真才实学;另一方面,在人才选拔方面采用保举制,能够克服考生作弊、官员舞弊等弄虚作假行为,所以能够选拔出

德才兼备的真才实学。因而,他不无自豪地说:"八股取士不如保举可得实才。"(《续集》卷六《条疏保举议》)

但我们也应当看到,保举制毕竟只是一种官吏培育和选拔制度,并非人才培养和选拔制度。就人才的培养和选拔来看,保举制并非王心敬想象的那么美好,其实也存在着不少缺陷。就拿他标榜的全面而务实的教学内容来说,虽然比科举制度全面而务实,但也只是围绕着培养文职官员来设置课程。而且不无奇怪的是,在一个农业社会,课程开设中竟然没有和农业相关的任何课程。其实,他在《学校选举迁议》中还要求学生"农田水利等书,讲明头项",但在主张保举制中不知为何取消了农业方面的课程。然而他本人非常重视农田水利研究,甚至是这方面的专家。再拿他认为保举制度能避免科举制度存在的作弊和舞弊现象来说,他之所以坚信考生作弊能够避免,是因为他认为州县保举的都是德才兼备的考生。考生有才,没有必要作弊,考生有德,自然不会作弊,但这很难确保现实中考生就不会作弊。再者,保举制度所保举的未必个个都是德才兼备的人才,这就又和他认为官员不会舞弊联系起来了。人才的保举是由州县官员具体操作的,经州县和省院考核,要是州县官员舞弊,或者督抚舞弊,甚或地方勾结舞弊,那保举的人才还能是德才兼备的吗?他没有设置具体的防范措施,只是提出了赏罚原则来约束地方官员。然而翻开清朝的《钦定科场条例》,所定的科场条例非常细密,简直到了苛刻的程度,而且对于作弊舞弊的惩罚也很严厉,但是仍然无法杜绝考生作弊和官员舞弊。保举制度虽然在官吏选拔方法上和科举制度不同,但作为官吏选拔制度,在本质上和科举制度是完全相同的。所以,保举制度也必然无法阻止士人在巨大利益面前铤而走险,无论是考生的作弊还是官吏的舞弊,都是在所难免的。其实,保举制度还有其他方面的缺陷,这里不再赘述了。

尽管王心敬的保举制度不无缺陷,但他能够对已经弊端百出的科举制度进行批判,并提出取而代之的保举制,足以反映出他颇具卓识和远见。乾隆元年(1736),他在上呈乾隆皇帝的信中批评科举制度"弊窦种种,莫可究诘"(《续集》卷一二《拟进刍荛条忱条目·端治本》),主张"变通学校选举之法,期于学归本实,士得实才"(《续集》卷一二《拟进刍荛条忱条目·端治本》)。足见他自信之坚定,改革之勇猛。乾隆三年(1738),时任兵部侍郎的舒赫德上书乾隆帝,严厉批评科举制度。乾隆皇帝将之移交礼部讨论,从而引发了中国科举史上第五次科举存废之争①。虽然争论的结果是科举存而不废,但对其进行了务实化的改革。这对刚刚含笑九泉的王心敬而言,或许是一种颇有意义的告慰。

第二节 书院教育

  王心敬标榜的保举制,不仅是对隋唐以前的察举制和隋唐以降的科举制在理论上的综合,而且是对他多年以来创办书院从事教学实践活动的经验总结,尤其表现在人才培养方面。他提倡书院讲学,并付诸实践。具体表现就是他在鄠县创办二曲书院,并主持书院的教学工作多年。

  康熙三十一年(1692)前后,他在鄠县知县金廷襄的支持下,在鄠县孙家砲创建二曲书院②。除了前坊和后堂分别是学道高尔公和金廷襄出资捐建外,其余都由他"独力所创"。书院先后建房舍十三间。高尔公题写"二曲书院"匾悬于坊前,并书"斯文未坠"匾挂于堂上。后来,学道陆德元给书院题赠了副对联:"继横渠道统,承二曲心传"(《正编》卷二〇《谢学宪陆俨庭先生匾联书》)。书院所处地理环境非常美丽,他在给老师李颙的信中如是描写:

  (书院所在地)去县三里许,背村临溪。曲抱村为西邻,稻陇柳巷,绿阴白水,不减曲江。东望涝水,高岸百尺,桃柳兼葭,掩映宜人。南望终南,袤延万里,如萃屏列峙,围带穹庐。

(《正编》一六《又上二曲夫子》)

  他之所以将书院修建在环境如此幽美的地方,是在"谋请吾师李二曲征君娱老讲学之地"(《续集》卷二九《疏二曲书院始末》)。这是说书院主要是李颙养老用的,不过,暇日可以用来讲讲学罢了。这充分表明他创建书院并不是为了自己教书授徒,后来他用来授徒课业实际不是他的本愿。这从他给高尔公的感谢信中也能看出,同时,该信还向我们表明了他创建二曲书院的

---

 ① 刘海峰、李兵著:《中国科举史》,上海:东方出版社,2006年版,第404页。
 ② 二曲书院的具体创建时间,王心敬没有提及,但根据他的各种叙述可推测大概在康熙三十一年(1692)年前后。书院占地八亩,是他一位舍亲的旧竹园。书院先后建有房屋十三间,他自云"独力所创"。但是盝屋十年(1680—1689)学习间,他的生活还是十分的清贫,何以三四年之后能够独力创建书院?而且当时陕西正处于因旱灾而导致的长达五年(1689—1693)的饥荒中。看来,这个问题还需要日后继续考察。

真正目的。

> 窃念敝省自冯恭定公创建关中书院讲明斯道而后,七十年于兹矣。世远风微,几于人不知正谊明道为何事。家师二曲李子蒿目而忧,每思量营茅舍与同志合聚切磨,冀复见斯道之光昭,以上续恭定之薪传。顾李子既力不克举,始而心敬亦贫无能肇端,师弟之间惟有相对太息而已。

(《正编》卷二〇《谢学宪高嵩侣先生书》)

王心敬创建书院确实不是为了自己讲学,而是为了李颙讲学,请李颙养老只是他创建书院时的说辞罢了,而且创建书院也是他们师徒二人的夙愿。他们创建二曲书院,是要模仿冯从吾创建关中书院开讲会的方法,来弘扬几乎要学绝道丧的"正谊明道"之学。

冯从吾(1557—1627,字仲好,号少墟,陕西长安人)是明末关中著名理学家,被誉为"关西夫子"。万历三十七年(1609),陕西布政使汪可受、按察使李天麟等为他创建关中书院。书院建成后,他主持书院讲会十余年,四方从学者多达五千余人,从而使关学蔚为大观。然而天启五年(1625),书院毁于阉党之手,两年后冯从吾也病逝,自此以后关中理学几乎成为绝响。李颙早有承续冯从吾振兴关中理学的宏愿。康熙十二年(1673)五月,他应总督鄂善之邀,于修复的关中书院重新开启了沉寂了近五十年的理学讲席。开讲之始,他便说:"关中书院,自少墟先生而后,学会久已绝响。"(李颙:《二曲集》卷一三《关中书院会约》)足见,他讲学就是要自觉地继承自冯从吾以来讲会的久绝之响。当时听讲的耆老感叹道:"自少墟后,讲会久已绝响,得先生起而振之。"(惠龗嗣:《历年纪略》)有学人认为李颙关中书院讲学,是要继承晚明的讲学遗风[①]。那么,王心敬创办二曲书院,邀请李颙讲学,恐怕就是对这种晚明讲学遗风的留恋和期盼。

所谓的晚明讲学遗风,大概是指明朝末年以顾宪成和高攀龙等主持的东林书院为首,开启的将书院作为同志诸君子讲会的场所,从事以扭转学风为主要目的的学术宣讲和交流活动。王心敬在雍正元年(1723)给一位后辈学者乔汲(1691—1776,字敏伯,江苏宝应人)的回信中,流露出他对晚明讲学风

---

① 陈祖武认为"李颙的书院教育,走的是继承明季讲学遗风的路",但是"这种继承又并非一成不变,而是在旧的躯壳中充实进新的历史内容,对空谈理学之风进行了积极的修正"。见陈祖武:《清儒学术拾零》,长沙:湖南人民出版社,2002年版,第99页。

气的向往。他说:"惟昔顾、高二先生同心屹力,接龟山之流风,以振起吴会之士气。至今海内谈道德气节者虽复善毁,而不能湮其本实。"(《续集》卷一五《答宝应乔敏伯》)可见,他充分肯定了顾宪成和高攀龙的讲会活动。他甚至认为讲会源自北宋时创建东林书院的杨时(1053—1135,字中立,号龟山,福建人),从而认定讲会才是理学家自古以来的讲学方法,所以,他鼓励乔汲在书院讲学,坚持举办讲会活动。他认为只要理学学者坚持讲会,"安在东林未弘之坠绪不重弘于斯日?"(《续集》卷一五《答宝应乔敏伯》)

他之所以肯定晚明的讲会活动,是因为他认为讲习理学就应当举办讲会。他在创建二曲书院期间,同门贾缔芳(字怀伯,韩城人)邀请他往韩城讲学,他屡辞不能,无奈之下写信给李颙,让老师出面劝阻贾缔芳。他顺带在信中谈了他对书院建成后举办讲会的设想。

> 书院既成之后,知契时常聚会,大家各矢必为圣贤之志,讲一句,即学一句,知一义,即行一义,务使自己之心行不异古人所言之心行。习之既久,自将知之益明,见之既真,自将行之益力。

(《正编》卷一六《又上二曲夫子》)

他的书院讲学,就是与同志诸君子"时常聚会"来宣讲理学。他认为讲会非但能够振兴学术,还能扭转士风,明末之所以名臣辈出,就是由于讲会昌盛。晚年他教授生徒时,仍然坚持这种看法,认为讲会具有不可替代的重要功能。

> 且最可惜者,前代之季,政令大弊。独以知讲正学者众,郡国间设有讲坛,学者不一而足。故朝廷之上,名臣接踵而出,节义继迹而生。虽中间屡遭凶阉奸臣惨祸,缙绅不可胜言。

(《续集》卷一《示及门》)

他认为讲会不仅能够宣扬义理,而且能够培养士人的节操。在他看来,明末"士风日益异,昔道德、功业、气谊、名节八字,当日士林虽实蹈者少,亦尚慕名者多"(《续集》卷一五《又答逄公》)是多士举办讲会的结果。然而"今则求知其事之为美而慕名者,往往合郡之间亦不可多得矣"(续集》卷一五《又答逄公》),所以讲会就更应当提倡。显而易见,他认为讲会具有"明学术,正人心"(《二曲集·匡时要务》)的作用。"明学术,正人心"本来就是李颙的治学目标和口号,他更是以"宣明学术,救正人心"(《正编》卷一五《答友人论学脉书》)为人生奋斗目标。这样就不难明白他们师徒二人为什么在讲学上向往晚明遗风,并汲汲为之经营。

然而这种被称为晚明遗风的讲会活动是被清廷禁止的,有时为了防止讲会,甚至连书院都禁止创建。顺治九年(1652),诏令"不许别创书院,群聚徒党,及号召地方游食无行之徒,空谈废业"(《古今图书集成·选举典·学校部》卷三八三)。后来由于康熙皇帝对书院比较重视,尤其自康熙二十六年(1687)以来,陆续题匾赠书于各大书院,地方才开始创办书院。然而当时仍然没有兴办书院的明令,聚众讲会就更不可能被明令支持。各地的书院也都在地方官员的把持下,以科举考试为主讲内容,并且形成了地方官府和书院轮流进行的多层级的考课制度①。像鄂善那样有志弘道的地方长官并不多见,当然,他请李颙主讲很可能就是打着官课的旗子。尽管如此,李颙会讲仅仅三个多月,便不得不匆匆结束讲席,自此闭门不出。这其中的缘由,还真是耐人寻思。看来要想举办书院讲会,只能靠自己创办书院了。这对贫寒不堪的师徒而言,何其之难!遥想着晚明的讲会,只能感慨叹息了。这大概是师徒之间"相对太息"的真相。

二曲书院建成后,按理说李颙、王心敬师徒的宏愿应当能够达成了,然而并未见他们在书院举办任何讲会活动。自康熙三十一年(1692)底书院建成,至康熙四十四年(1705)李颙去世,这十四年中不闻李颙曾往鄠县主持书院讲学,并且直至数十年后书院被盗毁,王心敬也不曾讲会其间。这是为什么呢?根本原因就是聚众书院讲会不为清廷所容。即使有鄂善这样"加意复兴"(《二曲集·关中书院讲约》)理学的总督和巡抚,有许孙荃、高尔公这样对李颙"望风企仰"(《二曲集·学宪高公书》)的督学使者,也不敢任由李颙书院讲会。无奈之下,与其将书院一直闲置,不如改作他用,最后王心敬也从俗了——聘师招生,讲授科举。最明显的标志就是李颙去世后,二曲书院在鄠县知县的支持下聘请教师,招揽士子,正式从事科举教育。但是他对晚明书院讲会并没有放弃,只是化作无声的精神向往和缥缈的理想追求。

康熙四十六年(1707),鄠县知县张世勋将泾阳王承烈聘请来主持二曲书院讲席。王承烈曾于两年前夺得陕西乡试的"五经"解元,这使二曲书院一下子吸引了鄠县众多士子,学生人数突然上升,书院科举教育事业办得红红火火。然而王心敬并不显得多么高兴,因为他此时的心思不在扩大生源,把书

---

① 邓洪波:《中国书院史》,上海:东方出版社,2006年版,第506页。

院办大,而在将理学和实学渗透到教学当中,能够寓理学和实学于科举。心存此想,他提出了对书院教学进行改革的主张,表现就是向士子讲明"道德经济,一贯之旨"(《正编》卷一六《答友人论宋儒学术书》)。

他所谓的"道德",和我们今天所说的道德指谓是一致的,那么,他所说的"经济"呢?他解释说:"所谓经济者,谓其足以经今时,而济当世也。"(《续集》卷二一《答门人靖道谟庶常》)具体看来,"所谓经者,经理之使得宜;所谓济者,康济之使得所也"(《正编》卷四《语录一》)。从他的解释来看,经济应当是一种得宜适所的行为效果。就行为来看,既有经理日常事务,亦有康济家国天下。对这一经济行为的效果,他有具体的要求,即"发之心而当理,施之事而合义,达之人而偕宜"(《正编》卷四《语录一》):"发之心而当理",是对行为发施者而言的,即要求行为的发施者发施的行为要合乎自己本心所呈现的天理;"施之事而合义",是对行为受施者的事物而言的,即要求行为的发施者发施的行为要合乎事物自身的物理,只有这样才能够使事物适宜得所;"达之人而偕宜",是对行为受施者的人而言的,即要求行为的发施者发施的行为要合乎人自身的情况,只有这样才能够使人适其宜,也就是要处理好人我关系。他所谓的"经济"远比我们今天所谓的"经济"(Economy)宽泛得多。但是在道德与经济的关系方面,他认为经济应当以道德为本。故而当方苞(1668—1749,字灵皋,号望溪,安徽桐城人)来信向他求索"经济之言"时,他明确回复道"虽经济即道德,而要之道德则本也"(《续集》卷二一《答桐城方灵皋》)。这表明他讲学虽然讲授"经济"之学,但是以"道德"之学为主。

那么,如何将"道德经济"主张贯穿于教学呢?他初步的想法是增加课程,在讲授时文之外,开设道德和经济方面的课程。他认为这样对士子"既鼓之道德经济之学,使真才蔚起于一时;复导之文章上乘之路,使文风丕变高卓"(《外编》卷二《答友人论学校选举书》)。然而这就加大了教学量,不仅加重了士子的学习负担,也加重了书院的教学负担。后来他直接改革了书院的教材,编辑了一部大部头的教本《文献揽要》。

"五经""四书""三传",宇宙道德性命之渊源也;历代世史,宇宙治乱因革之薮泽也;诸子百家,宇宙伟人硕士之过影也;大儒弘论,宇宙纲维名教之硕画也。学者博稽广览,明其宗旨,晰其矩矱,识定而志知所向,然后可望其用不息之功,以渐进于大成者。此理之必也。顾今之习尚以举业为进身之资,幼既不暇从事于此,及长幸得科第,复埋没于簿书期会,而视此为不急之迂务,是以即有高材上知,往往汩没于俗师暗友,败坏于孤陋寡闻。盖自制举以至于今数百年,自东海以至西海,数千里共一辙也。呜呼! 学者之所见所闻如此,亦乌得有高识乎? 无高识,即有志者亦且贸贸焉莫知所专向,而利耗于他歧,又安得有实造实诣,足为天地立心,生民立命乎? 又无论其继往圣而开来学矣。

(《正编》卷二一《自辑文献揽要序》)

显见,他编辑该书直接针对的是科举教学的空洞无物,而要体现他主张的"道德经济之学",最终将士子导向重视道德修养、关心经世致用的崇本重实之学。就该书的编辑内容来看,首先是在历代刊刻或注疏的"五经""四书"以及《左传》《公羊传》《穀梁传》的序中,选择能够阐明经旨的篇章编排为若干篇;其次是在历代重要历史书籍中,悉取作者的序言编排为若干篇;再次是在古代典章制度、经济类书中,按《文献通考》二十四门类选取文章编排为若干篇;最后对于古今传世伟特之人,有传记书籍的取其序,有传记文章的取其文,无传记文章的取后人的评论,甚至连伟特人物的经典文章也要选取,将之统一编排为若干卷。这就是书的全部内容。除了书的序言是王心敬写的,内容全部是选取古贤时俊的。遗憾的是这部书一直没有刊刻,后来散佚了,我们今天也难详其具体内容,不过,道德经济主旨已经体现得相当明显。

自此他和王承烈以《文献揽要》作为主要教材来教授书院士子。然而康熙四十八年(1709)王承烈考中进士,离开了二曲书院,这给书院的发展带来了很大冲击。再到后来张世勔也任满离开了鄠县,书院失去了支持,衰落得更是厉害。但他依然坚持着寓"道德经济之学"于科举之学的教法,教授着为数不多的士子。然而康熙五十五年(1716),由于新疆准噶尔侵扰西藏,清廷署额伦特为西安将军,驻军西安筹措军需。这给他发展二曲书院带来了一缕曙光。额伦特是当年邀请李颙在关中书院讲学的鄂善的幼子。王心敬虽然与额伦特从未谋面,但他们曾经有过间接交往。康熙五十三年(1714)初,他受江苏巡抚张伯行之邀在苏州紫阳书院讲学。时任湖广总督的额伦特始闻他之名,当额伦特"复闻李先生高弟,所谓丰川王先生者,衣钵真传,名实并驱"(额伦特:《全集》卷首《丰川全集序》)后,竟以"山林隐逸"将他举荐给了清廷。翌年,额伦特又捐资在武昌开始刊刻他的著作,即于第二年夏署名二曲书院版刻的《丰川全集》。额伦特驻扎西安不久,就写信向他询问兵事。他在给额伦特回信时,直言希望额伦特帮助自己振兴二曲书院,并寄去了《白鹿书院志》《东林书院志》和《关中书院志》。额伦特虽然答应了,但忙于筹措军备,无暇一顾。第二年,额伦特将军就引军进入了青海。康熙五十七年(1718)九月,额伦特将军阵亡,王心敬振兴二曲书院的希望顿然成了绝望,但他还是支撑着书院讲席,不过,教学更偏重理学。雍正元年(1723),泾阳张鼎望(字荆观,号渭滨,陕西泾阳人)到二曲书院拜访王心敬,当他目睹了二曲书院的教学实况后,感慨不已,写了首《过二曲书院》的长诗。现仅选引其诗的前一部分,从中可以看出书院的教学旨趣。

> 令甲重帖括,纷纷满学校。词章亦春华,罕能识大道。
> 二曲挺哲人,抗怀濂洛奥。躬耕将老母,不赴凤凰诏。
> 及门得丰川,步趋宾相效。忠信而恭俭,德尤著于孝。
> 蔚然紫荆树,芬芳依家庙。绳蛰见璠玙,箕裘皆克肖。
> 囊承先师训,欲广临封教。仰止筑行窝,何必身亲道?

(鲁一佐:《鄠县重续志》卷五《文艺》)

从诗歌中可以看出,书院讲学相对而言不重视科举,而重视的是培养道德的理学,这从诗歌后文中"名理灿遗编,虚心探至要"一句更易看出。然而此时的王心敬已经六十八岁了,不久他就因年老多病,谢绝了生徒。自此以后,二曲书院便是人去院子空。再到后来,由于托管之人照看不周,"值冬月天寒,则辄盗拆前后房屋七间,而树木竟为之一空"(《续集》卷二九《疏二曲书院始末》)。二曲书院从此在鄠县消失了。这是他晚年倍感痛心的一件事情。他在去世前几个月,还专门写了篇《疏二曲书院始末》来回忆二曲书院的存亡始末,从中不难看出他的伤感和自责。因为在他看来,消逝的不仅是二曲书院,还有他和老师李颙对晚明讲学遗风的情怀和寄托,以及他们对学术自由艰苦而又执着的追求。

王心敬在二曲书院讲学,虽然是无可奈何下的选择,但这给他后来构思保举制,提供了很大的帮助。保举制主张的教学内容,主要就是他书院教学的内容,保举制主张培养的通才,其实就是书院教学培养的道德经济兼备之才。另外,他不可能想到的是,他寓道德经济之学于科举之学的教法得到了后来关中学者的响应,这已经是他身后的事情了。乾隆年间主持关中书院讲席的孙景烈就主张寓理学于科举,道光年间主讲关中书院、宏道书院的路德(1784—1851,字闰生,号鹭洲,陕西盩厔人)和主讲同州府各书院的李元春也都坚持寓理学于科举。迨至光绪年间,柏景伟(1831—1891,字子俊,号沣西,陕西长安县人)主讲味经书院和关中书院,更是大力倡导寓道德经济于科举。他也提出"道德经济,一以贯之"(柏景伟:《沣西草堂集》卷二《复陈诚明经》)的主张,这与王心敬的主张如出一辙。显见,他主张寓道德和经济于科举的教学方法对以后陕西科举教育具有很大的影响。

第十二章 民以食为天

"国以民为本,民以食为天"(《续集》卷七《积贮说》)是王心敬的一个基本思想。关于"国以民为本",我们在论述他的政治思想时已经探讨过了,这里仅来分析他的"民以食为天"思想。"民以食为天"并非他首次提出,早在秦朝末年这个命题就被一个叫郦食其的人提出来了。秦末楚汉相争之时,郦食其向刘邦进言说"王者以民为天,而民以食为天"(《汉书·郦食其传》)。"民以食为天"是指人民以粮食为自己生活所系,强调粮食生产的重要性。王心敬重谈"民以食为天"的旧调,也是借以传达农业生产的重要性,从而呼吁统治者重视农田水利建设。他本人对农田水利特别关注,他认为"农田水利不惟中材以下所宜讲究,即高才上智亦正不可不知"(《正编》卷二六《丰川家训》)。所以他毕生不弃农田水利研究,时常参与农业生产,而且课徒授业也讲授农田水利知识。他在农田水利方面的建树颇高,尤其他的《区田法》《圃田法》《井利说》和《水利说》,不但成了陕西大吏发展陕西农业的宝典,而且对整个清代的农田耕种和农田灌溉都产生了一定的影响。现代研究清代农田水利的著作大都会提到他在农田水利方面的成就。

探讨王心敬的农田水利思想,不能不提及一个人——崔纪。崔纪(1693—1750)字南有,山西永济人。乾隆二年(1737)三月崔纪被清廷委任为陕西巡抚。下车伊始,他便给王心敬写了封信,派鄠县知县王怀堂转送到了王家。这封信的内容不长,我们不妨将全文援引如下:

> 黄、绮高风,凤深景仰。奈关河修阻,光霁未亲。今叨署陕抚,又缘关防不便趋候,面领教言,弥增怅怏。
>
> 想先生逍遥尘外,闭户著书,不徒理学文章追踪往哲,而谟猷经济直迈前贤。矧秦中梓里所关,宜兴宜除,谅更洞悉。弟以谫陋,谬膺封疆。莅任伊始,土俗民情,一切未谙。特勒寸函,命鄠令代投。惟祈南车不吝,或水利可开,或民瘼宜恤,或士风宜培,但有关于利弊,不惜周详指示,封交鄠令转寄。
>
> 再,凿井灌田,闻先生已有成书,祈赐一册,俾弟知所遵守。倘

成效可期,匪特弟荷玉成,而直为维梓造福,当亦仁人君子之所乐为也。

俟后因公便道,更当造庐,亲承尘教,以慰渴思。专此布恩,并候道履。惟望丙鉴不宣。

(《续集》卷二四《答中丞崔公书(附来书)》)

这是专制时代一个以进士出身的封疆大吏,写给一个以秀才终老的山林处士的书信。然而我们从信中看不到任何居高自傲的气息,而是一个晚学对贤达的仰慕之情和谦恭之态。有学人认为在清代这样的专制时代,平民文士书信请教封疆大吏是司空见惯的事情①。其实,封疆大吏请教地方乡达,恐怕也是稀松平常的事情。专制时代的官吏对知识分子的尊重,由此可见一斑。

面对崔纪这样心系民瘼、虚怀下士的省级地方长官,八十二岁的王心敬不顾年高,不但将崔纪求索的《井利说》《水利说》取出誊抄转赠,而且将《区田法》《圃田法》誊抄后一并转送县令奉上。于是,在巡抚崔纪的大力倡导下,陕西大面积凿井灌溉和区田种地拉开了序幕。

第一节 井利和水利

王心敬主张通过灌溉农田来促使粮食增产,从而获得更大的农业收益。他依据灌溉用水的来源不同,将灌溉获利分为井利和水利。井利指"取井之水"(《续集》卷一八《答高安朱公》)灌溉农田,从而获得更大的农业收益;水利指"取河泉之水"(《续集》卷一八《答高安朱公》)来灌溉农田,从而获得更大的农业收益。他有关井利和水利的思想形成得很早,在康熙三十年(1691)撰写的《拟上部堂筹荒书》中就明确提出兴水利、兴井利,然而系统总结则较晚,《井利说》的撰写已经到了雍正十年(1732)。他提出的井利和水利思想并不被重视,往往是"下焉者或笑为迂,上之且半可而半否"(《续集》卷二四《又〈答中丞崔公书〉》)。以至于雍正元年(1723),他在打算上呈雍正的感恩谢言中都不忘写上"劝耕导水"(《续集》卷一二《拟谢恩陈言疏》)的建议,然

---

① 台湾学人王尔敏在他撰写的《乡曲师儒刘光蕡因应近代世变》一文中,论及味经书院山长刘光蕡书信求教湖广总督张之洞时,说:"须知在清代专制时代,平民文士与封疆大吏通函请教,乃是通行惯例,平素常见,世存之例,俱可见当世文集。"见王尔敏:《近代经世小儒》,桂林:广西师范大学出版社,2008年版,第434页。

而依然是无人问津。所以,当陕西新任的巡抚崔纪向他询问"凿井灌田"事宜时,他立即回信告诉崔纪"题请大兴井利,为备旱之胜着,是为庶政第一要务"(《续集》卷二四《答中丞崔公书(附来书)》)。于是,有了乾隆二年(1737)六月,署陕西巡抚崔纪奏请推广凿井之利的大事。然而在等待圣旨期间,他给崔纪去信建议他"责令各宜井地方,村村烧砖掘井,令足备三伏之需"(《续集》卷二四《又〈答中丞崔公书〉》)。显见,掘井灌溉的工程已经悄然开始了,那么,具体应当如何来凿井灌溉呢?

凿井灌溉的重点在凿井。王心敬认为凿井应该有四个重要程序。首先是调查清楚需要凿井的村庄的人口组成和数目,这样才能确定凿井的口数。

> 凡天旱则旱地收薄,甚至不收。一不收则丁户失养,不流离即死亡。将来户籍凋零,田亩荒芜,忧在司牧所不免耳。故凡乏河泉之乡而欲兴井利,则必计丁成井。大约男女五口必须一圆井灌地五亩,十口则须二圆井灌地十亩。又必粪灌及时,然后可充一岁之养,而无窘急之患。若如人丁二十口外,得一水车,方井,用水车取水,然后可充一岁之养,而无窘急之忧。井若不称人数,即所产不敷人用。虽欲不流离死亡,宁可得乎?
>
> (《续集》卷八《井利说》)

可见,人丁超过二十口就需要凿方井,而且需要备水车;人丁在二十口以下的,每五人需凿一口圆井。另外,对于一些特殊村庄以及村中的特殊户口,凿井的计划也要考虑到,并制定相应的措施,确保其生存不受旱灾的影响。

> 而此外如地高难井、石田绝水之乡,与夫寡妇、孤儿、单丁、僧尼、流客、师巫、乐工,或有人而无田,或有田而无丁,或有田有人而无衣食用之赀,皆须乡约悉心计处,禀官酌法令得通融井利,逢荒皆保身命,不使一人一家流离饿殍。
>
> (《续集》卷八《井利说》)

根据各村的人口数目以及村中的特殊情况确定了该村需要凿井的口数后,便要勘察地形,确定适合凿井的地理位置。

> 地势高则为井深,而成井难;地势下则为井浅,而成井易。然又有虽高而不滞沙石,成井反易也;地势下而多有沙石,成井反难者。故地势高下浅深之宜所宜次辨也。
>
> (《续集》卷八《井利说》)

地形勘察后,更重要的是勘察地质构成,从而预计井需凿勘多深才能汲取水。同时,土质也决定着凿井的难易,从而影响工程的进度。待勘察完成后,不但确定了凿井的具体位置,而且对井的深浅以及是否需要砖砌都有了一个大概的估计,接下来就得预算凿井的费用。

> 凡为井之地,大约四五丈以前可以得水之地皆可井。然用辘轳则可,而用水车则难。水车之井浅深须在三丈上下,且即地中不带沙石,而亦必须用砖包砌。统计工程,井浅非七八两不办,井深非十两以上不办。而此一水车,亦非十两不办。然如大井之滋苗,则深井亦可灌二十余亩,浅井且可灌三四十亩。但使器具便利,粪灌及时,耕籽工勤,即此一井岁中所获竟可百石,少亦七八十石。夫费二三十两,而荒年收百石,所值孰多?且如相地度力,或地段宽长,丁口众多,一家而开两三井。又如地段窄短,人丁寡少,或数家而共为一大井。且如称田丁合众力为之,即事举不难,而又可忽耶?小井多不须砖砌,即工匠不过数钱,器具不过一两可办。若地中带沙须砖砌者,一切工费亦止在三五两外。然一井可及五亩,但得工勤,十四五石谷便可得。更加精勤,二十四五石可得也。夫费三五两,而于荒年收谷十四五石,甚至二十余石,所值孰多?且即八口之家便可度生而有余,又可忽耶?
>
> (《续集》卷八《井利说》)

显见,凿井的费用不小,如果再配备相应的取水工具,费用会更高。但与丰收带来的收入相比,还是很值得开凿灌溉的。那么,凿井的费用如何解决呢?他认为地方政府应当对贫户予以帮助。具体而言,凿井工程小、花费少的"按其地而量助之官谷";凿井工程大、花费多的"称其费而多借之仓粮"。政府对贫户可以提供借款,但都不是现金,而是粮食。从他给崔纪信中"圣旨已允,帮助掘井造车之费,不日议妥即下"(《续集》卷二四《又〈答中丞崔公书〉》)来看,中央政府对于凿井也给予了经济上的资助。然而对于凿井工程的大小难易、费用多少的确认以及对于贫富的确认,则在各地知府的负责下由当地乡约来办理。乡约熟悉本地各户的贫富情况,很容易辨认孰贫孰富。再者,乡约对本地的地理情况应当也熟悉,再通过对凿井工匠和砖砌匠工的询问,各户凿井所花费用就可以准确地确定。可见,在凿井过程中乡约相当重要,所以要举必得人。

第十二章 民以食为天

井一旦凿成,就要及时浇灌。为了表示政府对凿井灌溉的重视,他建议各地知府在开井灌溉之时,应当亲自巡察各地,并实行一定的奖惩制度。具体他是这样说的:

> 而如开井之日与灌苗之时,太守先差的当人员稽查各乡之举废。仍时乘马巡行属邑,务必于属邑一周再周。又但一巡行,即必携带酒肴。凡勤而如法者,立酌之酒以劝;惰者,立即加之责以惩。乡约亦必一体加以赏罚荣辱之端。而如州县官之宜奖宜戒,更必毫不得假焉。

(《续集》卷八《井利说》)

只有实行一定的奖惩办法,各州县的长官才会在平时关注农田的灌溉情况。这样不但会促使粮食增产,在出现旱灾时,也不会影响农业生产,具有备荒的意义。

正是由于凿井灌溉具有十分重要的作用,在崔纪的大力倡导下,陕西各地具体负责凿井的知州和知县大都非常认真。据王心敬说,陕西某县一位王姓的知县,仅仅在六月一个月中就监督全县百姓凿井两千余口。有见于陕西凿井成效显著,一位姓周的御史提请乾隆帝在东北五省凿井灌溉。然而不久,就有"忌者入潜于中"(《续集》卷二四《寄崔公》)。随之出现了乾隆三年(1738)三月,清廷将陕西巡抚崔纪与湖北巡抚张楷对调的任命,并命令张楷严查凿井中的虚实利弊。三月中旬,王心敬在凿井遇挫中,满怀遗憾地离开了人世。他在给崔纪的最后一封信中,尽管有"功业之难为,盛名之难处"的感慨,但他坚信"井利一事,穷源究委,真是国家第一利民利国大计"(《续集》卷二四《寄崔公》)。

后经张楷查实,崔纪奏报的凿井七万余口确实属于虚报,实际凿井仅两万五千余眼,但是这些凿井在乾隆二年(1737)六月以来陕西的干旱中,收效十分显著,所以,当地老百姓已经自觉凿井,井数在逐年增长。有见于此,清廷充分肯定了崔纪的凿井业绩,并没有治他虚报不实之罪,并且鼓励陕西的凿井工程继续进行。这也算是给九泉之下的王心敬一个满意的答复。

自此以后,王心敬主张的井利说,被陕西的大吏自觉地付诸实践。这里特别需要一提的是陈宏谋。陈宏谋(1696—1771,字汝咨,号榕门,广西桂林人)对王心敬其人其学,心仪已久。作为朱轼的门生,他对其师与王心敬之间的交往早有耳闻。后来,他又向湖北靖道谟询问王心敬的人品学术①。靖道谟对王心敬之学"有体有用,不愧真理学"(《续集》卷首《序》)的赞叹,更使他佩服不已,遂"心焉志之"(《续集》卷首《序》)。雍正十二年(1734)至乾隆三年(1738)间,王心敬的幼子王勔(1695—1758,字茂宏,号恕堂)担任广西浔州知府时,曾与陈宏谋有交往。陈宏谋从王勔那里得到了王心敬的著作,从而比较清楚地了解了王心敬的学问——"不愧真理学",而且"通当世之务"。

由于陈宏谋和王心敬之间有这么一层关系,所以自乾隆九年(1744)担任陕西巡抚之始,他就自觉地继承了陕西凿井灌溉的工程。他曾四次出任陕西巡抚,先后抚陕十年有余。任期期间,他倡导陕西当地百姓先后凿井两万八千余眼,并制造了大量的水车,来鼎力推动农田灌溉的发展。陕西的凿井灌溉事业自崔纪倡导之后,再次达到了巅峰。

继陈宏谋之后,陕西的巡抚都比较重视王心敬的井利说。道光二十七年(1847)二月,陕西巡抚林则徐考虑兴修关中水利时,陕西乡绅张鹏飞(1783—1855,字扶九,号补山,陕西安康人)的建言中就有"王丰川有救荒凿井说"(张鹏飞:《关中水利议》),可以用来解决干旱难题。足见,王心敬有关井利的论说对陕西影响之深远。

王心敬引水灌溉的著作除了《井利说》外,还有《水利说》。《水利说》主要讲的是如何开渠导引河流之水来灌溉。他认为兴修水利,具有十分重要的作用。他说:"水利因地制宜,要之取于可洩横溢之水,使不为田害,并可取无用之水,转为国利。"(《续集》卷八《畿辅水利》)对于如何引导河流的水来灌溉,他大体讲了下面三个重要环节。

首先,需要勘察地形水势。地势方面,是要看地势的高下,从而确定水源能否被导引。水势方面,主要看河流的深浅和流向,从而确定是否具备灌溉的条件。

> 经营水利首视地势之高下,然看水道之来路去路则枢要也。缘

---

① 靖道谟,生卒年不详,字诚合,号果园,湖北黄冈人。康熙五十年(1711),王心敬应湖北巡抚陈诜邀请,在武昌的江汉书院讲学。靖道谟当时是书院的学生,因仰慕王心敬的学术遂拜师,王心敬非常器重他。康熙五十四年(1715)仲夏至五十五年(1716)初夏,湖广总督额伦特在武昌捐资刊刻王心敬的《丰川全集》,靖道谟曾参与编辑工作。后来,他一直与王心敬保持书信往来。

经营水利不特防旱,亦防雨涝。来路不大不深,不足给旱时之用;去路不广不阔,不足泄涝时之水。

(《续集》卷八《畿辅水利》)

可见,勘察水势主要看河流的来源及其流向,目的在于既要确保水源足以解决干旱时的需要,同时,还要防止洪涝之时,不会给农田甚至周围的村庄带来灾害。

其次,疏浚河道,修建堤岸,开渠掘道,甚至构架桥梁、修路铺路等等。

水利特地创始,一切河道堤防、田中畦区与桥梁道路非选任得人、纠集众力,至二年之后不能粗就规模,非三五年不能大享其利,然非迟之十年经一小旱,则水势不降,水渠不能淘掘至底一定永定也。

(《续集》卷八《畿辅水利》)

河道的疏浚、堤岸的建筑、桥梁的架构、道路的平整以及田中修畦径等等,都要一一建设。非但如此,河道疏浚之后,还要定期淘尽淤泥,保持水流畅通无阻。足见,工程量之大,甚至得三五年始能成。这些工程中,除田中修畦径属于农户自理外,其他都由政府完成,所以,王心敬认为一定要选拔干练的官员专门督办,并且制定严格的赏罚条例,只有这样,才可能如期保质保量完成任务。在他看来,"非立法严、用人精,而赏罚毫厘不爽,即恐徒成故事耳。"(《续集》卷八《水利折衷》)同时,政府"不宜顾惜工本"(《续集》卷八《水利折衷》),中央财政要拨专款帮助地方兴建水利。

最后,田中修畦径,即在田中修建多条田塍,从而将田地划分为若干小的田地。

若不可为水田,而水尚可导以灌及之田,则但修大渠通水,而于田中略畔,则惟修畦径以界水而行人。大约高不过一尺五寸,宽必须二尺五寸。一年后即草根固结,畦径便不多坏,即坏亦易修补。况灌田用水必在旱时,天旱则畦径本自固结,纵用水亦顷刻撤去,即此畦径十八可保无恙。

(《续集》卷八《水利折衷》)

即在田地中修建多条田塍,将田地划分为若干区域,即所谓的"田中畦区"。他对田塍的高、宽都有一定的要求:比较高,可以多盛水;比较宽,方便人行走。其实,这样做的目的仅在于便于灌溉,不至于漏水,甚至冲走田地和熟粪。另外,为了加固田塍,他还建议在田塍上种植草被。可见,他的做法相当的科学,尤其是植草固塍的主张。一切准备工作就绪之后,就可以引水灌溉。

王心敬在水利方面的主张,陕西大吏中几乎没有人将之付诸实践。原因很简单,兴修水利的工程量太大,而且费用太高,再考虑其见效,往往是前任大吏栽树,后任大吏乘凉,所以,陕西大吏们没人愿意干这吃力不讨好的事。雍正五年(1727),川陕总督岳钟琪曾引泾河入渠,灌溉了泾阳、三原、礼泉、高陵和临潼五县的耕田,惠及万民,但这和王心敬并没有直接的关系①。

第二节 区田和圃田

区(音 ōu)是播种时在田间挖的小坑。区田法就是把田地挖成窝状的小坑,来种植庄稼的一种耕作方法或技术。区田法创自汉成帝时期的氾胜之,据说氾胜之曾在陕西的关中平原教导农业②。区田法很有可能就是他总结关中平原的务农经验而发明的。《氾胜之书》中记载有区田法,遗憾的是该书后来失传了。不过,南北朝时期贾思勰著的《齐民要术》中多处引用了《氾胜之书》,故而区田法有幸在该书的《种谷》篇中被保存下来。王心敬"按农政书汤有七年之旱,伊尹为区田,教民粪种负水浇稼"(《续集》卷八《区田圃田法》)的说法,其实看到的就是《齐民要术·种谷第三》所引用的《氾胜之书》描述区种法的文字,不过,他提倡的区田法可比氾胜之所写详细得多。

> 其法大约谓一亩之地,阔一十五步,每步五尺,计七十五尺。每一行占地一尺五寸,计分五十区。长阔相间,通二千七百区。空一行下种,于所种行内,则又隔一区,种一区。除隔空外,可种六百七十五区。每区深一尺,用熟粪一升,与区土相和。布谷匀,覆,以手

---

① 王心敬《外编》卷二《答甘肃大中丞岳公求言书》中有"今须严申诸处渠之已开者,更加疏浚埋塞者,须按迹疏通。更有可开者,须特加开凿"的建议,但"岳公"并非岳钟琪。因为《外编》在康熙五十五年(1716)初夏已刻成,而岳钟琪兼任甘肃巡抚则晚在雍正三年(1725)。再按刘青芝《王征君先生心敬传》"甘抚岳公拜问抚甘之宜",可知"岳公"指的是岳拜。再核清代甘肃巡抚姓字,有岳拜者于康熙四十九年(1710)至康熙五十三年(1714)间担任甘肃巡抚。显见,王心敬所谓的"岳公"即岳拜,实非岳钟琪。

② 本章有关氾胜之区田法的论述参考了万国鼎先生《"氾胜之书"的整理和分析兼和石声汉先生商榷》一文的研究成果,后文不再一一注明。见万国鼎:《"氾胜之书"的整理和分析兼和石声汉先生商榷》,《南京农学院学报》,1957年第2期。

按实,令土种相着。苗出,看稀稠存留。锄不厌频。旱则浇灌。结子时,锄区上土,深雍其根,以防大风摇撼。依此法者,倘不为蝗伤,每区收谷一斗,每亩可收六十石。

(《续集》卷八《区田圃田法》)

这是王心敬所认为的氾氏区田法。其实,氾氏区田法有两种:一种是带状区种法,另一种是小方穴区种法。小方穴区种法的布局还有上农夫区、中农夫区和下农夫区之别。王心敬认为的氾氏区田法,其实,仅仅是小方穴区种法中的上农夫区。但奇怪的是,他所谓的氾氏区田法并不同于《齐民要术》所记载的氾氏区田法。最明显的区别就是氾氏区田法仅有区田布局的描述,并没有具体的耕作方法。再仔细对比,还会发现,他所谓的氾氏区田法的布局和《齐民要术》所记载的也不尽相同:氾氏每亩地划分3700区,每区6寸见方,区间距是9寸,而他的划分是每亩地2700区,区的大小和区间距相应地都发生了变化。非但如此,他认为氾氏区田法存有不尽合乎事理之处,并进行了适当的改革。

但如隔区间种,不但中道难行;亦且耘锄水灌,皆非周折。不如视地阔狭,于中画路,以一尺五寸通畛为度;而画一种禾之沟,亦以通畛一尺五寸为度。区规深则一尺,用熟粪一升,照数均入,以手按实。视其可灌,则按时渥灌之。为省工夫而法捷也。

(《续集》卷八《区田圃田法》)

显见,他将区的布局改变了。首先,氾氏的区长、宽、深全是汉制6寸,而他的区长宽各是清制1.5尺,深1尺。其次,氾氏的区间距是9寸,比区长宽多出3寸,王心敬的区间距1.5尺,与区长宽相等。他的区田法由于区变大了,所以一亩地就只能划分约2700区①。

他之所以要改革氾氏区田法,完全是出于他的耕种实践。康熙五十九年(1720),陕西又出现了严重的旱灾。为了解决饥荒,他将《齐民要术》所载的伊尹用来解决旱灾的区种法付诸了实践。第二年,他又实验着用区种法来种田,结果证明区田法确实能够增收,但并非书中所说的亩产三十石甚至六十石,而是亩产六七石。同时,他在两次试种中可能发现氾氏区太小不便耕作,

---

① 按照清制1亩地合6000平方尺,区面积为2.25平方尺,可以推算出每亩划分2666.66667个区。显见,王心敬2700区之说举的是整数,而非准确的数目。

而且区也太浅,盛水不多,浇后易干旱。所以,他对之进行了改革,从而形成了自己独特的区田法,并将这一经验总结而撰成了《区田法》一文。这样我们就不难理解,区田法早在汉代就出现了,为什么王毓瑚先生还坚持说王心敬在《区田法》中"提出了一种独创的耕作方法"①。

王心敬之所以能够创造出自己独特的区田法,鄠县田地比较瘠薄是一个十分重要的客观原因。明朝末年在鄠县任知县的刘璞通过实地考察,发现鄠县是关中诸县之中耕田最瘠薄的县城。对此,他是这样说的:

> 余尝北渡渭,走咸阳,达奉天;西到二曲;东时历咸、长两界。鄠土之毛固不及他县;且廛市以外,悉滩下沮洳之场。
>
> (刘璞:《鄠志小叙》)

鄠县山石上的梯田和河流边的滩地比较多,耕田多瘠薄。这种耕田一旦逢旱,庄稼容易枯萎,若逢大雨,庄稼和田地易于被漂没。康熙年间历时五年的大旱,颗粒无收也是容易理解的。王心敬正是在这种情况下,尝试着用区田法耕种的。

他主张的区田法,崔纪也在陕西劝导农民试种,取得了很好的收成。尽管不久崔纪被调往了湖北,但曾经试种的农夫尝到了甜头,仍然坚持用区田法种地。同年三月,帅念祖(字宗德,号兰皋,江西奉新人)署任陕西布政使。陕西一些比较干旱的地区,仍然有农夫采用区种法耕种。帅念祖遂在陕西推广区田法,乾隆七年(1742),他还编写了本《区田编》。尽管该书中对王心敬只字未提,但可以很明显地看出他继承了王心敬的区田方法。帅念祖的《区田编》的开篇绘制有区田图式,并注释说:"东西五十行,南北五十四行,纵横得三千七百区。"以此来看,他似乎直接继承的是氾氏区田法。但不无奇怪的是,他在"开做区法"中给出的区布局竟然是王心敬的区田法的布局。

> 田一亩,阔五十步,每步五尺,计七丈五尺。每行阔一尺五寸,该分五十行,长十六步计八丈。每一行宽一尺五寸,该分五十三行,长阔总算通共二千六百五十区。空一行,种一行;隔一区,种一区。可种六百五十区,不种旁地,庶尽地力。每区挖松土深一尺四,方各一尺五寸。
>
> (帅念祖:《区田编》)

---

① 王毓瑚:《中国农学书录》,北京:中华书局,2006年版,第230页。

显见,帅念祖对区的规划几乎完全雷同于王心敬:区数2650与王心敬的区数相同,而非氾氏的3700区,区的大小以及区间距也与王心敬的相同。不过,他后文中"不种旁地,庶尽地力"的说法不是王心敬的,而是直接从《齐民要术》中拿来的贾思勰辑佚的氾氏原话。

再者,从区田法的耕作程式来看,帅念祖也几乎完全继承了王心敬。先来看看他讲的"量下籽种":

> 区田做就,每亩区挖松土,深约一尺。起出松土,约一寸,用熟粪一升,与区土和匀,将籽种均匀撒在面上,把手在粪上,按实,使土与区种相粘,然后将起出之松土覆上,铺平。空一行,种一行;隔一区,种一区。既缓地力,又可在空隔处浇水,洵为简便。
>
> (帅念祖:《区田编》)

显而易见,帅念祖的耕作方法和王心敬的没有什么不同。当然,他"空一行,种一行;隔一区,种一区"的表述方法,比王心敬"空一行下种;于所种行内,则又隔一区,种一区"的表述方法简洁明了得多。所以,《丰川杂著》中著录的《区田法》就直接改用帅念祖的表述方法。除量下籽种而外,帅念祖讲到的拣留苗秧、耘锄野草、结穗雍土、平时积粪和浇灌以时等环节,无不与王心敬的耕作程序与技法相符合。所以,我们似乎可以肯定地说帅念祖的区田法几乎完全继承了王心敬的区田方法①。当然,他对之不无发展,主要表现就是区的规划更为准确,耕作方法更为细致。由于帅念祖认为区田法"耕种条件最为简便,人人易晓,出处可行"(《丰川杂著》之《区田编》),故而他在陕西大力提倡,从而使陕西的区田种植发展到了一个新的高峰。

乾隆九年(1744)七月,帅念祖任满离开了陕西,然而前一年的八月,陈宏谋被实授陕西巡抚来陕。陈宏谋也大力支持陕西农夫以区田法种地,所以王心敬主张的区田法继续在陕西发展。直至咸丰七年(1857),曾望颜被清廷任命为陕西巡抚。当他向当地官员询及治理陕西的策略时,就有官员将王心敬的《区田法》献给了他。足见,王心敬的《区田法》已经成了陕西官吏治理陕

---

① 有学人认为帅念祖提倡的区田法"多为帅氏亲试区种的经验总结,偶引他人成说"(见熊帝兵:《帅念祖家世生平及其在陕西的重农实践》,《宜春学院学报》,2013年第1期)。帅念祖对区田法多所试验或许实有其事,但说他的《区田编》偶引他人成说,恐怕还是值得商榷的。当然,作为地方负责督农劝水的官员,汇集区田法教导农民耕种是其职责,并非有意剽窃。

西农田的宝典。

王心敬除了提倡区田法外,还提倡圃田法。圃田,他指的是种植蔬菜的田地。那么,圃田法就应该是种植蔬菜的方法或技术。下面就来看看他所谓的圃田法。

> 圃田,种蔬菜之田也。其法缭以垣墙,或限以篱堑负郭之间。但得十亩,足赡数口。若稍远城市,可倍添亩数,至半顷而止。结庐于上,外周以桑,课之蚕利,内皆种蔬。先作长生韭一二百畦,时新菜二三十种。惟务多取粪壤,以为膏腴之本。虑有天旱,临水为上,否则量地掘井,以备灌溉。地若稍广,又可兼种麻苧果谷等物。比之常田,岁利数倍。此园夫之业,可以代耕。至于养素之士,亦可托为隐所,因得借赡。如汉阴之独力灌畦,河阳之间居鬻蔬,亦何害于助道哉!
>
> (《续集》卷八《区田圃田法》)

按引文可知,圃田法并不是讲述具体种植某种蔬菜的方法或技术,而是概述什么样的田地适合种植蔬菜、蔬菜的种植应当怎样布局以及施肥灌溉之类的事情。

同时,在文中王心敬还提出士人从事农业生产并不妨碍研究学问。非但如此,他还认为结庐圃田,既可以悄然隐居,又可以自食其力,真可谓是一举两得的美事。在他看来,这就是《庄子》中描绘的汉阴老翁抱瓮灌田的素朴归真的生活,或者就是南阳令潘岳在《闲居赋》中描绘的"筑室种树,灌园鬻蔬"的田园隐居生活。

王心敬认为要有效兴办水利、井利以及推广用区田法耕作,地方必须设置"督农劝水"的官员。自康熙三十年(1691)他在《拟上部堂筹荒书》中提出"宜请设督农掌水之官,劝农田,兴水利,以培邦本"以来,一直坚持这一主张。乾隆元年(1736),他在上乾隆帝的《拟进刍荛愚忱条目》中提出了五条"厚国本"的主张。其中第五条就是"须设督农劝水之官,以丰国储,以济民饥"。他提出这一主张,有现实的原因,即"盖如地方官未尝不可责之劝耕导水,但以职掌事繁,往往不暇专意于此,故视农田水利只成虚文"(《续集》卷一二《拟进刍荛愚忱条目》)。所以,他认为设置督农劝水作为各省布政使的副职,平日专门巡查监督各省的农田种植和水利兴修事宜,遇到灾荒,则从事监督各仓的实际赈灾情况。这样不但能够促进全国的农业生产,提高粮食产量,而且能够实实在在地惠及百姓,最终维护国家的长治久安。

王心敬在阐述他的农田水利思想时,提出了一个非常重要的哲学命题。现在将这一命题援引于下:

> 天工之缺于生者,直补之以人工之巧;地道之亏于成者,尽赞之以殖物之能。

(《续集》卷八《井利说》)

这个命题表达的思想是:凡是自然界产生的不利于人类生存的现象,人类要通过自己的努力去克服;凡是自然界产生的不利于事物发展的现象,人类要遵循事物的性能来帮助事物发展。

显见,这是一个有关天人之辩的哲学命题。王心敬的这种天人之辩思想,我们不妨称为补天赞地说。补天赞地哲学命题所要传达的意思是:人应当遵循和利用自然界的规律来努力克服自然界给人类社会发展造成的负面效应。在这个命题中,"天工"和"地道"表示的都是自然,我们不妨回顾一下中国哲学史上站在自然之天的立场上来阐发天人之辩的几个代表性的命题,从而通过比较来凸显补天赞地命题的殊胜之处。

首先是顺应天道说。老庄学派主张顺应天道,即人应当完全顺应自然。老子提倡"人法地,地法天,天法道,道法自然"(《老子·二十五章》),而庄子又提出了"无为为之之谓天"(《庄子·天地》)的观点。这种顺应天道主张人类"不做什么而什么都自然进行"[①],几乎完全取消了人的能动性,所以荀子批评老庄是"蔽于天而不知人"。显而易见,这种主张顺应天道的思想是相当消极的。其次是人定胜天说,即人力可以战胜自然。这种观念发轫于荀子的"制天命而用之",发展至明末吕坤的"人定真足胜天"。这种观点充分肯定了人的能动性,但容易发展成人类中心主义。即把自然界仅仅视为对象性存在,人类可以随意支配主宰自然的思想,以及通过对自然的征服来满足人类日益增长的需求的主张,最易造成人类对自然界生态环境的破坏。最后是天人交相胜观点。这是唐代刘禹锡提出的,他在《天论》中说"天与人交相胜"。这是说人与天各有其职能,并没有其他义涵。然而王心敬的补天赞地思想则不同,他主张遵循和利用自然规律来克服自然界的不足。这既避免了完全顺应自然的消极性,也克服了人定胜天中潜伏的破坏性。这种天人之辩思想既

---

① 王世舜:《庄子注译》,第148页。

有利于人类社会的发展,也有利于维护自然环境。然而遗憾的是,他只是在论述农田水利时提出这一思想,并没有更进一步去阐发。

王心敬的农田水利主张不仅影响了陕西的农业生产,对当时以及以后中国的农业生产也具有一定的影响。一方面表现在曾在陕西督农劝水的大吏一旦调往其他地方后,也会在那些地方继续推行,比如陈宏谋调离陕西后就曾到多个省份督农劝水。还有就是王心敬的子弟在地方为官时,也都比较认真地实践他的农田水利主张。比如他的学生陈庆门(字容驷,陕西盩厔人)在任安徽庐江县知县时,就曾劝当地农民采用区田法种地。升任无为州知州后,他就劝导农民引塘水灌溉农田,取得了丰收。王心敬的次子王功、幼子王勋在地方为长官时,也是非常认真地督农劝水。另一方面的表现是他有关农田水利的著作的广泛传布,特别是道光二十八年(1848)贺长龄等编辑的《皇朝经世文编》著录了他的《区田说》《圃田说》和《井利说》,这对他的农田水利思想的传播,起到了十分重要的作用,从而使他的农田水利思想对中国农业的发展起到了一定的推动作用。

第十三章　儒者须知兵

"兵事亦不可不知"(《正编》二六《丰川家训》),这是王心敬给儒者提出的一个基本要求。他自己不但从书本上学习兵家韬略,而且课徒授书也讲解兵家之学。但是他对兵家学说,是出于战争的逼迫而自发研究的。详细说来,这和康熙五十年代以来准噶尔侵扰西藏有关。清廷为了驱逐准噶尔来维护西藏安定,于康熙五十四年(1715)派兵挺进西藏。由于"关中,四海上游,兼西北接近羌番"(《续集》卷九《筹边迂议》),所以清廷将军需摊派在了关中地区人民的头上。这便直接将陕西(尤其是关中地区)拖入断断续续的战争长达数十年之久。为了早日将陕西民众从军供愁苦中解救出来,以"山林之士"自称的他开始紧密关注军事实况,潜心研究兵家著作。这一关注和研究一直持续到了雍正末年。遗憾的是他并没有撰写出军事方面的专书,不过,他写了《培植将才》《兵间事宜》《兵论》和《军机琐言》等多篇军事论文。另外,他还有不少和当时清廷参与甚或领导战争的军官进行军事讨论的书信。从这些论文和书信中,都可以看出他具有非常丰富的军事思想。这些军事思想主要表现在四个论域:战略论、战术论、将士论和军备论。下文就从这四个方面,鸟瞰式地论述一下他的军事思想。

第一节　战略论

王心敬的军事思想中有一定的战争论,所以在论述他的战略论之前,有必要将他的战争论简单地说说。《吕氏春秋》中说:"兵之所自来者上矣,与始有民俱。"(《吕氏春秋·荡兵》)依此来看,人类社会本身就是伴随着战争而形成的。就战争本身而言,不能不说是一场灾难。古人就是这样认为的,比如老子就说"兵者,不祥之器"(《老子·三十一章》),《尉缭子》中更是直接说"兵者,凶器也"(《尉缭子·兵令》)。王心敬继承了古人的这种看法,他认为"兵之为道,至凶至危"(《续集》卷九《论西兵事宜》)。正因为战争是凶事是危事,所以自古以来有识之士都对战争持谨慎态度。王心敬亦复如是,他说:"动众兴师,无论大小众寡,要之兵凶战危,自古所戒。"(《续集》卷九《又权胜》)无论战争大小,无论孰胜孰负,总有人员伤亡,总有物资消耗,怎么能说不是凶事呢?因而要尽量避免战争的发生。

尽管王心敬主张一个国家要尽量避免战争,但是他认为国家的军事建设是必需的。在他看来,一个国家的尊严要依靠强大的军事实力来维护和体现,这就是他所谓的"国威振以兵强"(《续集》卷六《培植将才·小引》)。他甚至认为只有一个国家的军事强大了,这个国家才真正称得上强盛,即他说的"夫国家之强盛者,强盛以兵耳"(《续集》卷一〇《西塞事宜》)。他进而将这一观点概括为"兵精国自强"(《续集》卷三三《喜闻佳音诗志·其八》)。

王心敬一方面主张军事要强大,一方面又主张战争要避免,这看似不无冲突。其实,在他看来并不存在什么矛盾,因为这和他对军事建设的认知有关系。他认为"设兵所以镇边疆,而防国家"(《续集》卷一二《拟谢恩陈言疏》)。这是说一个国家之所以要发展军事,是因为需要保家卫国,捍卫国家领土和主权不受侵犯。站在这个立场来看,"虽太平之日,王畿四海皆不可一日忘兵备"(《续集》卷一二《拟谢恩陈言疏》),但就发动战争来看,"盖国家动用大兵,国之荣辱、兵之生死系焉"(《续集》卷九《兵间事宜》),所以要尽量避免战争的爆发。

战略论,就是研究全局性的战争指导法则,探讨战争宏观决策的规律。王心敬的军事思想中战略论方面的论述比较多,但是比较分散。归纳来看,有这么几个重要的战略思想,即"因利制权""悬权而动""兵将一体"和"寓兵于农"。

"因利制权",是他康熙五十六年(1717)在给驻军青海的额伦特将军的信中提出的。他说:"因利制权,相机而动,乃是万全之师也。"(《续集》卷一六《寄额将军》)足见"因利制权"对军事战略而言是至关重要的思想。那么,何谓"因利制权"?就是要根据具体的利害得失而采取相应的军事行动。他认为战争发动与否应依据他提出的"三大纲领"来分析,然后再来决定。这三条纲领中,"第一宜较量于国体国计得失损益之关"(《续集》卷九《又权胜》)。因利制权就是要站在国家的立场上来计较得失损益,权衡利弊之后采取适当的军事行动。战争,不但损兵折将,而且劳民伤财。战争的发动与否,就更应该认认真真地权衡利弊来决定。"因利制权"的军事战略思想并不是王心敬发明的,而是他对前代军事思想的继承。具体说来,"因利制权"是孙子提出的。《孙子·计篇》说："计利以听，乃为之势，以佐其外。势者，因利而制权也。"王心敬非常推崇《孙子》一书，在他看来，"《孙子》十三篇，四通八达，通于兵意。故后世善师其用者，投之所向无不如志"（《续集》卷二九《批七书》）。"因利制权"就是他直接继承了《孙子》"因利而制权"的军事战略思想。

"悬权而动"在王心敬的军事战略思想中，重要性并不亚于"因利制权"。但是就应用兵法而言，他认为"悬权而动"是兵法运用应当遵循的最基本的原则，从而他标榜说"悬权而动"是兵法的精髓，或者说灵魂。他的具体表述如下：

> 兵法千言万语，只悬权而动一语可该。权即活便之活，而活即悬权之权也。吾契善用此字，其心灵之活泼，可想而知。由此推而广之，神而明之，天下有何难济之事限我哉？
>
> （《续集》卷一六《又〈答门人刘绍宗〉》）

什么是"悬权"？就是"悬衡"，即我们今天所说的天平。《淮南子·说林训》中有"循绳而斫则不过，悬衡而量则不差"，他所谓的"悬权而动"就是《淮南子》中所说的"悬衡而量"。他想用形象的比喻告诉我们兵法运用要灵活。那么，怎样才能灵活地运用兵法？他提出了"相机而动"和"因势利导"等主张。"相机而动"（《续集》卷一六《寄额将军》），这个"机"他有时也写作"几"，那么"机"就只能是"机兆"，即事物发生的先兆。他说："夫论事几者，论其情势之必至，且观往可以鉴来。"（《续集》卷九《筹边迂议》）这是说察觉到事物的先兆，根据丰富的经验，就可以对事物的发展作出正确的预测。相机而动，就是要提前把握时机来应对事物，其实是想做到未雨绸缪。对于"因势利导"，他是这样说的："大抵用兵一事，因势利导原是活法，初无死着。"（《续集》卷二九《批七书》）什么是"因势利导"？就是顺着事物发展的趋势，加以引导和推动。无论是事件未发生前预测事物的发展，还是事件已经发生，顺着事物的发展，都是要根据事物的具体情况，灵活采取行动。这就是他所谓的"悬权而动"。

他认为"悬权而动"是兵法的精髓，所以大将必须具备这一素养。他说："大将必临机应变，各合其宜，然后不至贻误军计。"（《续集》卷九《兵间事宜》）大将只有具备了这一素养，面对变化莫测的复杂情况时，才善于灵活采取相应的办法。只有这样才不会预测失误、决策失败，最终能够取得战争的胜利。当然,这对大将而言不无难度,所以他说:"兵间之机事难尽,戎帅之精神宜专,必使不分心于事上,然后得悉意以出谋,又必使不挠权于贵势,然后得尽展其经猷。"(《续集》卷一二《拟谏止亲王统兵疏》)可见,大将只有不被人事扰乱,保持心境平宁、思虑清晰、意志专一,才可能做到"悬权而动"。

尽管"悬权而动"是王心敬提出的,但其反映的军事战略思想先秦时已有,比如他就认为《吴子》"明于兵机"(《续集》卷二九《批七书》)。可见,他的"悬权而动"军事战略思想是对古代随机应变军事战略思想的继承,很有可能就是继承了《吴子》"因形用权"(《吴子·论将》)等作战指导思想。

王心敬主张"兵将一体",他做了一个形象的比喻:"大将为心腹,偏裨则将之股肱,亲兵属将之手足也。"(《续集》卷一〇《兵机琐言·兵政要略》)他的比喻是说大将作为军队的最高统帅,副将参将以及其他军官下到兵丁都要绝对服从大将的指挥和调遣。为了确保大将至高无上的地位,他还强调应当在军制上严格规定"大将军,兵之腹心,所以主筹画;各帅,四体,而专任分方之实尽者"(《续集》卷九《备边之法》)。这样,副将参将只是军中各部门的最高领导,而大将军才是全军的最高领导。他说:"尤以副将以下,皆听大将军节制为贵也。"(《续集》一〇《兵论》)

他的"兵将一体"说的提出,主要有两个方面的目的。一个方面是要阻止军队领导中"事权不一"(《续集》卷一〇《兵机琐言·兵家弊窦》)的弊端。他认为军队中领导权不统一,是作战最大的忌讳。

> 军中最忌者,一军二将。盖将各自专权不统一,无论怯懦者得以退缩不前,挠败壮图;即恐刚愎者且以妄凭臆见,孟浪奋往。
>
> (《续集》卷一〇《兵论·经理番情》)

军队领导权不统一的话,不只是副将参将可以自以为是,不听号令,就连士兵也会消极备战、消极待战。这也就是他非常强调"尤以副将以下,皆听大将军节制为贵也"的真正原因。在他看来,康熙五十七年(1718)九月额伦特将军的阵亡,就是由于侍卫色楞"不听节制冒进",额伦特"不得已舍生赴援"才发生的。大将对军队的绝对领导权,非但副将参将不能干涉,既便是皇帝也不能干预。他说:"为人君者,既以阃外之任寄之将,而一一从中遥制,是尤所谓兵弊之大而害最深者。"(《续集》卷一〇《兵机琐言·兵家弊窦》)他反复强调"兵将一体",即有此一层深意在内。

另一方面是要阻止"将统客兵"尤其是"客将将客兵而遽责之战"(同

上)的弊端。他认为只有将帅统领自己的亲兵作战才有可能胜利,不然将帅统领客兵,将不知兵,兵不知将,且促之出战,必然不能胜利。他的具体说法如下:

> 兵将相习,然后上下相亲。临机应用,乃能联为一体,而不至于涣然莫恃。故临敌御寇,断不可使将统客兵,士随客将,先成支离不固之体,自败乃事。则如已得堪胜是任之将,或宜请旨,即令赴边统驭应统之兵,悉心爱养,按法训练。兼之详察偏裨之能否以克任,使精练壮勇作选锋,以图必胜。令上悉下情,下明上意,庶几成臂指相联之势,而将来所向无敌耳。
>
> (《续集》卷一〇《兵论》)

将统客兵的利弊他说得很明白。总之,要克敌制胜,将统客兵的现象就不应当出现。当然也不能绝对化,如果将帅与客兵日久相互熟悉的话,也不是不可以。另外,即使将帅统领的是自己平日训练有素的兵丁,也未必能够臂指相联。这就要看将帅平日对待士兵是否做到亲如手足了。要做到这一点,不但要对士兵赏罚分明,还要能够与士兵同甘共苦。只要士兵与将领团结一致,就可以攻无不克,战无不胜。所以他说:"兵将一体,以战则胜,以守则固。"(《续集》卷一六《答门人刘绍宗》)他的"兵将一体"说,其实是对古代"三军一心"军事战略思想的发展。"三军一心,则令可使无敌矣"(《吕氏春秋·论威》)的军事思想早在先秦就非常突出,不过,他结合清廷自康熙以来用兵西藏的教训,而更重视"事权不一"和"将统客兵"的军事弊端。

王心敬提倡寓兵于农,即他所谓的"藏兵丁农"(《续集》卷九《陕边事宜》)。他认为寓兵于农创自成周之时。在他看来,寓兵于农可以克服他所谓的"兵之大害"。他说:"兵之大害第一在消耗国力于不赀,第二在欲用而难集之使众,第三不用而难散之归于农亩耳。"(《续集》卷六《答问募兵》)但只要实行寓兵于农,这三方面的缺陷都可以克服。如果"兵从农出",只要没有战事,作为农民,他们平日都从事农业生产,粮食自足,无须国家出资给养,所以不会"消耗国力"。农暇时选兵操练,每家"除老弱不任事外,家家使之为兵,人人使之为兵"(《续集》卷六《答问募兵》)。这样一有战争的话,"虽至小之国,胜兵数万可指顾而集也",故而"欲用而难集之使众"的缺陷也迎刃而解。战事结束后,士兵们又都重新归家务农,而且每一个士兵都"乐于自归",每一个家庭都"自安于农",因而"不用而难散之归于农亩"的缺陷也不解自释。正是有见于寓兵于农具有这些长处,他不禁感叹西周寓兵于农的募兵制"视后世鸠聚乌合之兵之难养而抑且难聚难散者胜十倍"(《续集》卷六《答问募兵》),并极力建议清廷效法西周的寓兵于农。

雍正元年(1723),他建议当事在哈密推行寓兵于农的募兵制。哈密地处新疆①东部,"为国家通西域咽喉"。康熙三十六年(1697),哈密封建主乘清军打败噶尔丹之机,主动请求内附。于是,第二年清廷便派官员到哈密按蒙古王公例编制旗队,划为蒙古镶红回旗,委任官佐。康熙五十六年(1717),又在哈密修建了哈密回城,号镇远城,并派兵屯田驻守。然而后来新疆的准噶尔叛乱,哈密城成了他们侵扰的重点对象。雍正元年(1723),青海罗卜藏丹津叛乱。清廷派年羹尧、岳钟琪将之讨平。罗卜藏丹津走投无路,投靠了新疆准噶尔。清廷遂戍兵屯田哈密、巴里坤、吐鲁番、布隆吉等地,以绝侵略。王心敬正是在这一背景下,提出了在新疆的哈密、巴里坤等地实行寓兵于农的政策。

> 故今日议哈密,惟有选良将、拣精兵、料哈密之成丁者尽藉为兵。农时务农,暇即习器教战;遇有土蕃之侵掠,则但合之守屯应敌,更不调之进战。而凡将领与兵丁皆得额外畜马畜羊,以资粮饷之不足,而要紧则务为屯田生粟。
>
> (《续集》卷九《筹边迁议》)

他非但主张在哈密实行寓兵于农,而且主张巴里坤也应该如此。他说"似宜遣老成智计大臣二员,亲临相视哈密本城与巴里坤地方何处可筑大城,何处屯田宽广",来具体落实寓兵于农的政策。他的寓兵于农主张看似只提倡在边疆实行,以应付具体的"土蕃之侵掠",但其实他主张将"农时务农,暇即习器教战"的方法推而广之。原因在于他明白周代的寓兵于农制,"视后世募兵真为长也"(《续集》卷六《答问募兵》)。

王心敬认为寓兵于农的募兵制创自成周,其实不然,有学人认为"兵农合

---

① 严格来说,表述雍正年间的事情出现"新疆"这个地理名词是不太合适的,因为"将甘肃安西州以西的广大地域正式定名为新疆,那是在乾隆帝略定准噶尔和'回部'地区以后的事"(见白钢主编:《中国政治制度通史·清代卷》,北京:人民出版社,1996年版,第247页),但为了便于理解起见,笔者还是坚持使用了该词。

一"是夏、商、周军事制度的共同点①。看来,早在夏代就很有可能已经出现了寓兵于农的募兵制度。明代学人将前古时代军事上的"兵农合一"概括为"寓兵于农",即"古者寓兵于农,有事则耕,暇则讲武"(《明实录》卷六)。足见,王心敬提倡寓兵于农的募兵制,只是对古代寓兵于农战略思想的继承。

王心敬的军事战略思想除了因利制权、悬权而动、兵将一体和寓农于兵外,还有知己知彼、上善伐谋、强内御外、论敌察情等等,这里不再一一论述。

第二节 战术论

战术,就是保存自己,歼灭敌人,实际解决战斗的具体技巧。那么,战术论就是有关战争中具体技巧的看法或观点。王心敬有关战术方面的论述不是很多,归纳来看,主要有"以守寓战""出奇制胜"和"间谍用事"。

首先,分析他的"以守寓战"战术思想。以守寓战的战术思想是他直接针对康熙五十年以来,清廷在西藏平定准噶尔的战争而提出的。尽管他提出"以守寓战"并对之详细阐发晚在雍正十年(1732),但这一思想早在康熙五十七年(1718)就已经相当成熟。因为就是在这一年,他闻知清廷打算派亲王作为军队的最高统帅统兵入藏,才撰写了《拟谏止亲王统兵疏》②。疏中他首次提出了以守寓战的思想,不过是借"塞穴拒户"的比喻来阐发的。详而言之,他在疏中不但反对亲王率兵出征,而且反对大军进剿。在他看来,军队应当坚壁清野,以守为攻。为了阐明自己主张的以守寓战思想,他用了个"塞穴拒户"捕捉黠鼠饿狗的比喻来说明。

---

① 有学人认为"兵农合一"是建立在公社时期军事组织与社会组织统一的基础上的,这样才出现了平时进行生产,战时武装作战,"兵农合一"的组织形式,最终形成了寓兵于农的募兵制。见韦庆远主编:《中国政治制度史》,中国人民大学出版社,1989年版,第47页。

② 《拟谏止亲王统兵疏》原文见《续集》卷一二,题下原注有"康熙五十年"字样,这说明该疏写作于康熙五十年(1711)。然按疏中提及"窃见泽汪阿喇蒲坦始而盗我哈密"和"仍敢袭杀喇藏"二事,可知实非康熙五十年(1711)。因为策妄阿拉布坦袭掠哈密事在康熙五十四年(1715)三月,而谋杀拉藏汗则晚在康熙五十六年(1717)十月。再者,疏中提到的亲王,就是康熙五十七年(1718)十月被任命为抚远大将军统率大军进驻青海的爱新觉罗·允禵。依此来看,疏应当写于康熙五十七年(1718),而非注疏所谓的康熙五十年(1711)。

今如人家黠鼠饿狗窃盗为患。为家人者,亦止塞穴拒户,坐制之耳。如必怒其贪黠,以手探穴而擒鼠,纵使得鼠,伤手必多。提杖逐犬而并驰,纵使毙犬,人劳且甚。

(《续集》卷一二《拟谏止亲王统兵疏》)

由他的比喻可以清楚地看出,他反对主动出战,而是坚持以守为攻。当然,这并非只守不战,而是想用比较理想的战术对敌人坐而制之。雍正十年(1732)正月,噶尔丹策零率精锐偷袭哈密,清廷与准噶尔的战事再次燃起。于是,有一些随军出征的军官就西剿事宜来信顾问他。他在回答某位军官的信时,写了《又权胜》一文。文中他建议"自此以往,各边将帅,一一实务以守寓战之本务"。何谓"以守寓战"?他作了如下简单的说明:

然要之必我动而后,可以乘隙邀利于我。若我安手不动,选良将,练精兵,储粮糗,备马匹,且厚间谍;而真能严茶黄出口之禁。愚且见山鬼之伎俩有限,无从乘我之衅,而得志于我。即为所煽惑者,亦辑影敛形。

(《续集》卷九《又权胜》)

他的以守寓战,只是主张不主动出战,并非静守而无所作为。在坚守期间,一方面要积极而全面地备战,要想方设法准确而全面地掌握敌方的信息,努力做到知彼;另一方面就是想方设法让敌来主动战我,这从他主张严禁向西域输出茶叶和黄铜可以看出。那么,为什么还要迫使敌方来战呢?目的在于以逸待劳来歼灭敌人。这从他康熙五十七年(1718)给门人江机(字砥侯,宁夏灵州人)的信中可以看出。江机时为出征军队中的小军官,正随额伦特将军驻军西藏。他在信中是这样说的:

愚窃计以我国家之富强不啻万倍于彼,数年之中尚且费如许置措经营。矧彼区区荒番,为力几何?其苦于奔走支撑之状,亦自可想而知。纵使力犹不竭,尚欲示强邻番,侵我近边番落,或更扰我边鄙。则我正得诱鼠出穴之计,以逸待劳,以饱待饥。将彼自送死者在是,而我之百战百胜者即在此也。

(《续集》卷一六《示江砥侯条陈兵事机宜》)

他之所以主张以守寓战,是因为他想用以逸待劳的战术打败对方,取得胜利。等到敌方军需物资尤其食物匮乏,而掠夺又无法得逞的情况下,我方则枕戈达旦以待对方来战,甚或伺机迅速出击,最终夺得胜利。他认为以守寓战不仅能比较容易取得胜利,而且与"用大兵耗财损费"相较来看,战争成本小得多。以守寓战虽然是为了对付准噶尔而提出的具体战术,但是他从中抽绎出一定的战术思想,并最终形成了他的战术理论——以守寓战。他总结如下:

> 总之,守而有必胜之具,斯守非怯懦;战而有必胜之能,斯守为可恃。所谓初之以守为战,即战非浪战;终之以战为守,即守非徒守。万全之术,必胜之方,当无踰此也。

(《续集》卷九《又权胜》)

守只是手段,战才是目的。因为守是在创造胜利的条件,为最后的战作准备。当万事俱备,时机成熟,便转守为战,用战来实现守的目的。显见,他在守与战之间建立起了一定的辩证关系,这就是他的以守寓战的战术论。

接下来,分析王心敬的"出奇制胜"战术思想。出奇制胜作为他的军事战术思想,并不完全等同于我们通常所理解的用出人意料的策略来取得胜利。出奇制胜战术思想源于《孙子》,原文这样说:"凡战者,以正合,以奇胜。"(《孙子·执篇》)这里的"奇"指的是奇兵,即敌人没有意料到从侧面突然出击的军队。那么,出奇制胜就是用敌人没有意料到的军队突然出击取得胜利。王心敬主张的出奇制胜战术,完全就是这个意思,所以,他要求在正规军队之外,建立特殊的军队,专门用来出奇制胜。康熙五十七年(1718),他在给门人江机的书信中初步提出了出奇制胜的战术思想。

> 选锋一着必不可少。盖兵既不必皆精,精者又皆混于众队,胜则人皆贾勇;一不能胜,则壮者亦随怯而靡。若使于二万之中精择选锋五千,亦分五营,统以骁将;并择有胆有勇之士作头目。未战大加培养,战时大设赏格。令之出奇陷阵、设伏、邀后,或夜里劫营,或旁出袭粮。但得一再胜,即全军俱壮,贼胆先寒。庶几先声夺人,奏凯可期。故选锋一着最为兵要也。

(《续集》卷一六《示江砥侯条陈兵事机宜》)

这是他向江机条陈兵事机宜诸条中的一条,他提醒江机要"选锋",即选拔勇猛士兵组成前锋。并且说明组建前锋主要是用来执行陷阵、设伏、劫营等出奇制胜的军事行动。目的似乎在于通过出奇制胜给久败披靡的士兵鼓舞士气。当然,他此时只是主张选锋,还没有自觉建立奇兵的意识。不过,到了雍正十年(1732),他就自觉地提出组建奇兵来专门出奇制胜。雍正十年

(1732),清廷与准噶尔的战事紧张。七月,保和殿大学士鄂尔泰(1677—1745,西林觉罗氏,字毅庵,满洲镶蓝旗人)被任命为三边经略,赴陕甘前线督师。到前线后,鄂尔泰就西剿有关事宜书信顾问王心敬,他在回复鄂尔泰的书信时,写了篇《兵间事宜》。在《兵间事宜》中,他明确地提出了"出奇制胜",并建议军队应当"特设奇兵"。

> 故奇兵竟当专设一营,务择智勇之将领、勇健之士卒,助正兵之势,而收出奇之效,是亦制胜之一着也。盖正将对敌未必遂得智计优裕、应变不穷之员,倘统奇兵者真得其人,即出奇制胜是其专司,乘蚌鹬相持之劳,以其蓄养之锐,鼓舞振荡其间,或者制胜不难耳。要之特设奇兵,不属正将。
>
> (《续集》卷一〇《兵间事宜》)

信中他主张选拔勇敢健壮的士兵组建奇兵,并且由有勇有谋的将领比较专业地训练和率领,从而形成专门的奇兵营。奇兵营的任务就是通过奇兵的出奇制胜来协助与敌正面交锋的军队作战。他认为如果组织得比较好的话,奇兵作战甚至能够达到诸葛亮八阵图或者李靖六花阵中游骑作战的效果。这就和军队的组织特点与作战方法有紧密的关联,所以他对之又有特别的要求:

> 但正营既分奇正,临阵各自相机而行。而如另拣智勇正副二将,自为一营,或万人,或八千七千,必分一十二队。迨正兵更番三用之际,此营既分二队,或旁击,或劫后,务令贼应接不暇。即又分二队四队,冲坚陷阵,斩关夺将,相机而动。
>
> (《续集》卷一〇《兵间事宜》)

他在军队建制上,坚持"将必有副,正必有奇"的原则,就是正将必须有副手协助,正军必须有奇兵配合,这样作战才能取得胜利。所以,他主张正军中需选锋来组建一前锋营,另外,再选锋来专门组建一奇兵营。每营各有精壮士兵七八千人,多则一万人,分为十二个奇兵队。两营皆由智勇双全的将领来专门统领。就作战而言,奇兵与正军配合协作。每当正军与敌人交战之时,奇兵营委派营中二队或四队轻捷出行,采用或东或西、流动袭击的作战方式,来执行冲锋陷阵、斩关夺将、偷袭伏击、劫营袭寨等主要任务。他认为作战只要正奇配合协调,克敌制胜是必然的,甚至还可以达到"尽鼓舞之神"的奇效。

无论王心敬的出奇制胜战术思想,还是"选锋"主张,都是直接继承自《孙子》,但他之所以主张这些思想,都是根据当时的具体军事情形而采用的。所以,他对自己的出奇制胜战术非常自信,不仅谆谆告诫于军中的门生,希望他们规劝上级采纳,还汲汲建议于军中的领导人物,希望早日实施。

最后,分析王心敬的"间谍用事"战术思想。康熙五十七年(1718)四月,他在写给时任西剿小军官而驻军巴里坤的门人蔡麟(字瑞寰,陕西西安人)的信中提出了"间谍用事"主张。他说:"古之善用兵者,敌之左右可以间谍用事,大臣可以间购,甚至匈奴阏氏之左右且可以间购。"(《续集》卷一《与门人蔡麟》)利用间谍的目的何在呢?主要是用来执行侦察任务,目的在于比较准确、全面地掌握敌方军情。他认为"间谍精则寇情得,而在我事逸备周"(《续集》卷九《备边之法》),所以他主张将领要"精购间谍"。另外,他还试图利用间谍来离间敌军,达到分散或者瓦解敌人兵势的目的。对这一深层次的目的,他是这样表述的:

> 故目前筹兵要务,急在边将用间一事。而边将用间之方,则在近我之番厚诱以利,使之益亲乎我。即稍远我者,不能使之显然抗彼;而但得其恋我之惠,不深为彼用,即所得为多也。且即近彼之番,亦万不能使之离彼而合我;但得其贪我重赂,而使之情输我、忌彼之强暴,而疑二渐生,亦即所得为多也。

(《续集》卷九《筹兵莫要于经理西海番夷》)

按引文,他利用间谍执行离间之计的目的是显而易见的。在他看来,"苟得中国招携间离之有道,不且我众彼寡,而胜算在我乎?"(《续集》卷九《筹兵莫要于经理西海番夷》)再到后来,他对离间之计可以说是倍为推崇,并大力倡导对敌用间。

> 然如五间之用,是为无刃之兵,不杀之威,功倍于接刃,效奇于力争者也。是惟不惜财,不爽信,善购智能,精别虚实,乃用间不至反为间用,斯推上智之用耳。

(《续集》卷六《答问募兵》)

何谓"五间"?就是《孙子·用间》中所谓的因间、内间、反间、死间和生间。至于如何来实施离间之计,他没有相关的阐述。但对于如何才能利用间谍,他多处予以说明,这就是重金购买,所以他说"用间非财不济"(《续集》卷六《答问募兵》)。对于间谍,他有严格要求。首先,间谍必须"心意忠诚",这样才不可能叛我投敌;其次,间谍必须足智多谋,这样才可随机应变,计虑周详;再次,间谍必须熟悉敌情,只有这样才可以混入敌方而不被察觉。另外,他对间谍还有一个矛盾的要求,即要求间谍"耻于贪婪"。如果这样的话,那我方怎么可能重金购买呢?他可能是顾忌间谍要是贪婪之辈的话,反而会被敌方收买,从而来对我方实施反间之计,故而提出了这个矛盾的要求。

王心敬的战争论、战略论和战术论是相互联系的:他视战争为灾难,所以对战争持谨慎态度;战前要做到知己知彼,军事决策要因利制权、因势利导;战争中要坚守而反对滥战,即使敌人来犯也应以守寓战,并且考虑以出奇制胜、间谍用事来取得战争的胜利。当然,他的军事理论思想和当时清廷在西域的战争实况有联系。清廷大军远入西域,战争之初多所失利,将士相当披靡,所以王心敬的军事思想色调也很消沉——在被动中争取主动,在坚守中考虑进攻。

第三节 将士论

王心敬的将士论分为将帅论和士卒论。先来分析他的将帅论。他认为将帅是"兵之司令,边之安危胜负之本"(《续集》卷九《备边之法》),所以,他非常重视将帅在战争和边防中的作用。正缘于此,他的军事思想中有关将帅的论述相对比较多,从而构成了比较丰富的将帅论。他曾撰写《培植将才》的军事论文,从简将才、重将权、赡将财、教将略和设将副五个方面,来专门探讨如何培养将帅的问题。

首先,分析简将才。简将才是讨论如何选拔将帅。王心敬认为选拔将帅,上者,仁义礼智信五种素养全备;中者,仁智勇具备;下者,智勇兼备。但他认为现实中具有中上之品的军官不易找到,只好无可奈何求其次了。这也就是他说的"纵全才难得,智勇二字亦断不可少"(《续集》卷九《备边之法》)。因为只有具备了智慧和勇敢,才能够"能识变通,不畏大敌"(《续集》卷六《培植将才》),不然的话,就不足为将。但是对于大将和裨将而言,智勇可以各有偏重。他说:"裨将与大将不同:大将总统三军,智为首,而勇次之;偏裨则职在陷阵摧锋,必不惜身命乃足获奇特功勋,故勇又为先。"(《续集》一六《答窦守戎栋》)另外,他认为选拔将帅还和政令有关,他是这样说的:

> 政不画一,则君心游移,其选之也不难任其意之喜怒为轻重;令

不素定，即上无遵守，其任之也又不难薄生于心之所轻、忌生于意之所疑。夫天地间将才难，大将之才为尤难。不储，不可得；储而不选，不可得；选之不博，不可得；博选不精，不可得；得而不任，犹不得；任而不信，犹不得；信而不假之不御之权、资之足用之才、真如腹心之托，不参宵小之间、金壬之谮，而并不疑其震世之功、威武之名；终不能使长才伟抱，自展于经营措注之间，而收文经武纬之全效也。

(《续集》卷六《答问募兵》)

足见，将帅之选拔不仅关乎自身的素养，外在政令的影响也尤为重要。

其次，分析重将权。重将权是说大将在军中至高无上的权力要得以施展，军中上自偏将下至士兵都必须服从大将的命令，甚至皇帝也只能"责其成功，而不从中阻隔"(《续集》卷六《培植将才》)。对此，前文已有述及，此处不再辞费。

再次，分析赡将财。赡将财是说国家财政要拨给将军充裕的军事费用，以保证军队的正常运作。王心敬认为军务多个环节需要费用支出，但尤其重要的几个环节最为必须，而且是支出很大：

> 缘武员延幕宾，养亲丁，制精器，制良甲，购良马，延教师，既费财不赀；兼其广求智计之奇士，厚资骁健之雄才，购生谍而买死间，赏奇功而犒勇士，更非可以意计而算定者。

(《续集》卷六《培植将才》)

可见，军费不但关涉到军备军需的供应，而且关系到军队建设的优劣、战争的胜负各个方面，所以，可供将军调用的军费必须充裕。

然后，分析教将略。教将略就是要求将领坚持学习兵家之学，不断提高自己的军事素养。王心敬有见"行伍出身之人，礼教不闻，兵略不讲"(《续集》卷九《陕西边情》)，所以对将帅的学习非常重视，尤其是军事学习。乾隆元年(1736)，他在拟上乾隆帝的书信中有"恭请勅海内将领皆设能通兵书之辅"一条，具体内容如下：

> 盖急不能培成智勇兼备全材，则如为大镇以下副参游守，择职官中尚通文义、娴于伎勇之人，令之称职作辅。如武员中通于文义者，又不可多得；或者武科目诸生中拣择年力壮健、伎勇足取而将来可望讲明兵书者，取之而加之委衔讲究《孙》《吴》，砥砺伎艺，一同教习兵丁。二年考绩，如有资于正将，有益兵丁，则纪叙其劳，俟三

年军政如正将升转,即令权署正将之职;如不称其任则将亦按过降黜。

(《续集》卷一二《拟进刍荛愚忱条目·振国威》)

是否谙熟兵家韬略,尤其谙熟《孙子》和《吴子》,几乎成了选拔将帅的一个标准。前文述及他认为将帅必须智勇双全,他所谓的智不是指智商,而是指兵法韬略。智勇双全是他认为的最低标准,然而在当时竟也不易达到。非但如此,"武员中通于文义者,又不可多得",足见清中期军人素养何等低下。再来看看开往西藏的将士的素养,他是这样描述的:

窃见目前西边用兵,时时招兵选将,无奈皆市井之俦。既苦伎艺不熟,即游守千把之将,亦苦兵法武略全然不谙。极其上选,不过得健捷尖巧之偏才,而终不足语于识明才优、足智饶勇之伟器。

(《续集》卷一〇《兵机琐言·兵政要略》)

这就是当时领兵入藏的将帅的军事素养,不但对武术兵艺不熟,而且兵法武略也没几个通晓的。康熙五十七年(1718),有位姓窦的军官正在西藏驻军。他因为没办法阅读《纪效新书》,遂写信委托王心敬帮他圈点一部并寄往巴里坤。要知道,《纪效新书》是明末的戚继光撰写的,而且"其词率如口语,不复润饰"(《四库全书总目》卷九九《子部兵家类》),然而这位军官竟至无法阅读,这足见当时军官文化素养的低劣。这也就不难理解为什么平定准噶尔的战争能从康熙五十六年(1717)一直持续到乾隆四年(1739)。可见,王心敬之所以非常重视将帅的教养,和当时军队的实情有紧密联系。

最后,设将副。设将副,就是要为大将搭配合适的副将。他认为"大将而无朋辅,犹车之无辅也"(《续集》卷六《培植将才》),所以,大将必须配备副将。但有见于"近日之将多出行伍,固有位至提镇,而文义之不达者。义不达,即不能读《孙》《吴》《韬》《略》等书矣",他特别强调配置副将"必求通达兵书、娴熟伎勇之良才"。

王心敬对将帅还有其他方面的论述,这里就不再叙说了。相对于将帅论而言,他的军事思想中的士卒论显得比较薄弱。他对士卒论述相当少,而且还比较分散。他对士兵的素质要求不高,只有一个但也是必不可少的一个基本素质——勇敢。他认为士兵"多力足技之能,轻生藐死之胆,必不可不多"(《续集》卷九《备边之法》)。只要士兵具有这一素质,其强其弱就要看将领平日如何训练了。他对将官培养士兵有一个基本要求,即"善用人者,因其材而器使之"(《续集》卷六《答问募兵》),所以,将官对士兵的培养必须按照其自身的特点来因材施教。他主张对士兵加强训练,着重训练的是骑兵和步兵。在对士兵训练前,应该按照"矫捷者任马,壮猛者任步"(《续集》卷九《备边之法》)的原则将之分配到骑兵或步兵中,然后再来训练。在骑兵和步兵的训练中,他看重的是对骑兵的训练。他对于骑兵的训练叙述得比较详细:

> 至于练骑兵之法,则先挑伍马,使各色为队以按方而齐色;次选壮以备战突而齐力;次习于旗帜之间以齐其目;次习于炮铳金鼓之间以齐其耳;又次习之渡深水,上下山陂;又次习之耐饥忍渴以齐其筋力,忍耐之性至于冲锋突阵,有进无退,此尤切紧之用也;则尤须习诸大操炮营,出没隐现金鼓炮铳之间以齐其不慑不惊之胆,庶乎马多可足助兵锋耳。而如马上之兵,则随其所用,每一小营各习一器,而不必限于一格,要之长刀精射则首重之艺。而如马上递战,则短铳铜丸如日前西番所用之伎,尤宜备诸战酣之时,习之抢攘之际也。盖战既时久,忽得手铳一番震击出于不意,即取胜可冀耳。而如平地之火炮,则亦须习诸山城上下之间。马上之火铳,则尤须习之驰突之会,庶乎临时不至乖戾未娴耳。然如驰骑突营,飞马挟人,藏身镫里,跳奇夺刀,则精选矫捷练诸骑上,习诸平日,是亦兵家出奇制胜之道耳。

(《续集》卷六《答问募兵》)

训练骑兵不仅仅是在训练兵丁,也是在训练战马。总之,要培养骑兵和战马适应各种各样的作战环境。关于兵丁而言,可以根据自己的爱好熟练掌握几种武器,但是这些武器中长刀和射箭是必备的。对武器的练习,"凡学射、学打鸟枪、学枪、学刀剑等伎,须事事按实法学习,不可仍用花样"(《续集》卷一○《兵论》)。再者,根据兵丁特长,可以练习一些出奇制胜的特技。

对于步兵的练习,他认为应当按照《纪效新书》并参考《武经七书》中的有关练习方法。另外,步兵还要配合战车和战马来练习,目的在于配合骑兵作战,即他所谓的"练车以佐骑"和"练步以佐骑"。另外,他认为"兵贵精,不贵多"(《续集》卷一○《兵机琐言·兵事识要》),所以他坚持选择勇猛士兵组建前锋来专门进行特殊训练。前文已有所论及,此处不再赘述。

第四节 军备论

战争不可避免,使军备问题成了军事家至为关心的重大课题。王心敬有关军备的论述内容比较丰富,归纳来看,主要表现在对兵器、军粮和战马三个方面的阐述。

关于兵器,他论述的几乎都是"火器",他认为"火器是临阵第一件器皿,而火药乃其发用种子"(《续集》卷一七《答江机代提督樊公问西兵》)。足见,他对火器的重视。他说的火器,具体而言,就是鸟枪、铳和大炮等。他主张军队应当多配备火器,并且对火器的使用要非常精熟。雍正十年(1732),他在寄给鄂尔泰的《兵间事宜》中主张国家应当多造火器,以备不时之需。

> 火器是临阵第一件利器,而火药乃其发用种子。故古法硝必重提,黄必重滤,捣须万锤而后已,盖不如此无以尽药力之神也。方今对垒狡寇欲以殄灭为期,是惟严饬内地大员,谆谕火药局中监造官,必如《纪效新书》中本法制造。大员必亲试如法,而后解之军前。若到营试用不如本书之灵捷,监造官必加重惩,又必责其重新赔补,而大员之罚亦不轻贷,即制造可望如本法也。又《纪效新书》与《武备志》中用火之法不一而足,须将此门方法细与久在行间,又曾经历对垒而通于文义者细查一番,中间有真见得临阵用之而可立见功者,录其本方,正不妨备制以待不时之用。要知临战决胜,只一二件用之而得力,便可胜敌而无难也。
>
> (《续集》卷一〇《兵间事宜》)

文中看似在讲述制造火药,其实也是在讲述制造火器。明朝戚继光撰写的《纪效新书》和茅元仪编辑的《武备志》都比较详细地记载有火器,尤其后者记载火器种类最多。若依此来制造,恐怕中国军事史上的热兵器时代早就提前来到了。不过,从他主张让火药局监造官制造并实地试用来看,他对火器是十分渴望的。当然,这只是他的一腔希望,并没有得到清廷的采纳。另外,他由于坚持寓兵于农的军事战略,所以坚决反对清廷想方设法来禁止民间使用鸟枪的做法。

> 新令禁止硫磺,以是市上硫磺价顿增数倍。夫前此鸟枪虽奉禁旨,然以禁本不严,尚有习而蓄者。自硫磺一贵,民间安得余钱?而

鸟枪一支,民间遂不待禁而自绝矣。此甚非藏兵于农,思患豫防之道也。

(《续集》卷九《陕边事宜》)

他之所以支持民间藏有鸟枪,目的在于防止外敌侵扰。他还支持地方各府大量储备鸟枪,而且要有一定数量的大炮和铳,并且"器必足数,而药必精良,枪手必妙,而习学之必熟尤为第一"(《续集》卷一三《又〈设学事宜示功勋〉》),同样是为了防备敌人侵犯。他主张民间使用鸟枪是从他所处的具体时代背景而言的,有一定的道理。

"兵马未动,粮草先行"是我们耳熟能详的俗语,这说明军队的粮食供给至为重要是人们的一个共识。王心敬也认为"大兵所需,莫重于粮;用兵之费,莫过于粮"(《续集》卷二二《与当事》),所以他对"兵粮"非常关注,他说"庶几兵粮一大事,吻合事宜,即胜敌之具已操其半也"(《续集》卷一一《兵粮迂议》)。他建议清廷采用汉代的"八麦二米"军饷制度。他对当时"兵饷定制正兵一日给一升,从者七合"(《续集》卷二六《论饷兵》)提出了批评,在他看来,"京制一升只可实得六合五勺"。这样的话,士兵根本就吃不饱。因而他说"今日饷兵之粮不量加不可也"(《续集》卷二六《论饷兵》)。他主张的军饷采用"八麦二米"制,就是在这一背景下提出的。所谓"八麦二米",即一日按实升发给士兵一升粮食,其中八合是小麦,二合是大米。他给出了实施"八麦二米"制度的理由,归纳来看,主要有三个:第一,食小麦比食大米更能增加士兵的体力,所以要多吃小麦;第二,同样体积的麦子比大米轻,便于运送,而且能节省运费;第三,小麦磨成面粉后,会产生麦麸,麦麸"喂马速肥"。因此他力挺军饷采用汉代的"八麦二米"制。显而易见,他关于军事的论述大都是立足于西北战事来分析的,他所讲的道理不一定都符合情理。他主张的"八麦二米"制,南方的士兵未必乐于接受。再说,将小麦转化成面粉不需要磨面吗?这样的话,军队就不得不开磨坊。看来,"八麦二米"制还是存有很大的问题。另外,他主张士兵出战时,应该随身携带三五天应急的干粮——牛脯、炒面和油面。这些食物都是特制的风干食品,可以长期不变质,而且士兵随身携带也比较方便。最重要的是在战事紧要关头,或者军粮被劫的情况下,可以立即用来维持士兵的体力。

王心敬主张"兵粮悉取近地"(《续集》卷一一《饷兵兼用麦米说》),反对依靠来自外地输送的粮食。因为外地输送粮食必然会劳民伤财,而且输送的过程中粮食有被敌军抢劫的危险。有见于此,他主张就在战场近地取粮食。怎么取呢?军民屯田。他认为"自古中国动用大兵于边夷,多得屯田之济"(《续集》卷一〇《陕甘事宜》)。关于屯田,他有一套具体的方法。

> 其法则先于附近大营相可屯之地,或择人官屯,或招募私屯。总须官为审处其工本足用,人必期于尽力。粟又必于工本外,有倍获济用之效,而以重赏罚行之。
>
> (《续集》卷一〇《论剿守机宜》)

屯田采用军屯和民屯相结合,而且对耕种者啖之以利,慑之以罚。另外,屯田中具体如何耕种、施肥、灌溉等细琐之事,他也都有所论述,目的无非是希望采用屯田能够生产出足以供给军队生活的粮食。然而往往事与愿违,屯田生产的粮食不足以自给。这时候就不得不依靠外地输送粮食了。

在战争年代运送粮食,王心敬主张转运而反对长运。长运就是由专人将粮食从生产地直接运送到目的地。转运则是以县(或州或府,根据路途远近而定)为一个输送段,由不同人员来接力传递,最终将粮食从生产地运送到目的地。因为长运的话,就需要壮健的骡马和强健的运夫,这两者在战争年代都比较难得,再者,路途遥远容易产生瘟疫、劫道等意外事件。转运则不然,路途短而且转运者都是当地人,所以"敝车羸牛、儿童妇女皆可效力"。非但如此,采用转运还具有利国利民的优点:

> 一转运,即国家欲减百里一石一钱六分之价,止一钱四分二分,亦民所甚愿也。长运事事艰窘掣肘,故每石百里官给一钱六分,民间尚须更帮出一钱七八,或至二钱、二钱四五而后足。一旦运送曾不出邑境之外,无事不省便,无处不活泼。如是而减脚价至一钱三四,即小民无不心谅,自己之沾利已多。国家财力之为费已甚,将不但可于十万上省数千,两百万上省数万两,而且得民心之油然共谅,而欢欣乐颂也。
>
> (《续集》卷一一《长运不如转运说》)

转运能够节省一定数额的国家财政支出,同时,也给一小部分农民提供了增加收入的机会。可以肯定地说,军粮运输采用转运确实能够利国利民。

马在中国古代社会,是非常重要的耕战工具。王心敬认为"马,兵之威力,国之必需"(《续集》卷二六《论马政》),所以他对马政——政府对官用马匹的牧养、训练、使用和采购等的管理制度非常重视,而且不无论说。他在论马政时,提出了他自己的"畜聚之法"和"育马之法"。"畜聚之法"主要解决的问题是如何获取马匹。当时清廷的马匹主要来自西域,所以他建议国家从政策上鼓励西域向内地输入马匹。具体表现是清廷"弛一切马禁"(《续集》卷二六《马政论》),并且"不取其税"。这样一来,边境必然会出现"贩马于边"的繁荣景象。这时官府不只可以直接在边境从西域人手中买到马,也可以从民间私贩手中买到马。不但马源会变得十分充足了,而且价格也会比较便宜。

马匹购买到以后,就涉及"育马之法",即如何来驯养马匹。他提出了自己的驯养办法,其说如下:

> 略仿唐人监牧之例,令之牧放长养。至管马官兵皆得许之各携私马养育孳生,但须印烙分明,登号便查。及到养成时,分给进剿各营以补本营选锋壮马之不足。至于平日官俸兵粮,皆视常例加厚。其如马本蕃壮,经营之员视常例一倍迁秩。如有失落,本管查明系盗系伤,按情定罚。

(《续集》卷一〇《兵论·遴养马匹》)

监牧始于唐代,《新唐书·兵志》中记载:"马者,兵之用也;监牧所以蕃马也,其制起于近世。"大体而言,这一制度是在监牧使的负责下在牧场来畜养牲畜的官营畜牧业经营管理制度。不过,王心敬主张在一定的责任制和绩效制的约束下允许养马官兵私人畜养。

综上所述,可知王心敬军事思想之丰富。古代兵书所涉及的战争论、军备论、战略论、战术轮、将帅论和士卒论,他无一不有论说,只不过详略有别而已。不知在王心敬所处时代的儒者当中,像他这样关注军事并颇有论说的儒者能有几人?但就关学而言,可以说是前无古人。那么,是否后有来者呢?其实,王心敬"兵事亦不可不知"的主张得到了后来关学学者的响应。道光二十年(1840),闻知英帝国入侵的李元春(1769—1854,字仲仁,号时斋,人称桐阁先生,陕西朝邑人)喊出了"儒者,不可以不知兵"(《桐阁先生文钞》卷四《左氏兵法序》)的呼声,并开始从事对兵学的研究,撰写成《左传兵法》一书。迨清末在西方列强的侵略下,国将不国之时,刘光蕡(1843—1903,字焕唐,号古愚,陕西咸阳人)书院课徒讲解兵书,并于光绪二十一年(1895)冬撰成兵法专著《壕堑私议》,光绪二十四年(1898)春又写成兵法著作《团练私议》。但就军事研究的广度而言,他们远不如王心敬。可见,王心敬军事方面的研究在关学史上具有特殊的地位和十分重要的意义。

第十四章　为民论荒政

　　备荒与救荒,应当属于社会救济。按照今天的学科划分来看,有关备荒和救荒的研究,似乎应当归属社会保障学。王心敬对备荒和救荒论述得相当多,但与现代的社会保障学不尽相同,下面我们看看他这方面的论述。

　　王心敬有关备荒和救荒的论述,就客观方面来看,完全是由当时陕西的灾荒促就的。他在八十三年的岁月中,历经了陕西两次特别大的旱灾。第一次是从康熙二十七年(1688)至三十一年(1692),陕西多个县城都出现了旱灾,灾情持续五年之久。这次灾难非但是久旱无雨,农业生产颗粒无收,而且瘟疫蔓延,"人病牛死者枕籍于道"(《外编》卷五《拟上部堂筹荒书》)。他用诗歌记录下了当时的灾情,现在援引两首,我们具体地感受一下旱灾的严重性。

　　　　榆皮贵似金,人命轻于草。
　　　　草根人争拾,婴孩弃满道。
　　　　　　　　(《续集》卷三二《辛未仍旱·其二》)

　　　　城市行人少,郊村昼鬼庞。
　　　　昔时锦绣子,不死半他乡。
　　　　　　　　(《续集》卷三二《十月·其二》)

　　前一首诗写于康熙三十年(1691)春,后一首作于康熙三十一年(1692)十月。由诗中描写可以清楚地看到,旱灾带来的灾难异常严重。饥饿中的人们几乎连草根和树皮都要吃光了,他们最终要么困守家园,在饥饿和瘟疫的折磨中死去,要么背井离乡,颠沛流离到外省逃荒。当时的陕西,城市中行人很少,农村更是十室九空。然而康熙三十年(1691),朝廷终于派来了大臣赈灾。王心敬忍耐着饥饿,斗胆给赈灾大臣们上了一封长信——《拟上部堂筹荒书》。这是我们今天所见到的他有关备荒和救荒的最早著作。

　　第二次特别大的旱灾发生在康熙五十九年(1720)至康熙六十年(1721),历时两年。受灾面也非常广泛,他在诗中说:"欲归今尚无归处,就食他乡抑又荒。"(《续集》卷三三《今年又荒》)自这一年以后,他写了很多备荒和救荒的著作,比如《荒政说》《备荒说》《积贮论》《井利说》等等。

无论是备荒还是救荒,王心敬认为都是政府应尽的职责。关于救荒是政府应尽的职责,他是这样说的:

> 王者为民父母,四海苍生皆其赤子也。宁有父母廪食有余,坐视赤子之饿殍而漠不为之拯救乎?惟是遇有凶荒,有司须力请于监司,监司则力请于朝廷。

(《续集》卷七《荒政考》)

"力请"朝廷干什么呢?履行其赈灾救荒的职责。其实,对于备荒,他也是这样认为的。后文论说备荒时,我们就会非常清楚地看到这一点。备荒和救荒都是政府的救济行为,仅此而言,他的备荒说和救荒说属于社会保障学。下面我们对他的备荒说和救荒说,分别予以分析和论述。

第一节 备荒论

备荒,就是"未荒而豫为之备"(《续集》卷七《荒政考》),即无灾荒时做好预防灾荒的准备。王心敬认为"救灾于有事之后,不如防灾于无事之先"(《续集》卷七《荒政考》),故而他认为朝廷应当制定备荒方面的相关政策,并认真落实。他是这样说的:

> 古者有荒岁而无荒民。岁荒矣,民何以无荒也?岁虽荒,而赖庙堂之实政有备也。然则议荒政者,惟备之平日乃善耳。

(《续集》卷二六《答问救洮兰之荒说》)

备荒就是为了预防灾荒的出现而平日所做的提前防范工作。从"庙堂之实政有备也"可以明显看出,备荒也属于政府行为,是政府应尽的义务。政府应当如何备荒?他提出了两项特别重要的防范措施:一个是"实积贮",另一个是"兴井利"。同时,为了使这两个重大项目得以被地方政府认真完成并有效运行,他建议朝廷设置专门的官员来管理和监督。

"实积贮"就是地方政府要认真落实朝廷制定的各项粮食储备政策,储存够足以应对灾荒的粮食。王心敬在雍正四年(1726)撰写的《积贮论》中提出"积贮一事,国家第一重大事"(《续集》卷七《积贮论》)。所以无论是朝廷还是地方政府,都应当认真地做好粮食筹备工作。为了有效地储存到将来用以救荒的粮食,他建议地方政府应当在地方同时兴建义仓、常平仓和社仓,即他所说的"义仓、常平、社仓断宜并设"(《续集》卷七《义社常平三仓断宜并设说》)。为什么应当三仓并举?他给出了理由:

> 义仓不设,则无以救立本之民于青黄不接之困;常平不设,则粟无生息,亦无以利国家之用;而社仓不设,则赈给煮粥一切施予必不可已之费,不免皆取于常平;亦恐常平生息偶一短少,即国计且有时而绌。故三仓不并设不可也。

(《续集》卷七《义社常平三仓断宜并设说》)

要搞明白他说这番话的意思,不得不对三仓各自的用途及其特点予以追究。下面我们分析一下常平仓、义仓和社仓,看看它们各自的特点以及实际用途。

有人可能要问:常平仓、义仓和社仓清朝早在顺治年间就已设置,王心敬主张三仓并设不是多此一举吗?自顺治中期,清廷要求地方各府、州、县都设置常平仓、义仓和社仓,并责成道员专管,每年造册报户部。顺治十七年(1660),还规定各仓储蓄的粮食春夏出粜,秋冬籴还,平价出息,如遇灾荒,即以赈济。迨康熙年间,又规定各仓春借秋还,每石谷子取息一斗。各地常平仓、义仓储粮永留本境备赈,而且规定了大、中、小州县应储粮食的石数。后来因为籴本不足,清廷命令州县官"劝输"常平等仓粮食。"永留本境"的规定也往往不能执行。然而至康熙中叶以后,弊端日甚,各地常平仓大多数钱、谷两虚,徒有其名,起不到平抑粮价和备荒的作用。王心敬三仓并设的主张,正是在这一背景下提出的。他对当时地方积贮的弊端洞若观火,十分清楚。下面我们在叙述各仓的特点时,结合他对当时弊端的分析一起来论述,这样我们对他主张三仓并设的用意就能够把握得更加准确。

常平仓早在汉代就有了,是政府为了调节粮价和储粮备荒以供应官需民食而设的粮仓。粮食本来由政府出资购买,后来依靠借贷生息来运行。常平仓主要是运用价值规律来调剂粮食供应,充分发挥稳定粮食的市场价值的作用。在市场上粮价低的时候,适当提高粮价进行大量收购,便会使仓廪充盈。在市场上粮价高的时候,适当降低价格进行出售。即王心敬所说的"相时和籴和卖,以防谷贱伤农、谷贵伤民之弊"(《续集》卷一八《寄分赈山西都察院朱可亭先生书》)。常平仓对平抑粮食市场价格起到了积极作用,在一定程度上反映了人民群众的利益和愿望。所以他说:"常平本意,亦是为利国利民。"

(《续集》卷七《积贮说》)然而这么好的制度自康熙中叶以后,弊端百出。先看看他描述的常平仓存有的显而易见的弊端:

> 常平之积,虽本出官帑,输自捐纳。究之始籴之粟,均摊里粮。而短价重收,长输远运,亦皆里民备受其累。至于秋夏麦谷两籴,亦莫不然。而实按平日之逢春则粜,则富商大贾、市井奸徒,十居其九;仅留一半分乃及近仓穷民耳。及乎凶荒,则弊更甚于此。是则常平之显弊也。

(《续集》卷七《积贮论》)

常平仓创设时,确实是政府出本钱或官僚富商捐钱买的粮食,然后依靠借贷生息。但后来每逢夏天麦子成熟和秋天谷子成熟,地方官吏则以低于市场的价格、高于市场的重量,来强行收购当地农民的粮食。然而每春放贷时,则大都贷给了商贾,而非当地的居民。要是遇到荒年,更是被官商勾结而贷给冒领的不法分子。这些都是显而易见的弊端,然而"隐弊亦复多端",这里无须细数,可见,常平仓已违背了设置的本意。他禁不住感叹道:

> 夫国家殚无限心力,本期以实济生民,为国计本图也。乃徒耗生民之财力,曾无裨其饥馑于毫厘;徒耗费国帑之财货,徒竭当事之心力,终无裨国计于毫厘,而徒及于流殍。况所为流殍者,究之半鬼篆而半奸徒,非尽实人实口乎。是国家费如此心力,而结局处徒成一奸徒欺罔之局。

(《续集》卷七《积贮论》)

直面地方官员的贪污腐败和玩忽职守,致使常平仓祸国殃民,他试图拨乱反正,恢复"常平遗意",因而他建议清廷在政策上保护常平仓的正常运行。他对常平仓的日常业务提出的具体建议,归纳来看,主要有三条。第一,常平仓必须储备足够的粮食:府应有上万石,州应在四五千石,县应为两三千石。第二,恢复常平仓的粮价调节机制:粜粮时,粮价应当低于市价的20%;籴粮时,粮价应当高于市价的20%;坚决反对籴粮时强行短价重收农民的粮食、粜粮时官商勾结合伙牟利。第三,常平仓的粮食平日只能放贷出总储藏量的30%,以防灾荒发生时无粮赈灾;放贷的利息是年息10%。

义仓早在隋代就已经创立了。它是一种由国家组织、以赈灾自助为目的的民间储备。"义仓本意是为利民设"(《续集》卷七《积贮说》),然而清廷初期地方设置的义仓发展至康熙中叶以后,也是名存实亡。"义仓之粟,输自里

民",然而当地的农民无论偶有青黄不接之时,还是遇到荒年无法生存之时,都很难借到义仓的粮食。王心敬是这样说的:

> 乃细按其实,则平日借义仓者半非输之里民,且或至里民竟不得借。凶年而赈,则本输此之里民竟不得沾升斗之惠,而尽归假名鬼冒之开销。是则义仓之显弊也。

(《续集》卷七《积贮论》)

当地农民平日"节口缩腹"送到义仓的粮食,每年春放时却无法借到,甚至遇到荒年也借不到。王心敬提倡设置义仓,其实也是想对被贪官污吏扭曲了的义仓进行拨乱反正。对义仓的日常管理,他提出了两条建议:第一,开仓放粮要及时,不能拘于春放,发现当地民间粮食短缺,农民青黄不接,便可以开仓放粮。第二,借出的粮食不应大于总储藏量的30%,以防灾荒发生时无粮赈灾;借粮食的期限是下次粮食丰收后(一般是春放秋还)保质保量偿还,若歉收可延期,但不得超过三年。另外,他对义仓还提出了一个看似很不近人情的建议,即加收20%的利息。他是这样说的:

> 义仓无息,万一值水旱之灾累岁连年,放出者不能收入,即无以为春放之资,而大为生民之病。故加二之利似不可少。盖民间当窘饥时,尚有加三四息,借不能得者。且饥岁粟价倍蓰,丰年加二之息虽名有息,其实当秋收后,然后还仓,与无息同。故息用加二不为暴敛也。

(《续集》卷七《积贮说》)

他所谓的加息似乎只是在丰年时加收,如遇荒年,那就是无息的。若丰年加收,即使春放被借,秋收后偿还,不到一年,也是不收利息的。如果真是这样,加息并无实在意义,他何以出此下策呢?他是出于救荒考虑,怕无息的情况下人们都乐于借,甚至借而不还,最终就会影响到赈灾。所以,尽管他知道"义仓春放无有利息,此是国家厚利生民至意"(《续集》卷七《积贮说》),但还是坚持加收利息。

社仓由南宋朱熹首创,是民办的储蓄粮食的一种粮仓。王心敬对社仓的论说主要体现在他和朱轼(1665—1736,字若瞻,号可亭,江西高安人)讨论有关赈灾的书信中。朱轼曾于康熙四十八年(1709)至五十一年(1712)间出任陕西督学使者,任职期间曾往鄠县造访王心敬,后来二人一直保持书信往来。康熙六十年(1721),清廷派时任都察院左都御史的朱轼前往山西赈灾。朱轼就赈灾事宜询问王心敬,王心敬在康熙六十一年(1722)正月的回信中提出了修建社仓的主张。如前所述,社仓清初也有设置,只不过没发生什么效用,后来便不被重视而荒废了。对此,他是这样说的:

> 社仓之行,系民间一大利益事。然自朱文公后,无代不讲。而效卒寥寥者,总缘举行者无实心,操事者乏专柄。纳之民,而民不得实用;坏其法,而上终无严刑。是以事虽至美,而效无实据耳。
> (《续集》卷一八《答高安朱公》)

可见,社仓无效的原因主要是管理出了问题。他认为朱轼"政柄在己",由他向皇帝提请,然后选拔"殷实好义之人"在山西负责实施,成功是必然的。他对社仓的设置有三点建议。第一,社仓属于民间办理,自应民间管理,"官吏不得仍与者",应当推选当地绅士中之德高望重者司其职。第二,储备粮食量应当在两千石左右,必须建立社仓专用的粮仓,而且粮食平日要妥善保管,不但要防湿防潮,还要防止鼠雀偷盗。第三,社仓平日也实行"夏贷冬收"的出贷形式,每年利息10%,每年只能出贷粮食总储备量的30%。

现在我们再回头看王心敬所谓的三仓并设的用意。由上述可知,三仓各有其职,常平仓主要用于出贷生息,义仓主要解决青黄不接时的危机,社仓主要用于平日赈济灾荒①。而各仓要各司其职,"不可轻易假借"。比如不设社仓的话,平日出现小的灾荒,就得借用义仓和常平仓的粮食。如用义仓的,必然影响到春放,如用常平仓的,必然生息受损。所以,他主张三仓并设。

有鉴于康熙三十年(1691)和三十一年(1692)间,陕西官员贪污赈灾钱粮,为防止督抚再次"胁用布政、粮道之钱粮"以及"胁州县侵蚀仓粮",他建议清廷增设专门从事监督常平仓和义仓管理工作的行政机构,他的具体说法如下:

> 是维各省既设专管总储大员,而在都仍特设督储一大员。令凡一切仓储之归州县者,皆宜详开仓场中仓数粮数并每年两仓贷粜共数若干、息若干、增入若干,逐时逐年申报本省总储。总储则各据所报,汇报在京督储衙门。每三年总储到任之后,即差一佐一厅下州

---

① 按清乾隆官修《清朝通志》卷八八可知,清代已形成"省会以至州郡建常平仓,乡村则建社仓,市镇则设义仓,而近边有营仓之制,所以预为之备者,无处不周矣"的局面,此或是乾隆时形成的。在王心敬主张的三仓并设思想中,三仓并非建地或者是行政级别上有别,而是用途有别。

县抽二三仓实盘一次。俟通盘后，仍行报明在都督储。次年，督储奏请每省各差廉干品官四五员，下各省抽报抽盘。但有亏空，即州县粮员与总储处分俱在所不贷。

(《续集》卷七《积贮贷赈末议》)

粮仓监督制度实行垂直管理，中央的监督长官称为督储，地方的监督长官称作总储。督储统领全国的常平仓和义仓监督工作，具体通过直接领导各省的总储来实行。总储由中央派往地方，任期三年，统领全省各州县的粮仓监督工作，主要通过领导各州县的粮仓管理人员来实现，并对督储负责。然而无论是督储，还是总储，都主要是监督两仓的日常管理，而并非管理日常事务。而且只有督储和总储的薪俸由国家发放，各州县管理两仓人员的薪俸要从粮仓出贷粮食的利息中抽取。

另外，必须制定对仓管人员的重赏严罚条例，辅助督储和总储对仓管人员的监督。对于如何对仓管人员实施重赏严罚以及为何要重赏严罚，王心敬是这样解释的：

其俸则麦米六十石，豆十石，银三十两，共成百数，视为知县之俸更宜加厚。如真才能办事而有功，则五年期满，即升知县。若有罪则法亦宜视常法加重一倍。盖重其俸而优录其功者，原为重公私上下之命；而定其罪独重者，亦为究不知此系公私上下之命，而负国家独厚此一小吏意也。

(《续集》卷七《积贮贷赈末议》)

仓管人员的薪金竟然比知县都高，然而相应地其惩罚也非常重。他企图用这种绩效制来管束地方；但是诚如前文所说，薪俸是由地方发给的，完全与中央脱节，那么，中央如何有效地监督地方就不能不说依然是一个悬而未决的难题。

王心敬认为只要监督有效，官办的常平仓和义仓就可以筹备到丰盈的粮食。再兼民办的社仓在廉洁干练的管理人员的管理下，不但可以应付日常的救助，也能够储备到充足的粮食。就是灾荒爆发，三仓的粮食也是完全能够应付的。然而在他看来，三仓储粮备荒做得再理想，仍然是在灾难既定的思路上解决问题，为什么不考虑去规避灾难呢？故而他考虑如何从根源上消解灾难的出现。这就是他提出的"兴井利"。

当时陕西出现的灾荒，几乎都是由旱灾导致的，所以要从根源上规避灾荒,就不得不提倡凿井灌溉。雍正十年(1732),王心敬编撰了救荒的小册子——《荒政考》。虽然该书的注疏他"增损了十六七",但主要内容还是因袭了明代屠隆的《荒政考》①。屠隆的《荒政考》有三十条,王心敬的《荒政考》有三十二条。多出的两条,"三十一曰责巡方之精核以实",即上述的建议清廷增设专门从事监督常平仓和义仓管理的行政机构;"三十二曰兴井利以保全民命",即凿井灌溉。关于凿井灌溉来备荒,他是这样说的:

> 盖如岁荒已久,官仓无可借之粮;水道不通,远地无可运之粟;即拯济之术,眼见立穷。是惟一大经营穿地成井、汲水灌溉一法可补雨泽之穷,是为实而有据。

(《续集》卷七《荒政考》)

对于如何凿井灌溉,我们在以前章节论述他的农业思想时已有专门论述,此处不再辞费。

第二节　救荒论

备荒只是为救荒作准备,一旦灾荒出现,就要救济灾民,使之渡过饥荒,这就是救荒。清代的救荒程序已经比较完备,大体而言,有报灾、勘灾和救灾三个比较大的环节。王心敬主要关注的是救灾的问题,他对救灾论述得十分多,而对报灾和勘灾的论述非常少。他认为"迩来习俗之相研,则在下情之不能上达"(《续集》卷一八《寄分赈山西都察院朱可亭先生书》),所以出现灾荒后,地方官员要及时并实事求是地向朝廷上报灾情。朝廷得到消息后,立即派朝廷大员亲往受灾区勘察灾情并实施赈灾。他认为到地方赈灾的官员,不能以"州县之报荒不报荒为赈否"(《续集》卷一八《与施公论赈济各条附》)为标准来确定赈济的户口和人数,而应当深入民间实地勘察各户的灾情而定。对于赈灾的标准,他这样说:"今日赈济,但当问其有收无收,家口足食不足食;不当问其田产之有无,为士与为民也。"(《续集》卷一八《与施公论赈济各条附》)只要是无粮食的家庭,都理所当然是赈济的对象。

---

① 屠隆(1543—1605)字纬真,号赤水、鸿苞居士,浙江鄞县人。他所撰的《荒政考》立目三十条,目下有注释。王心敬《荒政考》立目三十二条,前三十条皆屠著条目,目下亦有注释,且十之二三采用屠注。王心敬只是重视该书的实用性,出于救荒考虑予以多所采择,并非有意掠美,不可等同于今之剽窃。

救灾是在政府的领导下由政府和民间共同来完成的综合性的灾荒救助行为。表现就是官办的义仓和常平仓以及民办的社仓共同承担赈灾粮食的提供。另外,当地的富豪也在政府的号召下捐献钱粮来救灾。再者,政府除了采取具体的救济措施外,还会对受灾区进行一系列的税收政策、市场政策、治安政策调整来配合赈灾。

赈荒灾首先要做的是"煮粥济流殍",针对的一般是最贫困者——主要是外来的流殍,但也不乏本地的孤寡病弱。对于流殍的赈济工作,王心敬提出了如下的要求:

> 严察流来饥民大小口数,注明住宿地方。令其加意安插,期于稳便。随即以本县积贮应散之银米,逐月照口敷给。倘有疾疫,即加医药,无令离乡图生。

（《续集》卷一八《与施公论赈济各条附》）

对于外来的饿殍,当地赈灾工作者不但要妥善安置,而且对其中的患病者要求医护人员及时进行治疗。对于当地的孤寡病弱等,赈灾组织要"详查州县中鳏寡孤独残癃迂拙一切穷而无靠之民,特加顾养"(《续集》卷一八《寄分赈山西都察院朱可亭先生书》)。所谓的"顾养",主要还是提供粥食。对这些极贫困的人,必须每日提供粥食。煮粥用的粮食都是由社仓无偿提供的。提供的粥量较小,仅用来维系生命。这主要是出于两方面的考虑:一方面是担心前来求粥的人数会逐渐增加,另一方面是担心灾期可能比较漫长。对于如何煮粥救济贫民,他的具体说法如下:

> 盖极贫者虽得升合之粮,不便炊爨。官为日煮粥饲之,以全活其性命。本仁术也。顾所最忌者,群千百人而聚食一处。远涉者,不及食而或以道毙;且群聚则秽热蒸染,易以生疫;甚而管食者,克米而多搀以水给食。不惟其时欲以救民之生,而反以速民之死者,往往而然。必也慎选员役,躬亲考核。逐乡而煮,分图而食。煮必以洁,食必以时。

（《续集》卷七《荒政考》）

他对煮粥赈灾的要求有三点:其一,分散设置多个粥场,目的一方面在于便于饥民就近取食,另一方面在于避免瘟疫的发生和蔓延;其二,烧煮的粥食要干净卫生,这是为了避免疾病的产生;其三,煮粥给食要及时,不能拖延或饮食时间不规律。他的这些要求都是非常合理的,也相当地科学。

第十四章　为民论荒政

他还要求同时开放义仓和常平仓。义仓向当地受灾居民借出粮食,但只借给粮仓所在州县的居民,对外地居民一律拒借。他为义仓设计的粮食借出流程如下:

> 于义仓一项,任从多大荒歉,只守按里粮均摊均贷之规。禁令县官不得轻假名目私粜一升一斗。至如逢丰交仓,则仍责以加二息。如是则实惠在民,而国家仍不至失落粟本与岁息之入。

(《续集》卷七《积贮说》)

义仓向里民借出的粮食量,是将要借出的粮食总量平均分摊给每个居民。义仓借出的粮食是要收20%的利息的,但只在遇到丰收的年份才开始算利息(如连续荒灾,经朝廷批准也可免除),如在丰收年份的当年还则无息,若拖延则从丰收年份算息并征收。但到义仓借粮对居民是有好处的,那就是无须付钱就可以拿到粮食,所以义仓赈灾主要是对受灾的贫民开放的。

常平仓向当地受灾的民众贷出粮食,不管其是不是常平仓所在州县的居民。居民可直接到常平仓贷出粮食,而非居民则要在常平仓特设的粮食贷出点贷。下面看看他给常平仓设计的贷出当地居民粮食的具体办法:

> 于常平一项,则按出粟之多寡,计里民中士民之户稀稠,预制簿籍二扇,一送在官,一给监粜之员,视以为验。又如每丁合粜若干,令各里守人给手大一票,记以印号,执之粜仓。能一次粜完者,本官即于票上书一"完"字;若钱少止能量粜分数,则本官于报票之旁硃书"某日粜若干"五字,俟完后止。而并禁令非里甲之人,不得轻粜一升一合。如此则实利在官,而实惠仍在国本之士民。

(《续集》卷七《积贮说》)

常平仓贷出粮食的手续有点麻烦,目的在于防止不法分子冒充居民来贷粮。当然,常平仓贷出的粮食肯定是要收利息的,利息也是20%,从贷粮的当年算起,所以常平仓赈灾主要是针对富裕的居民而设置的。除了本地的居民,居住在本地而受灾的人员,也可以贷常平仓的粮食。具体方法如下:

> 至如客户流人、僧尼道士与乞丐之伦不在里甲内者,则于常平仓内抽分千石或几百石,另贮一处,另清口数,登名于簿,另行按时顿赈,不使与义仓、常平混而为一,如是则积来奸究假冒破销之弊,亦庶几可以少免也。

(《续集》卷七《积贮说》)

没有取得当地户籍的居住人员,虽然其中不免有贫者,不能享受义仓的优待,但也不至于贷不到粮食,常平仓可以解决他们的饥饿问题。之所以要将之与当地居民分开贷粮食,主要是为了避免不法之徒作假借贷。

如果灾荒比较严重,三仓可用赈灾的粮食不足,从外地又无法运送,那就需要地方政府出面,倡导当地的富户或捐或粜,来协助政府赈灾。王心敬强调对储粮丰盈的富户只能劝说,而不能假借政治手段逼迫,更不能动用暴力来抢夺,即所谓的"劝富以德化,无以威逼"(《续集》卷七《荒政考》)。他之所以这样说,是因为他曾目睹政府通过暴力手段抢夺所造成的恶劣后果。

> 昔辛未之旱,州县官往往以威逼胁富人,究之富民多不应。而一时无赖之徒,遂成群合党明劫富民而无忌;而衙役里棍亦虎吓乡愚。凡二三十石藏粟之家,且多为此辈借以嗞挤。辛之,州县亦严禁,而其风不止,竟积成横杀大案,历数官而未已。
>
> (《续集》卷七《荒政考》)

这是他回忆的康熙三十年(1691)陕西闹灾荒时,州县官吏逼迫富户的暴力行径以及由此而造成的暴乱。所以,他主张朝廷对富户只能劝说,可以用题匾门楣、免除税赋甚至加赠八品顶戴等奖励方式来鼓励,但绝对不可采用野蛮的暴力方式解决。

王心敬认为以上的赈灾方式,其实都是治标不治本,真正要救治灾荒,不但要治标而且要治本。怎么来治本?他说"大兴农田水利为救荒要策"(《续集》卷一八《与施公论赈济各条附》)。灾荒既然是由干旱引起的,那就从根源上治理——引流灌溉或凿井灌溉。在开仓赈灾的同时,就要派一批"精勤干敏"的官吏解决灌溉的问题。他的具体说法如下:

> 相某处有可资之河泽,某处有可汲之水泉,先登簿详记。如本地有能取水之人,则呼之制取水之器。不然远致南方巧匠,令之随水以制器,即使本地木匠供役而学焉。务令处处有备,但遇时旱,便可用之益粪而灌浇。
>
> (《续集》卷一八《寄分赈山西都察院朱可亭先生书》)

筹备好了灌溉事宜,然后政府提供粮食种子或购买粮食种子的资金,帮助农民种上庄稼,并在各郡县督农劝水官的监督和鞭策下及时灌溉,那么下一个收获季节应当不会歉收,更不可能颗粒无收。到此,旱灾引起的饥荒才算是真正得到了赈济,赈济工作也可以说圆满完成了。

其实，王心敬认为赈灾工作要想圆满完成，政府在赈灾的同时，还应当实施相关的政策来配合。首先，应当免除灾区民众的税赋，不只是受灾当年的，还可能包括以后几个年头的。不然的话，有两个比较严重的问题无法解决，这两个问题是："现今居者馁矣，何以使之安然而待熟？逃者散矣，何以使之归乡而复业？"（《续集》卷二六《答问救洮兰之荒说》）解决的方法只有一个，那就是免税。因为免税"民虽危于无所入，尤幸于无所出"（《续集》卷七《赈贷群议》）。同时，免税也可以把逃荒外地的民众召唤回来。不然的话，"窃恐存留者将复流亡，而流亡者终不得归乡。终于户口凋零，正赋日亏。将来日困一日，而莫可振救矣"（《续集》卷一八《寄分赈山西都察院朱可亭先生书》）。可见，免税政策于民于国都是有利的。政府赈灾之时，应当对灾区施行免税政策。

其次，在灾区发挥市场价格的调控机制。这主要表现在市场上的粮食需大于求，必然引起粮食价格增长，从而伤害了民众的利益。政府在开仓借贷粮食的同时，应当"开商贩以通粟之路，而路且须宽，乃可平市价之腾涌，而抒斯民之惶恐也"（《续集》卷七《备荒说》）。政府不单要通过经济手段调节粮食价格，还要调整食盐的价格。因为在灾荒时期，奸商不但会猛涨粮食价格，还会抬高食盐的价格。

> 盐为生民日用自必需。按鄂地旧规，盐斗部颁三十六斤，每斤价止一分八厘。自奸商土商递相消长，而盐斗减至二十五六斤，每升增至二分六厘。每盐一升，小民已有此额外二项之侵蚀矣。又当定盐价时，每银一分值钱一十二文，故每盐一升取银二分六厘者，就时直合钱二十八文。今则每银一分止可换钱八文零，而每升仍取钱二十八文。则是于前项侵蚀之外，又每升侵蚀小民八九厘矣。
> （《续集》卷一八《与施公论赈济各条附》）

可见，食盐价格的问题更为严重。既有明显的通过总价升高和重量下降来双向提升单价的做法，而且在汇兑中还存在不等价交换的问题。因此政府必须向灾区输送大量的食盐来解决盐价的畸形增长，从而保护灾区民众的利益。

最后，还应当成立专门的保安队伍来维护灾区的治安，保护灾民的人身和财产安全。因为"荒地多盗贼，以其窘于为生也；荒时多强梁，以其欺诈善良可以得钱得食也"（《续集》卷一八《与施公论赈济各条附》）。尤其要防范的是,不法商贩暗中纵火焚烧粮仓的劣行。

> 消耗米谷,无过烧房;增长粟价,亦无过烧房。即如鄠邑地境于西安为最小,而烧房一百二十余座,大者岁烧谷七八百石,小亦不下四五百石,则是鄠邑之粟,一岁为烧房耗者将及六七万石。又烧房皆远来大商,每籴粟则动以千百。即在丰年,粟价亦为之顿长;一经歉薄,则商人串通牙子,务以多致为能,粟价必为之顿贵。故能使粟价腾涌,亦无如烧房。
>
> (《续集》卷一八《与施公论赈济各条附》)

为什么在闹饥荒的年代会出现焚烧粮仓事件？这是丧尽天良的商贾为了减少灾区的粮食,从而抬高市场上的粮食价格来牟取暴利。足见,维护灾区安全是何等必要和重要。

综上所述,王心敬的荒政思想,不可谓不全面而细致。他的荒政思想其实是他以民为本政治思想的体现。试想,一个不关心民众苦难的人怎么可能有如此丰富的备荒救荒思想？正是由于他身处生活的基层,关注民生,心系民瘼,所以他才能够提出如此全面而深刻的荒政思想。但是我们应当注意的是,他所说的救荒和现代的社会救助是有本质上的区别的:现代的社会救助属于政府或社会提供的无偿性的援助,而他所说的救荒无论是义仓还是常平仓提供的都是借贷救助,属于有偿的,仅仅社仓提供的煮粥用的粮食是无偿的,但社仓属于民间创办的。这说明王心敬所谓的救荒不能等同于今天的社会救助,他的荒政思想也就不能简单地视为社会保障学思想。

第十五章 "理一分殊"论

"理一分殊"命题是程颐提出的,具体说来,程颐在回答杨时对张载《西铭》的怀疑时,提出了"理一而分殊"(《二程集·河南程氏遗书·答杨时论西铭书》)的命题。程颐的理一分殊主要指一般的道德原则表现为具体的道德规范[①]。显见,这属于伦理学思想。朱熹继承了程颐的理一分殊思想,并有所发展,即理一分殊的伦理学思想进一步抽拔出一多关系的哲学思想。嗣后的理学家几乎普遍使用理一分殊命题,但就他们使用的义涵来看,大都是说明世界整体和部分、统一性和多样性的。在他们那里,"理一"和"分殊"是一对范畴。"理一"指整体或一般,代表世界的统一性;"分殊"指部分或个别,代表世界的多样性。二者结合起来,就是对整个世界的全部看法。对此,理学家们尽管有不同解释,有的只讲"理一"而不讲"分殊",有的则重"分殊"而不关注"理一",但他们都强调世界的统一性和整体性[②]。

朱熹在论证他的"理一分殊"思想时,曾借用佛教的"月映万川"思想。王心敬的"理一分殊"思想受到了朱熹"月映万川"论证的影响,这从他所谓的"善性如江月"(《续集》卷三〇《感兴·其八》)的表述中似乎可以看出,即,现实中个体人的善性如果比喻成水中的明月的话,那么,先天的至善性就如同天上的明月。显而易见,他所谓的理一分殊阐发的也是一多关系的哲学思想。不过,他在这一思想内涵的基础上,将理一分殊转变成了他的思想体系建构的方法论。下面我们就来分析他的"理一分殊"方法论。

以前诸章,我们对王心敬思想的认识,是从他的思想内容入手,大体而言,主要通过对他的理学思想和经世思想的解读来掌握他的思想。一般说来,中国古代的学者在阐述其学术思想时,并不刻意于学术体系的构建,也就是说并不关注形式逻辑的运用。但在王心敬这里是一个例外,这就是说,我们在研究他的学术思想时,对方法论的研究不容忽视。他的思想体系中,"理

---

① 朱熹认为程颐的理一分殊是指"基本的道德原则表现为不同的具体规范"。见陈来:《朱子哲学研究》,上海:华东师范大学出版社,2000年版,第112页。

② 蒙培元:《理学范畴系统》,第77页。

一分殊"是构建他的思想殿堂的基本方法。在他的思想体系中,如果说理学思想和经世思想是构成他的思想的主要硬件的话,那么,"理一分殊"的方法论无疑则是软件。其重要性可想而知,故有研究的必要。

王心敬的"理一分殊"方法,主要用来整合他的学说体系中的各种范畴。"理一分殊"方法,在具体的运用中即有整合两个范畴的"一而二,二而一"的方法,也有整合多个范畴的"理一而分殊"的方法。接下来,我们就从"理一分殊"的方法论入手来分析他的学术思想。我们试图从另外一条路径进入他的思想殿堂,从而对他的思想进行再认识。

第一节 "理一分殊"方法的阐释

"一而二,二而一"的方法,是王心敬用来建立两个范畴之间的关系的方法。他在论述知行之间的关系时,提出了"一而二,二而一"方法。具体说法如下:

> 就知行之异用言之,知者所以明此理,行者所以践此理;就知行之同体言之,知之笃实处即行,行之精明处即知。一而二,二而一。
>
> (《正编》卷六《侍侧纪闻》)

按上述引文可知,知行关系是"异用"而"同体",也就是说从"用"即具体的功用或表现来看,知和行是不相同的。但是从"体"即本体或本质来看,知和行是相同的。其实,这是在说知行同而又异、异而亦同的关系。"一而二,二而一"就是用来说明知和行的这一关系的。但从他的使用来看,他更重视"二而一",也就是着重用这一方法整合两个范畴,使之由不同而归于同。

"一而二,二而一"的方法在他建构学说体系的具体运用中有两种表现:其一是"一体而相为用",也就是体用论;另一是"一体相成"或"一体相因",即同一体的不同方面,暂妄称之为成因论。但在他的学说构建中,使用得较为普遍的是体用论,所以,先来分析体用论。

"体用"是宋明理学家用以阐发理学本体论的重要范畴,具有方法论的意义。就王心敬的思想体系来看,侧重于方法论的义涵上的使用。"体用"范畴贯穿于他的思想体系的诸多论域,成了最普遍的形式和关系范畴,起着形式构架的作用。下面我们具体看看他是怎么论述这一方法的:

> 用即体之用,无用便体不成体;体即用之体,无体便用不成用。

> 盖体以用而名,无用则体于何见？且将以何为体？用以体而名,无体则用于何本？且将以何为用？
>
> (《正编》卷一一《学旨》)

他的体用论着重强调体用不二,即体是用的本体,用是体的表现。其实,他看重体用论的正是其所蕴含的这一体用不二的思想能够整合不同范畴的作用。在他的理学构建过程中,体用方法得以普遍运用,如他运用体用论论证了内圣与外王、天德与王道、明明德与新民、本体与工夫、知与行、性与敬、静与敬、性与心、经与权等范畴之间的关系。

再来看看成因论。"一而二,二而一"方法的表现主要是体用论,但也有"一体相成"或"一体相因"的成因说。成,《说文解字》中解释说:"成,就也。从戊,丁声。"因,《说文解字》中解释说:"因,就也。从口、大。"显见,"成"和"因"都是"就"的意思,在这里均可理解为"归于"或"趋向"。那么,"一体相成"和"一体相因"表示的就都是多相互归于一或多相互趋向一。可见,王心敬提出"一体相成"和"一体相因",无非是想表明一多之间的关系,即本质的一与现象的多的统一。他在整合"致知"和"慎独"两个范畴时,运用了"一体相成"的成因论。他的具体论述如下:

> 所询致知、慎独异同之辨。原属于一体相成,何可判而为二。然言却各自有当,岂容竟浑为一。盖人心只此一点灵明,从其灵明之廓然无对而言则曰独,从其廓然无对之当体灵明而言则曰知,从其实致慎独之知言则曰致知,从其实慎致知之独言则曰慎独。截然分为二,固属支离；浑沦为一,亦属优侗。大抵理一易明,而分殊难辨。不能明分之所以殊,则亦终不能彻理之所以一也。
>
> (《正编》卷一六《答友人问慎独致知异同书》)

据此可知,致知与慎独指的是同一回事,即本心的呈现,只是从不同的视角观察,看到的现象不同而已。同时,还可以看出心从不同的视角而言,也有"独"与"知"的不同。这里本心相同而视角不同而有独与知之别,本心之呈现相同而视角不同而有致知与慎独之别。这里所谓的一体相成但又各自有别,也就是他所谓的"一"与"殊"及"理一"与"分殊"的关系。所以,前文我们说"一而二,二而一"就是"理一分殊"。这一"一体相成"的"一而二,二而一"方法论,在他的学说中除了整合致知、慎独及知与独外,还用以整合理与气、人心与道心、德性与气质之性、阴与阳、道与礼等范畴。

"一而二，二而一"的方法论尤其是其中的体用论，只能够用来直接建立两个范畴之间的关系，而不能直接打通两个以上范畴之间的关系。这是"一而二，二而一"方法的最大缺陷。当遇到两个以上范畴，要直接论证三者甚至三者以上诸多范畴之间的关系时，"一而二，二而一"的方法论就失效了。这时王心敬就直接运用"理一分殊"方法，因为"殊"不但可以表示二，还可以表示多，这样他就可以把"殊"合"一"的方式达到他整合多个范畴的目的。

　　对"理一分殊"，王心敬的著作中多处有所论述，但是都比较分散，而且每处论及都比较简略。下面我们援引其中的几条论述，归纳分析他对"理一分殊"的认知。

　　（1）论理能穷其理之所以一，又能别其分之所以殊，始原委分晓尔。

（《续编》卷四《侍侧纪闻》）

　　（2）大抵理一易明，而分殊难辨。不能明分殊之所殊，则亦终不能彻理之所以一也。

（《正编》卷一六《答友人问慎独致知异同书》）

　　（3）理原一，而分则殊；分虽殊，而理自一。

（《续编》卷九《答富平孙日跻同门》）

　　按上述引文，看似在王心敬看来"理一"和"分殊"是并重的，其实不然，在"理一"和"分殊"这对范畴中，他更看重的是"理一"，因为他运用"理一分殊"的方法的目的就是要把"殊"整合到"一"上。如果说"分"是分析的方法而"一"是综合的方法的话，那么，他着重运用的是综合的方法，即把其他范畴都要综合到"心"这一范畴上来。所以，理一分殊仅是他的理学体系的建构方法，而心一分殊才是他的理学体系的真正思想内涵。

第二节　"理一分殊"方法的运用

　　认知了王心敬的"理一分殊"方法论后，我们接着看他是如何运用这一方法来建构他的思想体系的。在他的思想体系中，他在论证各范畴或概念之间的关系时普遍运用"理一分殊"方法，这就使得这一方法成了他构建思想殿堂的基本方法。这一方法在他的学说体系中，就纵的方面看有一定的贯通性，就横的方面看有一定的关联性。

第十五章 "理一分殊"论

王心敬的思想体系,概括而言,有两大论域,即"道德"论和"经济"论。"道德"论域主要论述的是他的理学思想,又可划分为"本体"和"工夫"两个重要的小论域。"理一分殊"方法在各论域中皆有所运用,而且在论证论域间的关系时亦有所运用。有见于此,我们可以分三个层面——初级层面、中级层面和高级层面来论述"理一分殊"方法的具体运用:初级层面,"理一分殊"方法仅在各小论域内运用,用于说明该论域内各范畴之间的关系;中级层面,"理一分殊"方法运用在两个小论域之间,用于说明两个小论域之间的关系,即论说的范畴分别属于不同的小论域;高级层面,"理一分殊"的方法用于论说两个大论域之间的关系,即所论说的范畴分属于两个不同的大论域。

"理一分殊"方法初级层面的运用,即运用于各小论域之内部,旨在说明该论域内两个或多个范畴之间的关系,实现范畴间的横向关联。其中"一而二,二而一"方法得以广泛运用,这里着重谈谈"本体"论域内"理一分殊"方法的具体运用。

在"本体"论域中,"一而二,二而一"的方法论证了理与气、阴与阳、心与性、人心与道心、德性与气质之性等范畴之间的关系。在这些论证的范畴中,最重要者莫过于心与性以及理与性之间的关系。王心敬认为"心性原非二物"(《续编》卷四《侍侧纪闻》),即心与性是合二为一的。这一"合一"的主要表现是视性为本心,他说:"性者,心之真体;心者,全体大用。非有二也。"(《江汉书院讲义》卷一〇《下孟》)当性是本心时,就以心消性或者说融性于心,从而实现了心性合一,当然,是将性合于心。晚年他又认为性与心是体用关系,即他所说的"性是心之本体,心是性之大用"(《续集》卷一《性敬同归之义》)。若仅依此来看的话,性就是实体,而心则是性的功能,那么,心的实体性就被消解了,从而融心于性。这也可以实现心性合一,但这是合心于性。无论是融心于性,还是融性于心,最终都将心性合一了。对理与性的关系,他是运用成因方法来论证的。他认为"性乃此理各正之根柢,理即此性天然之条贯"(《续集》卷一《居敬穷理之旨》)。可见,理与性的关系中,性是理之根本,甚或可以说理的本质就是性。这样理、性又被他运用"一而二,二而一"的方法整合了,即将理合一到了性上。然而他又认为"天理者,吾之本心也"(《正编》卷一〇《侍侧纪闻·性理》)。这说明在"本体"论域内,他运用"理一分殊"将心、性、理三个范畴统一了起来,即将"分殊"的心、性、理三范畴"理一"到"心"这一范畴上了。

另外,在"工夫"论和"经济"论两个论域内,"理一分殊"的方法也有所运用,如"工夫"论领域内的慎独与致知的关系,上文已述,故不再赘言。"经济"论领域内,如经与权的关系,王心敬运用体用方法将两个涵义截然相反的范畴统一了起来。下面,我们看看他是怎样用体用方法来统一"经"与"权"两个范畴的。

> 经者权之体,权者经之用。古之人有言曰"正者谓之经",不知正而协其宜即权也。古之人又言曰"变者谓之权",不知夫变而不失其正即经也。经、权者一体而相为用,非异事而各为体也。

(《正编》卷八《侍侧纪闻》)

本来经与权看似是涵义完全相反的两个概念,经他运用体用方法一番解释,结果经是权之体,权是经之用,因为权是经之变,经乃权之常。这样经权是同一东西,变化的权只不过是不变的经的表现而已。这样涵义截然相反的两个概念被他用体用方法给整合了,而且是权被经整合,足见这一方法在整合学说范畴上的重大作用。

"理一分殊"方法,不但被王心敬广泛用于论证两个小论域内部各范畴之间的关系,还被用来阐说小论域间的关系,这主要是通过论证分属两个不同小论域的范畴之间的关系来实现的。这就是中级层面的"理一分殊"的运用,主要被用来打通性与敬、知与行、静与敬、知与能、良知与良能、本体与工夫等范畴之间的关系。就性与敬的关系来看,他认为"性即敬体,敬即性功",即性是敬之本体,敬是性的功用,这样性与敬就是体用关系。知、行的关系于前文可知,亦是体用关系。这样的话,本体就与工夫合二为一了。其实,他明确使用了"理一分殊"的方法来统一本体与工夫。其论述如下:

> 人心只此一点虚灵不昧之机,本之末之,终之始之。就其自然能知是知非而言,谓之良知;就其自然能著是去非而言,谓之良能;就其理之固有言之,谓之本体;就其念之著力言之,谓之工夫。然知是知非虽曰知,而未始非行;著是去非虽曰行,而未始非知。理之固有为本体,而工夫即在是;念之著力为工夫,而本体正在是。所以然者,知、行只此一心,本体、工夫亦只此一机也。外良知无所谓良能,外良能亦无所谓良知也。离本体无所谓工夫,外工夫亦无所谓本体也。今以知是知非而言为良知,著是去非为良能似矣,却不知知、能异而体段正一原也。以固有之理为本体,以著力之念为工夫亦似

矣,却不知体用分而脉络本自合也。总之,知之真切处即是行,行之精明处即是知。工夫之恰合处即本体,本体之收敛处即工夫。理原一,而分则殊;分虽殊,而理自一。

(《续编》卷九《答富平孙日跻同门》)

由上述引文可知,在他看来,不但知与行、良知与良能是统一的,而且本体与工夫也是统一的,但都是统一在心这一范畴上的,即"分则殊"的知、行,良知、良能,本体、工夫都"原一"之于心。当本体与工夫、知与行、良知与良能、性与敬这些分属于本体和工夫两大领域的范畴实现了统一,"理一分殊"的方法也就打通了"本体"论域和"工夫"论域,实现了二者的统一,即将"工夫"论统一到了"本体"论。所以,他对本体与工夫的关系直接给出了如下的论断:

无本体,无工夫;无工夫,亦无本体。譬之做饭,初间要得水未匀称,火候调停;到得熟时,水米融浃,水火通融,恰好可用矣。学问不知本体,如无米无水,而欲凭火力以成饭,饭可得耶?故无本体,即工夫柱用耳。然若不下工夫,却又是不尽火力。但凭水米而欲望成饭,抑又难矣。故无工夫即知本体,亦更不可得而用也。故本体工夫偏废即不得,偏重亦不得。然这工夫本体譬之做饭者,亦是明其不可不偏废耳。其实此理本体工夫本是一物,为未知者言,可曰上天生本来者为本体,加自人工者为工夫,究之本体即工夫之体段,工夫即本体之精神。初间尚可分别,到得成熟后,只是这一点兢业灵醒心操存涵养耳,亦更无处可容人分别也。

(《正编》卷一《语录》)

显见,他初始是从修养的视角论本体与工夫的,但是他转而直言"其实此理本体工夫本是一物"。这个"理"是什么理?本质地说,即"理一分殊"。

王心敬在建构他的思想体系时,运用"理一分殊"方法直接建立了"本体"论和"工夫"论两个论域之间的统一关系。但"经济"论域并没有直接以"理一分殊"的方法与"本体"论域和"工夫"论域建立统一的关系,但这并不是说"经济"论域与"本体"论域、"工夫"论域不存在统一的关系,其间仍然存在着统一的关系,只不过,这一统一的关系的论述属于高级层面的"理一分殊"的运用。

高级层面"理一分殊"方法的运用,主要体现在论证"道德"和"经济"之间的统一关系上。康熙五十年(1711)王心敬在武昌江汉书院向诸生讲解《中庸》时,说:"《中庸》一书,所以发明'体用一源,显微无间'之理,至此而天人性命、道德经济乃融会贯通矣。"(《江汉书院讲义》卷六《中庸》)"体用一源,显微无间"(程颐:《二程集·周易程氏传·易传序》)本是程颐表述《周易》中理与象之间的体用显微关系的,王心敬借来表述"道德"和"经济"的关系。这足以说明,在他看来,"道德"和"经济"是体用的关系,而用来融会贯通"道德"和"经济"的正是"理一分殊"方法。所以,他治学讲求"道德经济,一贯之旨"(《正编》卷一六《答友人论宋儒学术书》)。显见,他用"理一分殊"的方法将"道德"论域和"经济"论域统一起来了。

不过,王心敬除了通过"理一分殊"贯通"道德"和"经济"范畴外,还用"理一分殊"来打通天德和王道、明德和新民、内圣和外王诸范畴。他认为"道德经济,此天德王道之本原"(《续集》卷六《条疏保举议》),那么,当"道德"与"经济"是体用关系时,天德与王道会是什么样的关系呢?他有如下的说法:

> 本之立者未必生,天德所以裕王道之原也。枝之茂者根必固,王道所以达天德之用也。真体实功,天德王道,岂不同条共贯,一体相因哉?
>
> (《正编》卷八《侍侧纪闻》)

他认为天德和王道是"一体相因"的关系。"一体相因",同于前文所说的"一体相成",都属于成因方法。其实,无论天德,还是王道,都是"一体"的表现。那么,这个"一体"到底是什么呢?他说:"求放心,天德之原本;推不忍之心,王道之根宗。"(《江汉书院讲义》卷七《上孟》)显见,本心才是真正的本体,天德和王道都是这一本体的表现。这里我们可以非常清楚地看到成因论的本质,即不论是"一体相成"还是"一体相因",都是要将其他范畴拉拢到"心"范畴上来,从而将"心"范畴作为最基本、最核心的范畴。

王心敬认为"吾儒之学,内之而为圣功,外之而该王道,原同条共贯"(《续编》卷七《侍侧偶记》)。当天德与王道"同条共贯"时,内圣与外王也就必然是"同条共贯"。但内圣与外王不是成因的关系,而是体用关系,明德与新民也是体用关系,他说:"明明德以新民为用,新民以明明德为体。"(《正编》卷一六《答友人问格物本旨书》)这样的话,"理一分殊"的方法就打通了"道德"论域和"经济"论域,从而贯穿于他的整个思想体系。所以,我们说"理一分殊"方法是王心敬学说体系的最基本的建构方法。

通过上述分析,我们不难发现王心敬思想体系中的几对核心范畴几乎都是体用关系,如心与性、本体与工夫、道德与经济,而且这三对范畴分属于三个不同层次。这也就说明体用方法贯穿于他的学说体系的始终。就体用论来看,相对于功用而言,本体无疑是更为重要的。这一最终的本体,其实就是"本心"。这样的话,他的体用方法在不同层级的运用,最终将"经济""工夫"都统一在"本心"的基础上了。所以,我们说王心敬尊崇的是陆王心学。

第三节 "理一分殊"方法的评价

王心敬思想体系中"理一分殊"方法,具体而言,即"理一分殊"和"一而二,二而一"的方法,主要是他建构学说体系的方法,而对"理一分殊"和"一而二,二而一"自身所具备的思想内涵他似乎并不十分关注,而且他对"理一分殊"和"一而二,二而一"的理解和运用着重于"一",而不太注意"二"和"殊"。他的目的就是要运用"一而二,二而一"的方法将两个范畴合二为一,运用"理一分殊"的方法将多个范畴合殊为一。但无论是合二为一还是合殊为一,这个"一"都是一之于心的,即贯万事于一心,合诸多理学范畴于"心"这一核心范畴。

王心敬不重视"理一分殊"和"一而二,二而一"自身所包含的哲学思想,以及只重视"一",而不太注意"二"和"殊"的做法,使得这一方法在论证诸范畴之间的关系时并不十分圆融,而且显得相当牵强。如体用方法在初级层面即在"本体"论领域内论说性与心是体用关系,然在中级层面即"本体"论领域与"工夫"论领域间关系时又论说性与敬是体用关系,那么心与敬是什么关系呢?从逻辑层面来看,心与敬自然就应当是同一的东西。但就他的理学思想来看显然不是,即便本体与工夫是同一的,心也不能同一于敬,因为敬只能是本心的发用,而不是妄心的发用。这一缺陷于"理一分殊"方法论的表现上更为明显。对于"理一分殊"的方法,他着重强调合殊为一,至于事实上殊能不能合一,他关注不够,故而有时难免主观地强行合殊为一。下面这一"理一分殊",就是其强行合殊为一的明证:

> 礼也,忠信也,仁义道德也,异名而同原者也。譬之人或名曰某,或字曰某,或号曰某。名也,字也,号也不一也,而其为此人则一也。今夫道一也,就其随处可行言之,谓之道;就其道得于心言之,

谓之德;就其生机遍满言之,谓之仁;就其自然之制言之,谓之义;就其天理之节言之,谓之礼;就其不欺不伪言之,谓之忠且信。名字之殊者,不可谓非一人。名理之异者,谓可谓之有异理乎?

(《续编》卷九《答友人论圣道书》)

在他看来,道、德、仁、义、礼、忠信都是同一的东西,都是"一",而只不过是名"殊"而已。这也就是他所谓的"异名而同原者也"。他对这一合殊为一的做法似乎觉得有些欠妥当,所以举人与其名、字、号的关系的例子来说明其合殊为一的合理性。但问题是,人的名、字、号之间有其现实的必然联系吗?即便是人的名、字和号之间有某种必然的联系,但人的名、字、号和人自身又有什么必然的联系呢?尽管名、字、号三者不同却表示的是同一人,但名、字、号只是个人人为规定的符号,名、字、号与人并不是质的同一。显然,他以此来说明其主观地强行合殊为一的合理性是不正确的,这并不是说其引喻失义,而是本质上就是乏义可陈的强行合一。当然,他所谓的道、德、仁、义、礼、忠信都是同一个东西也就没有可靠的理据,他的论证也是无效的。

王心敬不但要运用"理一分殊"的方法将理学内部各范畴合殊为一,甚至于将理学外其他学说也要合之于理学,这可以从其对"道"和"儒"的一些论说上窥其端倪。"道只是一个道,人之见解不无偏全耳。二氏未始非道,然亦只见得一偏也。"(《正编》卷一《语录》)这也就是说,在他看来,儒、道、佛所谓的道是同一道,只是道家与佛教对这同一的大道见之未全而仅窥其一偏而已。但我们应当注意的是,尽管佛老之见有偏,但也只是大道之一偏,那么,从逻辑上看,佛老之道就不能说是"外道",而与儒家是同一道,自然佛老也就不是"异端",似乎还应当隶属于儒家。他对儒的解释,外延就更为宽泛:"兼天、地、人为儒,儒者,天、地、人、物之需也。"(《正编》卷一三《评诸子》)这一解释使得儒学无所不包。当然,他对儒的这一解释也是受其师李颙"德合三才之谓儒"(李颙:《二曲集》卷一四《盩厔答问》)的影响。但是我们这里要说明的是,无论是对道的诠释还是对儒的界定,都表现出他强行合殊为一在方法运用上的不足,这在一定程度上反映出他对"理一分殊"自身哲学内涵不太关注的严重缺陷。当然,还有来自现实层面的原因。

就"理一分殊"方法论在王心敬学术体系建构中的广泛运用的现实原因来看,即从理论上试图消解理学内部程朱、陆王的门户之争,以及抗衡外学对理学的批判,最终挽回理学衰落的残局。面对理学内部程朱、陆王之争,他认为二家之说都各有其长亦各有其短,故二家正宜相资。这样看来,他在建构自己的学说时,对二家学说就只能是兼收并蓄了。但他又反对"子莫之执中",即兼收并蓄的杂糅。所以,也就只能是合殊为一了,这样就不能不运用"理一分殊"的方法来合诸范畴于"心"这一核心范畴。至于要将佛老等外学也合一到理学上来,则主要是为了说明理学在现实中存在的必要性,企图以无所不包的方式来维护理学。但是我们不能不承认他用"理一分殊"强行将诸理学范畴拉拢的"心"范畴上是不合理的,这样做的结果只能使他的学说不免有杂糅之嫌。尤其他对性与心的体用关系的搭建,导致其心学理论杂而不纯,不很圆融,以至于刘师培认为他放弃了陆王心学而"改宗紫阳"。尽管刘氏之见是片面的、不正确的,但是也客观地反映出他运用理一分殊建构的理学体系具有一定的杂糅性。

当然,在看到王心敬运用"理一分殊"方法建构其学说体系的不足时,对他运用这一方法的优点更应予以肯定。无论是"理一分殊"还是"一而二,二而一",都不是王心敬所创说的,但在将二者转化为学说的建构方法上,恐怕他颇有创新之功。诚然,"理一分殊"是程颢与其弟子杨时讨论《西铭》时正式提出,此后朱熹将其大加发挥,直至于明清之际的陆世仪、张履祥、吕留良等人也在大谈"理一分殊",但他们都是将"理一分殊"作为理学命题而谈论其理学思想的,并非作为方法论来加以运用去构建理学体系。"一而二,二而一"的方法就更是如此。"一而二,二而一"的直接提出者恐怕首推方以智,方氏在其著《药地炮庄·齐物论评》中提出了这一命题①,但亦是重视其哲学思想而并没有将其作为一种方法去具体运用。当然,也要注意的是,王心敬的"一而二,二而一"具体运用是以体用论和成因论实现的,尤其以体用论为多。就体用论来看,其作为方法构建理学体系,论说理学范畴间的关系,在他之前已大有人在。如南宋的陈淳,用体用关系广泛地解释了多种范畴如心、仁、礼、理义、仁义等,他也是以心为体的。② 明清之际的刘宗周也大谈体用,并以体用贯穿其理学之宇宙论、心性论和方法论的各个方面。③ 尽管如此,总的看来,将"理一分殊"这一哲学命题转化为方法,并广泛地用于理学体系的构建,不能不说是王心敬的创新,即使他在运用中存在着不足甚或缺陷。

---

① 蒙培元:《理学范畴系统》,第130页。
② 蒙培元:《理学范畴系统》,第159页。
③ 蒙培元:《理学范畴系统》,第164页。

第十六章　江南弘圣道

王心敬的学术使命是"继绝学于往圣,正人心于来兹"(《续集》卷一三《复逊功弟》),这一学术使命的具体落实,则是"明道术——正人心——培人才"(《续集》卷二〇《答襄城刘啸林书》)。那么,如何"明道术"呢?他回答说:"讲学一事"(《续集》卷二〇《答襄城刘啸林书》)。这充分说明,讲学是他履行学术使命的最基本的方式。故而对他而言,"今日之所最急者,莫要于讲学"(《续集》卷一五《舟中寄无锡诸友》)。

王心敬的讲学活动主要在康熙四十四年(1705)李颙谢世后,这和他对讲学的认知或者说对讲学的要求有密切的关系。他对讲学有两个基本要求。其一,讲学应当主讲的是"明体适用"之学,或者说"道德经济"之学,而不是别的学问。

> 且所恶于讲学者,谓其簸弄闲言语耳。若即讲此体立用行实事,则正恐其讲之不详,亦何恶于讲?
>
> (《续编》卷七《侍侧偶记》)

此处的"体立用行"之学就是"明体适用"之学或"道德经济"之学。

另一,他认为讲学者所讲的内容必须来自自己的身心体验,而非口耳见闻。

> 夫所贵乎朋友讲学者,匪徒资口耳闻见之末习,贵讲其取益古人以资吾存心行事实用耳。然欲其切实用,而非本自己经历实得之端为切砥之具,虽哓哓言胜口而晰义,瞽诵诗,跛说行,言者原无亲切之见,听者安得获感孚之益乎?
>
> (《正编》卷一六《又上二曲夫子》)

王心敬康熙十九年(1680)初至康熙二十八年(1689)在盩厔侍从李颙"一意暗修"十年,康熙二十八年(1689)至康熙四十七年(1708)蛰伏鄠县"反身实践"二十年。他在对李颙的"明体适用"之学长达三十年的反复研究和实践中,有了自己真切而独到的体知,并最终形成了自己的"道德经济"之学。这说明他的"道德经济"之学是他自己的"经历实得"。那么,用他的讲学要求来审核他的学术思想,他完全具备了讲学的主观条件。

康熙四十四年(1705)四月李颙去世了。李颙当时不仅是与孙奇逢和黄宗羲并重的海内三大儒,更重要的是他被视为主讲和传播阳明学的心学大师。王心敬作为李颙学术思想的衣钵真传,客观地讲,有接替李颙传播心学的职责,更何况他有这种自觉,这是他讲学的客观条件。其实,他的江南讲学活动也正是在这些主客观条件成熟时进行的。

第一节 江汉书院讲学

要谈论王心敬在江汉书院的讲学活动,先要介绍一个人——陈诜,因为是他邀请王心敬去讲学的。陈诜(1642—1722)字叔大,号实斋,浙江海宁人。他虽为封疆大吏,但同时也是一位理学学者,所以他每到地方任职,即有"延礼名儒振兴文教"之举。他治理学的特点,王心敬的评价是"主于心得,不立门户"(《正编》卷二一《陈实斋先生四书述序》)。不过,再结合王心敬评价他的《四书述》说"能使圣圣相传之心印,一旦揭白日于中天也"(《正编》卷二一《陈实斋先生四书述序》)来看,他极有可能也是位心学学者。

康熙四十五年(1706)春,陈诜以副都御史出任贵州巡抚。他去贵州途经河南襄城时,往访旧友刘青霞,从而得知王心敬是李颙的嫡传弟子,"昌明正学,为当代真儒",遂有邀请王心敬往贵州讲学之想。到贵州任职后,他先托刘宗泗、刘青霞叔侄给王心敬写信说明书院讲学之事,后又亲自修书邀请王心敬往贵州的龙岗书院讲学①。王心敬"惟时独以老母衰暮,黔南万里,远离膝下非孝子心所忍言"(《外编》卷一《寄湖北大中丞海宁陈公》)而辞谢不往。

康熙四十七年(1708)冬,陈诜调任湖北巡抚。他任职期间,武昌府通山县知县金廷襄再次向他称道王心敬的学术人品。于是康熙四十九年(1710)他反复通信于王心敬,邀请他主讲武昌江汉书院,从而有了康熙五十年

---

① 刘宗泗和刘青霞在写给王心敬的书信中皆言陈诜邀请王心敬主讲贵州的阳明书院而非龙岗书院,然而查阅相关资料可知贵州在历史上并未建立过阳明书院。不过,根据王心敬在康熙五十三年(1714)回答一个学生问题的言语可以证明所谓的阳明书院其实就是龙岗书院。王心敬的答语如下:"吾子不见贵州阳明龙岗书院,朝廷亦特差中书送悬'文教遐闻'匾额乎?……今必欲以排王为尊朱,亦昧于表彰阳明书院之意矣。"(《续编》卷四《侍侧纪闻》)可见,王心敬后面说的"阳明书院"就是他前面说的"贵州阳明龙岗书院"。或许当时的学人将王阳明贬谪贵州时创建的龙岗书院简称为阳明书院。

(1711)正月二十八日,王心敬开始在江汉书院讲学的活动。

江汉书院是湖北省的省级书院,湖北省治下诸府的优秀学子皆云集于此。书院由巡抚陈诜主持教学。他聘请耆老张希良(字石虹,湖北黄安人)担任山长,教学内容是科举时文。由于清廷科考以"四书"为主,所以书院邀请王心敬讲解"四书"。但是他在回答诸生有关"四书"的提问时,往往借题发挥来阐发自己的心学思想。他在江汉书院有关"四书"的讲解内容被其次子王功(1690—1741,字建侯)笔录整理为《江汉书院讲义》十卷。下面我们就以《江汉书院讲义》为文献依据,来分析他在江汉书院所弘扬的心学。

由于听讲者是从事科举时艺的士子,所以王心敬在宣传心学思想之前,必须破除士子们重视"闻见"和"才艺"的学习风气。这非常突出地表现在他向士子们讲解的"真知"说和"学问"观。

他首先提出"真知"说,来劝告诸生应当"自信于心",而不应该外求闻见之知。

> 圣贤之学只期自信于心,故知不于闻见争多寡,而于吾心较欺慊。所以,知而自信之真者固是知,即不知而不至于自昧者亦即是知。盖于闻见虽有知不知之异,而于吾心总一自信是之谓真知耳。若多闻择善而从,多见而识,虽未始非心之真精贯摄,然要之从外面入,终是耳目闻见间推索记忆,与自己心灵烛照不比其亲切,故夫子以为是知之次也。夫以闻见为次,则所谓自信己心者,非知之真乎?然即此可悟圣人之学不徒在门面上的见闻增多益寡,总以关切自己痛痒为实耳。
>
> (《江汉书院讲义》卷一《上论》)

"真知"就是"自信于心",即体知得"自己心灵烛照"。这就是说,主体体验到自己的心体灵明或者说主体实现了道德自觉,这时主体才称得上获得了真知。他提出这种真知观,目的就是要破除士子们把闻见之知当作真知的观念,并企图扭转士子们面向主体之外的事事物物寻求真知的认知路径,从而为他以后宣扬心学思想扫除思想观念上的障碍。

随之,他提出"学问"观,来劝导士子们应当以"德性"为学问,而不应该以"才艺"为学问。

> 盖才艺是学问之枝叶,德性是学问之根本。学者能从德性上着脚,然后道器一贯,深造自得;若不知从事德性,而徒驰骛于才能技

艺,即一一尽通,亦只徒长得标末耳。

(《江汉书院讲义》卷二《上论》)

王心敬标榜的学问既包括德性,也包括才艺,但是德性和才艺是本末或道器的关系。他首先独断地赋予德性和才艺这种本末或道器关系,然后强调学习应当务本、应当重道,最后貌似非常合理地提出他以尊德性为学问根本的主张,从而十分正当地要求诸生以尊德性为学问。

在认为诸生的思想观念有所转变后,他便不失时机地借题发挥来阐发心学思想。当学生王世锐询问《论语》中孔子回答子贡"如有博施于民而能济众,何如?可谓仁乎?"的问题时,他却假借"仁"来大谈"心":

> "仁,人心也"。吾辈诚本心为体,根心为用,一切无自私自利之意,即吾心自问无歉于万物一体之量矣。施济广狭,特其分位所值耳。仁固不争分位之大小广狭,而争此心之公私厚薄也。大抵千古来,道术治术皆有本原有要领,靡不约而可操,切近易行。

(《江汉书院讲义》卷二《上论》)

他借助孟子"仁,人心也"的命题将关于"仁"的问题用"心"来顺利回答,并借机抛出了"本心为体,根心为用"的主张,而且认为"心"是千古以来"道术治术"的本源。这非常明显地表明了他的心学立场。

尔后,他在讲解《孟子》的过程中,将他的心学思想展现得更为淋漓尽致。他告诉诸生《孟子》一书其实完全是在阐发"心":

> 七篇虽三万余言,然言学则主于求放心,言治则本于推不忍人之心。求放心,天德之原本;推不忍之心,王道之根宗。至于中间言性言天,则此心之大本大原;言仁言义,则此心之真体真用;言二帝三王,则此心之实功实德。

(《江汉书院讲义》卷七《上孟》)

《孟子》所讲的学、治、天德、王道、性、天、仁、义无一不与心关涉,即便是有关唐尧、虞舜、商汤、夏禹和周文王的历史,其实都是在表达他们对心的自觉而树立的道德风范和创建的辉煌功业。

他在讲解孟子"是心足以王"时,甚至脱开题目而直接抒发自己的心学感悟:"噫!外心言治,其治必流于杂霸;外心言学,尚可谓有本之学乎?弊亦甚矣!"(《江汉书院讲义》卷七《上孟》)此时,他不只是在提倡心学,而且对那些抨击心学的学术颇有批评的意味。

最后,在士子们对心学没有拒斥的现状下,他提倡诸生学习心学,甚至于以心学为宗。不过,他是通过主张学习孟子以及学以孟子为宗来传达他的意愿的。他这一主张的提出,具体分为三个步骤。第一步,他在讲学中高度评价孟子其人其学。他赞扬"孟子真圣道之金镜也"。就孟子的学术思想而言,"《孟子》之言,句句实理实事,字字警策动人"(《江汉书院讲义》卷一〇《下孟》)。第二步,他证明孟子与孔子同样重要。他认为孟子同孔子一样都是万世师表,即"孔子万世师表,孟子亦万世师表"(《江汉书院讲义》卷一〇《下孟》)。就学术而言,"孟子善学孔子",所以"孟子之于孔子一脉印合"(《江汉书院讲义》卷七《上孟》)。第三步,他提倡学以孟子为宗。他给出的原因是"吾辈学孔子不易,舍孟子又将谁属哉?"(《江汉书院讲义》卷一〇《下孟》)经过这一番论证之后,他提倡士子们学问应当以孟子为宗。他的具体说法如下:

> 吾辈诚有不甘暴弃之志,一心以孟子为宗,兼采宋明诸儒之长作之阶梯,时时刻刻以博文约礼、明善诚身为工课,以小成苟安为深耻,直企于大化圣神之域,而不至已,庶几可望于孟子,亦始可望入孔子之门尔。
>
> (《江汉书院讲义》卷一〇《下孟》)

他主张诸生不但学习孟子的思想,而且要一心一意以孟子为宗。他甚至有时比较强硬地对士子们说:"吾辈皆须善学孟子。"(《江汉书院讲义》卷七《上孟》)

如以前章节所述,王心敬"愿学孟子"实质是传达他学从陆王心学的志愿。那么,他提倡诸生学习"以孟子为宗",其实表达的是要求诸生应当以陆王心学为宗。

客观地讲,王心敬在江汉书院能够传播心学,陈诜倾向于心学的为学旨趣以及文明开放的为学态度具有决定性的作用。他借"四书"阐发的心学思想,陈诜不但"不以为谬"(《江汉书院讲义》卷首《引言》),反而"深以为然"(《江汉书院讲义》卷一《上论》),甚至有时还击节称许。书院山长张希良对他传播心学的态度亦复如是。所以他宣讲的心学思想,得到了诸生的接纳。江汉书院的诸生靖道谟、夏力恕、熊同智、刘国泰、阮凤昌、万绳祜和徐家麟等人还专门纳贽拜他为师,期望以后有机会能继续学习。非但如此,武昌的一些官员也前来听讲,一时"荐绅庠序执经北面者,履满余庭"(额伦特:《丰川全集》卷首《序言》)。可见,当时的讲学活动非常盛大。但是由于二月二十五日是王心敬母亲的生日,所以他不得不提前启程返回鄠县,于是便匆匆结束了为期近二十天的讲学活动。

王心敬在武昌江汉书院的讲学活动是成功的,尽管当地不乏朱子辈学人对他有"迂拙赣率"的讥讽,但他的心学思想以及他所标榜的"道德经济"之学首次走出了陕西而传布到了江南,并且引起了南方学者的关注。他的弟子靖道谟逢人即宣传他"有体有用,不愧真理学"的学术思想。他的另一著名弟子夏力恕(字观川,号渼农,湖北孝感人)乾隆年间主讲江汉书院时,亦假借时文宣传理学思想。他们对王心敬的学术思想在江南的传播都具有十分积极的作用。

第二节　紫阳书院论学

与要谈论王心敬江汉书院讲学不得不提及陈诜相仿,要讲述王心敬苏州紫阳书院讲学也必须先提及张伯行。因为王心敬往紫阳书院讲学,是张伯行邀请的。张伯行(1651—1725)字孝先,号恕斋、敬庵,河南仪封人。他在清代不仅以康熙帝推许的"天下第一清官"而闻名,同时也因辟陆王以尊程朱而闻名。他讲学有一句名言:"陆王之学不熄,程朱之学不明!"(张师栻、张师载:《张清恪公年谱》)对于李颙在陕西传播心学,他曾攻击说李颙"以禅起于西"。李颙去世后,他对陕西的心学传播有"中孚死,其焰少息"(张伯行:《正谊堂文集》卷九《论学》)的论断。

张伯行除了攻击陆王心学外,每出任地方巡抚,即筹划创建书院来传播程朱理学。康熙四十六年(1707)六月他抵达福建巡抚任所,十月就在福州创建鳌峰书院,聘请福州府罗源县的蔡璧主掌书院,专讲程朱之学,一时盛况空前。柳诒徵认为:"清初,各地方书院,犹尚讲学,如二曲之于关中,习斋之于漳南,张、蔡之于鳌峰,沈、史之于姚江,皆明代讲学之书院之法也。"[①]足见鳌峰书院在清初书院讲学活动中的影响和地位。康熙四十七年(1708)秋,张伯行就书信邀请王心敬往鳌峰书院"商榷学术",王心敬"惟时以老母衰暮"(《外编》卷一《寄福建大中丞张仪封公》)而辞谢。康熙五十三年(1714)三

---

① 柳诒徵:《中国文化史》,上海:上海古籍出版社,2001年版,第818—819页。

月,担任江苏巡抚的张伯行于苏州府学东创建紫阳书院,再次书信邀王心敬往书院"商榷学术"。遂有四月二十三日,王心敬携次子王功至苏州紫阳书院讲学事。

紫阳书院,因其创建者张伯行"最服膺朱子",故而以朱熹的号紫阳命名。紫阳书院也是江苏省的省级书院,江苏省各府俊才负笈其中。张伯行认为紫阳书院"当以紫阳为宗,而俗学异学不得而参焉者矣"(张伯行:《正谊堂文集》卷九《紫阳书院碑记》),所以书院以程朱理学作为教学内容。同时,书院在张伯行以辟陆王为尊程朱的观点的影响下,大都激烈抨击陆王心学。那么,学从陆王心学的王心敬如何在紫阳书院讲学呢?

王心敬讲学一开始,先从书院的命名"紫阳"上做文章。他说张伯行"特揭书院以'紫阳',是欲以力行实践之学,转移风尚"(《续编》卷一《姑苏论学》)。所以,书院诸生就应当"实体中丞今日建立书院本心,实下定志定力,以从事于希贤希圣之途,而不为风尚所移易,乃不负其特举盛意"(《续编》卷一《姑苏论学》)。那么,他所谓的"风尚"指的是什么呢?"以痛摈陆、王为尚"(《续编》卷三《姑苏论学·跋》),其实,就是"徒以口排陆王为功在尊朱"。

> 朱子之学所以宜尊者,谓其穷理、主敬、力行之旨中正圆满,流弊殊少耳。尊朱子须实学朱子之穷理,实学朱子之主敬,实学朱子之力行。读其书,务明其旨;通其理,务践其行。使朱子冥冥中喜得肖子贤孙,以光昭其令绪,然后谓之善继善述□□□□□而称善尊耳。若不明其旨,不践其行,而徒以口排陆、王为功在尊朱,果可谓之能继志述事,光昭令绪耶?
>
> (《续编》卷一《姑苏论学》)

王心敬的观点很清楚:尊朱子之学应当力行实践朱子之学,而不应该批判陆王心学。他甚至批评以辟陆王为尊程朱是在跟风盲从,并非真正的学者所为。显见,他与张伯行的观点是针锋相对的。所以未待他讲毕,诸生已哗然称他与巡抚"议论不合",由此展开了他与书院诸生的争辩。

王心敬与江汉书院诸生的争论主要集中在朱子晚年之说、象山禅学说和阳明之学禅学说三个方面,下面分别予以论述。

首先,分析朱子晚年之说。朱子晚年说,是说朱子晚年经过反思,学术转向对内在本心的体察,从而放弃了以前的格物致知说。对此,王心敬是这样表述的：

> 朱子一生著述甚众，初年原不无泛骛之处；中年惩程门末流之弊，原不无偏重道问学之处；故其晚年自悔之意，时时向同人白之。
>
> （《续编》卷一《姑苏论学》）

王心敬关于朱熹学术思想转向的上述说法，遭到了书院诸生的拒斥和批评。他们认为"晚年之说，此阳明诬朱子"（《续编》卷一《姑苏论学》）。朱子晚年说确实是王守仁提出的。明正德十年（1515），王守仁编《朱子晚年定论》来揭示朱熹"晚岁故已大悟旧说之非"，最终证明"朱陆早异晚同"（《王阳明全集·朱子晚年定论》）。王心敬承认《朱子晚年定论》中所列的朱子晚年诸条目确实存有非晚年者，但他认为毕竟"有晚年十余条"是可信的，故而他不认为朱子晚年说是王守仁对朱熹的主观诬陷。相反，他通过朱子的《本传》中所说的"晚见学者牵于文句训诂，颇时时指示本体，令其深思自得，而知者固已寡矣"一句，认定朱子晚年学术思想转向心学是客观事实。

其次，分析象山禅学说。书院诸生认为陆九渊之学是禅学。他们的依据有二：其一，象山之学"尊德性"为旨，修养工夫径直简易，类似于禅宗的顿悟；其二，象山之学主张"立大本"，亦类似禅学。对于前一种说法的辩驳，王心敬首先说明了"尊德性"和"径直"作为儒家学说的正当性。

> 论入门，径直者有脱略之病，不如积累之平实；而论相资，积累者尤须探本之识，平实正宜资于径直。学者能合径直积累以从事，德性不离问学以为尊，问学无非主于尊德性。本体工夫，一贯相因，固可望于中行凝道之选。
>
> （《续编》卷一《姑苏论学》）

他认为象山的"尊德性"和朱子的"道问学"是一致的，象山"径直"的修养工夫和朱子"积累"的修养工夫是相资为用的。那么怎么能认为象山之学是禅学呢？随后，他对视象山之学为禅学的观点和竭力排斥象山之学的做法提出了批评。

> 若必视尊德性一路为异端，而排斥之不遗余力，即不知所谓积累学问者抑何旨耶？矫弊而适自蹈于弊，不惟无益于道术之明晦，亦且自蹈于门户之党伐，而圣道之真体实工自相割裂矣。
>
> （《续编》卷一《姑苏论学》）

他对歧视和排斥象山心学的学者的批评是十分严厉的，不仅指责此辈学人的做法纯属出于门户之私的党同伐异,而且批评他们的做法割裂了儒家的大道。

对于后一种观点的辩驳,王心敬指出象山的"立大本"并非象山所自创,而是继承了孟子的"先立乎其大者"。如果依此断定象山之学是禅学,那么,岂不是认为孟子之学是禅学?再者,如果"以'立大本'为禅",那么,"不善学者将必至于情识口耳,逐末迷本。"(《续编》卷一《姑苏论学》)所以,他坚决反对那种认为象山之学是禅学的说法。

最后,分析阳明之学禅学说。诸生认为阳明之学是禅学,主要依据也有两个:其一是认为阳明的"无善无恶"是禅宗的思想,其二是认为阳明的"致良知"是禅学思想。王心敬对此的反驳,首先说明"禅自是出世之学,文成自是经世之学"(《续编》卷二《姑苏论学》),所以,阳明之学不是禅学。其次,他认为阳明对心体"无善无恶"的说法类似于孔子的"无意""无我"和周敦颐的"无极"。如果孔子的"无意""无我"和周敦颐的"无极"不是禅学思想,那么,阳明的"无善无恶"何以为禅学思想?最后,阳明的"致良知"源于孟子的"良知"说。孟子的"良知"说不是禅宗思想,那么阳明的"致良知"怎么会是禅宗思想呢?在他看来,如果"以'致良知'为禅",那么,"不善学者将必至于支离挠扰,任情冥行"。(《续编》卷一《姑苏论学》)故而,他坚决反对那种认为阳明学是禅学的观点。

非但如此,他还批评那些诋毁陆王心学是禅学的学人"不惟于陆王为失人,亦且于自己为失言"(《续编》卷一《姑苏论学》),并批评此辈学人,说:"其不至举吾道尽性至命之宗流于见闻标榜、格套假借之途不止也。"(《续编》卷一《姑苏论学》)

王心敬在紫阳书院主讲的陆王心学,不但与张伯行"议论不合",书院诸生对此也颇有意见。尤其是张伯行的门徒吴澄、金潮很不满他的讲说,找他"往复辩难,彼此抵牾"(张师栻、张师载:《张清恪公年谱》)。面对这一处境,他的儿子王功劝说他"讳言陆王"。他不禁感叹道:

> 道,天地之公也。二帝三王之所不得私,孔、孟、曾、思之所不得私。吾辈论道,亦惟其公者公之而已。执己排人与夫徇人忘己,皆昧心而害道者也。吾于此道四十年中由二帝、三王、孔、孟、曾、思而下及河、会、姚、泾,更由河、会、姚、泾而上衷于孔、孟、曾、思、二帝、三王。始之由同以疏异,后且由异以归同。盖几费探讨体认之力,

始有此一隙之明。苟明知其如是,而昧心害道以徇之。无论非大道之公也,自违本心亦甚矣。且吾于陆、王采取其长处极多,即补救其偏处亦不少。一旦尽弃其夙学,以要人一日之合,自悖夙旨不尤甚乎!

(《续编》卷三《姑苏论学·跋》)

足见,他对他所从事的学术是何等的尊重。他主张学者应当"自处正义",而不应"枉道辱身"。他在紫阳书院讲学的言行完全体现了这一主张,我们借此也可以看出他独立的人格。

但是随着在书院讲学时日的延长,他虽与张伯行在学理上颇为不合,但不再"力与之争"。就连书院诸生都感觉到"先生与中丞议论不合处,每以一语转之,而不深加折辨"(《续编》卷二《姑苏论学》)。因为他深深地感觉到:

昔之论学也患不明,今之论学也患不平。不明而平犹在也,不平而明并失矣。故昔者论学之患一,今者论学之患二。

(《正编》卷八《侍侧纪闻》)

如果不同学术之间不能平等对话,总是胸怀成见,以己为是,以人为非,那么,所谓的"商榷学术"就是一句空话,而且必将陷入门户之间无休止的争论。对于门户间的争论,王心敬是非常反感的,他曾说:

门户之争,世儒之隘也;门户之护,世儒之陋也。斯道大公,长短是非自有定理。至当则法,失中则偏。争之固非,护亦未为是也。

(《正编》卷四《语录》)

所以,当"商榷学术"沦为"门户之争"时,他宁可"不加折辨"。

尽管他对双方存在的分歧不再争辩,但还是没有避免再次的"纷争"。这就是后来张伯行请他为紫阳书院撰写碑记,以勒文铭世,不久,他便撰成《苏州府紫阳书院碑记》,然而张伯行和书院的诸生对该文不满,从而引发了诸生群起而与他争论的战局。他们不满意的地方有两处:其中一处是对文中"善学孔子者莫如紫阳"和"原以学至紫阳乃为适孔孟之坦途"(《正编》卷二三《苏州府紫阳书院碑记》)二语不赞成,认为"今日序记中只宜尊朱子,不宜尊孔子"(《续编》卷一〇《与张仪封先生求证书院记书》);另一处是他们非常反感文中说朱子"又知其晚见□□之牵于文句训诂也,故颇时时指示本体"(《正编》卷二三《苏州府紫阳书院碑记》)的一段言语,认为这完全"出自阳明诬朱子,非朱子意"(《续编》卷一〇《与张仪封先生求证书院记书》)。面对诸生的愤愤不平,声讨要个说法,他反复解释,但是"疑者之纷纷犹未已"。我们不能不承认,书院诸生对朱子学的态度几乎达到了宗教信仰般的狂热,已经缺失了理性所应有的冷静而客观的态度。自此开始,王心敬在紫阳书院的处境就更为尴尬了。

正当他身处这种尴尬的境地而为难之时,传来了陕西巡抚派专使请他往北京赴征召的消息。原来他在紫阳书院讲学不久,即被湖广总督额伦特闻知。额伦特通过江夏县知县金廷襄详细地了解了他的学术人品后,遂将他以山林隐逸荐举给康熙帝。八月清廷即以山林隐逸征召他往北京,然而他此时正在苏州讲学,所以陕西巡抚派专使前往苏州请他到北京应诏。消息传说专使将至苏州,为了避开使者,他立即辞别书院师生,于九月初绕道回到鄠县,从而结束了在紫阳书院的"争讼"。

他虽然远离了紫阳书院的"聚讼之场",但丝毫没有改变自己的学术观点和立场。返回鄠县后,他给张伯行写了封信。信中他主要从以下两个方面劝导张伯行:

其一,应当如何学习朱子。他具体是这样说的:

> 顾如某之愚,窃以为今日尊尚朱子是为万世之道脉揭大宗,匪独崇时尚也。是必统观朱子终身进造之节候,而深原其补偏救弊之苦心;又须就起补偏救弊之中,穷探其□盛见定所廑之至意。然后朱子学术之底里揭白日于中天,而学者不至以初年方变之功候反误尊如成宪。即朱子晚岁之深造,亦揭白日于中天。千百世下乃昭然知所遵尚,而不至迷于所往,以遗朱子之心憾。庶几朱子中正圆满之道脉乃明,即我辈表章朱子之不遗余力亦始能慊其本志耳。

(《正编》卷一五《与张仪封先生论尊朱子学书》)

显见,他对自己抱持的朱子晚年说没有放弃,并且始终认为对朱子晚年说的认知是学习朱子学的前提。朱子晚年说是朱子辈学人坚决不予认可和接受的,当然,"生平所学,一宗紫阳"(《正编》卷二三《苏州府紫阳书院碑记》)的张伯行更是如此。所以,他们的分歧是无法调和的。

其二,不应当诋毁陆王。他如是说:

> 故如敬之愚,又窃以为如先生体孔孟四科兼备之义,于陆王也别其略工夫之短,而亦采其言本体之长,固见大道之公,亦即朱子晚岁之本意。即欲严其规范,恐学者流于虚寂,绝口不言陆王,亦不失

卫道之正。正不必痛加摈斥,极口诋訾,等之异端之列耳。

(《正编》卷一五《与张仪封先生论尊朱子学书》)

张伯行和书院诸生对陆王心学是有偏见的,但他们对朱子学宗教般的狂热和痴迷,致使他们无法对此有冷静的反省和客观的认知。所以,双方关于陆王学的分歧也是无法调和的。

至此,王心敬的江汉书院讲学活动才真正画上了句号,尽管没有达到他"就正"的目的。

王心敬在紫阳书院与张伯行等朱子学者商榷学术可以说是不成功的,因为双方并没有从学理上分辨陆王心学与程朱理学的异同,遑论达成理论上的共识;但是这次讲学活动对他的学术思想的传播而言,仍然具有十分积极的意义。尽管书院诸生大都跟随张伯行以辟陆王来尊程朱,但也不乏像许培荣、徐谦等学术胸怀比较开阔的学子。他们未必完全接受他所传播的心学思想,但是对他提出的"全体大用,真体实工"的为学宗旨,他们是完全肯定和接受的。再者,他在江苏讲学也引起了江南学人对他的学术思想的关注,为他以后广泛的学术交往奠定了基础。

王心敬康熙五十年(1711)和康熙五十三年(1714)两次江南讲学,对关学的发展具有十分重要的推动作用,在清代的关学史上也具有十分重要的意义。康熙九年(1670)十二月至康熙十年(1671)二月间,李颙曾应邀在江苏常州、无锡等地讲学,并在东林书院与高世泰论学,被江南士人"诧为江左百年来未有之盛事",从而扩大了关学的影响。四十年后,王心敬作为李颙的学术传人再往江南讲学,虽不如李颙当时的影响之巨,但无疑对光大关学具有积极意义。其实,清代就有学人认为:"关中之学,二曲倡之,丰川继起而振之,与东南学者相应相求,俱不失切近笃实之旨焉。"(唐鉴:《国朝学案小识》卷一〇《鄠县王先生》)这充分说明,他在江南的讲学推动了关学的传播,拓展了关学的影响范围。王心敬之后的关学学者,几乎没有被邀请到江南讲学的,这也从另一个方面反映出他江南讲学对于推动关学发展的重大意义。

第十七章　书信广论学

王心敬自康熙五十三年(1714)九月从苏州紫阳书院返回鄠县后,直至乾隆三年(1738)去世前,再没有外出讲过学。紫阳书院"商榷学术"的尴尬遭遇,是他不愿再外出讲学的直接原因。康熙五十四年(1715),他在给王承烈的信中说"自此出门就正之举,便已绝望"(《续集》卷一一《又与逊功弟》)就是明证。当然,深层次的原因则在于他认为当时的理学界没有平等交流或者说文明对话的条件。这诚如他所说的"盖在彼者既未能深信,在我者重蹈尚口之罪。亦何为乎?"(《续集》卷一一《又与逊功弟》)所以,美其名曰的"商榷学术",其实往往是"门户纷争"。门户之争是他一直所反对的,遑论参与争论。另一方面的原因则在于避免清廷的注意。在他看来,正是他在紫阳书院的讲学活动才引起了湖广总督的注意,从而招惹来清廷"山林隐逸"的征召。其实,他的这一遭遇和他的老师李颙很类似。李颙康熙十二年(1673)五月在关中书院讲学,被总督鄂善暗中荐举给康熙帝,从而招惹来清廷的征召,被迫于八月辞去讲席,从此反锁垩室,不与世人接触。直到后来,他以绝食抗争,才摆脱了连年被征召的苦楚。李颙的这种遭际对于王心敬不可能不是前车之鉴。

王心敬虽然不再外出讲学,但是由于他声名远播,书信前来问学或论学的学人特别多。《丰川全集》和《丰川续集》中存有论学书信多达400余封。从这些来信问学或论学的学人的地域分布来看,除陕西之外,有北京、河北、甘肃、山西、山东、河南、湖北、湖南、江苏、安徽、江西、浙江和福建,遍布当时中国的绝大多数省份,足见他论学之广泛。下文即以时间为序,选取他众多论学中的四次论学,来分析他的学术思想。

第一节　因李塨而批评颜李学说

王心敬曾与颜李学派的李塨(1659—1733,字刚主,号恕谷,直隶蠡县人)论学,遗憾的是他的著作中没有著录他给李塨的论学书信。不过,李塨的《恕谷后集》中著录有李塨回复他的书信。根据该信的内容,可知他曾去信和李塨论学,而且李塨认为他对自己的著作"驳正者甚当"(李塨:《恕谷后集》卷四《复王丰川书》)。其实,关学学者与颜李学派的学术交往早在康熙二十年代就开始了。

康熙十七年(1678)九月,关学学者李因笃途经河北时,曾造访颜元(1635—1704,字浑然,号习斋,直隶博野人)并与之论学。另外,李颙与颜元也有间接交往。李颙在陕西讲学之时,颜元对他的学术思想多所质疑,并通过陕西李复元转信来商榷学术。他认为李颙"专讲阳明学",希望李颙"舍尊信王子者而信周公、孔子"(颜元:《颜元集·习斋余记·寄关中李复元处士》)。康熙三十一年(1692),他阅其弟子李塨所辑《诸儒论学》中李颙之语,遂批评李颙的学术"亦只讲书说话而已"。康熙四十二年(1703),他又批评李颙的学术思想,有"西误李中孚"(李塨、王源:《颜习斋先生年谱》卷下)之说。清初对关学影响较大者,当推颜李学派。李颙讲学之时,颜元对其学多所批评,而且陕西的三原、华阴等地已有远走河北从学于颜元者。

康熙四十八年(1709),李塨在富平知县杨勤的邀请下,于五月二十七日抵富平讲学,至八月中旬始启程离陕。翌年二月又来,周旋一年。李塨在陕西期间,除在富平讲学外,亦曾往长安讲学。时任陕西督学使的朱轼拟邀他主讲书院,然被他谢绝。他所主讲的"颜李学派"思想,对当时的关学影响颇大。他在给王源的信中不无自豪地说:"今岁游秦,李二曲门下士,皆以颜先生之学为然。"(李塨:《恕谷后集》卷五《与王昆绳书》)。他宣传的颜李学派学说对二曲学派学说的冲击可想而知。

面对李塨宣传的颜李学思想对二曲学派的冲击,作为李颙学术传人的王心敬并没有亲往富平与李塨辩论,而是派他的次子王功去聆听李塨的讲学。康熙四十九年(1710)冬王功从富平归来,向王心敬汇报了李塨的讲学内容,遂引发了他对颜李学派思想的批评。

首先,他反驳了颜李学派以"实用"为学的观念。对于颜李学派标榜的"学问须有实用乃为真学问"(《续编》卷七《侍侧偶记》)的命题,王心敬不完全赞同和接受。他反驳说:

> 学问无实用,纵讲到精微处奥妙处,亦只空谈。但实用皆根于实体,故曰有天德然后可言王道。若徒竞尚作用,不知体于何立?卑之即□□公之依傍《周礼》,高之易涉五伯之假窃仁义,如何能成

得俊伟光明之业、博厚悠久之功？

(《续编》卷七《侍侧偶记》)

现代学人多将颜李学派的"实用"学问称为"实学"，其实，王心敬也提倡"实学"。不过，他所谓的实学是"明体达用之实学"(《正编》卷二六《丰川家礼》)。"明体达用"他有时更直白地表述为"道德经济"(《续编》卷四《侍侧偶记》)，显见，这和颜李学派的"经济实用"是有区别的，这就是颜李学派只讲"经济"不讲"道德"，或者说只讲"实用"不讲"明体"。在王心敬看来，经世致用应当以心性修养为基础，不然就是无根之学，非但如此，若一味地强调"经济实用"，易于导致功利主义，所以，他批评颜李学派的"实学"主张。

其次，他批评了颜元的"教本三物，而其实只六艺一物"的教育主张。颜元所谓的"三物"，源自于《周礼·地官》，现援引如下：

以乡三物教万民而宾兴之：一曰六德，知、仁、圣、义、忠、和；二曰六行，孝、友、睦、姻、任、恤；三曰六艺，礼、乐、射、御、书、数。

"三物"即六德、六行和六艺，其实是乡大夫教导乡学的三大类教学内容。六德和六行主要是道德教育和行为规范，六艺则是当时生活的基本技能。颜元教育主张的"三物"就是《周礼》的"三物"。他认为"治学只有三物，外三物而别有学术便是外道"(《颜习斋言行录》卷下)，足见，"三物"是他最看重的教育内容。但是他并非六德、六行和六艺并重，而是独重六艺。他说："先之以六艺，则所以为六行知材具，六德之妙用，艺精则行实，行实则德成矣。"(《四书正误》卷三)王心敬对颜元"三物之旨"的批评，正是批评他独重六艺而忽视六德和六行的教学主张。

习斋之学主于尽复古制，故其立说以《周礼》三物之旨为宗，然以矫枉之过，遂至重用□体。按之《大学》，只修、齐、治、平一截，而遗却格、致、诚、正一截，故其为说虽曰教本三物，而其实只六艺一物耳。不知明德新民虽曰两事，其实一体相成。既无格、致、诚、正实功，如何有修、齐、治、平实用？六德六行六艺虽曰三物，其实一体共贯。若略于六德六行，即六艺只成虚文末技。极其弊不惟畸重一边，即所重者亦非原来有本之物矣。所以然者，竹木若无真生机，即其枝干非妆缀凑合之物，即槁枯不仁之物也。大抵习斋憝明季时文无用之弊，探出《周礼》三物实用之旨为教宗，而每以宋儒为迂腐。此翁祖述其说益加弘扩，故自信之深，直树一帜，而于宋儒体立用行、讲学明道微旨皆忽之为空言,遂事事反宋人之案,不知适以自蹈不弘也。

(《续编》卷七《侍侧偶记》)

如以前章节所述,王心敬主张的教育以"道德经济"为内容,而且"道德"和"经济"是体用关系。从他"明体达用"或"体立用行"的"实学"视角来看,"道德"教育应当是最基础的教育。当他用他的体用关系建构的"道德经济"教育标准审视颜元以六艺为基础的"三物"教育时,很自然地认为颜元的教育是舍本逐末。所以,他批评颜元的"虽曰教本三物,而其实只一物"的教育主张是"虚文末节"。当然,若进一步分析二者的分歧,似乎还有来自不同元典依据的思想根源,即《周礼》的"三物"和《大学》的"八目"之间的分歧。

最后,他反驳了颜李学派视李颙之学为禅学的观点。李塨来陕西主讲的实学思想对李颙的心学思想冲击很大,以至于关中相当一部分学者认为"李二曲之学近禅,以颜先生为是"(冯辰、刘调赞:《李塨年谱》)。王心敬对一些学者的这种观点进行了反驳,他说:

> 夫禅之说弃人伦、遗世务,而以见性还虚为究竟,故其言心性无非期于还虚。二曲先生之说,则期于敦人伦、经世务,而以尽心尽性为根本,故其言心性无非期于归实。今禅之书俱在,二曲先生之书俱在,苟平心以观,无不较若列眉。而概加以近禅之罪,无乃失其情实乎?

(《续编》卷七《侍侧偶记》)

尽管他认为一些学者视李颙之学为禅学的观点"失其情实"而为之辩护,尽管他指出颜李学派的学说存有比较严重的不足,仍然无法阻止李塨宣传的颜李学派学说在陕西的传播,仍然无法阻止颜李学派对二曲学派的冲击。非但他昔日的同门鲁登阙等学从李塨,连他自己的弟子蔡麟等也师从李塨。面对这一现状,到底与李塨辩论还是不辩论?若不辩论,直面"先师之骨未寒而道已裂"的现状,他情何以堪?扪心自问"欲使师门宗传留得一二分真面目"的愿望,他何以实现?若辩论,必然陷入门户之争护,然而"门户之争,世儒之隘也;门户之护,世儒之陋也"(《正编》卷四《语录》),他又怎能明知故犯?正在犹豫之际,湖北巡抚陈诜催促他往武昌江汉书院的书信到来,他便携带一子一仆于十二月底南行了。但在临行前,他托人给李塨带去了他对颜李学派学说批判的书信和他编撰的《二曲先生历年纪略》。书信是要指出颜李学派学说之不足,年谱是要告诉李垲乃师李颙一生的学术和言行并非禅学。

第二节　与王承烈讨论陆王心学

与王心敬探讨阳明学的同辈学人比较多,但真正能够使他无所顾忌、敞开心扉来表白他对阳明学的态度的学人仅有康吕赐和王承烈二人。康吕赐(1644—1731)字复斋,号一峰,自称南阿山人,陕西武功县人。他为学尊崇阳明心学,"以致良知为宗"(沈青崖、吴廷锡:《陕西通志》卷六三《人物九》),并自称"姚江之支派"(唐鉴:《国朝学案小识》末卷《武功康先生》)。王心敬曾对他剖白心迹,说:"即如阳明先生,弟少而读其书,嗜之如珍宝。"(《续编》卷一一《复康一峰论阳明先生书》)并比较详细地说明了他对阳明学的看法,其说如下:

> 赖王文成出,一扫支离之习,而独探性命之微。"良知"两字括圣道之统宗,"致良知"三字括圣学之要领。可谓取日虞源,直揭中天矣。独惜其矫枉过甚,故其语录文字中往往有乘快一时,直写胸臆,破吾道樊篱而不顾之处。以此潜夷吾道于竺乾超乘顿悟之宗者,遂不无之。盖原其学术则的是圣学,而论其教法则不免异于圣教。究其妙契直窥孔颜心宗,而论其立论则或时流于贤智之过当。
>
> (《续编》卷一一《复康一峰论阳明先生书》)

尽管他对阳明学推崇备至,但他承认阳明学对大乘佛教的顿悟成佛思想有所汲取。这表现在两个方面:一方面是阳明教导生徒的修养工夫对禅宗的顿悟法门有所借鉴,另一方面是阳明的著作中运用了佛教的术语或表达。

接下来我们重点分析王心敬与王承烈关于阳明学的讨论。康熙四十六年(1707)至康熙四十八年(1709),王承烈受鄠县知县张世勋的邀请,与王心敬在二曲书院"讲明心性及修己治人之学"。在此期间,他受王心敬的心学思想影响很大,他说:"及见伯兄丰川先生,始勃然为之向往。"(王承烈:《日省录》卷一)王心敬也承认王承烈"乃舍其学而惟余言之是从"(《关学编》卷六)。但是自康熙四十八年(1709)步入仕途,王承烈的心学思想慢慢发生了变化,至康熙五十年(1711),他认真研读李光地的理学著作后,遂转向程朱理学。对自己的这一转向,他有具体说明:

> 迨辛卯夏秋间,得安溪夫子手订宋儒先生诸书,穷极理奥,辨析

不爽铢黍,直使孔孟程朱之旨融如水乳。初看即好,细味愈佳,方将殚日夜之力,孜孜探讨而力践之。

(王承烈:《日省录》卷一)

他不仅由陆王心学转向了程朱理学,而且由维护陆王转变为批评陆王。他指责阳明"学出于禅",尤对阳明"无善无恶心之体"不能接受,因为在他看来,"若无善,即无性矣,即无本矣"(王承烈:《日省录》卷一)。另外,他还认为李颙的学术思想"浸淫于禅处自不可掩"。

康熙五十三年(1714)初春,王承烈的母亲去世,王心敬前往吊唁。在此期间,他见到了王承烈刚刚撰成的《日省录》,读后遂引发了二人彻夜围炉论学。我们这里探讨的二人有关陆王心学的讨论,发生在康熙五十四年(1715)。斯年,他去信王承烈,劝他不要批评"陆王之说"。信中他给出了不应批评陆王学说的十条理由,我们这里着重分析他从学理上说明的几条。从这几条学理上的说明可以明确地看出,他力图解决一个问题:本非禅学的陆王之学何以被误认为是禅学?

首先,他要说明陆王心学不是禅学。他承认陆王之学有不足或者说局限。具体而言,象山为学以"立大本"为宗,则"未免张皇德性,遗略问学之弊所不免矣";阳明为学以"致良知"为宗,则"重在本体切合之工,而略于修为详密之目所不免矣"。但是陆王之学绝非禅学。对此,他主要依他少年时潜心探究儒禅之别的治学经历来说明。

> 少年读前儒书时,见多有辟禅之说,亦多有染禅之说,又有本不欲染而不知不觉已染于禅之说。至其余高明之士,极口谈禅、极力推禅而不讳者,又复多人。于是取禅书之精者,闭门谢客,一意参究者数月。初亦不能遽得其要领,积之日久,亦遂恍然于其旨之颠末,而见其立心也总期以出世为归,其出世也总在于见性之空。故必空山河大地、伦物富贵,并其身心空之,不留毫发于胸臆,以碍其性之本然,而后世得而出:是崇虚出世之学也。若吾儒则无论身心不可得而空,即伦物无一可空,富贵亦在所不空,而天地山河虽欲空之,而燮理之任可以他诿?亦正有不可空者:是经世崇实之学也。陆王之学无一语不本于心性,正无一语不归于经世。此与禅旨何啻天壤之悬隔。

(《续编》卷一一《又与逊功弟》)

他探究出来的儒佛之别是:儒学是"经世崇实之学",而禅学是"崇虚出世之学"。他以这一区别儒佛的标准来审查陆王心学,断定陆王心学是儒学而非禅学。基于这一认知,他判定那些认为陆王心学是禅学的说辞统统都是"以禅诬陆王"。

其次,他证明从学理上论证阳明学是禅学的说辞纯属"莫须有"之罪。他认为从学理上判定阳明学是禅学的始作俑者是顾宪成、高攀龙和冯从吾三人。他的具体说法如下:

> 迨万历末至启、祯间,一时学者祖尚性宗,如周、焦、袁、陶辈公然谈禅说偈,破吾道之樊篱不顾。于是南之顾、高,北之冯恭定三大儒者,思欲挽回狂澜,乃始推排阳明"无善无恶心之体"句,以为类于佛氏之善恶不思,而不可以为训。然于"致良知"三字不曰"千圣秘传",则曰"圣学要旨",初不敢下一贬词。

(《续编》卷一一《又与逊功弟》)

他认为顾、高、冯三先生认为阳明学是禅学唯一的理据就是"无善无恶心之体"有涉惠能所谓的"不思善,不思恶"。那么,"无善无恶心之体"是否就是"善恶不思"呢?他认为并非如此。在他看来,"阳明无善无恶是形容心体浑沦无物,未尝以性为无善无恶也"(《续编》卷九《与亮工弟论主静主敬之辨》)。他所谓的"无物",就是没有物欲,这从他"物欲之物,此心不可有"(《正编》卷一八《又答佟体乾》)的命题中可以很容易推理出来。那么,这就是说阳明通过"无善无恶"描述"心体"是要说明"性善",而禅宗通过"善恶不思"来描述"本来面目"是要说明"性空"。显见,二者截然不同。那么,怎么能说"无善无恶"类于佛氏之"善恶不思"?又怎能判定阳明学是禅学呢?故而,他批评顾、高、冯三先生断定阳明的"无善无恶"说是禅学是"以深文锻炼成姚江莫须有之罪案"(《续编》卷一一《又与逊功弟》)。

最后,他揭示了导致世俗皆"以禅诬陆王"并对之批评的主要原因,即陈建的《学蔀通辨》和吕留良天盖楼八股时文点评传播的陆王之学是禅学并竭力攻击陆王之说。陈建(1497—1567,字廷肇,号清澜,东莞人)于明嘉靖二十七年(1548)撰成《学蔀通辨》一书。他在书中明确地说:"朱子尝谓陆子静却成一部禅,愚谓阳明也成一部禅。"(陈建:《学蔀通辨》)遂竭力批判陆王学说。王心敬认为陈建撰《学蔀通辨》并非出于学术目的,而是另有政治图谋:

> 迨至嘉靖间,则阳明军功既成,忌者滋甚。于是思借陆陷王者

且重牵朱陆之讼于不已,而异论遂纷纷矣。盖明之习俗,大臣建军功于外,则归功内阁,次及司马。阳明以当时奏请,旗牌之立允,因之得以成功者,皆大司马晋溪王公之力也。故凡军功之上皆先归功大司马,内阁心不能平,于是从其学术间摘揭其失。而东莞陈建者遂探取内阁隐意,为《学蔀通辨》一书。盖其说在攻陆,而其旨则藉摈陆以摈王而陷王也。

(《续编》卷一一《又与逊功弟》)

如果真如他所说,陈建撰《学蔀通辨》是"借陆陷王"以阿附内阁杨廷和的话,那么,该书所谓的陆王之学是禅学的真实性就颇值得怀疑。历史上因王守仁正德十四年(1519)平定宁王朱宸濠叛乱的军功之争而引起首辅杨廷和与兵部尚书王琼之间的政治斗争确有其事,但陈建撰写《学蔀通辨》迎合杨廷和来打击王琼的说法是很难成立的。根据侯外庐等主编的《宋明理学史》的考证来看,《学蔀通辨》最早撰写时间在嘉靖十二年(1533),成书晚在嘉靖二十七年(1548),刊刻流布更晚在万历年间(1573)。然而杨廷和在嘉靖八年(1529)已去世,王琼也于嘉靖十一年(1532)去世。显见,陈建阿附杨廷和来打击王琼而撰《学蔀通辨》的说法不成立。此说并非王心敬自创,明末清初就已有流传。他持此说的目的在于说明陈建判定陆王之学是禅学完全出于政治目的,根本不可信,但是他的反驳方式是不正当的,从而使他的反驳没有任何效果,反倒具有他批评顾、高、冯先生时所谓的"莫须有之罪案"之嫌。其实,陈建的《学蔀通辨》诚如梁启超所说:"他的书纯然破口漫骂,如何能服人?"[①]遗憾的是王心敬对该书的内容不很关注,没有从理论上予以驳斥。

另一种是吕留良的《天盖楼偶评》等八股时文点评诽谤陆王之学为禅学并竭力攻击。吕留良(1629—1683,字用晦,号晚村,浙江崇德县人)是当时著名的八股时文点评家。他坚信阳明学是禅学,说:"若姚江良知之言,窃佛氏机锋作用之余绪。"(吕留良评,车鼎丰编:《晚村吕子评语正编》)他为学"崇朱辟王",甚至说自己"痛恨阳明"(吕留良:《吕晚村先生文集》卷二《与某书》)。他通过点评八股时文来向士子们灌输阳明之学是禅学和"尊朱辟王"的思想。他的儿子吕公忠说:"(先君)尝叹曰:'道之不明也久矣,今欲使斯道复明,舍目前几个识字秀才无可与言者;而舍四子书之外,亦无可讲之学。'

---

① 梁启超:《中国近三百年学术史》,北京:东方出版社,1996年版,第126页。

故晚年点勘八股文字,精详反覆,穷极根柢,每发前人之所未及。乐不为疲也。"(《吕晚村先生文集》附录《行略》)经他点评出版的八股时文在当时影响很大,时人对之有"风行海内,远而且久"(王应奎:《柳南续笔》卷二《时文选家》)的评价。那么,他宣传的陆王心学是禅学以及批评陆王的思想影响之广泛也可想而知。所以,王心敬说:

> 暨吕晚村以《天盖楼四部文评》行世,制举家无不读其书。于是好事者随声附和,遂成一攻击党伐之局。金溪、余姚遂为诟厉。
>
> (《续编》卷一一《又与逊功弟》)

他说的《天盖楼四部文评》很可能是《天盖楼偶评》[①],这是当时颇有影响力的评点八股时文的著作。在他看来,正是这些饱含"崇朱辟王"火药味的评点时文误导了士子们以为陆王心学是禅学,并对之竭力攻击。

王心敬对本非禅学的陆王之学何以被误认为是禅学的问题的回答,并没有使王承烈满意。这表现在他不但没有返回陆王心学,而且没有接受王心敬劝诫他勿排陆王之说的建议。康熙五十七年(1718),他问学于张伯行。张伯行认为他"虽未能尽脱丰川习气,而所学较正"(张师栻、张师载:《张清恪公年谱》)。雍正二年(1724),他奉旨在皇宫养心殿讲解《大学》"明明德"章,不但"反复敷陈格致诚正之义",还"辨儒释之分甚详"。结果是"上大喜,赏赉甚厚"。他之所以没有接受王心敬的建议,与王心敬的辩论缺乏客观性和公正性有一定的关系。

第三节　与朱泽沄争论朱子理学

康熙六十一年(1722),江苏朱泽沄来信与王心敬商讨朱子学。朱泽沄(1666—1733)字湘陶,号止泉,江苏扬州宝应人。他一生专门研究朱子学,并践之于行,是名副其实的朱子学专家。他阅读王心敬的著作时,对王心敬有

[①] 根据李裕民《吕留良著作考》(见《浙江学刊》1993年第4期)来看,吕留良评选之书并没有王心敬所谓的《天盖楼四部文评》。再结合王心敬说的"至其最弊,则一二涉猎之士,通于朱子之学术宗不知身体力行,又不知宣畅发明,只掇拾晚村《偶评》纸尾之说,以善骂陆王为尊朱崇正之计"(《续集》卷二一《又〈答门人靖道谟庶常〉》)来看,《天盖楼四部文评》应当指的是《天盖楼偶评》。因为该书是有关《论语》《大学》《中庸》和《孟子》四部类为题的八百余篇八股时文的点评,王心敬"四部文评"或谓此。

关朱子学的认知不能苟同,故而来信商榷。

朱泽沄与王心敬对朱子学的认识分歧较大。王心敬认为朱子的为学宗旨是《论语》的博学笃志,教法则是《论语》的始先卒后;而朱泽沄则认为朱子的为学宗旨是《大学》的明、新、止至善,而博文约礼、始先卒后俱为教法。王心敬认为朱子《大学》格物之物是泛指天下之物,朱泽沄则认为朱子格物之物是明德新民。王心敬认为朱子虽云本体不虚,然旨有偏畸;朱泽沄认为朱子亦以涵养本体为鹄,只是工夫有层次而已。王心敬认为朱子倡学有本末先后之分,朱泽沄认为朱子并无此说。

对于朱泽沄来信商榷的上述分歧,王心敬主要从理论上分析了其中的两个:一个是否定朱泽沄所谓朱子的教法是博文约礼的主张,另一个是否定朱泽沄所谓朱子格物之物的明德新民的看法。先来看看他对第一个分歧的论辩。要弄清楚这个问题,先需要了解他对《论语》"博文约礼"的认知。

> 文即此道灿著之条目,礼即此道秩然之矩矱。博学于文是于道之全体大用知之极其明,约之以礼是于所学者一一归于上身来。凡一切动静语默、待人接物,无不循那天然矩矱行之,则是行之又极其当矣。知既明,则识极其周,而行非冥行;行既当,则身与道会,即知亦非泛知。所知即是行,所行即依道,尚何畔道之有哉?然要知是即博即约,博学时便讲究的是可以身体力行之准则;又是随博随约,于所学者遇事接物即依那讲究明白的准则躬行实践。庶几知行合一,深造以道,而可以弗畔尔。初非如世儒先博后约之说也。若说是博后方约,无论当博学时,道之在古人者与自己两无交涉,且古今事理浩瀚,何穷?苟终身无博尽之日,即终身无约礼之时矣。又安得于道弗畔耶?

(《江汉书院讲义》卷二《上论》)

这是康熙五十年(1711),他在江汉书院讲学时,对于学生金班"问君子博文约礼弗畔之旨"的答复。他认为博文约礼就是即博即约,随博随约,知行合一。用这种博文约礼观念来审核朱子教导生徒的修养工夫:"紫阳先生《文集》中言教不躐等处不一而足,即其泛言先博后约处亦不一而足。"显见,朱子的教法不可能是他认为的博文约礼。所以,当朱泽沄认为朱子的教法是博文约礼而反对他认为的始先卒后时,他不禁问道:

> 博文约礼似异先后本末之分疏截然矣。然所谓先博后约,得毋

仍相类于末先本后耶？所以然者,这博约分不得先后,犹之乎本末不可截分始卒耳。吾友试思博约是随博随约,即博即约耶,抑是先博后约耶,博尽后约耶？本末是本不遗末,末不离本耶,抑本在所后,而末在所先耶？

(《续集》卷一四《答扬州朱泽沄》)

他的表达方式与其说是与朱泽沄商量,不如说是对朱泽沄的反诘。他十分坚定地认为,朱子的博文约礼就是先博后约,博尽后约,这根本不是《论语》"博文约礼"的真正内涵。分析到此,可见二人的分歧不再是朱子的教法的分歧,而转变为对"博文约礼"理解上的分歧,已经脱离了讨论的主题。

接下来,分析他对另一个分歧的辩论。要搞明白这个问题,先得掌握他对《大学》"格物"之"物"的了解。

> 敬初亦深致疑于此,其后反复推勘,窃觉"格物"之"物"既不可与前"物有本末"之"物"顿异,又觉大人之学惟其所先格者,即在身、心、意、知、家、国、天下之见,故其所后得者乃有诚、正、修、齐、治、平之效实。格明新之物,而或略于天下之物者固有矣,未有泛格天下之物,而能洞知明德新民之物者也。大抵凡物皆物,而不可以语此处之物。凡物皆宜格,而不可以语此地之格物。盖此地是言大人明德新民之实下手处,固不容舍明德新民之实物,而泛指天下之物。欲其不隘,而却入于泛滥也,故某四十年来窃守物即身、心、意、知、家、国、天下之物之解,格即其身、心、意何以诚、正、修、齐,国、家、天下何以齐、治、平之解,而不敢易尔。

(《江汉书院讲义》卷五《大学》)

他在江汉书院讲学时,学生徐家麟向他提问:"格物"之"物"与"物有本末"之"物"不相同,对吗？上述引文即是他对这个问题的回答。很明显,他认为"格物"之"物"与"物有本末"之"物"是相同的。这个"物"指的就是"明德新民",具体地看,就是身、心、意、知、家、国、天下。所以,他说:

> 若泛论格物,写字、作诗、务农、栽花无不可通。若论《大学》格物,无论琐裒穷索不可搀入本旨,致令搀杂大体;即明天察地亦不容扯曳,致令浮溢于本宗。盖此处是直截指明德新民本事而言,不可少参泛滥旁溢一事一物也。

(《续集》卷一四《答扬州朱泽沄》)

可见,在他看来,"格物"之"物"只能是"明德新民",而不能是其他任何事物。那么,朱子对"格物"之"物"是否也是这样理解的呢?王心敬的答案是否定的,原因是朱子增补的格物传中将"物"诠释为"天下之物"。再结合他"物,犹事也"的诠释,那么,"物"就泛指一切事物。怎么能将朱子的"格物"之"物"理解为"明德新民"呢?所以,对于朱泽沄所说的"格物正实靠明德新民作底本,本传所云即凡天下之物即明德新民中物也"。他无法理解,更不可能接受。

对于他的辩驳,朱泽沄并不接受,反而认为他对朱子的著作"不尽心分晰",所以,他对朱子学的认知是错误的。并批评说他对这种认知的坚持,其实是在"自欺"。

扬州学派的学者中除了朱泽沄对王心敬的学说有所批评外,王懋竑对他的学术也有所批评,而且比较激烈。王懋竑(1668—1741,字予中,号白田,江苏扬州宝应人)被征入京后,在京师期间读他的《丰川易说》和《丰川全集》,遂对他的为学和为人予以激烈批评。王懋竑认为《丰川易说》"无所发明,而徒为衍说",并在"尚未详阅"《丰川全集》的情况下,即批评该书"所言泛滥无统纪",甚至认为它"大抵剿袭先儒之言,且有畔越"[①]。并批评他为人"自处甚高",拟自跻于程、朱之上。王懋竑专研朱子之学,"一时有小朱子之目"(沈德潜:《钦定国朝诗别裁集》),且为学"纯粹推宗朱熹的道路"[②],并严批心学"侵染异学"(王懋竑:《白田草堂存稿》卷八《偶记》)。故而,他对王心敬其学其人的批评,恐怕不免门户之见。

第四节 与朱轼探讨纂修《明史》

雍正元年(1723)二月底,在都察院左都御史朱轼的推荐下,清廷以《明史》分纂官再次征召王心敬。他以年老体衰、两耳失聪为由辞谢,但他将他有关纂修《明史》的想法写成一封长信——《寄朱公论修明史》,寄给了朱轼以求商榷。该信可以视为他撰写的明代政治史和学术史的纲领。就前者而言,有明一代的制度演变、历代君主和各朝重臣皆有简述和评价。就后者而言,

---

[①] 郑晓霞、吴平标点:《扬州学派年谱合刊》,扬州:广陵书社,2008年版,第16—17页。

[②] 张舜徽:《清儒学记》,武汉:华中师范大学出版社,2005年版,第266页。

论及了有明一代理学、经学、史学和文学的历史,尤其以理学和文学为详。但我们这里仅借此信来分析他的史学思想。王心敬的史学思想,主要有以下六方面的内容:

第一,史书编纂的目的。他认为"大抵纂修前代之史,所以辑编其一代之治乱因革,以彰往劝来"(《续集》卷二三《寄朱公论修明史》)。显见,纂修史书的目的是为了"彰往劝来"。对此,他还有别样的表述:

> 若推原古今设史之正义,而讲究本朝纂修前代史书之本旨,原以前史咸可为后日之劝戒,而近代之史则犹与本朝相接,其劝戒尤切耳。
>
> (《续集》卷二三《寄朱公论修明史》)

"劝戒"是"彰往劝来"的另一种说法,其实就是通过对历史上治乱兴衰的记载,来给统治者提供治世的参考资料。这一史书编纂目的需要通过史书记载的有关"治乱因革"的历史事迹来实现。

第二,史书编纂的内容。由于受"彰往劝来"或"劝戒"编纂目的的限制,史书的内容就应当和"治乱因革"紧密相关。那么,哪些历史内容与"治乱因革"紧密相关呢?

> 而君德、用人、行政与夫人才、制度五事乃治乱因革之肯綮,而君德则尤此四者之咽喉,人才则尤关此四者之命脉也。
>
> (《续集》卷二三《寄朱公论修明史》)

所以,史书的编纂就应当以君德、用人、行政、人才和制度为内容,尤其以君德和人才为主要内容。当然,要是能够根据这五类内容总结出规律性的结论,那更具劝诫作用。

> 呜呼!岂非开创之君忧深虑远,规模弘大;继体之主徇便袭敝,智浮识浅,曾不知流祸之无极乎!又岂非守成之君,大宜尊开创之善制,不宜袭渐敝之余风乎!凡此又皆宜于叙断中不忘申戒示监之大端也。
>
> (《续集》卷二三《寄朱公论修明史》)

这是王心敬通过对有明一代君德、用人、行政、人才和制度的演变的分析,而总结出来的可以用作劝诫的历史规律。凭借这些内容和规律,我们可以很容易地窥见他的历史观——英雄史观,不过,他眼中的英雄首先应当是道德楷模。他虽然秉持英雄史观,但是当英雄也无可奈何之时,他便将之归结为"天意"。

> 建文仁柔,齐、黄、方、练抱晁错之忠,而乏主父偃之智,其能济乎?然天意在燕,即主父重生,其能济耶?
>
> (《续集》卷二三《寄朱公论修明史》)

尽管他认为建文帝的失败与建文的软弱以及"齐、黄辈书生太无机略"等人为因素有很大的关系,但他还是将建文帝的失败推诿给天意。

这里需要说明的是,以是否有助于统治者参考治世为标准来确定史书的内容,明显具有褊狭性,很难反映历史的真实。比如编纂史书时,哪些历史人物应该被记载?对此,他有严格的要求,而且反复强调"不可滥入"。

> 至如女祸、孽阉、权奸、妖僧以及奠人、黄冠之流,细者竟可不书。大有关于坏纲纪、乱政教者,简言直书,取足示戒而止。
>
> (《续集》卷二三《寄朱公论修明史》)

在他的眼里,这些人物是不配载入史册的,除非可以作为反面教材而具有警戒作用。

第三,选择可靠的史料。他特别强调史料的真伪虚实。他认为以往的历史编纂,"至于君德之优劣昏明,全视史官记注之详略虚实。人才之高下贤奸,则视于志传碑铭之真妄诚伪"(《续集》卷二三《寄朱公论修明史》),然而,史官对于帝王的记注和志传碑铭对于人才的记载未必真实可信。对于明代帝王的《起居注》和《实录》内容的真实性,他颇为怀疑。他以太祖朱元璋为例,说:"且以太祖之威严,一言不合,祸不旋踵!又谁是不彰长隐短,觑过目前,图免罪戾耶?"(《续集》卷二三《寄朱公论修明史》)显而易见,史官对于太祖的言行不可能据事直书。他以此类推,认为有明一代史官对诸帝的记载资料都不一定可信,所以,《起居注》和《实录》就不可以完全作为纂修《明史·本纪》的史料,同样,志传碑铭对于人才的记载也不很可信:

> 至若人材,则不特少可信之志状,亦并少可信之记传。盖志传出自子孙,子孙之言曾可尽据耶?记传虽出自他人,近于公矣。然非子孙之贤之贵,亦岂能得他人自记传?故他人之传其人,与子孙之传其祖考父母,俱有难尽信者焉。
>
> (《续集》卷二三《寄朱公论修明史》)

尽管他没有给出甄别史料真伪虚实的方法,但他强调史书编纂应当依据真实可靠的史料,无疑是正确的。同时,他敢于质疑官方资料的真实性,也是非常可贵的。

第四,史书内容的写法。他主张对历史的叙述应当据事直书,但是他又主张春秋笔法。

> 盖《春秋》一书,其事则桓、文取威定伯之事,其文则史官编年纪月之文。独其笔削褒贬、尊王抑僭之大义昭日月而塞乾坤者,取裁于我先师孔子,遂卓然成经,而可垂法千古耳。
>
> (《续集》卷二三《寄朱公论修明史》)

据事直书本是事实判断,而春秋笔法是价值判断。他既提倡据事直书,又主张春秋笔法,其实是想寓价值判断于事实判断,从而在历史表述中实现真与善的统一。

第五,对历史人物的评价。他坚持对历史人物的评价要公允,尤其不能完全肯定或否定。那么,具体如何评价?他有自己的看法。

> 且更有难者,史传一人之是非,要须合千古之公论。而欲合千古之公论,必深鉴其人性情之隐微,学力之浅深,行事之偏正,与世教有关无关,而后可断其人之纯疵。且是非则稍知,名义亦尚易断。盖天下之奸贪虽难据定,而要可即其终身而定期为人。至如纯疵,则贤知之伦,当世久传矣。
>
> (《续集》卷二三《寄朱公论修明史》)

他上述的评价方法,大概可以概括为三个方面:其一,纵观被评价人物一生的性情、学力、行事来评价;其二,根据被评价人物对世教有无贡献以及贡献的大小来评价;其三,参考当时以及后世人们对被评价人物的评价来评价。可见,他对历史人物的评价是综合性评价,考虑得比较全面。

第六,对史家素养的要求。他在《寄朱公论修明史》中没有明确提出对史家素养的要求,不过,通过他辞却《明史》分纂官的谦辞中可以看出他有这方面的考虑。

> 倘分纂非人,不达史旨之源流,不通当代之典故;又乏子长、孟坚、永叔之笔力,董狐、南史之骨鲠,亦岂能通总裁经营构造之本旨?
>
> (《续集》卷二三《寄朱公论修明史》)

我们不妨参照史学界乐于称道的史家"四长"说①,来分析他对史家素养的要求。"达史旨之源流"和"通当代之典故"很明显是"史学",司马迁、班固和欧阳修的笔力应当属于"史才",晋之董狐与齐之南史的直笔是"史德"。

  即使二者尽详尽实,悉诚悉真。原情度势,据事推心,尚当有穷理尽性、论世知人大君子,超群情而定是非之权衡。

(《续集》卷二三《寄朱公论修明史》)

引文中的"二者"指的是"史官记注"和"志传碑铭"。这是说,具有穷理尽性、论世知人之才能的史家通过对翔实的史料的分析,从而判定历史上的是是非非。显而易见,这说的就是"史才"。

其实,王心敬早年曾提出过史家四长说,其说如下:

  史必明于圣贤经世之道法,而后善恶乃可劝戒。后之论史者,动曰史具三长,而曾不及于道,即其长亦短也,□况未必长乎。

(《正编》卷八《侍侧纪闻》)

他主张的史家四长,应当是在刘知几提出的史才、史学和史识三长之外,增加了史道一长。所谓的道指的是儒家标榜的经世致用之道,那么,所谓的史道就应当是要求史家要具有经世致用的素养。在他看来,史道在四长中最为重要,不可或缺,另外,他似乎对刘知几提出的史家三长不怎么认可。

王心敬一生曾与很多学人书信论学,而且讨论的范围比较广泛。这里我们仅仅选取了康熙四十九年(1710)至雍正元年(1723)中他的四次论学,而且侧重于理学方面。通过这四次论学,我们可以再次看清楚他的心学旨趣,当然,也领略到了他的史学思想。

---

① 唐代史学家刘知几最早提出史家应有"三长"之说,即史才(撰写历史的能力和技术)、史学(具有渊博的历史知识和掌握丰富的历史资料的能力)和史识(对历史是非曲直的观察、鉴别和判断能力)。清代史学家章学诚又增益了一长——史德(史学家作史的道德素养),从而形成了史家"四长"说。具体可以参阅刘氏的《史通》和章氏的《文史通义》。

第十八章　岁暮注"五经"

"独怜六经注,辛苦晚经营。"(《续集》卷三四《除日》)这是雍正五年(1727)除夕,王心敬写的一首诗歌中的两句。这两句诗反映的是他晚年从事"五经"注疏的情形。他自雍正二年(1724)四月初,开始注释"五经",似于雍正六年(1728)底完成,历时将近五年。他在刚开始注经不久,有位外地朋友托人给他捎来茗茶和问候书信。他在回信中,描述了他每日注经的情形。

> 目今病中切欲自力末路,再探诸经。仰穷千圣道德经济微旨,期以赎前日之虚薄,消愧悔于桑榆。每日严立课程,于西窗下读三四章。每读则滴露研惠朱,汲泉煮惠茗。读一章即用惠朱细细点明句读,鞭心思索,思索有得即下笔就臆见下一段注脚,劳热乃饮惠茗一大杯下,所惠建莲子十余枚和之。毕一部,仍另及一部,周而复始,期五六年内终"五经"之课。顾不知上天肯假以年,令遂此迂愿否耶?
>
> (《续集》一五《答印江兄书》)

按上文可知,王心敬注解"五经"是有计划的。首先,他的工作目标很清楚:"五经"全部予以注解。其次,有注解工作的完成时间:短则五年,长则六年。最后,每日有具体的工作量:注解三四章。这说明他对"五经"的注解是经过认真的考虑和规划的。要知道雍正二年(1724),王心敬已经六十九岁,而且他雍正元年(1723)患的眩晕症还没有完全康复。他迫不及待地开始了需要耗时五六年才能完成的"五经"注解工作,足以说明"五经"注释对他而言,是至为重要的一件大事情,所以,他希望在有生之年将之完成。但问题是,他为什么认为注解"五经"至为重要呢?

第一节　经旨的迷失

雍正四年(1726),王心敬的弟子黄冈靖道谟寄信来问候他的近况,他在回信中谈及他注解"五经"的情况。同时,他向靖道谟吐露了他不顾年高,辛苦注解"五经"的真正目的：

> 夫老朽七十有一之年,老矣,衰矣。独勤勤于此,而不敢告劳者,缘"五经"关圣道寄托。而自汉迄今,传世注疏往往逐流迷源,几不复见本来真面。此圣道之久而未光,是以二千年来学术终于门户之习,而当世不收真儒之效耳。

（《续集》卷二一《又〈答门人靖道谟庶常〉》）

王心敬认为圣人寓道于"五经",这也就是他说的"矧圣经者,圣道之攸寄"（《尚书质疑》卷首《丰川古文尚书质疑自序》）。但是自汉代以来所习见的"五经"注疏,不但无法彰明"五经"中的道,反而遮蔽了道,即他认为的诠释之误。依此来看,他注解"五经"就是要拨云见日,使"五经"中所蕴含的道重现。

雍正七年（1729）,陕西大吏拟修《陕西通志》,派鄠县知县鲁一佐具体负责聘请王心敬往省会西安就任编纂,王心敬以衰老坚辞。然而修纂者遇到相关问题,往往来信顾问他。他们曾就"儒林可包道学经学"问及他,他说"儒林原可包涵道学经学"（《续集》卷二二《又〈答论修通志〉》）,并称赞这种观点是"格言笃论"。他反问道："外经岂更有道？外道岂复有经？又岂复有儒？故士之通经只以明道。"（《续集》卷二二《又〈答论修通志〉》）这充分说明,他认为理学与经学是统一的,儒者应当通经明理,所以,他赞成《儒林传》包括理学家与经学家的主张。尽管儒学包括理学和经学的观点不是王心敬直接提出的,但他充分地肯定这种观点,并对之进行阐述,我们据此可以肯定他自己也秉持这种观点,甚或这种观点形成得还比较早。另外,他主张儒学包括理学和经学的观点,还可以从他提出的阅读儒学著作的方法上得以印证。

> 读经不知读宋明诸儒语录,训诂执泥之弊所不免。喜读诸儒语录,不喜读经,门户偏泥之弊亦所不免。

（《正编》卷二《语录》）

王心敬主张儒者既要学习理学,也要学习经学。这也能反映出他抱持儒学包括理学和经学的观点。

王心敬儒学包括理学和经学的观点具有十分重要的意义。有见宋明理学末流背离经学而谈道的现实,顾炎武提出了"理学,经学也"（《亭林文集》卷三《与施愚山书》）的命题。他视经学为儒学的正统,目的在于绾理学于经学之中;并批评说："今之所谓理学,禅学也。"（《亭林文集》卷三《与施愚山书》)同时,面对学者们视理学为禅学的现实,李颙又提出了"儒学即道学"(《二曲集》卷一四《鳌屺答问》)的命题,强调理学是儒学。王心敬儒学包括理学和经学的命题,显然是对二者的合题。无论理学即经学,还是理学即儒学,其内容都有偏失之处。儒学包括理学和经学的命题,明显较二者更为全面。

虽然王心敬主张儒学包括理学和经学,但他比较偏重于理学。这可以从他主张《儒林传》的编写体裁中看出:

> 则如细讲于体裁之宜,而准以公旨。以儒林作纲,而首列道学,次经学,又次文学,庶几纲目妥协乎?又不然,或以人物作纲,而目则首道学,其下经学、文学以次而降,庶几纲目不至紊乱乎?顾不审尊意以为如何也?

(《续集》卷二二《又〈答论修通志〉》)

无论如何编排,理学都位居其首。这充分地反映出,在王心敬的思想中,理学比经学更为重要。

王心敬认为儒学包括理学和经学的前提是理学和经学是统一的。但理学和经学到底是什么关系呢?他似乎认为理学和经学是道和器的关系,他在给陈诜的《四书述》所作的序言中表达了他的这一看法。康熙四十九年(1710),他曾应湖北巡抚陈诜之邀,到湖北武昌的江汉书院讲学。后来陈诜请他为其所撰《四书述》作序,他在序言中流露出对理学和经学关系的看法。

> 彼训诂之家,语器而遗道,既不足拟其精深。即前此理学家疏义,语道而略器,亦且逊其弘括。是真会天德王道之全体,合文章性道而一之,用能使圣圣相传之心印,一旦揭白日于中天也。

(《正编》卷二一《陈实斋先生四书述序》)

在王心敬看来,文字学家注疏经书,往往"语器而遗道",理学家注疏经书,又常常"语道而略器"。这反映出他认为对经书的注疏应当是道器兼备,道指的应当就是理学,而器则指的是经学。这从他说的"世儒外索于刑名度数之末,以是为遵圣法,其弊也语器而遗道"(《正编》卷二四《又〈随处体认天理解释〉》)可以看出。对于道和器的关系,他有如下的论说:

> 何名为道何名器?上下攸分道器名。
>
> 道器由来只一贯,漫将精粗强相争。

(《续集》卷三四《感兴篇·其四三》)

第十八章 岁暮注"五经"

王心敬对道器的认知,仍然沿袭了《周易·系辞上》中所谓的"形而上者谓之道,形而下者谓之器"。不过,他强调道器一贯,反对强分道和器,是显而易见的。这说明理学和经学是一贯的,同时,也说明他认为宋学和汉学是一以贯之的。但是与他强调儒学包括理学和经学而偏向于理学一样,虽然他强调经学包括汉学与宋学,但是他依然偏向于宋学。

> 汉唐诸儒解经,往往如猜枚射覆,宋儒出乃始得的当亲切之解。缘圣贤说话皆根心为言,非有真实穷本之学,纵强探力索亦必不能见从上圣贤心源,焉能探取圣贤言中之旨而发明其义蕴?汉唐间学脉不明,一切注解虽曰依经疏义,然其实以自己识见为依傍摹拟之说,几曾会得真谛?□宋儒造道深,故其解经往往□□晤对古人于一堂。昔人谓孔子之学,得孟子而益明;"六经""四子"之书,得宋儒而真解渐出。信非虚也。然亦可惜无得力子弟消融其渣滓,补救其流失耳。
>
> (《正编》卷九《侍侧纪闻》)

按上文可以非常清楚地看到王心敬对汉学和宋学的态度——趋向宋学,而背离汉学。他对经学有一个基本认识,即圣人寓道于经,所以,注疏经书就是要彰显经中所蕴含的道。但是汉儒只重视经中的语言文字,多做训诂方面的工作,而对语言文字背后蕴含的道,却无甚阐述。所以,他认为"训诂不足以尽经旨",并批评"汉儒多经师,而十七不通其旨"(《续集》卷二二《又〈答论修通志〉》)。宋儒则不同,由于他们对圣学"实体之身心",自然"体道益明"而"见理益精",所以,他们注疏经书大多能够彰显经书中的微言大义。非但如此,他甚至认为训诂不但无法完全彰显经书中的微言大义,反而还会遮蔽经书中的微言大义。

> 读经有三难:一见解不能到古人田地,则意拟难真;一训诂杂陈,未易即辨真旨;一经秦火之后,简编脱遗,后儒附会杂出,世远莫证其真。以此三难,致令光天化日之"六经",转见云翳幽隐之或多。
>
> (《正编》卷一《语录》)

可见,这三个困难中,训诂就居其一,不但不能"致令光天化日之'六经'",还可能"云翳幽隐"圣人寄托在经书中的大道。他甚至认为"二千余年来,学者附会穿凿,以讹传讹,竟不见圣道之大全,致今学术不能符合孔孟宗传"(《续集》卷一《示及门》),遂对"泥形逐迹之训诂"进行了批评。他主张

"顾学其于章句训诂之外,独能护持道脉"(《续集》卷二一《与门人夏力恕》)。在批判训诂的基础上,他进而批判训诂学。在他看来"训诂是借以蓄德明理之事"(《正编》卷九《语录》),也就是说训诂是用以诠经彰理的工具,然而当时却"以此当学问,而且矜为名高"(《正编》卷九《语录》)。他认为这如同"认张翼门为五凤楼"般荒唐,我们不能不指出王心敬的这一认识是有所偏失的。既然训诂有"杂陈",显然是有确有不确,那么,遮蔽儒学大道的就应当是不正确的训诂,而非正确的训诂,怎么能够否定经书中的整个训诂呢?又怎么能连同训诂学也完全否定呢?显而易见,他以偏概全而完全否定训诂以及训诂学的说法是不正确的。

尽管王心敬对汉学的认识有偏颇之处,但他的这一认识是对当时学界的真实反映,即考据学已经兴起。他认为考据学家注疏儒家经书,并不是为了"明道",而是玩弄文字,"簸弄精魂"。这是他晚年坚持注疏经书的一个主要原因。他注疏经书,还有一个重要原因,即理学衰落。理学衰落在实践方面的表现就是"明道"乏人,"行道"甚至无人。他认为行道无人只是一时的,只要"明道"之人彰显出圣人寄托在经书中的大道,将来必然会有豪杰之士继承。对此,他有如下的说法:

> 一时无行道之人,道犹赖明者之绪余常明于天下。若宇宙无明道之人,则天下后世且贸贸焉莫知所适从,而天心民命之寄托息矣。
>
> (《续集》卷一五《答友人》)

他认为"明道"的工作是何其重要,那么,如何来彰明圣贤寄托在经书中的大道呢?只有一个办法,那就是重新注疏经书。这就是他说的"圣贤虽往遗经在,透得遗经见圣贤"(《续集》卷三四《感兴篇·其五》)。分析到这里,我们终于明白了他在垂垂老矣之年花费四五年的时间注疏"五经"的真正原因。如何来注疏"五经"呢?显然,不能从文字训诂入手。他对他注疏经书的原则,雍正初年在回复山东巡抚陈世倌(1680—1758,字秉之,号莲宇,浙江海宁人,陈诜之子)的信中有所说明:

> 而凡诸经之注,一融诸解之精华,务本孔孟之心宗。心所不安,则必援经证经;不得,则反复推勘。总之,一本吾道之公,而不参以穿凿附会之私。
>
> (《续集》卷二一《答东抚陈秉之公》)

他注疏"五经"的原则是"本孔孟之心宗",注疏的方法是"援经证经"。

在这种原则的规范和方法的运用下,他注疏了"五经",即《丰川易说》《尚书质疑》《春秋原经》《丰川诗说》和《礼记汇编》①。

第二节 经旨的重现

王心敬认为儒家的"五经"多为孔子删定,删定之时即寓道于经,以垂宪来世,所以注疏"五经"就是要彰显孔子寄托在"五经"中的大道。然而考据家的训诂如同"瀚云密雾","隐翳"了"圣经"的"真面",故而他鄙弃考据家将"圣经""以寻常训诂打法过"的注疏方法,而是坚持"独探本原,不屑字栉句比,为训诂家言"(王心敬:《春秋原经》卷首《序二》)的注疏方法。他的目的在于钩沉孔子寓道于经的本意。下面我们大体来分析一下他的"五经"注疏。

《丰川易说》的具体撰写年代已不可考,但康熙五十五年(1716)刊刻成的二曲书院本《丰川全集》中著录有该书,可知应当是他早期的著作。《丰川易说》是对《周易》经文的注疏。他在注疏时,提出了"象义双显"的注疏方法,具体而言,"置象言义,是为悬空;执象舍义,是为泥迹。象义双显②,则体用一源,显微无间矣"(《易说》卷首《通论》)。所以,罗振玉认为他对《周易》的注疏属于理象折中派③。然而他注疏的基本原则是孔子说的"加我数年,五十以学《易》,可以无大过矣"(《论语·述而》)。他具体是这样表述的:

> 然余窃尝见吾夫子自言曰:"五十学《易》,可无大过。"则是《易》之为道,虽穷天之高,极地之深,尽阴阳不测之变,亦只是示人以寡过之象,教人以寡过之义耳。
>
> (《易说》卷首《原序》)

他认为《周易》是用来教人寡过的书。他说伏羲、文王、周公和孔子四位

---

① 《丰川易说》其实是王心敬早年的著作,按《续集》卷二一《答襄城刘芳草弟》可知,他晚年著有《易说质疑》一书,但书名仅此一见,遑论考究其内容。《丰川易说》虽说是他早年著作,但完全可以体现他注疏"五经""本孔孟心宗"的原则和"援经证经"的注疏方法,而且《丰川易说》在清代的易学著作中颇具盛名,故本章将之与他晚年注疏的"四经"一起论述。

② "象义双显",王心敬有时也称"象义双融"(《丰川易说》卷首《通论》)。

③ 罗振玉:《本朝学术源流概略》。转引自汪学群编:《清代学问的门径》,北京:中华书局,2009年版,第10页。

圣人创作和阐演《周易》"是乃教人借《易》以检人心身,令其寡过之道也"(《续编》卷七《答问录》)。这说明《周易》通过"检人心身"来"寡过"。如何"检人心身"呢？这就是他在《易说》卷首《通论》中提出的"自占"。

(1)"读《易》莫实于观象,莫妙于自占。读《易》不知自占,失四圣人《易》教之本旨矣。"

(2)《易》象稽实待虚,一象宜作千象万象会,一占宜作千占万占用。而自占一法,则视乎神明其德,尽性至命耳。

"自占"并不是用龟甲、蓍草推测吉凶祸福的迷信活动,而是通过观象来实现尽性至命的道德修养。"自占"具体说来,包括占心和占身。

明于《易》从道之旨,即《易》不在设蓍策,而在我;《易》不在占卦占爻,而在占心矣。蓍策云乎哉？占卜云乎哉？

(《易说》卷首《通论》)

占心,就是要"观象惕心",即通过卦象之吉凶悔吝警示,来遏制内心之妄念私念的产生。对于占身,他有如下说法:

(1)故善体《易》者,无往不占。且学者但能随时随地反身自占,即随时随地利用无咎。彼蓍以决疑,特一时事,一处占耳。全占固视吾心之变易从道何如也。呜呼！孔子谆切之意,明白反复如此。吾辈读《易》者,读孔子之言,学寡过之道,亦可以观象玩占,而悟用《易》之道矣。

(《易说》卷首《通论》)

(2)仔细推详孔子之意,则谓《易》原为人事设,故必须申明以身自占之旨。使学者知随时从道之实义,然后《易》可体而用,过可因而寡。

(《易说》卷一)

身占就是"以身自占"或"反身自占",即通过卦象之吉凶悔吝,来约束行为上的不规不法。对此,他有比较详细的说法:

善读《易》者,读此卦,明得此卦之所由吉凶,便要反上身来,我见在所居之位、所行之事,与此有相应者否。读此爻,明得此爻之所由吉凶,便要反上身来,我见在所居之位、所行之事,与此有相应者否。即大《易》卦爻变迁之位,一一反观于身,又即吾身所宜由之义,一一印合于《易》,则读《易》如读吾切身之符,久之于《易》道证据亲切,临事时自知拟之而言、议之而动矣。此初学读《易》之要法也。
若夫神而明之,则又存乎其人,默而成之,则又存乎德行矣。

(《易说》卷首《通论》)

王心敬的"寡过"之说,受李颙的"悔过自新"思想影响较大。李颙认为,"过"既有已现于言行之"众见之过",也有潜藏在内心的"独处之过",故悔过就必须"先检身过,次检心过"(《二曲集·悔过自新说》)。王心敬通过身占和心占来寡过的主张,显见是对李颙这一主张的继承,不过,通过《周易》来阐发寡过思想则是他自己的创造。

王心敬通过身占和心占来寡过的主张,得到了后辈关学学者的肯定和继承。孙景烈(1706—1782,字孟扬,号酉峰,陕西武功人)说:"丰川言《易》之占法而曰:'内占以心,外占之身。'①此二语最得孔子假年寡过之微旨。"(孙景烈:《滋树堂文集》卷二《与陈榕门先生论黄石斋九种经传书》)其实,王心敬的易学思想非常丰富,甚至有学人认为他的易学思想关涉自然、社会、人伦和政治等②,我们在这里仅简述其要而已。

《尚书质疑》撰成于雍正三年(1725)二月,然而康熙二十三(1684)年,王心敬就著有《尚书反身录》一书,但只注疏到《商书》。《尚书质疑》是在《尚书反身录》的基础上撰成的。他认为圣王的治世之道寓于《尚书》,具体说法如下:

然吾夫子之祖述者则在尧舜,宪章者则在文武;而尧、舜、文、武之道法昭垂则备于吾夫子手删之《尚书》一编。呜呼!《尚书》一经,盖即邹鲁之学术渊源,而斯道之统绪寄属也。

(《尚书质疑》卷首《丰川今古文尚书质疑自序》)

他认为儒家所标榜的天德王道思想就寄托在《尚书》之中,《尚书》甚至就是儒家思想的源泉。足见,《尚书》对儒家而言是至为重要的。但恰恰是这么一部至为重要的典籍,却在经师的注疏中面目全非。

---

① "内占以心,外占之身",不见于《丰川易说》,或许见于《易说质疑》,亦或许是孙景烈对王心敬身占和心占思想的概括。

② 汪学群认为王心敬的《丰川易说》提出"'借天道明人道'的命题,所论小到个人修身、出处进退,大到经世致用、安邦治国,可以说自然、社会、人伦、政治等包括在他的易学之中,就这一点来说,他的易学博大精深,大有研究的空间"。见汪学群:《清代中期易学》,北京:社会科学文献出版社,2009年版,第40页。

奈自经师起,而传注繁;又自今文古文分,而真伪淆。传注繁,即传注者意见之离合为二帝三王之浅深;真伪淆,且使浅生知识之揉杂进而乱圣真之精醇。而吾夫子删定之微旨昭如白日者,且从而隐翳于滃云密雾之中,而不复见真面之何似矣。

(《尚书质疑》卷首《丰川今古文尚书质疑自序》)

很明显,他注疏《尚书》的目的就是要去训诂之遮蔽,来重现"二帝三王之道法"(《尚书质疑》卷首《丰川今古文尚书质疑自序》),同时,彰显"吾夫子祖述宪章之心宗"(《尚书质疑》卷首《丰川今古文尚书质疑自序》)。基于这一原则,他的注疏主要是阐述他对《尚书》的"心领神会",而不拘泥于语言文字。但是他的注疏方法遭到了四库馆臣的批评,他们不但指出该书"考证亦疏"(《四库全书总目》卷一四《经部一四·书类存目二》),而且还批评说"尤为臆说"(《四库全书总目》卷一四《经部一四·书类存目二》)。

《春秋原经》完成于雍正四年(1726)。王心敬认为《春秋》是孔子为了"尊王明统,以正人心"(《春秋原经》卷一《讲读春秋八法》)而作的,这也是《春秋》一书的本旨。然而注疏《春秋》的学者多不达孔子本意,致使《春秋》的本旨隐而不显。在他看来,遮蔽《春秋》本旨的恰恰是那些有名的传,即《左传》《公羊传》《穀梁传》和南宋胡安国的《春秋传》。先看看他是怎样评价《左传》的:

《左传》只宜作世史读可尔。若欲根究吾夫子作《春秋》本旨,且不可据传执泥至失《春秋》宗传。何者?《左传》一书,今且无论其一切论断全与吾夫子作《春秋》大义懵然不达,即如吾夫子本经删尽昭然史册之事迹是为何意,而《左传》撫拾影响之事迹是为何心。今日读《春秋》不信吾夫子删尽事迹以存教之本经,而反泥影响撫拾以竞藻绩之《左传》,又奚当于吾夫子作经本旨?

(《春秋原经》卷一《讲读春秋八法》)

他认为《左传》对孔子寄托在《春秋》中的本旨茫然不知。当然,他并没有否定《左传》作为历史著作的价值。《公羊传》《穀梁传》和《春秋传》亦复如是。他说:"要知《公》《穀》依左氏而加例,胡氏又因三传而加凿。四传本所以明《春秋》,然《春秋》正因四传而晦塞转甚。"所以他决定重新注疏《春秋》,来彰显孔子"尊王明统,以正人心"的本意。

那么,如何来注疏《春秋》呢?时人描述他《春秋原经》的本旨说:"大要以吾夫子天下有道二章为作《春秋》之权与，而论断一以孟子为宗。"(《春秋原经》卷首《序》) 从这里我们可以探寻出他注疏《春秋》的原则和方法。其实，对此他也有比较详细的表述。

> 《春秋》所由作与《春秋》格局宗要，不见于《论语》孔子之自言与门弟子传述。仅于他传见孔子自谓"吾志在《春秋》"一语。《孟子》七篇中历言之，如所谓"世道衰微，孔子惧，作《春秋》""王者之迹熄而《诗》亡，《诗》亡然后《春秋》作""孔子修《春秋》而乱臣贼子惧""春秋无义战""五霸三王之罪人""仲尼之徒，无道桓文之事"等说。不惟于吾夫子作经尊王贱霸、正名定分、不存乱迹之义昭然符契；即印以《论语》孔子所论"天下有道，礼乐征伐自天子出"二章之义，亦无不血脉隐隐映合。是则《春秋》作于孔子，而明于《春秋》之义莫过孟子也。
>
> （《春秋原经》卷二《通论》）

他注经以"本孔孟之心宗"为原则，在这里表现得非常明显。他"以经援经"的注经方法也很清楚，即用《论语》和《孟子》的相关记述，来论证《春秋》的本旨。在这一原则和方法的指导下，他注疏《春秋》，"不及经中所书之事，惟泛论孔子之意"(《四库全书总目》卷三一《经部三一·春秋类存目二》)。

雍正五年（1727），王心敬开始注疏《诗经》，大概于翌年年底完成，题名为《丰川诗说》。他认为《诗》是前古圣王所作，目的在于借《诗》教化民众。

> 《诗》本先王因人情而作。及其入耳而闻诸管弦，入口而诵诸之简策，亦正可感听者读者之情，而移人心，而变风俗。故《诗》之正者兴人之善心，《诗》之邪者惩人之佚志。
>
> （《诗说》卷首《统论》）

可见，圣王创作《诗经》，是为了"劝善遏恶"的，这就是圣人寄托在《诗经》中的教化之旨，他将之称为"诗教"。他认为"诗教"传自虞舜，其说如下：

> 诗教始自舜、皋明良一歌，而义则取于元首股肱之交警。自是历夏商，千载无传朝堂之歌咏。逮至春秋，孔子删定《诗》章，乃有风雅颂之三百篇。
>
> （《诗说》卷首《统论》）

他认为诗教源自虞舜和皋陶之歌咏。按《尚书·皋陶谟》，虞舜曾在朝堂歌唱："股肱喜哉！元首起哉！百工熙哉！"其臣子皋陶对唱："元首明哉！股肱良哉！庶事康哉！"这本来是君臣娱乐，作诗互相勉励①，但他认为这就是《诗经》中教化旨趣的渊源。这一教化本旨在夏商曾一度中断，后来再经孔子对《诗经》的"心裁手定"，《诗经》就成了"借以教人身心伦物之助，陶淑性情之资"（《诗说》卷首《诗说序》），从而恢复了《诗经》的诗教本旨。但是自汉代经师蜂起，纷纷以己意注疏《诗经》，《诗经》的本旨遂渐失其真。

> 盖宗传一失，学者往往各以意见揣摩卜度其间，而好事者又各以一己臆说托诸先达，争胜而竞长。兼当时正谊明道之旨郁而未明，故一时老儒经师皆不知为圣道计真伪是非，而但欲冒名假真，占胜经传之林，故其为弊遂至于此也。
>
> （《诗说》卷首《诗说序》）

正是有见于《诗经》的本旨日益被淡化，他才注疏《诗经》的。他注疏《诗经》就是为了彰显前古圣王创作《诗经》的目的和孔子寓教化于《诗经》的宗传。他注疏《诗经》遵循的是孔子的"论《诗》明法"。具体而言，即《论语》中记载孔子论《诗经》和诗的话语：

(1) 子曰："《诗》三百，一言以蔽之，曰：'思无邪'。"

（《论语·为政》）

(2) 子曰："小子何莫学夫《诗》？《诗》，可以兴，可以观，可以群，可以怨。迩之事父，远之事君；多识于鸟兽草木之名。"

（《论语·阳货》）

他对《诗经》的注疏主要遵循孔子对《诗经》的这两条论断，来发掘"孔门言《诗》明法"，从而达到他"恪遵圣训，仰体圣心"（《四库全书总目》卷一八《经部一八·诗类存目二》）的目的。但四库馆臣认为他的注疏对诸儒的《诗经》注疏"无一字引及"，从而批评他的《丰川诗说》是"抱残守缺之学"，并批评说："其每节必乡塾讲章，敷衍语气，尤可以无庸也。"（《四库全书总目》卷一八《经部一八·诗类存目二》）现代学人对《丰川易说》也持相似的观点，评价说："但其主张古说不可废，征引之少，则知其所见不多也。"②

与以上诸经由孔子或作或删不同，王心敬认为《礼记》非孔子删定，而是出于汉代学人之手，但其中蕴含孔子的思想。尽管如此，他认为"戴记虽杂出

---

① 王世舜、王翠叶译注：《尚书》，北京：中华书局，2012年版，第33页。
② 夏传才、董治安主编：《诗经要籍提要》，北京：学苑出版社，2003年版，第415页。

汉人,然中寓先王之大经大法"(《礼记汇编》卷首《自序》)。只不过由于《礼记》编纂存在着严重缺陷,从而使先王之大经大法和孔子的微言大义不能尽显。

> 但诸篇类齐鲁之士搜采残篇断简,会萃而成。虽其中先王之大经大法,吾夫子之微言大义,时有存者。要之庞杂无次,真伪相参,不惟吾夫子之言不尊不特多诬滋惑,即诸儒之记述,亦杂乱无章,而不可究诘。
>
> (《礼记汇编》卷首《自序》)

《礼记》存在的问题是编纂的问题,所以他要去伪存真,重新编排。这就是他大概于雍正三年(1725)年底完成的《礼记汇编》。该书"取《礼记》四十九篇,自以己意排纂,分为三编"(《四库全书总目》卷二四《经部二五·礼类存目三》)。不过,按他的《自序》可知,编辑的条例似乎是在康熙年间王承烈在鄠县二曲书院讲学时,他们二人一起商定的。他的编排方法,并不为学者所接受,尤其下编《纪录杂闻》,被四库馆臣批评说"聚列琐节末事,及附会不经之条"(《四库全书总目》卷二四《经部二五·礼类存目三》)。

通过上述分析可知,王心敬注疏"五经"无论是"本孔孟心宗"为原则,还是以"援经证经"为方法,其实,主要是依据孔孟对"五经"的论述来确定"五经"的本旨,并在本旨的规范下来阐释"五经",而不顾及文字训诂。很明显,他注疏"五经"走的是宋学的路子。这样的话,他的注疏虽然能阐发义理,颇具精微,但是空疏之弊、严谨之失在所难免,所以,偏向汉学的学者批评他"注经好为异论"(阮元:《国史文苑传稿》卷一下《李容传》)。客观地看,这是有一定道理的。

尽管王心敬存有抽绎"五经",高谈义理的缺陷,但他反对将"五经"神化的观点无疑是正确的。其实,这一观点和他反对将孔子神化的观点紧密关联。他说:"圣人之在今日,中国四海无不尊若天地神明,在当时仅一周流栖皇老布衣耳。"(《尚书质疑》卷首《自序》)显见,他对神化孔子的做法不满,而认为孔子是一个学不见用的老布衣。既然孔子是一介布衣,那么,他注疏的"五经"就既不应当神圣化,也不应当官学化。在他看来,孔子只不过在"礼崩乐坏"的时代,"身斯文在兹之任,晚而删定赞修述'六经',以诏来世",所以,后人不应该把儒家的经书看得过高过深,而应当"于读经所得者,实验诸身心伦物,则读经不至诵言忘味;于存心制行时,一一会归于经旨圣言,则心行乃不至荡矩踰规"(《正编》卷一《语录》)。只有这样,孔子寄托在儒家经书中的大道才能够得以发扬,这也是他"独怜六经注,辛苦晚经营"的目的和意义所在。

第十九章　学问见解论

王心敬认为"论人先论其人之立心立身,然后论其学问之见解,则人品之高下、造诣之浅深可定"(《正编》卷三《语录》)。他这里所谓的人指的是学人,尤其是儒学学者。对学者的评价,不但要看他的著述立言,还要看他的立身行事,而且尤为重要的是"即行可以验学"(《正编》卷九《侍侧纪闻》)。我们不妨用"以其人之道,还治其人之身"的办法,来评论王心敬的学术和人品。本章先论其"学问之见解",俟下章再论其"立心立身"。

第一节　学术思想博而不杂

王心敬的学术思想如以前所述非常丰富,不仅包括理学和经学,还涉及政治、教育、农业、军事和荒政诸学。王国维论述清代学术时,说:"国初之学大,乾嘉之学精,而道咸以来之学新。"(王国维:《观堂集林》卷二三《沈乙庵先生七十寿序》)王心敬的学术生活虽然主要在清代中期,但他的学术思想相当博大。

王心敬的学术思想之所以很博大,应当有两个重要的客观原因:其一是李颙学说的影响,另一是学术现状的影响。先来分析前者。王心敬对其师李颙学术的继承,如以前章节所说,即"体用全学"。他既继承了李颙的"明体"之学,也继承了李颙的"适用"之学。就明体之学而言,他继承了李颙的心学思想。详而言之,本体论域,他继承了李颙心本体的本体论,也以"虚灵"说心,认为心体即性体,心体的外化即理;工夫论域,他接续李颙"主静"和"主敬"兼倡的修养工夫;境界论域,他吸收了李颙以"生死不二"来验证修养境地的主张。就适用方面来看,他秉承了李颙"天德王道,一以贯之"的主张,倡导实学实用,并主张明学术以救正人心。正是由于他比较全面地继承了李颙的学术思想,所以清代著名学者江藩在论述李颙之学时,说"率弟子王心敬传其学"。今人谢国桢也有"二曲门人,惟心敬最知名"①的说法。

但是我们应当看到,王心敬的学术思想与李颙的学术思想是有区别的。先看理学方面的不同:就本体论域来说,他没有接受李颙对"欲"的宽泛解释,也不太使用李颙常常使用的"念"这一理学范畴;就工夫论来看,他对"敬"的解说突破了李颙仅以"勉强"解释"敬"的樊篱,而赋予"敬"以"呈现""自然"之义涵;同时,他没有接受李颙本体与工夫不同的说法,而主张本体即工夫,工夫即本体,本体、工夫合二为一。如果总体地说"二曲论学虽主陆王,然亦兼取程朱"或者说"其学承陆王而不废程朱"②的话,那么,他的理学思想大概也是如此,即师弟二人在工夫论上都假借程朱来修正陆王。但是他们修正的具体方法不同:李颙的工夫论"主敬"与"主静"并举,而以后者为始基;而王心敬则重在强调"主敬",不过其所谓的"主敬"不仅有程朱"主敬"所含的收敛、勉强之意,更重要的是具有呈现、自然的含义,而且他本人多在后一意义上使用。如果说李颙是以程朱之"主敬"来修正陆王之"主静"的话,那么,王心敬则是寓陆王之"主静"于程朱之"主敬"。前者是引程朱补充陆王,后者却是引陆王渗透程朱。可见,李颙比较直接、表面,而王心敬则较迂回、深刻。这一点,还可以从师弟二人取法佛老的方式上看出。李颙汲取佛老之处,往往言之不讳,故其集中多有禅宗及庄子之语,如禅宗之"本面""念""常惺惺""寸丝不挂"等,庄子的"野马""尘埃"之说。非但如此,他还接受佛老的哲学命题,如禅宗之"明心见性"、庄子的"虚室生白"等说。王心敬则不然,他表达理学思想很少用佛老语言。可见李颙于佛老往往珠椟并取,而王心敬则取珠弃椟。这也说明在改造阳明学的方式上,李颙比较表面,而王心敬比较深刻。如果详细考察造成这种差异的原因,则无不是王心敬所处时代朱学联军讨伐王学孤旅的炽化。当时为了更好地传承阳明学,他不得不采取迂回隐晦的方式来传达阳明学的思想。再就经世方面看,王心敬将李颙主讲的经世致用内容扩而大之,不但探讨政治、教育、荒政,而且论及农业和军事。再

---

① 谢国桢:《孙夏峰李二曲学谱》,上海:商务印书馆,1934 年版,第 145 页。
② 钱穆认为,"二曲论学虽主陆王,然亦兼取程朱"。见钱穆:《中国学术思想论丛》卷八《〈清儒学案〉序》,合肥:安徽教育出版社,2004 年版,第 367 页。劳思光认为李颙"其学承陆王而不废程朱"。见劳思光:《新编中国哲学史》卷三下,桂林:广西师范大学出版社,2005 年版,第 592 页。

者,结合梁启超所说的讲求经世致用"有从书本上求者,有从事上求者"①来看,李颙似乎主要是在书本上讲求经世致用,而王心敬不但在书本上讲求,还在实事中讲求。这就造成了师弟二人学说本质相同之时,又存在着较大的差异。

再来分析学术现状对王心敬学术思想的影响。王心敬所处的时代是理学日益式微的时代,就理学衰落的表现来看,既有理学内部朱学对王学的攻击,也有理学外部实学等对理学的激烈挞伐,从而导致了对整个理学的削弱。无论是朱学攻王学,还是实学伐理学,其理由无不是认为理学尤其王学空疏无用,近于禅学或者玄学。为了反击攻伐理学者将理学误认为禅学或玄学,他严区理学与佛老之别,并对佛老予以激烈的批评。在他看来,佛老为学本旨俱与儒家截然相反。"吾儒之道原是经世之道"故尚"实",而"二氏之道原是出世之道"故尚"虚"。尚"实"故"所尚者仁义礼智、忠孝节烈";尚"虚"故"所尚者虚无空寂、清静超然",因而佛老之学"乱圣道"。再者,作为"外教门"的佛老,"失正不经,徒耗民财"(《续集》卷二〇《京师百善之治》),这些追求清闲的僧道们"游手蠹食民间力耕之粟",都是"圣化之累"。基于这一认识,抱持阳明学的他在建构学术体系时,就不得不对既有的王学进行修正——汲取"崇实黜虚"的实学②。如众所知,在明清之际以"崇实黜虚"为特点的经世致用思潮空前高涨,在这一思潮的冲击下,无论是反对理学的实学家,还是理学学者,无一不讲究经世致用,以挽救理学于末世的王心敬自然也不例外。如果按《明清实学思潮史》将这一"崇实黜虚"的时代精神具体表现为批判精神、经世思想、科学精神和启蒙意识四方面的话,王心敬对实学的吸收则主要集中于经世思想。而且他所倡导的经世思想十分全面,这主要表现在他对农田、水利、漕运、荒政、马政、兵饷、赋税、兵制、边务、吏治、科举、学术诸多方面都或多或少有所论述,揭露了当时的各种弊端,提出了自己的改革看法,而且其中不乏传世之作,如其所著的《区田圃田法》《水利说》和《井利说》,仍是当今农田水利研究者所乐于称道的。他认为实学是只求事功而不

---

① 梁启超:《清代学术概论》,北京:东方出版社,1996年版,第 26 页。
② 王心敬的著作中出现了"实学"的概念,他认为"语教士于今日,实学为重"(《续集》卷二四《又〈答中丞崔公书〉》)。但他是这样界定实学的:"学明体达用实学"(《正编》卷二六《丰川家训》)、"明体达用之实学"(《续集》卷一三《又〈设学事宜示功勋〉》)。显见,王心敬所说的实学是明体达用之学,即道德经济兼备之学。这和我们今天所谓的实学是不同的。

修德性的学术,与内圣外王统一的理学是不同的,相对于理学来说无异于异端。基于这一认识,他对实学予以批判,认为实学之士只不过是"杂霸之儒",其倡导的学术也就是"杂霸之术"。可见,他的学术思想之所以比较博大,旁汲实学是一个重要的原因。

王心敬的学术思想尽管很博大,但博而不杂,因为各学说之间有紧密的关联。如前所述,理学、实学与经学是道器关系,即理学和实学属于道的层面,而经学属于器的层面;理学和实学是体用关系,即理学属于体的层面,而实学属于用的层面。这使得他的学说宏观地看具有一定的体系,而并非驳杂无序。当然,就微观而言,不免有一些驳杂的瑕疵。比如天范畴的内涵界定的不一致性和心性关系先后的矛盾性等,都能反映出他的理学思想带有一定的驳杂性。另外,由他的学说体系中各论域间的关系可知,理学和实学都是他的学术思想的基本内容,而理学是核心。故而,本章我们集中评价他的理学思想和实学思想。

其实,清代学人对王心敬的学术思想的评价也集中在理学和实学。有清一代,最先对他的学术作出评价的是陈宏谋。乾隆十六年(1751),他给正在刊刻的《丰川续集》作序。在这篇序言中,他对王心敬的学术思想作了如下评价:

> 噫!若丰川先生者,岂非体用兼备,不出户庭而通当世之务之真理学乎!儒术之不迂疏,于丰川见之。彼章句以为学,雕琢以为文,不涉空虚,即蹈迂腐者,读丰川文集,可以恧然愧矣,亦可以跃然兴矣。
>
> (陈宏谋:《续集》卷首《序》)

陈宏谋认为王心敬的理学是真理学,原因就在于他的学术"体用兼备",其实,就是理学和实学兼备。所以,我们对王心敬学术思想的评价也集中在理学和实学上,不过,以理学为重点。

第二节 理学学说瑕不掩瑜

王心敬的理学成就主要表现在他在理学上的创获和对理学自身不足之发觉。他在理学上的创获有三点:其一是将心性量化,其二是拓展了"敬"这一理学范畴的内涵,其三是"理一分殊"的方法论。

首先来看心性量化,王心敬所说的性和心,都是有量的,即"性之量"和"心之量"。正是因为有量,所以他讲性讲心均有"全体"之说。就他将心性量化的目的来看,是为了强调修养工夫的时时落实。这一量化是动态的,为什么这么说呢?因为心体或性体是"全体",要全这一体就不能不时时修行,修行得一分,就全得一体,即尽得一分心便见得一分性。这样,修养工夫就是连续的永无止境的过程。同时,作为"全体"之"大用"亦然如此。用是体之用,只有尽得一分性,才能成就一分功用,这样,用也是一个逐渐展开的过程。可见,他之所以将心性量化就是为了强调修养工夫的当下落实和持续不断,这就补救了阳明后学站在现成良知的立场上大谈"满街都是圣人"而不落实于工夫的空谈。这是王心敬理学的一大创造。

其次说说他对"敬"这一理学范畴内涵的拓展。如众所知,"主敬"主要是程朱派学者倡导的修养工夫,但他们仅仅是在勉强或勉然的意义指向上使用"敬"这一范畴。然而王心敬在继承"敬"的这一涵义外,还赋予"敬"以呈现、自然的涵义,这主要是他将"敬"视为"本心"或"性"的功用或表现,从而使"敬"具有了这一涵义。这样,在他的理学思想中,"敬"这一范畴就不但有收敛这一勉然之涵义,也有呈现这一自然的涵义。他之所以秉有这一"敬"说,现实的原因就在于以之整合程朱理学和陆王心学工夫论上的分歧。如前所述,在他看来,理学与心学工夫论上的分歧就在于理学笃实而心学简易;理学往往是舍本体而谈工夫故笃实,而心学常常是谈本体而略工夫故简易。其收敛就是即工夫即本体,其呈现就是即本体即工夫,这样就由"敬"的两方面的涵义将两种工夫统摄其中了。当然,我们应当明白,他对"敬"的使用多在呈现自然这一涵义上。在朱学联军讨伐王学孤旅的硝烟中,他这一假借程朱理学的"主敬"工夫以传其陆王心学修养工夫的做法不能不说是非常高妙的,这是王心敬理学中的一大亮点。

最后谈谈他的学术构建方法"理一分殊"。如果说心性量化和"敬"范畴内涵的拓展是他理学思想上的创获的话,那么"理一分殊"则是他在理学方法论上的创新。众所周知,"理一分殊"早在宋时就被理学家们普遍使用,但他们几乎都是借以谈其理学思想,而并没有将之用作理学建构的方法。王心敬则不然,他用"理一分殊"的方法来建构他的学术体系。具体说来,他将"理一分殊"方法贯穿于其整个理学体系,打通了学术中的各个重要概念。将"理一分殊"用作学术体系建构的方法,这是王心敬的独创。

王心敬的理学成就还表现在他对以往理学思想缺陷的发觉,并试图予以解决。这表现在两个方面,其一是性善根源的问题,另一是德治的缺陷问题。对于性善根源的问题,他试图予以解决,并进行了几种不同致思路径的尝试。尽管最后他认为"信者自明",将哲学论证转化为宗教信仰,但不能不承认他的反思和论证也是他理学思想的成就。同时,对于儒家仅倚靠道德治世所存在的缺陷问题,他也有所发觉,亦进行了解决。尽管他也持性善论,但他认为现实中并不乏难以教化的恶人,所以仅凭借道德自觉去治世是难以实现的,这样德治之外还需要有遏制恶人的其他方法。一方面,他用"天德""天心"等宗教意义上的人格意志的天,以实现其福报论从而威慑恶人。另一方面,他不得不承认法律在治世上的重要性,从而提倡重法严刑。上述两点也可以看作是王心敬理学思想的成就,就前者来看,他将人之至善本性规定为内在的而非外在的,他这一从人自身寻找本性之根据的思维进路总比在人之外去探求人性根据的思考探索要正确得多。就后者来看,他用天德威慑的解决方法显然是错误的、落后的,但他用法律来解决的方法显然十分可取。

　　相对于王心敬理学的成就而言,他的理学的不足似乎表现得更为明显——理学思想具有一定的滞后性。首先"天德"说或"天心"说,指的是一种人格意志的天,可以对人间进行赏善罚恶。尽管他立说的初衷在于用福报论来威慑恶人,以补救儒家德治之不足,但"天德"这一宗教色彩浓厚的神秘说法毕竟是上古时的观点,早为以后学者所抛弃。其次是欲望说。他的"本体"论主要探讨心、性,在他看来人性本善,但本善之性之所以会隐而不现,在于欲望的遮蔽,这无疑将人的欲望直接等同于恶。所以他主张理欲不并存,要求存理灭欲。然而明清之际"公欲"说得以提倡,以往理学家的"欲望"说遭到了"以理杀人"的批评。故而,大多数理学家都修正了其欲望说,如王夫之主张"人欲之各得即天理之大同",唐甄疾呼"人之情,孰能无欲?"陈确提出"天理皆从人欲中见",李光地亦说"人欲非恶"。然而王心敬仍然以欲望为恶,主张存理灭欲,这就显得很不合时宜,更重要的是将欲望一概视为恶,本来就是不正确的。最后看看"物理"说。他所谓的物理以德性为前提,持这一物理说去经世理物,显然难以达到经世致用的目的。就他所处的时代看,自然科学已受到重视,学者们多坚持"即物以求理"。然而他固执地求理于心,且讥讽向外探求物理者为"世儒之穷物理",并批评从事于科学技术者是"驰骛于技术声华"。这都是其理学思想落后性的表现。当然,非独于此,他理学思想的滞后性还表现在他的义利之辨和"节烈"观等方面,这里不再一一陈述。

王心敬理学思想之不足,除表现在理学思想的滞后性外,还表现在他的理学构建目的与其学说自身的矛盾性上。他建构理学之目的在于维护理学或者说挽救理学,但他的学说并不具备这一功效,甚至有南辕北辙的做法。他理学建构的主线是解决理学内部程朱理学与陆王心学之争,但他将二家学说的分歧简单化为修养工夫上的简易与笃实之分。殊不知二家之别并不只是工夫上的差异,而根本的分歧在本体上,即理学家以理为本体,而心学家则以心为本体。他站在心学立场上,仅仅依靠吸收程朱理学"主敬"的修养工夫,去建构他的理学体系以实现维护理学的愿望,自然就只能归于失败。再者,为了维护理学,他在论证理学存在的必要性时将理学泛化,具体而言,即将儒家的道泛化为佛老兼容之道,将儒泛化为天、地、人、物之需,即他所谓的"儒者,天、地、人、物之需也"(《正编》卷一三《传道诸儒评》),这样儒学就无所不包、无所不是。当其无所不包、无所不是时,那么也就一无所是,这样儒学也就在泛化的过程中被消解掉了。王心敬理学建构的目的是要维护或挽救理学,但是其构建的理学理论不但无法实现其初衷,且最终走向了消解理学的极端,这怎么能不是其理学自身的缺陷呢?

王心敬理学思想中存在的这些缺陷或不足,既有主观方面的原因,也有客观方面的原因,但主观原因是其主要原因。这一主观原因主要表现在以下三个方面。其一,强烈的护教情怀。王心敬具有十分强烈的维护儒家道统的意识,这不但表现在他以儒家道统的继承者自居,还表现在他以挽救绝学于末世的使命自命。他这一强烈的护教情怀,一方面使他不能正视理学自身的缺陷,另一方面使他对理学以外的学术几乎都以"异端"视之。就前一点来看,他认为儒学发展到他所处的时代已经完美无缺,无须再发展,即他所说的"愚见则以为,斯道自孔孟以至今日,江都河海启户,周程张朱入门升堂,其他诸儒各抒己见,尽力阐衍,几于无义不备"(《续集》卷一四《寄无锡顾杨诸君》)。他的这一认识导致了他看不清理学衰落的根本原因,即《明清启蒙学术流变》中所谓的"宋明道学按照其发展的内在逻辑而进入了它的总结和终结的阶段"①,而将理学的衰落归结为理学内部程朱理学与陆王心学的斗争,而且将二家的矛盾简单化为程朱理学与陆王心学工夫论上的差异。这也就决定了他对儒家的理论只去照着讲而不去接着讲,这正是其理学思想落后的根源所在。就后者来看,王心敬对当时理学以外的学术如实学、佛教、道教、考据学等多不能正视,有时甚至投以敌视的眼光而激烈批评,对学西学更是不予关注。他的这一强烈的护教情怀决定了他保守的学术态度,最终也就注定了他的理学思想具有滞后性。其二,坚定的心学立场。王心敬的理学本质地说是心学,他将一切都收拢到心上,一心贯万事,一心贯万理。这就决定了他处理人类社会中的一切问题,几乎都从主体内在的心性下手,这一点在其理学中的"经济"论部分有明显表现,尤以"物理"说表现得最为突出。前文对此多有论述,故不再烦言。这里我们从另一方面来看他坚定的心学立场。康熙五十三年(1714),他往苏州紫阳书院讲学,间往吴门拜访黄宗羲的弟子裘琏,时裘琏正卧病,他遂向裘琏开出了"与其服药救标,不如养心培本"(《续编》卷一四《答宁波裘殷玉》)的药方。他之所以持有这一看法,就在于他认为"心君苟得舒泰,客邪自得退以听令也"(《续编》卷一四《答宁波裘殷玉》),由此可见他坚定的心学立场。坚守心学立场的王心敬,将一切都归之于心时,他认识事物,处理事情,也就唯心是究。正基于此,他批评从事科学技术的研究是"俗儒之穷物理",批评从事语言文字的研究是"泥形逐迹"。总之,在他看来,不觅之于心而外求,都是"播弄精魂"。可见,这一坚定的心学立场,也是导致他的理学思想滞后于时代的一个重要原因。其三,迂远的原典追溯。王心敬构建理学之目的就在于消弭当时理学内部的程朱理学与陆王心学之分歧。就其理论论证上看,要消解二家学术之分歧,返回儒家原典文献是必要的。但是他并不只是返回到"四书",而且远溯到"五经"。我们知道,"五经"乃是儒家以前的上古文献,并非儒家著作。他的这一过远的追溯,使他认为理学所谓的道是由二帝三王所倡导,早在伏羲画卦时就存在。他对理学中"道"的这一认识,并以之去统摄佛老之道,认为二家之道也是理学之道的一偏,这就将理学之道泛化,甚至滥化,结果消解了理学。再者,他将"天"解释为"天德"或"天心"等人格意志的天就是直接取自《诗经》和《尚

---

① 萧箑父、许苏民:《明清启蒙学术流变》,沈阳:辽宁教育出版社,1995年版,第292页。

书》。这就使其"天道"说又带有一定的神秘色彩,而且与他理学中"天"范畴内涵相互矛盾。可见,王心敬迂远的原典追溯,也是致使他理学思想滞后的一个重要原因。除上述主观原因之外,他看不清理学衰落的真正原因,一个很重要的现实缘由就在于他脱离了当时的社会现实。他一生几乎完全过着田园隐居和山林隐居的生活。他这一对现实避而远之的生活方式,使他游离于当时的社会与时代之外,自然也就看不清理学衰落的根本原因。逻辑与历史相统一,这一铁的规律鉴定了他的理学思想的滞后性。

第三节　实学理论行之有效

实学,也就是王心敬所谓的"经济"之学,具体包括政治、教育、农业、军事和荒政。以前各章在具体论述他的政治、教育、农业、军事和荒政思想时,已或详或略有所评价,所以这里仅给出宏观的评价。

对于王心敬实学方面的成就,清代的学术史多有评价,而且比较公允。比如《清史列传》中就有这样的评价:

> 心敬为学明体达用。西陲边衅初开,即致书戎行将吏,筹划精详,所言多验。集中选举、饷兵、马政、区田法、圃田法、井利说、井利补说诸篇,皆可起行。

(《清史列传》卷六十六《儒林传上一·王心敬》)

江藩的《宋学渊源记》中也有类似的评价:

> 心敬学问淹通,有康济之志。所著《丰川集》中,论选举、饷兵、马政、区田法、圃田法、井利说、井利补说诸篇,皆可起而行,较之空谈性命,置天下苍生于度外而不问者,岂可同日语乎!

(江藩:《宋学渊源记》卷上《李中孚》)

这都充分肯定了他在实学方面的成就,而且这种肯定大都是基于实践的验证而作出的客观评价,因为他的实学主张多被付诸实践,经过实践反复验证是行之有效的"名论硕画"(陈世倌:《续集》卷首《序言》)。比如曾将他的井利说和区田说付诸实践的陈宏谋就说他的实学理论"凡所区画皆可见之施行,有当时已行而效者,有未及行而验之十数年之后无不符合者"(陈宏谋:《续集》卷首《序言》)。那么,他的实学主张是如何被官吏推广实践的呢?

王心敬虽然三辞清廷的征召,终身隐居山乡僻壤,但诚如金廷襄所说,

"虽伏处山林,世教生民之利弊得失日靡不关心,遇当事之虚心求言者,亦不惜为筹画"(金廷襄:《正编》卷首《凡例》)。正是由于他关心生民利益,所以他比较关注如何将自己的实学主张付诸实践。他虽然不入仕途,但可以通过给从政者提出建议来实现他的经世致用。康熙三十年(1691),陕西诸县大旱,他撰写了《拟上部堂筹荒书》奉给了来陕西勘察灾情的钦差布喀①。这是目前所发现的最早的他给政府的建议书。自此以后,他屡次向地方甚至中央的大吏提出建议,而且建议多被采纳。随着实践效果的显著,他的声名日著,也就不乏官吏主动询问他。对于当时官吏咨询他的情形,陈宏谋有这样的描述:

> 一时执政重臣、开阃大帅下及分曹庶司有所造请,娓娓指陈。咸有所得。远不能赴者,肃书币以祈一至,而先生亦随时随地随人款曲相示,不虚其请。
>
> (陈宏谋:《续集》卷首《序言》)

可见,就实学方面咨询他的官吏比较多。那么,到底有哪些大吏咨询过他?乾隆四年(1739)冬,他的友人刘青芝在撰写《王征君先生心敬传》中提到了曾向他顾问的官吏:

> 甘抚岳公拜问抚甘之宜。海宁陈公世倌奉命祭岳,过其庐,问陕西长运边粮之事。卢公询奉诏赈陕,遣那光禄问赈荒急务。相国朱公顷奉勘事至陕,遣使商社谷水利事宜。陕抚崔公纪数数札询水利荒政。督额公伦特署陕西将军篆,恢复拉藏,遣使询完全之策。凡国计民生,以及边疆武备事宜,有询辄答,娓娓数百言,皆中肯。要所谓坐而言,起而即可见之行者,但未以身试耳。
>
> (刘青芝:《王征君先生心敬传》)

引文中提到的大吏有吏部尚书朱轼,侍讲学士、山东巡抚陈世倌,甘肃巡抚乐拜、卢询,陕西巡抚崔纪,湖广总督、西安将军额伦特,都曾向王心敬询问过政事或军事方面的事宜。

其实,仅就朝廷高官和封疆大吏而言,刘青芝所数还不尽然。遑论府州县的长官和戎守军官,朝廷高官还有鄂尔泰,地方巡抚尚有湖北巡抚陈诜、江

---

① 布喀到陕西勘察灾情时,似曾亲往盩厔造访李颙,并询问灾情事宜,李颙遂有《谏钦差查荒诸公》。王心敬的《拟上部堂筹荒书》,很可能是李颙推荐给布喀的。

苏巡抚张伯行、甘肃巡抚胡期恒,还有陕西督学使高尔公、陆德元和觉罗逢泰,甚至连"果亲王至陕,亦殷顾问"(周元鼎:《丰川王先生》)。正是有这么多高官询问他的建议,他的经世致用虽然"未以身试",但大都能够被具体实施。比如他的军事思想,通过额伦特和鄂尔泰的采纳,于评定准噶尔的战役中有所体现;他的政治主张,通过朱轼和陈世倌的采纳,得以在朝廷实现;他的农业思想通过崔纪和陈宏谋的推动,得以在陕西实现。

正是由于王心敬的实学多被地方和中央大吏采纳,且行之有效,这些大吏对他多有美言,故而他的声名也被皇帝所闻。雍正八年(1730),他的次子王功陛见,雍正帝称赞说:"若儒子,果自不凡。"(李元度:《清朝先正事略》卷二七《名儒·李二曲先生事略》),这足以说明雍正帝对他的令名早有耳闻。乾隆帝对他也是有所耳闻的,看看乾隆元年(1736)殿试时总理事务大臣鄂尔泰的一番问话就明白了。

> 乾隆元年,蒲城某士廷试,大学士鄂公尔泰问:"丰川安否?"其人素昧先生,不能应。鄂公笑曰:"士何俗耶!天下人莫不知有丰川,为其乡人,反不知乎?"
>
> (李元春:《关学续编》卷二《丰川王先生》)

这是鄂尔泰在殿试现场的一番问话,乾隆帝就在现场目睹这一询问过程。乾隆十五年(1750),他的幼子王勋将编辑好的《丰川续集》进呈给乾隆帝时,"御览,蒙圣恩赐货嘉奖"(陈宏谋:《续集》卷首《序》),这说明他见重于乾隆帝。可见,王心敬的实学在当时很有影响,这充分说明他的实学造诣很高。

尽管王心敬的学术思想以理学为核心,但是实学的影响远大于理学的影响,以至于有学人误认他"学问淹博,主颜李学"[①]。其实,他的学术传承也表现出这一趋势,他的弟子大都继承了他的实学思想,而没有继承或者发扬他的理学思想。尤其是他谢世后,继承他的心学思想的关中学者更是寥寥无几。依据张骥《关学宗传》中的有关记载来看,传承他的心学思想的关学学者仅有富平缑遂、缑山鹏父子,临潼周梦熊和高陵党思睿。经这些学人的"联会讲学",他的心学思想曾一度传播于"渭河南北",而且"一时称极盛焉"(张

---

① 《续修四库全书总目提要(稿本)》(32)之《〈赐沐纪程〉提要》,齐鲁书社,1996年版,第188页。

骥:《关学宗传》卷四六《周先生》)。然而,他的门徒在渭河南北宣扬他的心学思想与他在大江南北宣扬李颙的心学思想岂可同日而语。正缘于此,关学学者孙景烈认为自他谢世后,关学"薪火岌岌不续"(孙景烈:《史复斋文集序》)。无独有偶,另一位关学学者周元鼎(1745—1803,字象九,号勉斋,陕西三原人)甚至认为"自丰川先生后,关学绝响矣"(周元鼎:《〈关学续编〉后序》)①。当然,在"清学既兴,治理学者渐不复能成军"②的时代,衰落的不单单是王心敬的心学,就连整个宋明理学都已经日薄西山了,但他构建的复兴理学的学术,并未得以继承,这是很明显的。尽管他一生以"倡明理学"为己任,并为之终生奋斗,然而理学并未得以复兴。他在世时,被他视为"杂霸之学"的实学占据主导地位;他辞世后,被他批评为"泥形逐迹"的考据学又独占鳌头,即另一个学术时代——乾嘉考据学到来。尽管如此,王心敬在理学方面取得的成就,仍然值得今人研究和借鉴。

尽管王心敬的心学思想没有被他的弟子传承下去,但这并不能说明他在关学史上的地位不重要。其实,他在关学史上具有十分重要的历史地位,康熙年间陕西督学使陆德元曾给他创办并主讲的二曲书院赠送了副对联:"继横渠道统,承二曲心传"(《正编》卷二〇《谢学宪陆俨庭先生匾联书》)。这确切地表明,他主讲的"道德"之学,是对李颙心性之学的继承和发展,而他主讲的"经济"之学,则是对张载经世之学的传承和发展。同时,这也暗示了王心敬是继张载和李颙之后非常杰出的关学学者。

王心敬谢世后,无论是关中学者,还是关中之外的学者,都对他在关学史上的地位作出了评价。唐鉴说:"关中之学,二曲倡之,丰川继起而振之,与东南学者相应相求,俱不失切近笃实之旨焉。"(唐鉴:《国朝学案小识》卷一〇《待访录》)这是说他当时在关学史上的地位可以与李颙媲美,因为他在李颙之后将关学推向了顶峰,他身后的关学学者,几乎难以望其项背。关学学者孙景烈就认为自他谢世后,关学"薪火岌岌不续",周元鼎认为"自丰川先生

---

① 周元鼎为学推崇陆九渊的"先立乎其大"和王阳明的"以致知为致良知",尤其尊崇李颙,他认为"尼山之脉,曰在陆王,是人获珠,不有厥橼"(《汇菊轩文集》卷三《李二曲先生赞》)。非但如此,他还对朱子之学有所批评,甚至有学人认为他"剖击紫阳尤不遗余力"(路德:《柽华馆文集》卷二《周勉斋先生文集序》)。基于他的这一学术旨趣,所以他视关学为心学,认为王心敬卒后关学绝响。实事求是地看,关学中的朱子学依然有所发展,一直延续到清末民初。

② 梁启超:《清代学术概论》,北京:东方出版社,1996年版,第61页。

而后,吾关中之学其绝响矣"。其实,这也反映出他在关学史上具有极高的地位。

另外,为了维护"关中理学"道统,王心敬接续明代冯从吾的《关学编》而编撰成《关学汇编》①。他有见《关学编》成书已百年,"代移世易,中间传记缺然,后之考证文献者,将无所取证",乃为冯从吾、张舜典、张鉴、马嗣煜、王徵、单允昌和李颙立传,来延续"关中道统之脉络"(王心敬:《关学编》卷首《序》)。这也足以说明他对关学史的发展作出了重要贡献,他在关学史上具有重要地位。

所以,我们可以肯定地说,王心敬无论在世之时,还是谢世之后,都对关学的发展起到了很大的推动作用。他是一位颇具影响力的关学学者,在关学史上具有十分重要的地位。

---

① 王心敬的《关学汇编》卷一、卷六全为新增,卷一中乃他所谓的六圣,即伏羲、泰伯、仲雍、文王、武王和周公。卷六为明代冯从吾、张舜典、张鉴、马嗣煜、王徵、单允昌和清初李颙立传。卷二则于冯从吾原编后,增汉儒董仲舒和杨震,并附挚恂。卷三、四、五从冯从吾原编。由于他秉持"编关学者,编关中道统之脉络也",并认为"伏羲之《易》画开天,固宇宙道学之渊源,而吾关学之鼻祖也",故而所编"未免溯源太远",且又将本非关中人士的董仲舒强跻其间,所以《四库全书总目》批评是编"未免郡县志书牵合附会之习"。但他的这种做法或许有将关学与中华文化源头接榫的想法,从而抬高关学的地位,甚至于为关学争取儒学正统的宝座。

第二十章 立心立身论

> 辄有酸愁辄有诗,每逢吟罢每私悲。
> 由来字字关心血,漫向三唐较合离。
> (《续集》卷三三《录入秋小诗再寄复庵弟于京师·其二》)

这首诗歌大概写于雍正二年(1724),是王心敬寄给王承烈的三首诗歌中的第二首。借此诗我们可以明白,他的诗歌创作其实是他心灵的外显和情感的流露。而且他曾表白说:"吾于诗触物道志而已,然间一为之也。汩精役神而为诗人,则何言然。"(《续编》卷一《侍侧纪闻》)这就更直白地说明他把诗歌视为自己慰藉心灵和抒发情感的工具,故而他的诗歌创作也往往是"触目感事,辄占小诗自遣"(《续集》卷三二《江行无题》)。另外,作为一个理学家,王心敬的诗歌无论从数量上看,还是从内容上看,都是十分丰富的,而且他对诗歌还有比较系统的看法。他说:"余惟诗者心声,在作者为道志之具,在观者即为辨志知人之端。"(《续编》卷一八《绿梅轩诗序》)那么,我们对他的认知为什么不聆听他的"心声"呢?本章我们将通过对他的诗歌的研究来解读他的人生和人格。

第一节 赏诗歌品人生

首先,我们通过对王心敬诗歌的分析,来简单地了解他的人生历程,从而品味他的人生追求和人生价值。他的一生除了蒙昧的孩提时代之外,大体上可以划分为三个阶段,下来我们一一作以展示和分析。

王心敬人生的早期阶段,他将之概括为"早岁志猷业"(《续集》卷三四《田园杂兴·其一》)时期。从时间上看,这个阶段应该是他十五岁至四十岁之间。康熙三十五年(1696),刚过不惑之年的他在给同门康乃心(1643—1707,字孟谋,号太乙,学者称其为莘野先生,邰阳人)的论学书信中说:"大抵弟少年时过不自量,徒以虚愿自张,十五以至三十无非狂妄之日,三十以后则渐知近里,四十以后则浸近朴实。"(《续编》卷一五《答孟谋论近诣近著并全真宗旨书》)很明显,这是他对自己"早岁志猷业"的反思和总结。他对自己这个阶段的人生追求的评价是"狂妄",所谓狂妄就是"妄意三代以上名世之业"(《又〈答逊功弟〉》)。他曾对友人说:"仆少年狂妄,稷、契、周、召之志,勃勃不能自已。"(《答友人问近来日履书》)这充分说明,这个阶段他的人生追求是步入仕途,希望取得像后稷、契、周公和召公一般的丰功伟绩。他的这一人生追求,在他早期创作的诗歌《拟征妇词》中有明显的反映。

> 其二
> 都护勒铭在燕然,将军耀武破祁连。
> 丈夫塞外立功地,瀚海不清那可还。
> 其三
> 瀚海不清那可还,建功立业在边关。
> 君见古来奇男子,几人闺阁恋红颜。
> 其四
> 几人闺阁恋红颜,都护年高尚未还。
> 男儿义气轻身命,报主酬恩在此间。
>
> (《续集》卷三二《拟征妇词》)

这是康熙二十三年(1684)他在家养病时写的《拟征妇词》诗八首中的三首,也是他存留下来的诗歌中最早的诗作。诗中歌颂的是男儿建功立业的英雄气概,甚至为了建立功业而宁可"马革裹尸还"。其实,他是在通过对"古来奇男子"在边关"建功立业"的歌颂来抒发自己建立功业的雄心壮志,充分反映了他早年对奇功伟业的热衷和追求,因而他将之称为"早岁志猷业"。

王心敬人生的中期阶段,是他所谓的"一心甘畎亩"(《续集》卷三一《秋夜·其二》)时期。就时间来看,应当是他四十一岁至六十八岁之间。这个阶段又可以以他五十二岁为分界划分为两个小阶段。前一小阶段,他完全过着农耕生活,就连读书也只能是农忙之暇的余事。后一小阶段,他一方面从事着二曲书院的教学工作,另一方面忙于农业生产。他的畎亩生活情形,《田园杂兴》四首中可以清楚地反映出来。

> 其一
> 早岁志猷业,坐觉身可惜。
> 遇合有义命,高怀徒郁积。
> 脱然谢掌故,归田乐泉石。

勤耕供孀母,急税省官檄。
鄙吝诗书陶,襟怀风月涤。
移石列泉畔,煮泉候三益。
鸿冥吾焉敢,时然适吾适。

其二
有客扣柴扉,携儿抱琴樽。
相见胡麻进,移席对白云。
款款话耕读,终日无激论。
儿童各会意,献酬同子孙。
欢忘林峦莫,欣然意倍亲。
明月奏古调,冷冷千山闻。

其三
秋成乐蜡赛,挝鼓招远林。
白叟携黄童,远来原上村。
西向叩神庥,北面谢皇恩。
一祝岁常丰,再祝圣寿春,
三祝贤官长,长保我人民。
酒酣肥羜余,歌欢四邻闻。
山鸟樱脯遗,麋鹿无惊群。
迭迭再三祝,春耕督宜勤。
获丰税幸早,官吏良苦心。

其四
乐耕抱素愿,淡焉无外戕。
况复穷山谷,本无纷华将。
床头酿秫酒,残卷贮敝箱。
痴儿朝出田,依松玩羲皇。
一读数可了,再读象难详。
久久游帝庭,淡焉浑自忘。

云鹤间来往,鸡豚狎我旁。

儿来自何时,忽进太和汤。

(《续集》卷三〇《田园杂兴》)

按上述诗歌,"鸡豚狎我旁"描写的是乡村中的生活场景,但是"云鹤间来往"描写的却是林泉间的生活情趣;"秋成乐蜡赛,挝鼓招远林"描述的是山野村夫庆祝丰收的活动,但是"移石列泉畔,煮泉候三益"描述的却是山林隐逸煮茶待友的情致。另外,从"款款话耕读,终日无激论"可以看出,他"话耕读"似乎是为了"无激论";从"乐耕抱素愿,淡焉无外戕"可以看出,他之所以"乐耕",是因为"无外戕";从"遇合有义命,高怀徒郁积"可以看出,他虽说是"有义命",其实是在缓解"郁积"。分析至此,我们不难发现他所谓的畎亩生活,其实是田园隐居,而且他的隐居似乎多少有些迫不得已的味道。

如果要过田园隐居生活,那么家庭的生存必然依赖农业生产。对王心敬而言,也确实如此。他说:"余家六十口,生计靠薄田。"(《续集》卷三三《训儿》)而且他本人也不得不积极地从事"营田南山下,掘井涝河湾"(《续集》卷三三《训儿》)的农业生产活动。即使他高年之时,对于农耕仍然是"老身倡作先"。借下面这首小诗,我们可以清楚地看到他山居时依然不废农事。

山田余百亩,残卷足三车。

父子耕耘罢,高论千古书。

(《续集》卷三一《答友问山居·其二》)

以农谋生的生活是非常艰辛的,王心敬的生活也是如此。粮食丰收时,官方"获丰税幸早",又"兼供军前料",粮食已所剩无多;而"谷登足糊口"时,在"积岁税重摊"且"春税紧于耕"的盘剥下,已不足生存。基于这样的经济状况,他的生活不得不十分简朴。康熙五十年(1711),他在请求朱轼为他的母亲撰写碑文的信中说:"不孝五十六年,身不见寸帛,则下此之衣可知;非客至不食肉,则下此之食可知。"(《续集》卷二〇《谢学宪朱可亭先生书》)其实,这是他俭朴生活的常态。尽管以农为生的物质生活比较清贫,但他却"一心甘畎亩",坚持过着田园隐居生活。

王心敬人生的第三个阶段,他概括为"山林容病老"(《续集》卷三三《立春前一日示儿》)时期。从时间上看,这一阶段应从他六十九岁起直至八十三岁去世。他在六十八岁的年初,患了眩晕症。由于庸医的延误,卧床休养近八个月才恢复。可能病愈之后,他就搬到了营造在终南山太平峪的太平山房①,完全过起了山林生活。对于他的山林生活,他写了很多诗歌来描述。下面我们通过他的《山居》九首来分析他的山林生活状况。

其一
插天山势万株松,占得终南第一峰。
莫怪柴门常不闭,等闲时有白云封。

其二
林间阵阵鸣好鸟,岩畔时时见异花。
莫怪终年客到少,等闲知契是云霞。

其三
清风入案迥无尘,皓月当空契倍真。
莫怪终年不到县,等闲风月可幽人。

其四
翠岭难形照旭日,碧峰那写过新霖。
莫怪经时不饮酒,等闲岚翠醉人心。

其五
文昌仙吏时来就,赤水真君共此庵。
莫怪经年不食肉,等闲蕨术胜肥甘。

其六
缊袍度夏日时久,布被经冬岁月深。
莫怪不炉并不扇,等闲寒暑那能侵。

---

① 王心敬早年家住鄠县一个叫文义里的村庄。后来他举家搬迁到了鄠县县城的北关。他在鄠县西郊的孙家砲创建二曲书院后,还曾在书院旁修建小山庄,居住过一段时间。再后来,他又在太平峪修建了太平山房,过上了山林隐居的生活。

其七
非参天上人间事,即读三皇五帝书。
莫怪渺躬综宇宙,等闲万古系吾生。

其八
三封秘牍陈冢宰,两度陈情达抚军。
莫怪于今成隐癖,等闲惭愧北山文。

其九
时温论孟两三叶,日训童蒙四五人。
莫怪深山忘世教,等闲教读即经纶。

(《续集》卷三三《山居》)

按上述诗歌,可知他山居生活的大致情况。首先,他的物质生活比较清贫:长年不食肉,不饮酒,而且缊袍布被,不扇不炉。其次,他的精神生活十分洒脱:白日赏云观霞,夜来临风望月,而且时花经眼,鸣鸟萦耳。最后,他的山居之志弥坚:长年不至县城,而且坚决不做"诱我松桂,欺我云壑"(孔稚珪:《北山移文》)的周颙。显而易见,他的山林生活其实也是隐居生活,只不过从田园隐居转变为山林隐居。

通过上述分析,我们知道王心敬的"畎亩"生活是田园隐居,他的"山林"生活是山林隐居。其实,他对自己的隐居实情也在诗歌中有直接的表白。对于田园隐居,他在诗歌中有如下的表述:

莫怪侬甘隐,天生赋分闲。

庙堂盈稷契,巢许合归山。

(《续集》卷三一《答友问山居·其五》)

"侬甘隐"已经道出他的山村农耕生活其实就是为了田园隐居。他在介绍圃田法时有这样的描述:"此园夫之业,可以代耕。至于养素之士,亦可托为隐所,因得借赡。如汉阴之独立灌畦,河阳之闲居鬻蔬,亦何害于助道哉。"(《续集》卷八《区田圃田法》)这也是他对自己田园隐居的夫子自道。

对于山林隐居,他的诗歌中多有说明,但以其中一首名为《山居》的四言六句诗最具代表性。

白云隈里,紫阁深处。

> 洗耳清泉，挂瓢佳树。
> 种伯夷粟，灌樊须圃。
> 读羲皇书，友木石愫。
> 一年四时，出山有数。
> 抱月襟风，天地吾素。

(《续集》卷三〇《山居》)

"洗耳""挂瓢"明显是在借许由以自况，从而假许由的"箕山操"来传达自己的隐居之志。他甚至借"耻食周粟"的伯夷宁可饿死在首阳山也不愿归周，来表达自己坚定的山林隐居志向。借此可以非常明显地看出，他的山林生活其实就是山林隐居。

通过上述分析可知，王心敬八十三年的人生岁月，四十二年竟然都是以隐居的方式度过的。我们不禁要问，他为什么要过如此漫长的隐居生活？是什么原因导致他从早年的"志猷业"转变为中年以后的"侬甘隐"？其实，他的诗歌也给出了答案。

"遇合有义命，高怀徒郁积"给我们透露了王心敬隐居的一个重要原因。什么是"遇合"？《吕氏春秋》说："凡遇合也时，时不合，必待合而后行。"（《吕氏春秋·遇合》）这说明他隐居的原因之一就是"时不合"，即他与满清不投合。这主要表现在他的人生追求与满清的政治主张不合。他的学术追求是弘扬阳明心学，将之光而大之，然而清廷尊崇的是朱子学，而且在清廷的大力支持下，学从朱子的学人对阳明学猛烈抨击，甚至视之为异端，从而导致了儒学内部严重的门户之争。故而他对朱子学学人对阳明学的诽谤予以激烈的批评，并高呼"门户争而圣学衰"。他的教育理想是推行保举制度，运用晚明的书院讲会的教育方式，来培养道德经济兼备的通才。然而满清倡导的是科举制度，严厉禁绝书院讲会，而且在科举制度的诱导下，士子们大都鄙弃理学，所以他对科举制度予以激烈的批判，并疾呼"制举盛而人才衰"。当自己的价值取向、人生追求与清廷的政治主张截然对立时，他将何去何从呢？他选择的是"隐居求志，行义达道"（《续集》卷三〇《示儿》）。这恐怕是他隐居的根本原因。

其实，王心敬四十岁后已经抱定了隐居不仕的志向，最突出的表现是康熙四十二年（1703）十一月他成功地躲避了南巡来陕的康熙皇帝。这件事他的诗歌中也有反映：

> 客路经彭泽,南城落照残。
> 趁月秋波涌,上水晚风寒。
> 廊庙非吾事,鹓鸾自备官。
> 惟应辞凤诏,沣水老渔竿。
>
> (《续集》三二《夜经彭泽》)

这首诗是他凭吊彭泽时写的,要想完全读懂这首诗,不能不了解他的南行旅游。康熙四十二年(1703)九月二十日,他出发往汉中乘坐一位董姓官员致仕回籍的船只去南方旅游了,直至翌年二月下旬,他才回到了鄠县。就这次旅游的行程来看,经河南、安徽、湖北,远至江西。除途经河南襄城拜访李颙拜把兄弟刘宗泗、路过湖北武昌拜访李颙连宗兄弟李彦瑄外,全程游览观光,诗歌唱和不绝,再没有别的事情,俨然名副其实的旅游。但问题是,他为什么要在这个时间去旅游?要知道他出发时李颙已经卧病床褥,而且他的母亲李氏也年事甚高。

这首《夜经彭泽》的诗恰好给我们透露了答案。诗歌中都是王心敬在自况,而非咏颂他人。那么,"廊庙非吾事""惟应辞凤诏"就是在非常直白地表明他南游的真正目的——躲避康熙皇帝有可能的征召。因为康熙四十二年(1703)十一月,康熙帝南巡返回时来到陕西,要召见李颙,被李颙以老病坚辞。康熙帝明白李颙德高士林,望重天下,不可以相强,遂赠"志操高洁"匾及诗。由此可见,王心敬的南游很可能就是在得知九月十六日康熙帝"南巡阅河"(赵尔巽:《清史稿》卷八《本纪八·圣祖本纪三》)的诏书后,经过与李颙一番商量,在"上南巡启銮"的九月二十五日的前五天,他便形色匆匆地南行旅游了。

再者,王心敬旅游途中凭吊彭泽,也很能反映出他的隐居志向。原因就在于陶渊明曾任彭泽令,他那"不为五斗米折腰"的名言就是在彭泽喊出的。王心敬当年被督学无礼对待时,说的不就是陶渊明的这句名言吗?其实,他非常仰慕陶渊明,甚至将之引为知音。

> 渊明情寄酒,以酒作良朋。
> 伊余生平契,知音惟清风。
> 融融春霁道,皓皓秋桂丛。
> 凌风歌古调,浩气满苍穹。
>
> (《续集》三〇《知音》)

他认为陶渊明是自己生平心契的人物,并视这位千年前的古人为知音。那么,他们心契的到底是什么呢?这就是陶渊明为了恪守自己的人生信念而甘于田园隐居。他深悉陶渊明之所以能够达到"结庐在人境,而无车马喧"的隐居境界,就在于他能够做到"心远地自偏"。正缘于此,他发出了"凌风歌古调,浩气满苍穹"的豪言壮语。他要重弹陶渊明不为五斗米折腰的古调,只有这样才可以使浩然正气充满乾坤。可见,他往彭泽就是为了凭吊陶渊明,所以当他放目彭泽时,还不禁自问道:"为问今来彭泽宰,可能格调似渊明?"(《续集》卷三二《舟指彭泽·其二》)然而他凭吊陶渊明,所要传达的正是他不会放弃自己的人生信念而趋势媚世,他要像陶渊明一样来田园隐居。

"乐耕抱素愿,淡焉无外戕",这是他隐居的另一个重要原因。他之所以"乐耕",就是由于山村"无外戕"。他所谓的"外戕"指的是什么呢?借下面这首诗,或许可以明白。

> 晋魏鼎革日,刘阮酒终身。
> 乃宋革晋鼎,渊明酒日亲。
> 羚羊挂新角,雾豹隐沉沦。
> 所嗟蹈网罗,岂必皆任真。
> 沸沸禅代际,吾悲酒中人。

(《续集》卷三〇《悲》)

这首命名为《悲》的诗歌所悲何事?悲的是改朝换代("晋魏鼎革日""沸沸禅代际")时,政治暴力对士人的迫害。他恐怕不是替古人伤悲,而是借古说今来抒发自己的悲愤之情。

如众所知,满清的文字狱是旷世骇人的。就王心敬生活的康雍之世而言,康熙年间文字狱四次,而雍正在位十三年,文字狱竟达八次之多[①]。他所谓的"外戕",很有可能指的就是满清的文字狱等政治迫害。在这种政治迫害下,知识分子动辄中于机辟,死于网罟。有清以降,不少仁人志士惨遭其戮,故而大多数有识之士不愿侍奉清廷。他的悲愤正是对满清以暴政屠戮文化的黑暗时代的控诉。那么,如何在这种环境下自处呢?诗句"羚羊挂新角,雾豹隐沉沦"已经给出答案,即隐居伏处,以避祸患。这恐怕是他"乐耕抱素愿,淡焉无外戕"诗句的真正内涵,也是他隐居的重要原因。

---

① 此处参考王彬主编:《清代禁书总述》,北京:中国书店,1999年版,第35—42页。

再者,王心敬有触及文字狱的可能,这和他的性情刚直有直接关系。康熙间陕西督学使陆德元曾问他不愿步入仕途的原因,他回答说自己"性刚才疏"(《正编》卷二○《谢学宪陆俨庭先生匾联书》),不是当官的材料。"才疏"是他的自谦之词,但"性刚"却是实话。他早年就曾因一位学使的无礼,掷帽于地而放弃考试,足见他性情之刚直。所以,无论是田园隐居,还是山林隐居,对他而言都是需要的。非但如此,他隐居其间还谨言慎行,"款款话桑麻,终日无激论"。不过,对于刚直敢言的他来说,要做到"终日无激论"也确实不是一件容易的事。故而他常收到从政多年的好友王承烈的"见规之言",他也不禁感叹:"非贤弟爱我,不至此。"(《续集》卷一三《复逊功弟》)然而他的著作之中仍然不免"激论",所以才会出现在《丰川全集》刊刻之际,负责编辑工作的他的好友江夏县知县金廷襄,来信专门劝说他把书中的一些语言删掉①。这些都反映出,在没有言论自由的专制时代,他远离政治的隐居生活是多么的必要。

尽管他居住在远离城市的山村,而且"三十余年足迹不入省会"(《续集》卷一四《答秦州陈刺史》),但还是不能躲开政治的纠缠。康熙六十年(1721),年羹尧担任陕甘总督。年羹尧八月到任,不久就派人招揽他。他本无意于政治,再闻知年羹尧骄纵不法,更是谢绝不往。后来,年羹尧又命令鄠县知县靳树榛往来周旋,他还是坚决予以辞谢。最终,他不得不搬到太平山麓的太平山房,过着山林隐居的生活来躲避。然而后来发生的年羹尧之败和汪景祺之狱,还是牵扯到了他。雍正三年(1725),雍正帝以"欺罔贪残,大逆不道"②之罪,命年羹尧自尽,并查抄其家。在抄家时,搜得《西征随笔》一书。该书是汪景祺于雍正二年(1724)游陕以书干谒年羹尧后遂为其幕僚而著。雍正帝认为汪书中吹嘘羹尧语"悖谬狂乱",结果"着将汪景祺立斩枭示"③,妻子流放黑龙江为奴,家族中五服以内均祸及。更重要的是,由此使雍正帝

---

① 其实,王心敬谢世后刊刻的《丰川续集》中也不无激言,可能是编辑时删除未尽。如该书著录的雍正元年(1723)他在给朱轼的信中分析明代制度的衰敝时,说:"而后世且重文轻武,兵政陵替,迄明之运终于武功不振,遂至盗窃发生,大业堕殒。"(《续集》卷二三《寄朱公论修明史》)显见,他认为明朝灭亡的直接原因是"盗窃"所致,这在当时是非常大胆的言辞。然而要说他站在汉族的立场而具有排满倾向,这似乎很难成立。另外,他不事清廷,也缺乏不事异族的资料支持,所以,我们只能将之视为"激论"。
② 史松编:《清史编年》第四卷,北京:中国人民大学出版社,1991年版,第164页。
③ 史松编:《清史编年》第四卷,第168页。

将与年羹尧有往来及有可能往来的人士都视为"年羹尧党羽"列入了黑名单,而多所惩治,比如鄠县知县靳树榛就因而讹误。王心敬虽然不是年羹尧党羽,但可能曾被怀疑。这可以由以下史料佐证:

(1)总督额伦特、年羹尧先后以隐逸荐,不赴。羹尧招,心敬亦不往。世宗闻而重之。

(阮元:《清史列传》卷六六《王心敬》)

(2)羹尧以礼招致幕府,心敬见其所为骄纵不法,避而不见,亦不往谢。世宗闻而重之。

(江藩:《宋学渊源记》卷上《李中孚》)

(3)及羹尧为大将军,复招之,卒谢不往。羹尧败,出其门下者皆讹误,或禁锢终身。沣川不与也。

(李元度:《清朝先正事略》卷二七《李二曲先生事略》)

根据以上资料可知,王心敬差点成了这次政治斗争和文字祸殃及的池鱼,不过,他由于隐居不出而幸免于难,这足见他隐居的必要性,这也正是他不事清廷的一个重要原因。

另外,王心敬不事清廷还有一个重要的原因,即深受其师李颙不事清廷的气节的影响。李颙面对清廷的屡次征召,均以疾病为由坚辞。在清廷"舁榻以行"的强迫下,他曾有"从容怀白刃,决绝却华轫"(顾炎武:《亭林诗集》卷五《梓潼篇赠李中孚》)的壮举。当时世人仰之为士林楷模、儒道干城。王心敬认为李颙不事清廷是"抱道怀德,不轻仕进"(《正编》卷一七《与济宁赵荐清》),并认为李颙的这种做法对人心世教具有十分重要的价值,即他所说的"况其清操峻节,挺然以身树名教之坊,而屹立为一代师法,则尤为行俱教俱,以身卫道者哉!"(《正编》卷一三《传道诸儒评》)所以,王心敬不事清廷可以说是对其师李颙这种高风亮节的继承。

分析到这里,我们也就不难理解王心敬为何三次辞却清廷的征召,而甘愿过着清贫的隐居生活。当然,我们也应当明白他的隐居是一种沉痛而伟大的人生抉择。之所以沉痛,是因为他不得不放弃"早岁志猷业",是在"当年愿尽休"的哀叹下所作的选择。之所以伟大,是因为他不为功名利禄所动而"自处正义",终身保持着"行义达道"的节操和壮举。我们可以说王心敬的一生是"隐居求志"的一生,也是"行义达道"的一生。

第二节　借诗观评人格

王心敬认为诗歌应当是"真朴恳执之诗"(《续编》卷一〇《答友人论声韵书》),所以,他对诗歌创作有一个最为基本的要求——"真朴"(有时也简称为"真")。他说:"诗者,心声。根心而言者,言斯为真。"(《续编》卷一八《修竹居诗集序》)何谓"根心而言"? 其实,就是我们今天所说的发自内心的感叹或呼声。这与文人以创作为目的的诗歌写作截然不同。文人的诗歌创作不免有"为赋新诗强说愁"的毛病,他将之称为"伪为"。在他看来,"言不可伪为"(《续编》卷一〇《答友人论学文之法书》),所以,他坚决反对诗歌创作中的无病呻吟和矫揉造作。他从事诗歌创作努力坚持"真"的原则。他所创作的诗歌,用他自己的话说:"即间有咏述,不过时鸟鸣春,秋蛩吟秋,自适其适。"(《续编》卷一八《吴侯游览草序》)显而易见,这都是有感而发的真情实感。

王心敬所谓的"真朴"有内容和形式两方面的要求:就内容而言,他认为诗是"道志之具";就形式而言,他认为诗是"天籁之音"。

对于诗是"道志之具",他是这样说的:"诗者,道志之具,美刺感兴之事也。"(《续编》卷一〇《答友人论学文之法书》)视诗歌为表达思想和志趣的工具,并非他所首创,而是渊源于先秦的"诗言志"(《尚书·舜典》)和"诗以道志"(《左传·襄公二十七年》)。这一诗观特别强调诗歌的社会功能,即诗歌对社会现实的反映以及社会治理的作用。而诗歌的社会功能主要通过诗歌对社会现实的歌颂或讽刺来实现,即所谓的"美刺"。比如他写的《颂圣》就是最典型的美诗。

> 王圣由来臣尽贤,残黎纵馁尚安眠。
> 一年整整零三月,门上无人催税钱。
>
> (《续集》卷三三《颂圣》)

该诗写于康熙六十一年(1722),歌颂的是朝廷因陕西于康熙五十九年(1720)再次发生比较严重的旱灾,而免去陕西民众税赋的史事。

王心敬诗作中的刺诗不多见,而且这些讽刺的诗歌都是凭吊历史遗迹或阅读史书有感而发的,比如他写的登眺灵台灵沼的诗组可以看作这方面的代表。现援引其中的第二首如下:

> 历尽阿房与建章,秦宫汉苑等消亡。

>灵台只以留仁主,留得沣涯共水长。
>
>（《续集》卷三一《伴友登眺灵台灵沼·其二》）

他是想通过灵台的留存与阿房宫、建章宫的消亡这一鲜明的历史事实的对比,来说明周文王修建灵台"与民同乐也"（《孟子·梁惠王下》）与秦始皇修建阿房宫、汉武帝修建建章宫"不与民同乐也"的道理,从而彰显仁政与霸道的区别,最终达到劝谏统治者推行仁政,"留心民瘼"的目的。

他秉持的诗以道志的观点,不但体现在他的诗歌创作中,还表现在他对诗歌的鉴赏和评价中。这突出地表现在他对李白、杜甫诗歌高下的评判。

>若就二公而论其品格,则李之气逸,而殊多艳调,杜之意深,而尚近事实。诗者,道志之具,美刺感兴之事也。与其气逸而无禅性情,不如意深而有切劝戒。则杜之视李格韵风旨高出一等矣,又岂独立身不侔而已哉。
>
>（《续编》卷一〇《答友人问李杜优劣书》）

杜诗之所以比李诗高出一格,就是因为杜甫以诗道志,诗歌的内容切近事实。

对于诗是"天籁之音",他具体是这样说的:"诗者,天籁之音;韵者,天籁之声。"（《续编》卷一〇《答友人论声韵书》）他这里所说的天籁其实指的是自然,所以,他又有"天籁自然"（《续编》卷一〇《答友人论声韵书》）和"天籁之自然"（《续编》卷一八《修竹居诗集序》）的表述。那么,如何通过诗歌来体现自然呢？他说:"盖诗必冲然而和,而后为天籁之音;韵必无不可叶,而后为天籁之声也。"（《续编》卷一〇《答友人论声韵书》）这说明诗歌的自然表现在两个方面。一方面表现在诗歌的创作过程中,即作诗应当"冲然而和"。这是说诗歌要在主体"兴感"之时"冲口而吟"（《续集》卷三二《哭旱篇序》）,即当主体感受、感情发生的瞬间,便应出口成诗,以响应心灵的感触。只有这样做,诗歌才能算是主体思想、志趣和情感的"自然流溢"。然而要做到随感而赋,出口成诗,必须以富有他所说的"至性""学力"和"识见"为前提。他具体是这样说的:

>所以然者,从来大文章、高诗歌皆是一项有至性、大学力、大识见人从虚明浩磊胸中自然流溢而出,故虽片言只辞,规模弘阔,气格雄浑,有高山大川之概。
>
>（《续编》卷一〇《答友问留心诗文书》）

主体只有具备了这些条件,作出的诗歌才可能是"从虚明浩磊胸中自然流溢而出"的,而且所作的诗歌还是绝好的诗歌。

另一方面表现在诗歌的形式上,即诗歌不应当受"文法"和"用韵"的限制。他作诗撰文坚持"因心而达,顺理而敷,行乎其所当行,止乎其所当止"(《续编》卷一〇《答友人论学文之法书》),而不受文法的约束甚或羁绊。他认为只有这样写作,才能够写出"理明意足,而条贯井然"的诗文,故而他不认可"文必学法"的主张。当然,这并不是说他赋诗撰文不讲究任何章法。他还是讲究章法的,只不过他认为诗文符合章法"如天籁之自然中律"(《续编》卷一八《修竹居诗集序》)而已。

再者,他作诗用韵坚持"汉魏之旧",反对遵循自沈约以来所提倡的四声八病之说。

> 至若韵之用沈,则无谓殊甚。东冬也,而限前后;寒先也,而分上下;支微也,而异其门;庚青也,而别其母。古音十部,而今且分而多之至数十部焉。

(《续编》卷一〇《答友人论声韵书》)

他的批评似乎是说沈约等的四声说对汉字的音韵划分得太细致,其实,根本原因在于作诗遵循四声的话,用韵的自由受到了很大的限制。这从他下面的说法中可得以印证。

> 诗者,斯人道志之事,实斯人根心之声。非志无言,非声无诗。故诗者声道,而声则天籁之自然也。今从天籁中割裂而限绝之,尚得为油然盎然之音乎?非油然盎然之音,尚得为道志之具、根心之言乎?非道志之具、根心之言,尚得为诗乎?

(《续编》卷一〇《答友人论声韵书》)

在他看来,诗歌的创作本应当随感而发,冲口而吟。然而当遵循四声说时,就不得不考虑随感出口的字句是否押韵。这样的话,感触即被顾虑拦截,情感即被思考冲散,还怎么能作出诗来呢?所以,他批评提出作诗用沈约韵部的主张是"割裂之谈"。

由于他抱持自然诗观,所以他反对事后修改或修饰原诗,他说:"而饰以装缀之游词,言纵工,宁有当乎?"(《续编》卷一八《修竹居诗集序》)修改固然可以使诗歌更完美,但是诗人自身却已失真。

通过上述分析可知,王心敬诗歌理论上的"真朴"具有三个层面的内涵:

一是实事真,诗歌的内容所反映的事件是历史事实;二是情感真,诗歌确系心灵有所感触时的兴感之作;三是形式真,诗歌的表达形式应当自然,而且事后不对原初的形式进行修改或修饰。

他这种崇尚真朴和追求自然的诗歌观念,其实就是他在人格上追求"真朴"与"自由"的体现。他人格上的求真表现在两方面:一方面是为学崇真,另一方面是做人真诚。要准确地了解他的为学崇真,首先需要说明学术上何为真。关于学术上的真,他有一首小诗,可以说明。

> 漫靠陈编觅圣神,此身不到那能亲。
> 而今悟得明功内,须该笃行见始真。
>
> (《续集》卷三四《感兴篇·其六》)

显见,他认为为学崇真就是在实践中认知,他将之称为"真体实功"。他说:"见不真者,不可与论道;行不实者,不可与体道;识不全者,不可与议道;力不厚者,不可与任道。"(《正编》卷五《侍侧纪闻》)借此可知,他所谓的真体实功就是对"道"的见识和力行。只有对道既有真切的体知又有认真的实践,其学才可以称为真学,其人才可以称为真儒。

除了为学崇真,他做人也很真诚。他所处的时代朱子学被扶上了官方宝座,一时尊朱学者趋之若鹜,而陆王心学遭到了众口毁谤,甚至被视为异端。但他讲学"不讳陆王",而且当别人指责他"是愿学陆王者也"时,他也欣然接受。对于朱子学的不足甚或缺陷,他直言不讳。对那些把学术当作"崇时尚也"的假朱子学,他也不乏批评之言辞。尤其在苏州紫阳书院讲学时,面对唯朱学是从的张伯行及书院诸生的群起而攻之,他不改本色,并坚持自己"欲为圣学计是非偏全,不忍为一身计毁誉离合也"(《续集》卷一三《复逊功弟》)的学术信条。梁启超说:"清康雍间,王学为众矢之的,有毅然以王学自任者,我们却不能不崇拜到极地。并非有意立异,实则个人品格,要在这种地方才看出来。"[①]可见,王心敬是一个很有品格的人。

另外,王心敬还是个对自由执着追求的人。他追求的自由,一方面是学术自由,另一方面是生活自由。就学术自由而言,当朱子学成为官方学说时,很多学者投向了朱学怀抱。他认为此辈人是"自堕其义",从而更加坚定陆王心学立场,而"自处正义"。面对朱子辈学人对他"迂拙戆率""庸迂疏狂"的

---

① 梁启超:《中国三百年学术史》,北京:东方出版社,1996年版,第62页。

批评,他岿然屹立,决不"昧理徇众以违心",而放弃陆王心学的立场,并倡言说:他自己"一生违道之誉不敢干,而流俗之毁不敢避也"(《续集》卷一五《又〈答扬州朱湘陶〉》)。

就生活自由而言,他的山林隐居生活最能说明他对自由的执着追求。他的诗歌中有很多有关山居的诗歌,无不流露出他对自然的热爱,同时,也表达了他回归自然、追求自由的强烈愿望。

> 松花处处飞,风动薜萝衣。
> 岭上白云秀,林间麋鹿肥。
> 狂歌通谷远,俗虑对溪微。
> 尘世无佳况,流连不忍归。
>
> (《续集》卷三一《寻山·其二》)

他之所以要营造山房,隐居山林,是因为"尘世无佳况",而山林却有。所谓的"佳况",幽美的自然风光自不待言,更重要的是山林里没有人间的"俗虑"。他说"深山机事本无容"(《续集》卷三三《漫兴》),然而"有机事者必有机心"(《庄子·天地》),既然山林里没有巧诈功利之事,自然也就没有巧诈功利之心,坦坦荡荡,无所顾虑,快快乐乐,自然而然,使人怎能不留恋山林生活?所以,他甘愿做"山林处士",而不愿跻身庙堂。

> 紫阁山中处士,白云深处人家。
> 凭枕卧看旭日,倚松坐啸流霞。
>
> (《续集》卷三一《山居》)

"凭枕卧看旭日,倚松坐啸流霞"何其洒脱,然而山林生活非仅限于此。其实,山居视野十分空旷,可以"归窗窥北斗,启户对南山"。山房四周环境十分幽雅,不时可见"林间麋鹿肥",而且春夏之季"时花或到眼"。他居于山中,白天可以"拱手问白云",也可以"倚杖看流霞",晚上可以"依石坐如冥",还可以"峰头对月歌"。这种山林生活是何等的自由,何等的洒脱!他说:"鱼虾欣沧海,禽鸟欣园林。"(《续集》卷三〇《素怀》)同样,对他而言,只有山林隐居生活才能"时然适吾适"。

其实,王心敬人格上追求真朴与自由,是对他所认知的儒家尤其是陆王心学所提倡的儒家的圣道的践履,因为他认为"此道活泼而真诚"(《续集》卷一《示及门》)。道既然是真诚的,那么,做人岂能不真诚?道既然是活泼的,那么,做人岂能不追求自由?

然而若仅仅是为了实现一己之自由而竟日逍遥林泉的话,那和佛道的肥遁山林不就一样了吗?王心敬认为儒者与佛道的根本区别就在于儒者是经世的,所以作为儒者,无论是伏处田园,还是归隐山林,都不能放弃有关世教生民的经世致用的责任。他的这种观点在诗歌中也有明确的表白。

> 隐居原是舍而藏,非是一藏行便忘。
> 不见耕莘钓渭客,便于伏处裕匡王。
> （《续集》卷三四《感兴篇·四十八》）

他主张的藏而不忘是说:作为隐居的儒者,可以隐居不仕,但不可以舍弃天下苍生于不顾。所以他"虽伏处山林,世教生民之利弊得失日靡不关心"(金廷襄:《正编》卷首《凡例》)。

康熙年间,由于准噶尔侵犯西藏,清廷西北军兴,运粮车夫、割草夫役均系陕西饥民流寓庸作,不下万人。面对乡间的疾苦,他忧心忡忡,无日不希望战事早日结束,以至于日有所思夜有所梦。

> 细雨逐秋暑未清,秋蝉苦傍燠风鸣。
> 夜来独喜得佳梦,应是今秋喇藏平。
> （《续集》卷三三《即事》）

这首诗写于康熙五十九年(1720)九月二十二日,诗歌反映的是他夜间梦见了清廷在西藏抗击准噶尔凯旋。要知道,这一年陕西因旱灾而出现饥荒,还要承担繁重的军需供应和输送,民间的疾苦真是难以言表。他希望"喇藏平",是希望早日将陕西民众从困苦中解脱出来。

他不只心系民瘼,而且用一个知识分子的行动来为农民谋福利,尤其当农民陷入饥饿穷苦之中时。下面这首小诗足以说明。

> 草树根皮处处无,残黎何计守残庐。
> 夜深浑忘老眼暗,挑灯尚续救荒书。
> （《续集》卷三三《行归》）

这首诗歌也写于康熙五十九年(1720)陕西饥荒期间,是他为老百姓谋福利的真实写照。他非但著救荒书来解决民间疾苦,还有《区田圃田法》《井利说》和《水利说》等为民谋福利的著作。这都说明,作为儒者,他可以因为自己与政治不合而放弃建功立业之愿终生隐居,但不可以放弃胸怀天下、心系苍生的志向和努力。

牟宗三曾说:"典型的中国哲人,就是毕生尝试把自己的深切信念贯注入全部行为的哲人。"[①]将王心敬的"道德经济"之学与他一生的"立心立身"比照来看,我们不能不承认他是一位典型的中国哲人。其实,他从三十岁起就自觉地努力地将自己的人生信念落实于言行。下面我们不妨选择他鼓励自己践行的言语和诗歌来看看。

康熙二十四年(1685),在他三十岁生日的那晚,他"夜来独自检点",发现自己"平日存省无力",遂题警语于墙以资鼓励。其警语中有这么一段:"今余年踰三十,讫无得力。仰观先哲,负愧何言?呜呼!往者不可谏,来者犹可追。自兹以往,尚其勉图后效,以赎前愆。无使后之视今,犹今之视昔也,则幸矣。"(《续编》卷二一《书壁》)自此以降,他几乎每逢十年即有鼓励自己将人生信条一一践之于行的反省和自警诗歌。康熙三十四年(1695),他四十岁时,又作诗自警。其诗如下:

> 四十竟成何事,生平望古徒遥。
> 悔却因循不进,空余浩气冲霄。

(《续集》卷三二《题壁》)

康熙四十七年(1708),他五十三岁。这一年,他又写下了这样的诗歌来鼓励自己:

> 岁暮岁暮,殊无进步。辗转抚心,何堪岁暮。
> 维彼古人,爰有武公。耄修不倦,睿圣以终。
> 驽马十驾,亦自及骥。果能此道,明强可冀。
> 矧惟年龄,五十而三。视壮为老,较颐为残。
> 悔之弗诚,学之弗精。是日自弃,终负吾生。

(《续集》卷三〇《岁暮五章章四句》)

康熙五十四年(1715),面对子弟们来给他庆贺六十大寿,他却不无反思地写诗自励:

> 甲周儿辈竞称觞,隐痛蓬生祇断肠。
> 希圣无成贤尚远,一回把盏一情伤。

(《续集》卷三一《六十初度》)

雍正三年(1725),他七十岁生日时,仍然写有自我反思和勉励的诗歌。

[①] 牟宗三:《牟宗三先生全集》(28),《中国哲学的特质》,台北:联经出版社,2004年版,第93页。

> 希贤希圣终茫渺,成己成人尽陆沉。
> 为恩亲知莫浪贺,悠悠七十正伤心。
>
> (《续集》卷三三《贱辰前一日即事·其三》)

雍正十三年(1735),他已经八十岁,垂垂老矣,然而依旧写有自我勉励的言语:"守身若处子,护心如护镜。"(刘青芝:《王征君先生心敬传》)这是他最后留下的鼓励自己践行的言语。

我们之所以不厌其烦地援引他有关自省自励的诗歌,是想充分地展现:他是一个自觉地以儒学规范行为、以行为体现儒学的儒者,是一个真正地践行了知行合一、表里如一的学人。分析至此,他的人品之高下已自不待言。

同时,我们也不难理解为什么他身后的关学学者对他的人品佩服不已。要知道,他身后的关学几乎是朱子学一手遮天,尽管那些朱学学人对他在关中倡导阳明学颇为不满,但对他的人品都不能不由衷地佩服。唯程朱是从的张秉直虽然批评他在关中倡导阳明学,"致令吾乡学者不知程朱之传"(张秉直:《萝谷文集》卷三《答姬鳌东书》),但也不能不承认他"学行兼优,名播当世"(张秉直:《开知录》卷四)。李元春对他的心学思想也有不满,但也充分赞扬他"有志有节"(李元春:《桐阁先生文钞》卷一一《书笺》)。杨树椿(1819—1874,字仁甫,号损斋,陕西朝邑人)虽然指出他的理学"毕竟阳明为主,特貌似尊程朱耳"(杨树椿:《杨损斋文钞》卷八《书李二曲集王丰川序后》),但同治七年(1868)他游历鄠县时,还要特意去王心敬的祠宇拜谒,并写下凭吊的诗歌:

> 阳明二曲是传心①,制行高风世所钦。
> 老去山中经济在,下贤犹有鄠西林。
>
> (杨树椿:《杨损斋文钞》卷一五《丰川祠》)

显见,杨树椿对他的学术人品是充分肯定和赞扬的。清末独尊程朱的贺瑞麟(1824—1893,字角生,号复斋,陕西三原县人)也充分肯定了他的理学是"实学",并称赞他"学博辞精"(贺瑞麟:《清麓答问》卷二)。迨民国间,关学学者温恭(1857—1925,字肃庵,号勋安,陕西韩城人)所作的《国朝关中十八儒序赞》中对他更是推崇备至。

三秦师表,二曲嗣音。

---

① "阳明二曲是传心",可能是"二曲丰川是传心"的讹误,暂存疑。

> 俗缘净扫,道味是沈。
> 聘辞束帛,名重兼金。
> 亲王相国,万里倾心。

(温恭:《温肃庵先生遗著》之《国朝关中十八儒序赞·鄠县王丰川先生》)

温恭对王心敬的评价比较全面,就人品而言,称赞他可以作为三秦士人的师表。

我们通过学尊程朱理学的关学学人对王心敬人品的审视和评定,来评论王心敬的人品,应该更能说明他品格之高尚、人格之伟大。他曾说:"做人须堂堂的学做个大人物,方不负万古一生之身。"(《正编》卷一一《学旨》)分析至此,我们可以肯定地说他做到了。他是一个用自己一生来彰显人之为人的真正的"大人物",而且他高尚之品格、伟大之人格成了以后关学学者的楷模,上述关学学者对他品格的推许就是明证。所以,我们可以肯定地说:王心敬在人品上完全可以作为"三秦师表"。

总　结

　　王心敬的传世著作多达十数种,内容涉及理学、经学、政治、教育、农业、军事、荒政等方面,所以,要想在较短的时限内,全面而且准确地把握他的思想学说,确实不是一件容易的事情,就更不用说深刻地解读和阐述了。然而本书仍然试图比较全面而准确地去阐述他的各种学说,故而皮相之谈、乡曲之见恐怕有所难免。具体而言,经学的叙述显得比较简略,失于浅显是在所难免的。这主要是因为王心敬对"五经"皆有阐述,内容十分繁多,在较短的时间内难以尽读各书,遑论细心分析和认真研究了。但这并不表示他的经学思想乏善可陈,尽管四库馆臣对之多有批评,要知道那是以汉学家的眼光来瞥视宋学著作的结果。他的经学著作到底有无价值,很有深入研究的必要。再者,由于笔者学识有限,对他在农业、军事和荒政等方面的论述,就不免门外之谈,甚或还不乏曲说陋见。即使对论述得比较详细的理学思想而言,也由于笔者体认无得、思力不逮,论述的深度还需要进一步地挖掘。另外,王心敬的诗歌无论是从形式来看,还是从内容来看,都显得比较多样,而且数量也相当可观,似有从文学视角去研究的必要。尽管本文论述中援引了很多诗歌,但都是将之作为论述思想的史料来对待的,并没有从文学的视角审察其价值,不能不承认这是一个小小的缺憾。可见,尽管笔者试图在对王心敬著作的思想内容的研究上做到面面俱到,但还是有所遗漏,同时,研究的深度方面也需要继续深入探究。这充分说明要想全面、准确、深刻地把握王心敬的学术思想,还有待于学人综合多个学科作进一步的深入研究。

　　将王心敬放置于何种学术环境中去研究,这是笔者反复思考的问题。他是出生而且生活在关中的理学学者,无疑其人属于关学学者,其学也属于关学,所以,将之放置在关学的学术环境中分析和研究似乎是非常合理的。但是通过对他的著作文本的解读,我们会发现他的著作中反映的学术背景是他所处时代的整个学术界,并非仅仅囿于关学一隅。比如他的著作中比较突出地反映的是理学内部程朱理学和陆王心学之间的争论,同时,也能够清晰地看到汉学与宋学之争。这都是当时清代学界的客观情况,而非关学的特殊境况。再者,他虽然编撰有《关学汇编》,比较自觉地去维护关学学统,但是这不足以说明他的学术视野就局限在关学之内。他的道统论恰恰反映的是他立志肩承自孔孟以来的儒学道统,甚至是自伏羲氏以来的文化传统,更重要的是他以重整道统、复兴理学为自己的学术使命。足见,他的学术视野无论横向地扫视还是纵向地眺望,都是以整个学术界为背景的,而不是以关学作为学术背景。这说明对他的学术思想应当以他所处时代的整个学术界为背景来认识和评价,而不应当仅用关学之一孔去管窥其人其学。尽管笔者心存此想,但是由于笔者对清代前期和中期的学术思想的整体把握不够,所以,本书中对他的学术思想的认知不一定准确,同时,对他在整个清代学术界的地位也很难作出准确而具体的定位。这说明要想准确地认知和评价王心敬的学术思想,必须以熟知有清一代的学术思想史为前提,而不只是仅仅了解关学自宋迄清的历史。

如何评价王心敬的学术思想,这是笔者反复思考的另一个重要问题。笔者对王心敬学术思想的评价,虽然以他所处时代的学术界为背景,但是主要以他的学说建构试图解决的问题为主要评价标准。他的学说建构的目的和主要解决的问题是理学内部程朱理学和陆王心学之间的争论,当然,还有一个次要的问题,即调解汉学与宋学之间的分歧。他虽然表面上主张程朱理学与陆王心学都是儒学正统,两派各有长短,应当取长补短,共同来维护儒学道统,主张汉学和宋学都是经学的正道,二者应当相资相成,共同促进经学的发展,但是他的著作中字里行间无时不渗透着他对心学的偏爱和对宋学的袒护。这充分地说明,他是在维护心学和宋学的立场上来调解心学与理学之争以及宋学与汉学之争的。这也就不难理解他的理学著作为什么会遭到当时程朱辈学者的批评,甚至是猛烈的抨击,同时,也就不难理解他的"五经"著作为什么大多数会遭受到四库馆臣的否定和批评。试想,当调解的主张不为被调解一方接受,甚至于遭遇他们的批评和攻击,这种调解的主张怎么能够达到调解的目的呢?这充分反映出他的学说建构并不能达到消解程朱理学与陆王心学之争和宋学与汉学之争的目的。那么,以他所建构的学说能否从理论上解决建构之初试图解决的问题为主要评价标准来评价他的学说,我们就难以对他的学术思想给出较高的评价;但是这并不能说明他的学说思想没有价值,相反,他在农学、教育、军事和荒政诸方面还是相当有成就的。可是这些毕竟不是他的学术思想的主要内容。

王心敬对学人的评价相当重视,所以,他的著作中提出了很多评定学人的方法,"即行可以验学"是他对儒者最基本的评价标准。笔者对王心敬的评价,也坚持了这条标准。他以"继绝学于往圣,正人心于来兹"为自己的学术使命,不但著书立说来弘扬儒学,而且以身作则来宣扬儒学。儒者标榜的知行合一思想,通过他一生执着地实践得以彰显,使我们凭借对他的人格魅力的解读,从而瞻仰了古代儒者的风范。他为了追求自由的思想和独立的人格,三次辞去了清廷的征召,而甘愿终生蜗居穷乡僻壤过着清贫的隐居生活,从而使我们认知了古代隐者的清操。为了能够把捉他人格的魅力,笔者在叙述他的生平时,试图通过对他的诗歌的剖析来彰显他的内心世界和人品精神。然而"丹青难画是精神",尽管笔者有这方面的设想,但是笔不达心,并没有十分理想地展现他颇具魅力的人格。

　　通过对王心敬著作的解读以及思想的表述和评价,笔者深切地感受到对古人及其学术的研究应当抱以同情的理解。具体而言:首先,对文本的解读,既不能曲解误解,也不能过度诠释,而应当准确地理解和表述其思想,讲清楚作者在说什么,是怎样来说的。其次,我们应当充分认知作者所处的具体的时代背景和学术氛围,并结合文本中所反映的时代背景和学术氛围,来搞明白作者为什么这么说。最后,我们应当以恰当的理论作为基础,对文本所反映的思想给予评价,即说明这种思想怎么样,并且考察出其之所以这样的原因,而不能对之简单地肯定或否定。这样去研究不仅仅是为了准确地理解古人,而且是为了在理解古人的过程中对自我的提升和拓展。尽管笔者心存此想,但是由于学识有限,思力不逮,对王心敬其人其学的认知也就只能达到目前的水准。同时,基于这一认识水平,而对其人其学所作的评价或许不免"不悔自己无见识,却将丑语怪他人"的无知无畏做法。这也只能有待笔者以后不断提高学识和拓展思维去弥补了。

附录一　王心敬著作考释

王心敬(1656—1738)字尔缉,号丰川,陕西鄠县(今户县)人。生于顺治十三年(1656),卒于乾隆三年(1738)。王心敬是清代中期著名的学者和思想家,是被誉为清初"三大儒"之一的关中理学大师李颙(1627—1705,字中孚,号二曲)的嫡传弟子。王心敬的生平及学术思想,有清一代的文献中多有记载。如《清史列传》卷六六《儒林传》上一、《国史文苑传稿》卷一下、《清史稿》卷四八〇《儒林一》、《宋学渊源记》卷上、《国朝学案小识》卷一〇、《圣清渊源录》卷二、《清儒学案小传》卷二、《文献征存录》卷一、《国朝耆献类征初编》卷四六〇、《清朝先正事略》卷二七、《关学宗传》卷三九及《清代碑传全集》和《关学编》等书中,或详或略均有记述。据文献所载,王心敬著作宏富,然刊刻与否,存亡如何,实有必要予以考察。现将其著作情况考释如下:

一、文献所载之著作

凡对王心敬有所记述的文献,几乎均对其著作有所记载,然详略不一,正误混杂。这里根据对王心敬《丰川全集》(正续编)、《丰川续集》、刘青芝《王征君先生心敬传》以及清雍正十年(1732)刻乾隆十六年(1751)增补本《鄠县重续志》的考察来看,王心敬的著作如下:

《丰川易说》10 卷,《江汉书院讲义》10 卷,《尚书质疑》8 卷,《春秋原经》16 卷,《礼记汇编》8 卷,《丰川诗说》20 卷,《关学汇编》6 卷,《丰川全集正编》28 卷,《丰川全集续编》22 卷,《丰川全集外编》5 卷,《丰川续集》34 卷,《二曲先生历年纪略》卷数不详,《南行述》不分卷,《文献揽要》卷数不详,《洗冤录》卷数不详,《古道典型编》卷数不详,《集荒政考》卷数不详。另外,王心敬的书法作品在民国间被影印编辑为《丰川先生遗墨》一书。

按上文可知,王心敬的著作共计 18 种,除《文献揽要》《洗冤录》《古道典型编》和《集荒政考》未刊刻外,其他 14 种均已刊刻。现将刊刻的 14 种著作分别简介如下:

二、刊刻之著作

(一) 单本书籍简介

1.《丰川易说》10卷,首1卷　清康熙五十五年(1716)额伦特刻本《丰川全集》中刊有此书,然今已亡佚。《四库全书》有著录,今存有文渊阁本和文津阁本。将两种本子比照来看,文字不仅互有出入,而且各有缺失,相对而言,文渊本缺失较少。该书具体撰写年代不详。今按乾隆四十四年(1779)四库馆校订著录的文渊阁本来看,书前有《原序》,按斯序可知其解《易》示人"寡过变易从道之旨"。卷首为《通论》《用易》二文。卷一至卷五乃《上经》之解说,卷六至卷十为《下经》之解说。《四库全书总目》卷六《经部六·易类六》对该书有如下评识:"惟此编推阐《易》理,最为笃实。……其说皆明白正大,故其书皆切近人事,于学者深为有裨。至于互卦之说,老阴、老阳始变之说,错综之说,卦变之说,皆斥而不信,并《左氏》所载古占法而排之。虽主持未免太过,要其立言之大旨则可谓正矣。"

2.《江汉书院讲义》10卷　见于额伦特刻本《丰川全集》。此书是王心敬康熙五十年(1711)在湖北武昌的江汉书院讲学时,回答诸生有关"四书"问题的语录,经其次子王功辑录成书。《四库全书总目》卷三十七《经部三十七·四书类存目》中有简略的评识。今国家图书馆藏有该书,陕西省图书馆藏有8卷残本。卷一至卷四讲解《论语》,卷五讲解《大学》,卷六讲解《中庸》,卷七至卷十讲解《孟子》。

3.《尚书质疑》8卷　又名《丰川今古文尚书质疑》,该书撰成于雍正三年(1725)二月,乾隆三年(1738)由其幼子王勋刊刻于广西浔州任所。《四库全书存目丛书》(经59)著录有此书。书前有陈俟撰《序》和王心敬撰《丰川古文尚书质疑自序》《丰川今古文尚书质疑自序》。卷一至卷七为《尚书》今文注释,凡三十篇;卷八为《尚书》古文之解说,凡二十五篇。《四库全书总目》卷十四《经部十四·书类存目二》题识曰:"是书用赵孟𫖯、吴澄之说,分今文、古文为二,不为无据。"并认为其"考证亦疏",且解说有"尤为臆说"处。

4.《春秋原经》16卷　该书撰成于雍正四年(1726),乾隆三年(1738)由其幼子王勋刊刻于广西浔州任所。书前分别有陆奎勋撰《序》和潘淳撰《序》,亦有王心敬撰《丰川春秋原经自序》。按王心敬《序》可知,此书是在以"读《春秋》必推原孟子之论为柢本"前提下解说的,故其说以发掘其所谓的

"《春秋》为当时乱臣贼子,示之以一切霸业皆潛王无章之为"的大义。卷一《讲读八法》,卷二《通论》,卷三《原春秋之由作》,卷四《诸儒论春秋》并附《论四传得失》,卷五至卷十六为《春秋》经文之解释。《四库全书总目》卷三十一《经部三十一·春秋类存目二》所评识之《春秋原经》为4卷本,即16卷本《春秋原经》4卷,故而,有"是编不载经文,亦不及经中所书之事,惟泛论孔子之意"之说。

5.《礼记汇编》8卷　此书大抵编成于雍正三年(1725),乾隆三年(1738)由其幼子王勍刊刻于广西浔州任所。《四库全书存目丛书》(经103)著录有该书。此书虽由王心敬所编,然提出编纂并参与修订者为泾阳王承烈(1666—1729,字逊功,号复庵,陕西泾阳县人)。书前有王心敬撰《丰川礼记汇编自序》和《编定戴记求正同志书》。书分三编,卷一至卷四为上编,卷五至卷七为中编,卷八为下编。卷一、二《圣训拾遗》,卷三《大学(古本)》《中庸》,卷四《曾子拾遗》《诸子拾遗》和《乐记》,卷《月令》,卷六《王制》,卷七《王制》和《嘉言善行》,卷八《纪录杂闻》。《四库全书总目》卷二十四《经部二十五·礼类存目三》云"是编取《礼记》四十九篇,自以己意排纂,分为三编",并认为下编《纪录杂闻》"聚列琐节末事,及附会不经之条"。

6.《丰川诗说》20卷,首1卷　该书大抵撰于雍正六年(1728),刊刻年代不详。《四库存目丛书》(经79)影印的本子是山东大学图书馆藏清刻本。书前有王心敬撰《诗说序》,按其序知其《诗经》一解多从《毛传》",意在挖掘"孔门言《诗》明法",故其解说以"恪遵圣训、仰体圣心"为务。卷首为《统论》《原诗》二文。卷一《二南教旨》,卷二至卷十一为《国风》之解说,卷十二至卷十六为《小雅》之解说,卷十九释《周颂》,卷二十解《鲁颂》。《四库全书总目》卷十八《经部十八·诗类存目二》评识云:"其持论颇近和平,故其书从《毛传》及郝敬解者,居其大半。然自二家以外,诸儒之书,无一字引及,则亦抱残守匮之学。其每节必乡塾讲章,敷衍语气,尤可以无庸也。"

7.《关学汇编》6卷　编著于雍正四年(1726),泾阳王承烈曾参与修订,刊刻年代不详。今《续修四库全书》(515)和《四库存目丛书》(经126)著录的都是清嘉庆七年(1802)周元鼎增修本,名为《关学编》。但是乾隆十六年(1751)增补的《鄠县重修县志》卷五《艺文》记载书名为《关学汇编》,而且王心敬在给王承烈的信中提及的书名也是《关学汇编》,并且对书的命名解释说:"顾如鄙意窃以为《汇编》标名,明乎关学原有旧编,非自今日创。今之此编特因依旧编,而前后附益汇成耳。"(《续集》卷一三《又〈答逊功弟〉》)足见,该书原名《关学汇编》。《关学编》或是后人刊刻时易原名而拟定的。该书共六卷,王心敬实际撰写的仅卷一、卷六和卷二中的《汉儒二人附一人》,其余一如冯从吾所撰《关学编》。卷一为《圣人》,增传伏羲、泰伯、仲雍、文王、武王和周公六人。卷二《汉儒二人附一人》,录董仲舒、杨震,并附挚恂。卷六《明儒六人》和《国朝儒一人》。书前有王心敬撰《关学编序》和《凡例》,按此序可明其如此增修《关学编》的目的在于"为吾关学揭统明宗耳"。《四库全书总目》卷六十三《史部十九·传记类存目五》云:"从吾所记,梗概已具。心敬所广,推本羲皇以下诸帝,未免溯源太远。又董仲舒本广川人,心敬以其卒葬皆在关中,因引入之,亦未免郡县志书牵强附会之习也。"

8.《丰川全集正编》28卷　清康熙五十五年(1716)额伦特刻本,《四库全书存目丛书》(集278)和《清代诗文集汇编》(第199册)均著录有此本。王心敬手稿可能名为《存省稿》,故正、续、外编编目下俱列书名为《存省稿》。《正编》书前有额伦特撰《序》,卷一至卷四《语录》,卷五至卷十《侍侧纪闻》,卷十一《学旨》,卷十二《证心录》《传道诸儒评》,卷十四《课程》《明道》和《成人五要》,卷十五至卷二十为书信,卷二十一、二十二为序,卷二十三至卷二十五杂著,卷二十六至卷二十八《丰川家训》。《四库全书总目》卷一百八十五《集部三十八·别集存目十二》所评识的《丰川全集》二十八卷,即《丰川全集正编》,故有"此集乃所作语录及杂著,大抵讲学者居多"之说。无独有偶,《贩书偶记》和《清史稿艺文志》均记录有《丰川全集》二十八卷,其实,都指的是《丰川全集正编》。

9.《丰川全集续编》22卷　清康熙五十五年(1716)额伦特刻本,《四库全书存目丛书》(集278)著录有此本。该书卷一至卷三《姑苏论学》,卷四《侍侧纪闻》,卷五至卷七《答问录》,卷八《弇州证语》,卷九至卷十六为书信,卷十七、十八为序,卷十九至卷二十一乃书后,卷二十二杂著。

10.《丰川全集外编》5卷　清康熙五十五年(1716)额伦特刻本。然按《清人别集总目》可知,国家图书馆还藏有3卷本和4卷本。4卷本为康熙五十五年额伦特刻本,3卷本具体刊刻年代不详。据《贩书偶记续编》卷十四《别集类》记载4卷本《丰川全集外编》"又名《存省稿》,即尺牍"。今依据陕西省图书馆藏有5卷本《丰川全集外编》来看,卷一至卷四是王心敬与一些官吏论治理之道的书信,卷五则是他于康熙三十年(1691)撰写的《拟上部堂筹荒书》。

11.《丰川续集》34卷　该书由王心敬的幼子王勋于乾隆十四年(1749)秋始刊刻,乾隆十五年(1750)夏刊刻成。《四库全书存目丛书》(集279)和《清代诗文集汇编》(第199—200册)均著录有此本。该书主要是康熙五十六年(1717)至乾隆三年(1738)间,王心敬的有关论说和书信以及他所有的诗作。书前分别有陈世倌撰《序》和陈宏谋撰《序》。卷一《语录》,卷二《答问录》,卷三《论读经》《三礼赘言》和《四礼宁俭编》,卷四《大学古本解说》《答问格致补传》《井田存疑》和《封建宗亲说》,卷五《论濂洛诸儒》和《论禅元》,卷六选举,卷七积贮,卷八水利,卷九、卷十筹边,卷十一兵粮,卷十二拟奏,卷十三《训子帖》,卷十四至卷二十四书信,卷二十五至卷二十九杂著,卷三十至卷三十四诗。《四库全书总目》卷一百八十五卷《集部三十八·别集存目十二》中有所评识。该书又有光绪十三年(1887)补刻本。该本是在鄠县知县钮福嘉的主持下,对乾隆版刻补其散佚而刊印的,但对原本中本初的脱落和错讹一仍其旧。

12.《二曲先生历年纪略》4卷　该书又被简称为《二曲年谱》,具体撰写年代亦不详。康熙四十八年(1709),王心敬曾委托来陕西讲学的李塨(1659—1733,字刚主,号恕谷,直隶蠡县人,颜元弟子)帮忙修订,李塨在回信中即称此书为《二曲年谱》。梁启超《中国近三百年学术史》中有"《李二曲先生(颙)年谱》,门人王心敬著"一句。《李二曲先生(颙)年谱》也很可能就是此书。按刘青芝《王征君先生心敬传》可知,该书附录在《丰川全集》后,被额伦特在康熙五十五年(1716)刊刻,然而今未见之。但按张岂之先生《关于思想史研究的两点建议》可知,西北大学图书馆曾藏有《二曲先生历年纪略》①,遗憾的是今已无存。书的内容,王心敬在给额伦特的信中说:"独纂就《二曲夫子历年纪略》一书,备述夫子一生履历,一生学术,一生交游、著述。"(《正编》卷二〇《与制军额公书》)可见,这是他为其师李颙撰写的非常详尽的年谱。该书对李颙其人其学的研究十分重要,所以,进一步地寻找和考察很有必要。

13.《南行述》不分卷　该书是王心敬编纂的其师李颙自康熙九年

---

① 张岂之:《关于思想史研究的两点建议》,见《儒学·理学·实学·新学》,西安:陕西人民出版社,1991版,第397—403页。

(1670)十月至康熙十年(1671)四月间南行讲学事。具体撰写年代不详,多附录在《二曲集》中刊刻。据《中国丛书综录》(第2册)载,该书亦见于(清)张潮辑《昭代丛书》(道光本丁集新编补)。《续修四库全书总目提要(稿本)》(37)评识该书曰:"辞藻简雅,条理明晰,不在赵之俊《东行述》下,可称佳本。惟考证之处差少,殆以其志在经学,不在舆地之故也。"

14.《丰川先生遗墨》不分卷　该书是王心敬的书法作品集。收录书法作品若干部,书名为于右任先生所题。民国年间影印本,今藏于陕西师范大学图书馆。

(二)自撰类丛书简介

1. 康熙本《丰川全集》　此集系王心敬自撰类丛书,康熙五十四年(1715)仲夏始刊刻,康熙五十五年(1716)初夏竣工。该集著录有《丰川易说》10卷首1卷、《江汉书院讲义》10卷、《丰川全集正编》28卷、《丰川全集续编》22卷和《丰川全集外编》5卷,后附录有《二曲先生历年纪略》。该书虽然署名为二曲书院版刻,但实际刊刻于湖北武昌。该书的刊刻由湖广总督额伦特捐资倡导,额伦特标下中军副将丁沂监工刊刻,江夏县知县金廷襄为主编,王心敬次子王功和江汉书院诸生靖道谟等为编辑。王心敬自云该集八十余万言,刻木版数多达三牛车。然而由于刊刻时间紧促,纸质粗劣,再兼刊刻过程中时有增删涂改,故而,删减、增补、涂抹不一而足,错讹不少,篇次中甚至出现了重复的篇章。就连王心敬自己都说:"鄙人前集中错讹既多,兼可改删处亦复不少。"(《丰川续集》卷一三《答宝应朱光进》)这里有必要说明的是,蔡尚思在《中国思想研究法》一书中谈论《四库全书》集部时,所谓的"文集与非文集难辨。如同名文集,一则多关科学……一则多关哲学,如王心敬《丰川全集》",指的就是康熙本《丰川全集》。

2. 乾隆本《丰川全集》　该集著录有《尚书质疑》8卷,《礼记汇编》8卷,《春秋原经》16卷和《丰川续集》34卷。此集中各书的具体刊刻时间,同上述单本的刊刻时间。此集本陕西省图书馆和陕西师范大学图书馆均有收藏。

3.《丰川五经》　此书系王心敬自撰类丛书,清刻本。著录有《丰川易说》10卷,《尚书质疑》8卷,《丰川诗说》20卷,《礼记汇编》8卷和《春秋原注》16卷。此系阳海清编撰《中国丛书广录》所载,笔者未见此书,待考。

(三)选集刊刻简介

1.《四礼宁俭编》不分卷　又名《丰川家规》。选自《丰川续集》卷三,而单行刊刻。《四库全书存目丛书》(经115)有著录。《四库全书总目》卷二十五《经部二十五·礼类存目三》认为此书"取前人所传《家礼纂本》更为删易，务从省约"，并认为该书"立法则尤为简略焉"。

2.《区田法》1卷　选自《丰川续集》卷八，单行刊刻，陕西省图书馆藏有单行本。

3.《荒政考》1卷　选自《丰川续集》卷七，单行刊刻。

4.《丰川杂著》1卷　见于宋联奎编《关中丛书》(第三集)。此系宋联奎等人于民国二十二年(1933)所编。内分《区田法》《荒政考》和《四礼宁俭编》三种。书前有曾望颜咸丰七年《序》。《区田法》前有帅念祖乾隆七年(1742)《区田编引》，书后有宋联奎等所撰《跋》。

5.《王丰川家训节要》不分卷　此书是从选自《丰川全集正编》卷二十六至卷二十八的《丰川家训》中节选编定而成。陕西省图书馆藏有清光绪三十四年(1908)永远书局刊本。

另外，王心敬的著作还被一些丛书著录。如上所述《四库全书》经部著录《丰川易说》；《四库存目丛书》经部著录有《尚书质疑》《丰川诗说》《礼记汇编》和《四礼宁俭编》，史部著录有《关学编》，集部著录有《丰川全集正编》《丰川全集续编》和《丰川续集》；《续修四库全书》史部著录有《关学编》。(清)张潮辑《昭代丛书》著录《南行述》。(清)贺长龄辑《皇朝经世文编》卷三六著录《区田圃田说》，卷三八著录《井利说》，卷七三著录《论马政》。宋联奎编《关中丛书》著录《丰川杂著》。王毓瑚辑《区种十种》著录《区田法》。《清代诗文集汇编》著录有《丰川全集正编》和《丰川续集》。

附录二　丰川先生历年纪略

王心敬,字尔缉,号丰川,陕西鄠县文义里(今户县苍游镇文义村)人。

清顺治十三年　丙申(公元1656年)先生一岁

二月十一日,先生生。

清顺治十四年　丁酉(公元1657年)先生二岁

陕西多县干旱,并闹蝗灾,出现了饥荒。

清顺治十八年　辛丑(公元1661年)先生六岁

先生伯父笃恭公(名憙,字笃恭)因二子相继夭折,精神恍惚。家人安排先生随笃恭公寝宿。每夜先生枕公肱而眠,公为先生讲述古代可法戒及乡党世家旧事。

清康熙元年　壬寅(公元1662年)　先生七岁

先生随家人往鄠县牛首山金峰寺礼佛。

自三月至九月大雨不断,官署民舍县城乡堡皆倾圮,禾尽伤。

清康熙四年　乙巳(公元1665年)　先生十岁

先生父中悦公(名忻,字中悦)病逝。

先生伯父笃恭公患郁结症,家况自此衰落。

清康熙五年　丙午(公元1666年)先生十一岁

先生偶得王阳明《传习录》,爱不释手。

三月,泾阳王承烈(字逊功,又作巽功,号复庵)生。

六月,蒲城刘鸣珂(字伯容,号诚斋)生。

清康熙七年　戊申(公元1668年)先生十三岁

四月,李颙受白焕彩、党两一等人之邀,往兴平、茂陵、泾阳、蒲城、朝邑、高陵、咸阳等地讲学,历时三月余。

清康熙九年　庚戌(公元1670年)　先生十五岁

先生束发就学,雄心豪气,树立三十岁时功业辉煌之志。

清康熙十年　辛亥(公元1671年)　先生十六岁

先生始读历史典籍,羡慕唐虞及三代以上名世功业。

正月,李颙应邀先后在常州府武进、无锡、江阴、宜兴、靖江、毗陵等县讲学,历时三月余。

清康熙十一年　壬子(公元1672年)　先生十七岁

二月,先生伯父笃恭公卒。自此先生之家成了以祖母温氏、伯母陈氏和母亲李氏抚养先生及堂弟心广、心平以及妹妹和堂妹的孀孤之家。家况自此大衰,以致举债维生。

每夜先生伯母陈氏和母亲李氏纺织,呼先生与堂弟心广擎灯夜读,每至鸡鸣始罢。

清康熙十二年　癸丑(公元1673年)　先生十八岁

夏,先生就学邑庠。亲族关心者,惧供读倾荡家业,劝李太夫人令先生弃学。太夫人严绝,并毁产抵债,以供先生读书。

五月,李颙主讲关中书院。

清康熙十三年　甲寅(公元1674年)　先生十九岁

三月,蚰蚜食麦殆尽。

滇黔告警,军需繁重,先生家不免饥寒负债之迫,拮据之状苦不堪言。

秋,先生邑庠食饩,始释供读之艰。

秋,禾不登。

清康熙十四年　乙卯(公元1675年)　先生二十岁

先生文名籍甚,亲族皆以为先生必得科第,功业即望。

八月,李颙移居富平。

清康熙十六年　丁巳(公元1677年)　先生二十二岁

先生始读周、程等宋儒论道之书,觉得功业非无本之学,道德乃经济之基,并觉得科举时文浮华无实。

四月,先生祖母温孺人卒。

岁试,主考官待先生不以礼,先生顿怒,脱帻掷地,曰:"昔陶令公不为五斗米折腰,我岂恋一青衿乎!"遂扬长而去。

九月,王宏撰往富平与李颙论学。

秋,大雨,漂没农田甚多。

清康熙十七年　戊午(公元1678年)　先生二十三岁

先生始走访近地名贤,拟择为师资。

八月,清廷以博学宏词征召李颙、王宏撰和李因笃。

秋,大雨,漂没农田甚多。

清康熙十八年　己未(公元1679年)　先生二十四岁

八月,李颙自富平返回盩厔。

清康熙十九年　庚申(公元1680年)　先生二十五岁

先生负笈徒步盩厔,纳贽师事李颙。然往昔学友多以先生迂腐,自此遂不与先生往来。

先生始读《尚书》。

秋,大雨,漂没农田甚多。

清康熙二十一年　壬戌(公元1682年)　先生二十七岁

鄠知县康如琏纂修《鄠县志》,书信与先生讨论。

先生自盩厔归里,闲则博览秦汉以来传世名文,不觉神气虚耗。后谨记二曲先生"玩物丧志"之戒,而严守朱子"半日读书,半日静坐"的学规。

清康熙二十二年　癸亥(公元1683年)　先生二十八岁

先生于盩厔学习,因体质瘦弱,兼学习刻苦,遂患羸疾症。归鄠修养期间,假借清凉寺静养,间读佛经。

先生自言昔日酷爱韩、柳、欧、苏之文,今读之味同嚼蜡。

清康熙二十三年　甲子(公元1684年)　先生二十九岁

二月,先生母李太夫人生日将至,先生辞归,李颙作《寿言》为先生母祝寿。

四月,先生伯母陈儒人卒。

先生于盩厔学习,又因羸疾归鄠,假借大圆寺静养,间亦读佛经。

先生母李太夫人见先生体羸多病,兼念先生秉性刚直,不宜入世,遂教先生断绝诸生业,一意潜理学。

先生归鄠养病期间,有友人落第拟从学李颙,先生遂作诗《送友人落第西谒二曲夫子》,曰:"落第君无恨,刘蕡昔槟唐。文章果自信,姓字抑还香。落落长扬道,雍雍贤母坊。家师若见问,斋坐学心忘。"

先生作诗《拟征妇词》八首并有《序》。

先生著《尚书反身》一书,讲解《尚书》仅止《商书》。

清康熙二十四年　乙丑(公元1685年)　先生三十岁

二月某日,先生书壁,其自警语曰:"夜来独自检点,遇利害得丧,有多少憧憧往来处?此是平日存省无力,故临境主宰不定耳。昔明道十六七时,便有吟风弄月襟况;及主吾鄠簿,年始踰冠;《定性》一书开辟启奥,直跻颜氏心行。非其闻道有素,何以至是?今余年踰三十,讫无得力。仰观先哲,负愧何言?呜呼!往者不可谏,来者犹可追。自兹以往,尚其勉图后效,以赎前愆。无使后之视今,犹今之视昔也,则幸矣。"

李颙独处垩室,先生侍侧。李颙口授,先生笔录,成《四书反身录》。

清康熙二十七年　戊辰(公元1688年)　先生三十三岁

先生于盩厔学习,又因病归鄠。养疴期间读史书,自言"余喜思而善忘",故每于读书有得则笔录之,并有诗歌创作。

清康熙二十八年　己巳(公元1689年)　先生三十四岁

四月,因陕西诸县久旱,先生作诗《苦旱篇》三首并《序》,其三曰:"西汉重循良,四海享乐康。贞观核吏治,寰宇富且强。总绿沛仁惠,有司代弛张。良斯惠实布,否且惠为殃。九重远万里,安能一一祥。拣吏生民命,斯言信非狂。"

五月,先生又抱病,辞师归鄠,自此结束了十年盩厔游学。

先生归鄠县后,于家左侧草创小斋,以茅竹杂植时花数种,长日谢绝人事,闭关养疴。间读史书。偶有诗作。

清康熙二十九年　庚午(公元1690年)　先生三十五岁

陕西旱灾持续,渭河和沣河断流。

五月,先生作诗《忧旱》三首,其一曰:"积旱连三载,夏收亦又空。如何穀种晚,不雨终狂风。"其二曰:"积旱连三载,寡筹夏未休。浑忘草野士,梦上流民图。"其三曰:"积旱连三载,结肠似九夐。苦衷无可诉,夜夜叩苍穹。"

八月,先生作诗《八月终旱》两首。其一曰:"揽衣中夜起,几度审阴晴。明知起无益,欲寐不能成。"其二曰:"伤哉西舍老,衰矣东邻家。八口无升合,如何度岁华。"

秋,大旱,禾不登。渐现饥荒。

先生次子王功(字建侯)生。先生四子:长王勉、次王功、三王勣、幼王勋。勉与勣生年及生平事迹均不详。

清康熙三十年　辛未(公元1691年)　先生三十六岁

陕西饥荒益甚,草根树皮皆被食尽。

先生作诗《辛未仍旱》四首。其二曰:"榆皮贵似金,人命轻于草。草根人争拾,婴孩弃满道。"

五月,先生闻朝廷将调拨救济银赈灾陕西诸县,乃作诗《喜闻皇恩蠲赈》,曰:"久旱甘霖断,秋深恩诏频。堪怜天道远,独赖圣朝仁。执物身须手,布仁君赖臣。皇恩深似海,还望简贤人。"

秋,瘟疫蔓延,摧伤民众无数。

十月,先生作诗《十月》两首。其一曰:"不尽出门泪,难忘殣道情。梦中闻蛙噪,犹诧啼饥声。"其二曰:"城市行人少,郊村昼鬼庞。昔时锦绣子,不死半他乡。"

司寇郑重与陕西学宪高尔公捐俸刊刻李颙著作,先生负责校订辑录成《二曲先生集》二十六卷。

鄠县知县金廷襄访问先生。

先生撰《拟上部堂筹荒书》上达来陕赈灾的诸大吏。

清康熙三十一年　壬申(公元1692年)　先生三十七岁

二月,颜元(字浑然,号习斋,直隶博野人)质疑李颙之学。

陕西多县复干旱,夏麦仍不登,饥荒以致人相食,邑民十之六七亡。

五月,先生作诗《壬申五月》,曰:"万川寂寞断人烟,千里荆棘旱又连。蝼蚁宁堪动上帝,夜来频梦祷南泉。"

朝廷调拨银两百余万,粮食九千余万石,送往陕西赈灾。

先生于鄠县孙家碚创建二曲书院。

久旱始雨,先生喜不自胜,作诗《雨余》,曰:"雨过凌晨望,苏苏万卉偾。为因天泽渥,想见王仁优。叶露随风下,残流映树浮。今朝秋正好,分付采莲舟。"

高尔公任陕西提督学政,似乎于此年前后为先生创建的二曲书院建坊,并题"二曲书院"匾额。

十月,先生闻朝廷将免去陕西受灾民税负,乃作诗《喜闻皇恩更蠲租税随口吟成口号一章》,曰:"渥泽前年已叠叠,温纶今岁更连连。汉史欣传文帝诏,而今万姓戴尧天。"

十一月,李因笃卒。

清康熙三十二年　癸酉(公元1693年)　先生三十八岁

先生作诗《雨后观禾》二首,其一曰:"头白五年旱,心开二麦成。雨余扶病出,喜动结忧情。南亩禾须茂,惨黎食可凭。始知造物意,亦念我苍生。"

清康熙三十三年　甲戌(公元1694年)　先生三十九岁

十二月,先生作《〈证心录〉自识》。

王源(字昆绳,又字或庵,大兴人)书信向李颙问学。

清康熙三十四年　乙亥(公元1695年)　先生四十岁

二月,先生作诗《题壁》,曰:"四十竟成何事,生平望古徒遥。悔却因循不进,空余浩气冲霄。"

四川杨甲仁(号愧庵)来盩厔访李颙,先生往盩厔与杨氏论学数日。

先生幼子王勋(字茂宏)生。

七月,张秉直生。

清康熙三十五年　丙子(公元1696年)　先生四十一岁

先生与邠阳康乃心(字孟谋,号太乙)论学。

清康熙三十六年　丁丑(公元1697年)　先生四十二岁

陆德元任陕西督学使,似于此年前后为二曲书院捐建房屋,并题对联"继横渠道统,承二曲心传"。

又旱,先生作诗《复愁》二首。

三月,史调(字匀五,号复斋,晚号云台山人,陕西华阴人)生。

清康熙三十七年　戊寅(公元1698年)　先生四十三岁

临潼县知县赵于京重建横渠书院,邀先生为邑士友发明横渠《西铭》及知礼成性大旨,先生婉辞。

先生日间批点《王阳明集》,夜必诵味《孟子》。

先生年底作《自赞小像》,曰:"谓尔无志耶？胡为奋乎百千万世之思？谓尔有志耶？胡为浪过四十三年之期？噫嘻！悲夫少壮之努力已矣。于戏！危乎！来日之几何？安知苟今兹寸阴分阴之不惜,其不至于草木并朽而俱腐者几希！"

清康熙三十九年　庚辰(公元1700年)　先生四十五岁

春,先生往盩厔为李颙祝寿,并与前来祝寿的诸同门论学数日。

清廷议定陕西散给籽种案,陕西两任巡抚吴赫、党爱,蒲城知县关琇,韩城知县王宗旦等数十人组成的贪污团伙被查处。

七月,李柏(字雪木,号太白山人,陕西郿县人)卒。

清康熙四十年　辛巳(公元1701年)　先生四十六岁

先生与河南襄城李来章(名灼然,字来章,号礼山)书信论学。

冬,三原李重五往鄠县访先生并论学。

朝邑王建常(字仲复,号复斋)卒。

清康熙四十一年　壬午(公元1702年)　先生四十七岁

先生作《学旨小引》。

河南中州张潜谷来访,先生与之论学数日。

华阴王宏撰(又作弘撰,字无异,号山史)卒。

清康熙四十二年　癸未(公元1703年)　先生四十八岁

先生结茅屋于果园,刻苦读书,并作诗《结茅汝泽祖果园为读书之所怆然感怀》:"忆昔分果日,深耕辟草莱。今来筑精舍,丰草没荒苔。屈指未五载,今昔顿异哉。叹息人间世,把树几徘徊。"

九月二十日,都察院左副都御史董复庵来陕西访先生,论学数日,并邀先生南游,先生遂往。

十月,先生过河南襄城,因受李颙之命,往拜谒刘宗泗(字让一,号恭叔)及其子侄青芝、青莲、青藜、青霞、青震、青骏等,并与诸青结为异姓兄弟。

先生往湖北夜宿碓山,见山东、河南逃荒饥民载道,夜不能寐,遂作《宿确山驿》:"青灯不寐将明夜,白发空增未老身。漫道书生忧似杞,书生本是圣朝民。"

先生至汉口与休宁汪璲(字文仪,号默庵,高世泰弟子)论《易》。

十一月,康熙帝西巡至陕,拟召见李颙。李颙以老病卧床坚辞。康熙知其声望高重不可相强,遂赐书"操志高洁"匾额及御制诗章,并索其著作《四书反身录》和《二曲集》。

清康熙四十三年　甲申(公元1704年)　先生四十九岁

先生往彭泽凭吊陶渊明,并有诗作《舟指彭泽》《夜经彭泽》。其《夜经彭泽》曰:"客路经彭泽,南城落照残。趁月秋波涌,上水晚风寒。廊庙非吾事,鹓鸾自备官。惟应辞凤诏,沣水老渔竿。"

二月初,先生作诗《雪中怀达夫上人》,曰:"僻巷松筠蒲,城中似茂林。半生兄弟泪,千古君亲心。岁暮悲春草,雪寒泣素琴。子猷兴不浅,其奈阻遥岑。"

先生归途经河南襄城,再往访刘宗泗及其子侄。

二月底,先生归鄠。

五月,先生为鄠县知县朱亚翁《学制录》作序。

先生作诗《志感书示儿孙》,曰:"今岁甲申岁,昊天溥降康。凡此力稿子,靡弗庆丰穰。更若勤渠备,大有礼数详。以此知农事,真成万宝祥。以此知择术,所贵择厥良。如其擅异颖,务学固为常。倘或苦颛蒙,上物爱心臧。"

清康熙四十四年　乙酉(公元1705年)　先生五十岁

四月十五日,先生师李颙卒。

六月,会葬李颙。先生"以义制服,经纪其丧事,然后返。自是人乃知师弟之谊。"

先生与赵于京(号丰原)书,商讨李颙谥号事。

清康熙四十五年　丙戌(公元1706年)　先生五十一岁

二月,云南巡抚陈诜复兴龙岗书院,拟请先生往讲学,遂介河南襄城刘宗泗、刘青霞叔侄书信融通,先生以母老待养婉谢。

除夕,先生作诗《除日》,曰:"今日五十一,明日五十二。前此已空过,后此可造次。人生天地间,七十最稀事。纵复到七十,十八年易易。老骥伏槽枥,角动辄勃跂。"

八月,武功孙景烈(字孟扬,又字竞若,号西峰)生。

清廷确立朱子学为官方哲学。

清康熙四十六年　丁亥(公元1707年)　先生五十二岁

鄠县知县张世勋聘请泾阳王承烈讲学于二曲书院。先生与王结为联谱兄弟。王家藏书丰富,先生后遂得览其藏书。

三原刘绍攽(字继贡,号九畹)生。

清康熙四十七年　戊子(公元1708年)　先生五十三岁

秋,福建巡抚张伯行邀请先生往福州鳌峰书院讲学,先生以母亲年老待养婉谢。

十二月,先生口授,先生次子功、三子绩、幼子勋及先生孙师睦、师仁、师圣、师孝、师中等笔录《丰川家礼》成。

先生作诗《岁暮五章章四句》,曰:"岁暮岁暮,殊无进步。辗转抚心,何堪岁暮。维彼古人,爰有武公。耄修不倦,睿圣以终。驽马十驾,亦自及骥。果能此道,明强可冀。矧惟年龄,五十而三。视壮为老,较颐为残。悔之弗诚,学之弗精。是日自弃,终负吾生。"

清康熙四十八年　己丑(公元1709年)　先生五十四岁

陕西督学使朱轼(字若瞻,号可亭,江西高安人)往鄠县访先生。

五月,李塨(字刚主,号恕谷,直隶蠡县人,颜元弟子)在富平知县杨勤的邀请下,来陕西讲学,八月中旬离陕。在李塨宣讲的实学思想冲击下,陕西学者多视李颙之学为禅学。

王承烈中进士,选馆。

大雨,夏禾大伤。

清康熙四十九年　庚寅(公元1710年)　先生五十五岁

二月,李塨再次来富平讲学(至翌年二月离陕),间往长安讲学。李颙门下弟子如鲁登阙(字圣居,鄠县人)等,先生门下弟子如蔡麟(瑞寰,西安人)、黎宋淳(长举,九江人)等,亦往师事李塨。

四月,震雷惊电,雨雹大作。雹大者如鸡卵,小者似枣粟。凡经过之处庄家尽毁,始又饥荒。

冬,先生次子功自富平归,言及李塨主讲的颜李学派学说,先生遂论颜元之学。

十二月,先生应湖北巡抚陈诜江汉书院讲学之邀,于十九日携次子王功出发往湖北武昌。

清康熙五十年　辛卯(公元1711年)　先生五十六岁

正月底,先生至武昌江汉书院。先生在江汉书院讲学近一个月,听者盈庭。所讲内容由其子王功整理为《江汉书院讲义》十卷。讲学间,黄冈靖道谟、靖天绩、熊同智,麻城徐家麟、阮凤昌、万绳祜,孝感夏力恕、屠观用,江夏刘国泰等拜于先生门下。

先生次子王功拜江汉书院山长张希良(字石虹,黄安人)为师。

四月,先生母李太夫人卒。

清康熙五十二年　癸巳(公元1713年)　先生五十八岁

春,特开恩科,先生诸子侄考试未归,先生作诗《岁癸巳春时以万寿开科儿曹闱试未归出郊遥望》,曰:"隔岁逢春罢钓蓑,为因远望暂婆娑。南山未改岩头雪,涝水新增雨后波。太史桥头柳色嫩,伦公湾杏花多。儿曹得失由天定,五策经论竟若何。"

江苏巡抚张伯行书信邀请先生往苏州紫阳书院讲学,先生应诺。

清康熙五十三年　甲午(公元1714年)　先生五十九岁

正月,先生与福建漳州林云翥(名凤,彭定求弟子)书信论学。

春,王承烈母卒,先生往泾阳吊唁。观王承烈所著《日省录》,与之彻夜论学。

四月二十三日,先生应江苏巡抚张伯行之邀入苏州紫阳书院讲学,张伯行讲学以程朱为尊而力辟陆王,且批评李颙之学为禅学。先生力与之争。紫阳书院诸生在张伯行的倡导下,亦以辟陆王为尊程朱。故先生此次讲学与众"往复辩难,彼此抵牾",境遇尴尬。

先生与吴县裘琏(字殷玉,黄宗羲弟子)论学。

湖广总督额伦特(满洲镶红旗人,科奇哩氏)在江夏知县金廷襄的建议下,以"山林隐逸"荐先生于清廷。召下,陕西总督遣使者往苏州督促先生赴京。

九月,先生自苏州返回鄠县。

十一月,先生撰《辞征呈》,以患风寒伤肺之症坚辞。

先生作诗《腊中》,曰:"雪里寒梅渐绽,腊中春酒偏香。六十相将又到,空怜两鬓徒苍。"

清康熙五十四年　乙未(公元1715年)　先生六十岁

二月,先生作诗《六十初度》,曰:"甲周儿辈竟称觞,隐痛蓬生只断肠。希圣无成贤尚远,一回把盏一情伤。"

四月,先生闭关读《易》。

五月,额伦特捐俸欲刊刻先生著作,先生遣次子功往武昌司其役。

冬,先生为鄠知县吴廷芝诗集《游览草》作序。

准噶尔入侵西藏,为维护西藏安定,清廷派兵挺进西藏。

清康熙五十五年　丙申(公元1716年)　先生六十一岁

四月,先生著作《丰川全集》刊刻完成,内容包括《丰川易说》十卷、《江汉书院讲义》十卷、《丰川全集正编》二十八卷、《丰川全集续编》二十二卷、《丰川全集外编》六卷,末附《二曲先生历年纪略》。

因准噶尔侵扰西藏,湖广总督额伦特署西安将军,驻军西安。额伦特就兵事书信询及先生。先生回信时,希望将军帮助自己振兴二曲书院,并寄去《白鹿书院志》《东林书院志》和《关中书院志》。

先生与顾培(字畇滋,无锡人,汤之锜弟子)书信论学。

冬,山东济南赵荐清访先生于太平山房,并纳贽拜师。

清康熙五十六年　丁酉(公元1717年)　先生六十二岁

夏,甘肃泾川文鸣廷访先生,以求面证修习境域。先生与之论学中提出"圣学之所重在心行也"的命题。

觉罗逢泰(满洲正黄旗人)任陕西督学使,就兴学事询及先生。

额伦特将引军进入青海。先生作诗托人赠送,诗曰:"潮海天骄横,嫖姚愤请缨。前锋罗虎旅,中蠹护龙旌。军令威如火,行营整似城。燕然铭汉代,今日更留名。"

緱山鹏(字息园,富平人)似于此年前后师事先生。

先生在给额伦特将军的书信中提出了"因利制权,相机而动,乃是完全之师也"的军事战略主张。

清康熙五十七年　戊戌(公元1718年)　先生六十三岁

四月,冰雹大降,庄家尽毁,颗粒无收。

四月,先生弟子蔡麟(字瑞寰,西安人)随军驻扎巴里坤,先生去信主张"间谍用事"。

五月,地震,人畜有伤亡者。

因雹灾,张中(字潜士,西安人)、蔡麟和黎宋淳(字长举,九江人)等来信慰问先生,并各自提出了冰雹产生的原因。先生认为黎宋淳"蜥蜴摄水成雹之说信属不诬"。

九月,额伦特将军阵亡。

鄠县知县吴廷芝纂修《鄠县续志》询问先生。

先生作诗《登台》一首并作《序》。

先生闻清廷拟派亲王统兵入西藏,遂撰《拟谏止亲王统兵疏》。在疏中先生提出了以守寓战的战略主张。

先生弟子江机(字砥侯,宁夏灵州人)随军入西藏。先生在给江机的信中阐发了"出奇制胜"的战略主张。

清康熙五十八年　己亥(公元1719年)　先生六十四岁

正月,先生始闻额伦特将军阵亡,亲撰祭文,在家设灵位,率子孙祭奠。

先生携童孙避暑紫阁山下大圆禅寺,山居间多诗。如其《对月》曰:"如坐玉冰壶,浑忘古佛殿。不用绘心谱,月明即本面。"

侍读学士陈世倌(字秉之,号莲宇,浙江海宁人,陈诜之子)往鄠县访先生。临别,先生书"志伊学颜"四字相赠。

先生在给襄城刘青芝的书信中提出了以保举制取代科举制来选拔人才的想法。

清康熙五十九年　庚子(公元1720年)　先生六十五岁

陕西多县又旱,出现饥荒。先生有诗三首。其一曰:"佛寺神堂半流亡,天行冻馁半凋伤。欲归今尚无归处,就食他乡抑又荒。"

先生躬身田地,试验着用《齐民要术》所记载的区田法来种庄稼,发现此法确实可以增收。

九月,先生作诗《即事》一首,其曰:"细雨逐秋暑未清,秋蝉苦傍燠风鸣。夜来独喜得佳梦,应是今秋喇藏平。"

清康熙六十年　辛丑(公元1721年)　先生六十六岁

八月,年羹尧任川陕总督,闻先生名,令鄠县知县靳树榛周旋,使先生往见之。先生闻其骄纵不法,辞不往见。

先生与分赈山西和陕西灾荒的都察院御史朱轼书信论赈灾事。

先生再次用区田法种庄稼,并因地制宜,对之进行了改革。

清康熙六十一年　壬寅(公元1722年)　先生六十七岁

二月,先生又与朱轼书信论赈灾事。

二月,先生作诗《训儿》并《序》,诗曰:"余家六十口,生计靠薄田。一自丙申岁,薄款连六年。中耕几挽运,费视岁额宽。兼供军前料,百需耗无边。独得皇仁渥,沛然亥租蠲。因稍苏解共,颂□圣恩偏。天心真难度,两旱东西延。四顾茫无策,老身倡作先。营田南山下,掘井涝河湾。费尽终年力,三方无一全。徒催一尺氅,虚耗典衣钱。向非圣明主,蠲赈更连连。不作三巴客,且流三楚间。今仍赖帝德,秋雨冬雪绵。谷登足糊口,黍收在眼前。痛已无忘痛,经颠应防颠。抚心滋前惧,记事订来传。天心不可恃,国恩岂常宣。勤耕而节用,积贮例宜坚。"

先生作诗《讼圣》,其曰:"王圣由来臣尽贤,残黎纵馁尚安眠。一年整整零三月,门上无人催税钱。"

江苏宝应朱泽沄(字湘陶,号止泉)来信与先生论朱子学,随后其弟朱之梃、其子朱光进亦与先生论辩。

泾阳张鼎望往二曲书院拜见先生,并参观书院教学,遂作《过二曲书院》长诗颂扬书院的教学。

海宁陈诜卒,先生亲撰祭文,在家设灵位,率子孙祭奠。

三月,临潼王巡泰(字岱宗,号零川)生。

清雍正元年　癸卯(公元1723年)　先生六十八岁

年初,先生患眩晕症,因庸医延误,卧床修养近八个月。遂终结了二曲书院讲学事。

先生作诗《闻都宪可亭朱公误以贱名入荐剡书怀矢报》,曰:"千山苍翠雨川清,老矣无能负此生。夜来检点酬知己,独注六经万古明。"

二月底,因应都察院左都御史朱轼之荐,清廷以《明史》分纂官再次征召先生。先生以老病固辞,并撰《拟谢恩陈言书》。

先生与朱轼书信探讨纂修《明史》,该信充分展现了先生的史学思想。

先生幼子王勍拔贡,往北京就学国子监。

七月,先生与王承烈书信论治道。

十一月,江苏宝应王懋竑(字予中,号白田,江苏宝应人)被征入京,间读先生《丰川易说》和《丰川全集》,遂对先生其人其学予以激烈批评。

先生作诗《和令公读少虚先生集》,曰:"宇宙奇男子,关中第一书。言言关道德,字字剖兴除。别野收山色,草堂带水渠。此间堪讲贯,送老意如何。"

陈门庆(字容驷,盩屋人)似于此年前后师事先生。

青海罗卜藏丹津叛乱,清廷派年羹尧、岳钟琪率军讨伐。

先生建议清廷在哈密推行寓兵于农的募兵制。

先生在给朱轼的书信中提出了"治天下之道,以安养生民为第一义"的主张。

先生在回乔汲(字敏伯,江苏宝应人)的信中表达了效法东林书院举行讲会活动的愿望。

清雍正二年　甲辰(公元1724年)　先生六十九岁

正月初,先生收到朱轼来信,遂有《答朱可亭先生》及《又寄朱可亭先生》。

四月初,先生念年事已高,见向道乏人,遂有寓道于经之思,开始注解《五经》。

先生母李太夫人因生前贤惠,被奉旨建坊,祀入鄠县节义祠。

先生往金峰寺访月印禅师,并作诗《赠月印》,曰:"云水清深便是家,仍闻灵异似丹霞。由来仙梵驱林虎,应是禅心降毒蛇。风到上方帆影动,月林窗户壁光斜。谈空一话该三藏,还拟明春借问花。"

先生撰《筹边迂议论》《论西事剿守利害》《安插复良乐户议》。

清雍正三年　乙巳(公元1725年)　先生七十岁

春节,先生作诗《乙巳元日》四首。其四曰:"稷契功勋斯罕到,孔颜性道始难几。不知何代轻题品,七十人间号古稀。"

二月,先生作诗《贱辰前一日即事》五首,其三曰:"希贤希圣终茫渺,成己成人尽陆沉。为恳亲知莫浪贺,悠悠七十正伤心。"

十二月,总督年羹尧被赐死,鄠县知县靳树榛多人诖误,而先生不与。世宗闻先生之名而重之。

先生注解《尚书》毕,题名为《尚书质疑》。

先生编《礼记汇编》成。

清雍正四年　丙午(公元1726年)　先生七十一岁

先生注解《春秋》毕,题名为《春秋原经》。

先生增益明代冯从吾撰的《关学编》,而命名为《关学汇编》。

先生撰写《积贮论》。

清雍正五年　丁未(公元1727年)　先生七十二岁

四月,先生撰《条疏保举议》,主张改革科举制度。

先生开始注解《诗经》,题为《丰川诗说》。

先生有"毕生最愧于心者,学未明孔孟大全"之叹。

除夕,先生作诗《除日》三首,其一曰:"细忆一生事,如同水上行。一回风水顺,一回逆浪生。顺既心不喜,逆亦心不惊。七十人间世,祇信心为凭。千秋名不顾,刿惜区区荣。独怜六经注,辛苦晚经营。孔孟今已矣,何人一证明。"

八月,刘鸣珂卒。

清雍正六年　戊申(公元1728年)　先生七十三岁

二月,先生作诗《寄勋京师》二首,其二曰:"七十三朝满,禁春愈去年。饮食加似少,筋力健于前。十卷完书解,三秋叙礼篇。"

先生与安徽桐城方苞(字灵皋,号望溪)书信论"经济"之学。

清雍正七年　己酉(公元1729年)　先生七十四岁

陕西大吏聘先生纂修《陕西省志》,先生以老病辞。然每顾问先生,先生提出儒学虽包括理学和经学,但道学重于经学。

十二月,泾阳王承烈卒。先生亲撰祭文,在家设灵位率子孙哭祭。

先生次子王功拔贡,往北京就学国子监。

先生弟子陈门庆出任安徽庐江知县。

清雍正八年　庚戌(公元1730年)　先生七十五岁

先生次子王功陛见,世宗嘉之曰:"名儒子,果不凡。"

先生撰《陇州帮运议》。

先生作诗《庚戌上元祭祖毕自叹》二首,其一曰:"千载情酤析纸钱,黄昏僾忾奠几筵。即今跪拜力全钝,应是今年老去年。"

清雍正九年　辛亥(公元1731年)　先生七十六岁

先生幼子王勋升迁全州知州。

武功康吕赐(字复斋,号一峰,自称南阿山人)卒。

清雍正十年　壬子(公元1732年)　先生七十七岁

清廷与准噶尔战事吃紧,遂派鄂尔泰(满洲镶蓝旗人,西林觉罗氏,字毅庵)任三边经略,赴陕甘前线督师。鄂尔泰到任后,就战事书信询及先生,先生遂有《答经略鄂公书》,并撰《兵间事宜》转赠。

秋,先生撰《井利说》,然并不被重视,往往是"下焉者或笑为迂,上之且半可半否"。

鄠县知县鲁一佐纂修《鄠县重续志》询问先生,且该《志》卷三为先生专列《征辟理学名儒》一传。

先生增补并注释明代屠隆的《荒政考》。

清雍正十一年　癸丑(公元1733年)　先生七十八岁

春,李颙长子李慎言(字伯敏)来访,言及盩厔尉求雨之类的天人感应之事,先生遂作《盩厔尉祷雨跋》,以示训弟子。

先生弟子陈门庆升任安徽亳州知州。

王兰生(字振声,号信芳,又号坦斋,交河人,李光地弟子)任陕西提督学政,刘绍攽与其弟遂拜于其门下。

清雍正十二年　甲寅(公元1734年)　先生七十九岁

先生幼子勋升迁广西浔州知府。

果亲王(爱新觉罗·允礼)因西藏事过陕西,派人顾问先生。

清雍正十三年　乙卯(公元1735年)　先生八十岁

先生虽年高,然神明不衰,自箴曰"守身若处子,护心如护镜"。

六月,西北军又兴,运粮车夫、割草夫役均系陕西饥民流寓庸作,不下万人。

清乾隆元年　丙辰(公元1736年)　先生八十一岁

清廷以"孝廉方正"再次征召先生,先生以老病辞不赴京,遂上乾隆帝

《拟进刍荛愚忱条目》。

陕西蒲城某士廷试,大学士鄂尔泰有"丰川安否"之问,士不能对。鄂曰"不知丰川,何能成进士!"

先生弟子陈门庆任四川达州知州。

清乾隆二年　丁巳(公元1737年)　先生八十二岁

四月,陕西巡抚崔纪闻先生对凿井灌田有论著,来信索求。先生将《井利说》《水利说》《区田圃田法》一并交鄂县知县转呈。

六月,陕西巡抚崔纪奏请推广凿井之利,获准后,在陕西各地凿井二万三千余眼,农田多得灌溉,粮食产量大增。

七月,先生作《疏意》。

先生父中悦公因生前孝友,被奉旨祀入鄂县忠孝祠。

十一月,先生撰《训子帖》和《评汉循吏传》,并寄于外地做官的次子王功和幼子王勋,希望其实心实政报效朝廷。

先生幼子王勋为先生《春秋原经》求序于陆奎勋,陆作《丰川春秋原经序》。

史调应时任陕西巡抚的崔纪之邀,主讲关中书院。

清乾隆三年　戊午(公元1738年)　先生八十三岁

春,先生幼子王勋为先生《尚书质疑》求序于陈惔,陈作《丰川尚书质疑序》。

陕西巡抚崔纪因凿井灌溉事被"忌者入谮于中",清廷下旨将陕西巡抚崔纪与湖北巡抚张楷对调,并责令严查凿井中的虚实利弊。

先生寄信崔纪,感叹"功业之难为,盛名之难处",但坚信"井利一事,穷源究委,真是国家第一利民利国大计"。

三月中旬,先生卒,享年八十三。

清廷诰封先生为中宪大夫,生平事迹载《国史·儒林传》。

陕西布政使帅念祖见农民用先生传授的区田法种庄稼能够增收,遂鼓励陕西尤其是干旱地区用区田法种地。

冬,先生次子王功、幼子王勋往河南襄城乞刘青芝为先生撰碑传,刘遂作《王征君先生心敬传》。

清乾隆五年　庚申(公元1740年)

正月,先生次子王功、幼子王勋乞太子太保文渊阁大学士陈世倌为先生题墓碑,陈书"大清理学名儒丰川王先生之墓"。

  清乾隆九年 甲子(公元1744年)

经陕西巡抚陈宏谋题请,先生获准入祀鄠县乡贤祠。

  清乾隆十五年 庚午(公元1750年)

七月,先生著文被其幼子王勔汇集为《丰川续集》刊刻。

先生幼子王勔将先生著作进呈乾隆帝,帝御览后赐币嘉奖。

参考文献

一、古籍部分

(1)［汉］司马迁.史记[M].北京:中华书局,2013.

(2)［汉］许慎.说文解字[M].北京:中华书局,2013.

(3)［隋］吉藏疏.中论·百论·十二门论[M].上海:上海古籍出版社,2011.

(4)［唐］欧阳修,宋祁著.新唐书[M].北京:中华书局,1975.

(5)［宋］周敦颐撰.周敦颐集[M].北京:中华书局,1990.

(6)［宋］张载撰,章锡琛点校.张载集[M].北京:中华书局,1978.

(7)［宋］程颢、程颐撰,王孝鱼点校.二程集[M].北京:中华书局,1981.

(8)［宋］朱熹.四书章句集注[M].北京:中华书局,1983.

(9)［宋］黎靖德编,王星贤点校.朱子语类[M].北京:中华书局,1986.

(10)［宋］朱熹.朱子文集[M].北京:中华书局,1985.

(11)［宋］陆九渊著,钟哲点校.陆九渊集[M].北京:中华书局,1980.

(12)［明］戚继光.纪效新书[M].景印文渊阁四库全书本.

(13)［明］茅元仪.武备志[M].续修四库全书本.

(14)［明］王守仁撰,吴光等编校.王阳明全集[M].上海:上海古籍出版社,1992.

(15)［明］冯从吾撰,陈俊民、徐兴海点校.关学编(附续编)[M].北京:中华书局,1987.

(16)［清］王心敬.丰川易说[M].景印文渊阁四库全书本.

(17)［清］王心敬.尚书质疑[M].清乾隆三年浔衡本.

(18)［清］王心敬.春秋原经[M].清乾隆三年浔衡本.

(19)［清］王心敬.礼记汇编[M].清乾隆三年浔衡本.

(20)［清］王心敬.丰川诗说[M].清刻本.

(21)［清］王心敬.江汉书院讲义[M].清康熙五十五年额伦特刻本.

(22)［清］王心敬.丰川全集正编[M].清康熙五十五年额伦特刻本.

(23)［清］王心敬.丰川全集续编[M].清康熙五十五年额伦特刻本.

(24)［清］王心敬.丰川全集外编[M].清康熙五十五年额伦特刻本.

(25)[清]王心敬.丰川续集[M].清乾隆十五年怒堂本.

(26)[清]王心敬.关学编[M].清嘉庆七年周元鼎刻本.

(27)[清]王建常.复斋录[M].清光绪元年刘述荆堂刻本.

(28)[清]王承烈.日省录[M].清光绪戊戌年王素位堂刊本.

(29)[清]陈宏谋.培远堂偶存稿[M].清乾隆三十年吴门穆大展局刻本.

(30)[清]刘绍攽.九畹古文[M].清乾隆八年刘氏传经堂刻本.

(31)[清]贺瑞麟.桐阁先生文钞[M].清光绪十年朝邑文会刊本.

(32)[清]王宏撰.正学隅见述[M].文渊阁四库全书本.

(33)[清]王会昌.去疴斋文集[M].清道光年间怡怡堂刻本.

(34)[清]史调.史复斋文集[M].清乾隆间刻本.

(35)[清]张秉直.开知录[M].清光绪元年传经堂刻本.

(36)[清]王宏撰.砥斋集[M].清光绪十二年敬义堂刻本.

(37)[清]祝垲.体微斋语录[M].清光绪十六年体微斋遗编本.

(38)[清]孙景烈.滋书堂文集[M].清道光十一年酉麓山房刻本.

(39)[清]张伯行.正谊堂文集[M].清乾隆间刻本.

(40)[清]张秉直.萝谷文集[M].清道光二十三年贫劳堂刻本.

(41)[清]杨树椿.杨损斋文钞[M].清光绪九年柏经正堂刻本.

(42)[清]温恭.温肃安先生遗著[M].民国二十一年铅印本.

(43)[清]贺瑞麟.清麓答问[M].清光绪三十一年正谊书院刻本.

(44)[清]张鹏飞.关中水利议[M].道光二十八年来鹿堂刻本.

(45)[清]李塨.恕谷后集[M].畿辅丛书本.

(46)[清]刘光蕡.壕堑私议[M].烟霞草堂本.

(47)[清]刘光蕡.团练私议[M].烟霞草堂本.

(48)[清]张师栻,张师载.张清恪公年谱[M].清乾隆间刻本.

(49)[清]沈青崖,吴廷锡.陕西通志[M].雍正十三年刊本.

(50)[清]康如琏.(康熙)鄠县志[M].清康熙二十一年刻本.

(51)[清]鲁一佐.(雍正)鄠县重续志[M].清雍正十年刻、乾隆十六年增补充本.

(52)[清]李颙撰,陈俊民点校.二曲集[M].北京:中华书局,1996.

(53)[清]王宏撰撰,何本方点校.山志[M].北京:中华书局,1999.

(54)[清]顾炎武.顾亭林诗文集[M].北京:中华书局,1959.

(55)[清]黄宗羲.宋元学案[M].北京:中华书局,1996.

(56)[清]全祖望撰.全祖望集汇校集注[M].上海:上海古籍出版社,2000.

(57)[清]颜元.颜元集[M].北京:中华书局,1987.

(58)[清]纪昀等撰.四库全书总目[M].北京:中华书局,1996.

(59)[清]冯辰,刘调赞.李堪年谱[M].北京:中华书局,1988.

(60)[清]赵尔巽等撰.清史稿[M].北京:中华书局,1977.

(61)[清]江藩撰.宋学渊源记[M].上海:上海书店,1983.

(62)[清]李元度撰.清朝先正事略[M].台北:明文书局,1985.

(63)[清]黄嗣东.圣清渊源录[M].台北:明文书局,1985.

(64)[清]吴怀清著,陈俊民点校.关中三李年谱[M].西安:陕西师范大学出版社,1992.

(65)[清]王钟翰点校.清史列传[M].北京:中华书局,1987.

(66)王心敬著,宋联奎编.丰川杂著[M].民国间陕西通志馆排印关中丛书本.

(67)张骥.关学宗传[M].陕西教育图书社,民国十年排印本.

(68)赵葆真修,段光世纂.鄠县志[M].民国二十二年铅印本。

(69)钱仪吉主编.清代碑传全集[M].上海:上海古籍出版社,1987.

(70)续修四库全书总目提要(稿本):32[M].济南:齐鲁书社,1996.

(71)郑晓霞,吴平标点.扬州学派年谱合刊[M].扬州:广陵书社,2008.

(72)杨天才,张善文译注.周易[M].北京:中华书局,2011.

(73)钱玄等注译.周礼[M].长沙:岳麓书社,2001.

(74)杨伯峻注.春秋左传注[M].北京:中华书局,2009.

(75)刘安著,陈广忠译注.淮南子[M].北京:中华书局,2012.

(76)黎翔凤.管子校注[M].北京:中华书局,2004.

(77)陆玖译注.吕氏春秋[M].北京:中华书局,2011.

(78)陈鼓应译注.老子译注及评价[M].北京:中华书局,2009.

(79)徐勇编.尉缭子·吴子[M].郑州:中州古籍出版社,2010.

(80)李零译注.孙子译注[M].北京:中华书局,2009.

(81)惠能著,赖永海主编,尚荣译注.坛经[M].北京:中华书局,2011.

(82)杨伯峻译注.论语译注[M].北京:中华书局,2009.

(83)杨伯峻译注.孟子译注[M].北京:中华书局,2010.

(84)石磊译注.商君书[M].北京:中华书局,2009.

(85)王世舜译注.庄子译注[M].济南:齐鲁书社,1998.

(86)石汉声译.齐民要术今释[M].北京:中华书局,2009.

(87)王国维.观堂集林[M].北京:中华书局,1959.

二、专著部分

(88)梁启超.中国近三百年学术史[M].北京:东方出版社,1996.

(89) 梁启超.清代学术概论[M].北京:东方出版社,1996.

(90) 梁启超.论中国学术思想变迁之大势[M].上海:上海古籍出版社,2001.

(91) 刘师培著,钱钟书主编.刘师培辛亥前文选[M].北京:三联书店,1998.

(92) 王国维.王国维遗书[M].上海:上海书店,1983.

(93) 张舜徽.清儒学记[M].武汉:华中师范大学出版社,2005.

(94) 蔡尚思.中国思想研究方法[M].上海:复旦大学出版社,2001.

(95) 蒙培元.理学范畴系统[M].北京:人民出版社,1989.

(96) 蒙培元.心灵超越与境界[M].北京:人民出版社,1998.

(97) 柳诒徵.中国文化史[M].上海:上海古籍出版社,2001.

(98) 钱穆.中国学术思想史论丛:卷八[M].合肥:安徽教育出版社,2004.

(99) 侯外庐.中国思想通史:第五卷[M].北京:人民出版社,1956.

(100) 郑天挺.清史探微[M].北京:北京大学出版社,1999.

(101) 姜广辉.走出理学[M].沈阳:辽宁教育出版社,1997.

(102) 萧萐父,许苏民.明清启蒙学术流变[M].沈阳:辽宁教育出版社,1995.

(103) 陈鼓应,辛冠洁,葛荣晋.明清实学思潮史[M].济南:齐鲁书社,1989.

(104) 陈来.朱子哲学研究[M].上海:华东师范大学出版社,2000.

(105) 陈来.有无之境——王阳明哲学的精神[M].北京:北京大学出版社,2006.

(106) 陈来.宋明理学[M].上海:华东师范大学出版社,2004.

(107) 谢国桢.孙夏峰李二曲学谱[M].上海:商务印书馆,1934.

(108) 洪修平.中国禅学思想史[M].北京:中国人民大学出版社,2007.

(109) 陈俊民.张载哲学思想及关学学派[M].北京:人民出版社,1986.

(110) 龚书铎.清代理学史[M].广州:广东教育出版社,2007.

(111) 余英时.文史传统与文化重建[M].北京:三联出版社,2004.

(112) 劳思光.新编中国哲学史:卷三下[M].桂林:广西师范大学出版社,2005.

(113) 王彬.清代禁书总述[M].北京:中国书店,1999.

(114) 史松.清史编年:第四卷[M].北京:中国人民大学出版社,1991.

(115) 郭齐勇.中国古典哲学名著选读[M].北京:人民出版社,2005.

(116) 张岂之.中国儒学思想史[M].西安:陕西人民出版社,1990.

(117) 杜维明著,陈静译.儒教[M].上海:上海古籍出版社,2008.

(118) 陈祖武.清代学术拾零[M].长沙:湖南人民出版社,2002.

(119) 邓洪波.中国书院史[M].上海:东方出版社,2006.

(120) 王尔敏.近代经世小儒[M].桂林:广西师范大学出版社,2008.

(121) 陈来.朱子哲学研究[M].上海:华东师范大学出版社,2000.

(122) 汪学群.清代学问的门径[M].北京:中华书局,2009.

(123)汪学群.清代中期易学[M].北京:社会科学文献出版社,2009.

(124)夏传才,董治安.诗经要籍提要[M].北京:学苑出版社,2003.

(125)王毓瑚.中国农学书录[M].北京:中华书局,2006.

(126)张岂之.中国思想学说史:先秦卷[M].桂林:广西师范大学出版社,2008.

(127)白钢.中国政治制度史:第10卷[M].北京:人民出版社,1996.

(128)韦庆远.中国政治制度史[M].北京:中国人民大学出版社,1989.

(129)陕西省地方志编纂委员会.陕西省志·政务志[M].西安:陕西人民出版社,1997.

(130)萧一山.清代通史:第一卷[M].上海:华东师范大学出版社,2006.

(131)刘海峰,李兵.中国科举史[M].上海:东方出版社,2006.

(132)顾随讲,叶嘉莹笔记,顾之京整理.顾随诗词讲记[M].北京:中国人民大学出版社,2006.

(133)韩林德.境生象外[M].北京:三联书店,1995.

三、论文部分

(134)李裕民.吕留良著作考[J].浙江学刊,1993,(4).

(135)汪学群.试论清代中期易学诸流派的特色[J].中国哲学史,2008,(4).

(136)刘永青.论关学的精神特质[J].学术论坛,2008,(12).

(137)王培华.元明清时期西北水利的理论与实践[J].学习与探索,2002,(2).

(138)刘驰.区田法在农业实践中的应用[J].中国农史,1984,(2).

(139)张波,冯风.陕西古农书大略[J].西北大学学报:自然科学版,1990,(2).

(140)耿占军.清代陕西农田水利事业的发展[J].唐都学刊,1992,(4).

(141)万国鼎."氾胜之书"的整理和分析兼和石声汉先生商榷[J].南京农学院学报,1957,(2).

(142)熊帝兵.帅念祖家世生平及其在陕西的重农实践[J].宜春学院学报,2013,(1).

(143)贺红霞.王心敬哲学思想研究[D].陕西师范大学硕士研究生学位论文,2002.

(144)刘党库.王心敬理学思想初探[D].陕西师范大学硕士研究生学位论文,2009.

(145)王振.王心敬《丰川易说》思想新探[D].山东大学硕士研究生学位论文,2013.

后　记

《王心敬评传》虽然定稿了，但我不是很满意，仍有许多内容尚未展开，然而时不我待，也只好就此作罢了。

其实，《评传》的撰写，是我再次研读王心敬著作的结果，以前我曾读过他的书，并撰有专文。若要追溯我对王心敬其人其学的研究，就不能不对我的硕士生导师刘学智教授首致敬崇并深致谢忱，因为这是他引导我发掘的一块深埋荒山的宝藏。2006年9月，我有幸进入陕西师范大学师从刘老师研习关学。翌年9月，在业师的指导下，我开始研读王心敬的著作。研读的成果，是我2009年4月份提交的硕士毕业论文《王心敬理学思想初探》。

《初探》仅仅研究的是王心敬的理学思想，其他思想均未涉及。后经内外审专家（内审专家是陕西师范大学政治经济学院的林乐昌教授，外审专家是西北大学中国思想文化研究所的张茂泽教授）的审阅，均给以"优秀"的评定。当然，拙文也存在不少缺陷，比如林乐昌教授认为我将王心敬对"天"的人格意志意义上的理解视为"迷信思想"不妥当；张茂泽教授认为我在解读王心敬理学中的"心体"范畴时，接受了时贤对王阳明"无善无恶心之体"的诠释，而缺少自己的体认。我觉得两位教授提出的意见和建议都非常中肯，这反映出他们对我的论文审阅得很认真。这里我再次向他们致敬，并深深地致以谢意。

正是由于《初探》存在诸多不足，所以，2011年2月，当业师将《王心敬集》的点校和《王心敬评传》的撰写托付给我时，我便欣然领命。因为我想凭借点校，更仔细地阅读王心敬的著作，并通过撰写《评传》来弥补我先前研究的不足。故而，我在《评传》的撰写中，对《初探》存在的缺陷，都尽我所能去补足。然而由于我知识积累的不足和哲学思辨能力的薄弱，虽然《评传》研究的内容由《初探》专论理学而拓展到对他思想的全面探究，但结果是求全而失于肤浅。皮相之论，时或有之，门外之谈，亦所不免。不料旧的不足未补尽，而新的不足又增加，一时我的心里还真有点"新愁旧恨何时尽"的滋味！

我对王心敬其人其学的论述，仅仅是我个人的管见，对他的评价也很有可能是"藩篱之鹦"在妄议"天地之高"。这就难免出现王心敬所批评的"徒以口舌妄訛先贤"（《正编》卷二《语录》），更遑论通过深掘他的遗著来"发挥圣贤心事"（《正编》卷一四《课程》）。然而他的思想和人格对我却颇具感召力，尤其是他"即行可以验学"的呼声，如同洪钟大吕，时时警鸣我心。

  热檠漫读关学编，读罢续编问丰川。
  三秦于今非无士，二曲之学何不传？
  我心同然即行也，等身著作亦枉然。
  闻言瓴书出户外，一轮明月彻云天。

这是2009年9月12日初夜，我阅读中华书局本《关学编》中周元鼎撰写的《丰川王先生》时，联想到了王心敬的学术和人品，而口占的一首七律。从诗中较易看出，他的"即行可以验学"（《正编》卷九《侍侧纪闻》）主张对我影响很深。我想"即行可以验学"，是我这样一位从事儒学研究的后生应当终生恪守的做人和治学信条，这是我研究王心敬其人其学的最大受益。

近日《评传》即将付梓，非常感谢西北大学出版社的编辑琚婕女士，她负责的态度和细致的工作推进了拙著的早日出版。另外，我还要再次感谢我的好友长安任涛（任君当年也在陕西师范大学攻读中国哲学硕士学位，现在陕西省周至中学任教），因为《初探》的文字，是他当年见我忙于他务，而主动帮我校对的。最后，感谢内子苏鹏博士，她牺牲了自己宝贵的读书时间，肩负着料理家务和照看孩子的重担，从而使我每天有一定的研习时间。

《王心敬评传》存在的缺陷和错误一定不少，敬请读者朋友不吝批评指正。

刘宗镐

2014年10月写于西安

图书在版编目(CIP)数据

王心敬评传/刘宗镐著.—西安:西北大学出版社,2014.12

(关学文库/刘学智,方光华主编)

ISBN 978-7-5604-3542-8

Ⅰ.①王… Ⅱ.①刘… Ⅲ.①王心敬(1656~1738)—评传 Ⅳ.①B244.99

中国版本图书馆 CIP 数据核字(2014)第 312688 号

出 品 人	徐 晔 马 来
篆 刻	路毓贤
出版统筹	张 萍 何惠昂

王心敬评传 刘宗镐 著

责任编辑	张 立 琚 婕 装帧设计 泽 海
版式统筹	李玉皓
出版发行	西北大学出版社
地 址	西安市太白北路 229 号 邮 编 710069
网 址	http://nwupress.nwu.edu.cn E‑mail xdpress@nwu.edu.cn
电 话	029-88303593 88302590
经 销	全国新华书店
印 装	陕西向阳印务有限公司
开 本	720 毫米×1020 毫米 1/16
印 张	20.25
字 数	325 千字
版 次	2015 年 1 月第 1 版 2015 年 1 月第 1 次印刷
书 号	ISBN 978-7-5604-3542-8
定 价	42.00 元